权威·前沿·原创

皮书系列为
"十二五""十三五""十四五"国家重点图书出版规划项目

BLUE BOOK

智 库 成 果 出 版 与 传 播 平 台

儿童蓝皮书
BLUE BOOK OF CHILDREN

中国儿童发展报告（2022）

ANNUAL REPORT ON CHINESE CHILDREN'S DEVELOPMENT (2022)

中国儿童中心／编
苑立新／主　编

社会科学文献出版社
SOCIAL SCIENCES ACADEMIC PRESS（CHINA）

图书在版编目（CIP）数据

中国儿童发展报告 . 2022 / 中国儿童中心编；苑立新主编 . -- 北京：社会科学文献出版社，2022.6
（儿童蓝皮书）
ISBN 978-7-5228-0104-9

Ⅰ.①中…　Ⅱ.①中…②苑…　Ⅲ.①少年儿童-研究报告-中国-2022　Ⅳ.①D432.5

中国版本图书馆 CIP 数据核字（2022）第 078582 号

儿童蓝皮书
中国儿童发展报告（2022）

编　　者 / 中国儿童中心
主　　编 / 苑立新

出 版 人 / 王利民
责任编辑 / 桂　芳　陈　颖
责任印制 / 王京美

出　　版 / 社会科学文献出版社·皮书出版分社 （010）59357127
　　　　　　地址：北京市北三环中路甲 29 号院华龙大厦　邮编：100029
　　　　　　网址：www.ssap.com.cn
发　　行 / 社会科学文献出版社（010）59367028
印　　装 / 三河市东方印刷有限公司

规　　格 / 开　本：787mm×1092mm　1/16
　　　　　　印　张：28.75　字　数：432 千字
版　　次 / 2022 年 6 月第 1 版　2022 年 6 月第 1 次印刷
书　　号 / ISBN 978-7-5228-0104-9
定　　价 / 168.00 元

读者服务电话：4008918866

儿童蓝皮书编委会

《中国儿童发展报告（2022）》
编　委　会

主要编撰者简介

苑立新　中国儿童中心主任。主编《儿童蓝皮书》(2017、2019、2020、2021)，近几年指导的儿童研究和实践项目包括"全国少年儿童音乐心理健康教育计划""儿童科学素养教育计划""儿童媒体素养教育计划""全国少年儿童生态道德教育计划""中国儿童中心社会主义核心价值观教育项目""儿童综合实践基地建设研究"等。

王秀江　中国儿童中心副主任、博士、研究员，从事儿童发展、校外教育、德育研究。著有《〈孔子家语〉考述》《学以成人——孔子的人生教育课堂》，作为主编或副主编出版10余部著作，在《光明日报》《经济日报》《人民教育》《中国教育学刊》等报刊发表文章30余篇。主持开展国务院妇女儿童工作委员会办公室、团中央、联合国儿童基金会等单位的多项课题项目，参与多项国家社科基金、全国教育科学规划课题研究。

朱晓宇　中国儿童中心科研部部长、研究员。国务院妇女儿童工作委员会办公室儿童工作智库专家，民政部/联合国儿童基金会中国儿童社会工作研究中心特邀专家，联合国儿童基金会儿童保护和儿童参与项目专家组成员，主要成果包括《儿童权利参与式多步培训手册》《儿童友好家园工作指南》，参与《中国儿童发展纲要（2011—2020年）》《中国儿童发展纲要（2021—2030年）》编制工作。

摘　要

2021年是"十四五"开局之年，国务院印发《中国儿童发展纲要（2021—2030年）》，全面系统谋划儿童事业发展。为了全面反映2021年中国儿童发展状况、为儿童事业发展提供智力支持，中国儿童中心组织高校和科研院所专家学者编撰出版了本报告。报告认为，2021年儿童事业发展各相关部门加强顶层设计，密集出台法律法规政策，在各个领域全面推进儿童事业高质量发展。儿童健康政策体系及联动机制逐步完善，儿童基础教育领域育人环境显著改善，适度普惠型儿童福利制度体系建设加快推进，支持家庭生育养育教育的法律法规政策体系加快构建，儿童友好城市和儿童友好社区建设进入快车道，儿童法律保护体系更加健全，少年司法工作科学化水平不断提升。与此同时，受经济社会发展水平制约，儿童发展领域还存在一些亟待解决的问题。今后应从以下方面着手促进儿童事业发展：聚焦儿童健康需求，提供精准干预策略；深化基础教育综合改革，促进教育公平与质量提升；完善儿童福利保障制度，提升儿童保护工作专业化水平；统筹各方资源，推动覆盖城乡的家庭教育指导服务体系建设；优化儿童参与机制，营造儿童友好的社会环境；夯实儿童保护法律基础，全方位保障儿童合法权益。

本报告分为五个部分，从儿童的健康、安全、教育、福利、家庭、环境、法律保护等方面展现2021年中国儿童发展状况。第一部分是总报告，总结了2021年儿童发展的现状与成就，分析存在的问题，并对未来发展进行了展望。第二部分是发展篇，是儿童发展各个领域的分报告，呈现了儿童教育、福利、家庭和法律保护等方面的总体发展状况。第三部分是专题篇，

是关于儿童发展方面的调查报告，主要有儿童青少年健康危险行为、中小学生脊柱侧弯、儿童伤害状况、儿童用品质量安全、托育服务体系建设、儿童网络使用状况及防沉迷调查、低度发展地区农村学校困境儿童积极发展研究、中国特色儿童友好城市建设等方面的分析报告。第四部分是区域篇，主要展现各地在儿童工作方面的先进经验和地方特色，有深圳市建设儿童友好城市、江苏省妇联开展"三全"社区家庭教育支持行动、四川省儿童之家建设与发展状况等方面的经验。第五部分是附录，汇总了儿童发展相关的重要数据。这些报告以政府有关部门统计数据和相关权威机构的调查数据为基础，进行了具有一定深度的描述和分析，提出了具有针对性的对策建议。

关键词： 儿童健康　基础教育　儿童福利　法律保护

目　录 ↖⟩

Ⅰ　总报告

Ⅱ　发展篇

V 附 录

皮书数据库阅读**使用指南**

总 报 告
General Report

B.1
新时代儿童事业发展开启新征程
——2021年中国儿童发展现状、问题与展望

中国儿童中心课题组*

摘 要： 2021年是"十四五"规划开局之年，党和政府高度重视、系统谋划，把儿童事业纳入经济社会发展整体规划，密集出台儿童健康、教育、福利、家庭、环境和法律保护等领域的法律法规政策，开启了儿童事业发展新征程。展望未来，要坚持落实儿童优先原则，深化基础教育综合改革，完善儿童福利制度，营造和谐友好的家庭和社会环境，夯实儿童法律保护基础，推动儿童事业高质量发展。

关键词： 儿童健康 基础教育 儿童福利 法律保护

---

* 中国儿童中心课题组组长：苑立新，中国儿童中心主任；副组长：王秀江，中国儿童中心副主任。主要执笔人：王萍、朱晓宇、王建、霍亮。课题组成员：朱晓宇、王萍、邱天敏、霍亮、王润洁、肖凤秋、张欣蕾、乌斯日格、魏一，中国儿童中心科研部研究人员。

儿童是国家的未来、民族的希望。党和国家始终高度重视儿童事业发展，先后制定实施四个周期的中国儿童发展纲要，为儿童各方面权利的实现提供了重要保障。特别是 2021 年 9 月，国务院颁布的《中国儿童发展纲要（2021—2030 年）》（以下简称《新儿纲》），成为指导新发展阶段我国儿童工作发展和儿童事业发展的纲领性文件。本报告在借鉴《新儿纲》对各领域划分的基础上，基于政府部门统计数据，从儿童的健康、教育、福利、家庭、环境、法律保护等方面，总结 2021 年我国儿童事业发展的状况和成就，分析存在的问题与挑战，展望今后儿童事业发展的方向和趋势。

一　现状与成就

2021 年是"十四五"规划开局之年，一系列促进儿童健康成长和推动儿童事业全面发展的法律政策相继出台，儿童生存和发展状况得到显著改善，新时代儿童事业发展开启新征程。

（一）儿童健康政策体系及联动机制逐步完善，儿童健康水平持续提升

保障儿童身心健康的政策体系和工作网络不断健全，政府、学校、家庭、社区、医疗机构等多方联动机制逐渐完善，儿童健康水平稳步提高。

一是儿童健康相关政策体系进一步完善。视力健康及近视防控受到持续关注，4 月教育部等十五部门联合印发《儿童青少年近视防控光明行动工作方案（2021—2025 年）》，健全完善儿童青少年近视防控体系。10 月，国家卫健委发布《儿童青少年近视防控适宜技术指南》（更新版），保留完善了 2019 年版主体内容，主要体现了新形势下儿童青少年近视防控的新知识、新技术和新要求。儿童心理健康方面政策不断完善，2021 年 7 月教育部出台《关于加强学生心理健康管理工作的通知》，要求进一步增强心理健康工作的针对性、有效性，着力提高学生心理健康素养。确立儿童性教育的法律地位，新修订的《中华人民共和国未成年人保护法》（以下简称《未成年人

保护法》）指出，学校和幼儿园应当开展适合其年龄段的性教育，来提高未成年人在防范性侵害、性骚扰方面的自我保护意识和能力①。《新儿纲》提出适龄儿童普遍接受性教育、儿童性健康服务可及性明显提高的目标。

二是儿童健康水平明显提升。出生缺陷防治取得明显成效，儿童死亡率持续下降。《中国儿童发展纲要（2011—2020年）》终期统计监测报告显示，2020年，全国严重致残的出生缺陷发生率为10.40/万，与2010年相比，下降幅度超过40%。全国婴儿死亡率和5岁以下儿童死亡率连续7年下降，2020年分别为5.4‰和7.5‰②。儿童疾病防治成效显著。2020年，适龄儿童各种被纳入国家免疫规划的疫苗接种率均接近或超过99%。儿童生长发育持续改善。5岁以下儿童贫血患病率为4.51%，生长迟缓率为0.99%，低体重率为1.19%③。儿童青少年近视防控工作取得一定成效，2020年我国儿童青少年总体近视率是52.7%④，比2018年下降0.9个百分点。

三是儿童基层保健服务能力提升。目前0~6岁儿童健康管理已被纳入国家基本公共卫生服务，由基层医疗卫生机构向辖区内0~6岁儿童免费提供13次健康检查服务，包括健康检查和家长健康管理指导等。截至2021年12月，全国共有妇幼保健机构3052家，妇产医院809家，儿童医院228家，综合医院儿科门诊6947个；儿科总床位数约53万张，从业人员近64万人⑤。2021年起，国家卫健委启动实施中西部地区县级儿童保健人员培训项

---

① 《中华人民共和国未成年人保护法》，http：//www.gov.cn/xinwen/2020-10/18/content_5552113.htm，2020年10月18日。
② 国家统计局：《中国儿童发展纲要（2011—2020年）》终期统计监测报告，http：//www.stats.gov.cn/tjsj/zxfb/202112/t20211221_1825519.html，2021年12月21日。
③ 国家统计局：《中国儿童发展纲要（2011—2020年）》终期统计监测报告，http：//www.stats.gov.cn/tjsj/zxfb/202112/t20211221_1825519.html，2021年12月21日。
④ 国家卫生健康委员会：《国家卫生健康委员会2021年7月13日新闻发布会文字实录》，http：//www.nhc.gov.cn/xcs/s3574/202107/2fef24a3b77246fc9fb36dc8943af700.shtml，2021年7月13日。
⑤ 国家卫生健康委员会：《关于政协十三届全国委员会第四次会议第4553号（医疗体育类537号）提案答复的函》，http：//www.nhc.gov.cn/wjw/tia/202112/a1f266db6ef74aaba32e2e3432d84bef.shtml，2021年12月21日。

目，中央财政按照每人每天 120 元、每人培训 120 天的标准给予支持①，重点提升基层儿童保健人员预防保健能力、临床诊疗能力和公共卫生服务能力。

（二）儿童基础教育领域改革政策密集出台，育人环境显著改善

2021 年，儿童基础教育在改革创新中发展，围绕建设高质量教育体系，系统谋划"十四五"发展目标任务和重大政策举措，着力解决群众"急难愁盼"教育问题，推动基础教育高质量发展取得积极进展。

一是制定"十四五"相关行动计划。聚焦基础教育关键领域、薄弱环节，教育部与相关部门研制出台了 2021～2025 年义务教育、学前教育、高中教育和特殊教育行动计划。《关于深入推进义务教育薄弱环节改善与能力提升工作的意见》提出要围绕义务教育学校办学条件薄弱环节和人民群众关切的突出问题，采取有效措施缩小城乡、区域差距，促进教育公平。2021 年中央财政安排 300 亿元补助资金，重点用于支持中西部和东部部分困难地区义务教育发展②。《"十四五"学前教育发展提升行动计划》提出了补齐普惠资源短板、完善普惠保障机制、全面提升保教质量等重点任务。《"十四五"县域普通高中发展提升行动计划》提出从深化招生管理改革、加强教师队伍建设、改善办学薄弱环节、提高教育教学质量四项重点任务入手提升县中整体办学水平。《"十四五"特殊教育发展提升行动计划》提出，聚焦拓展学段服务、推进融合教育和提升支撑能力，全面提高特殊教育质量③。这些行动计划均要求加强省级统筹，指导市县和学校制订实施方案，

① 国家卫生健康委员会：《关于政协十三届全国委员会第四次会议 4553 号（医疗体育类 537 号）提案答复的函》，http：//www.nhc.gov.cn/wjw/tia/202112/a1f266db6ef74aaba32 e2e3432d84bef. shtml，2021 年 12 月 21 日。
② 《李克强：加强农村义务教育薄弱环节要重点放在教师上》，http：//www.gov.cn/premier/ 2021-05/28/content_ 5613224. htm，2021 年 5 月 28 日。
③ 《国务院办公厅关于转发教育部等部门"十四五"特殊教育发展提升行动计划的通知》，http：//www.moe.gov.cn/jyb_ xxgk/moe_ 1777/moe_ 1778/202201/t20220125_ 596312. html，2021 年 12 月 31 日。

细化时间表、路线图，并建立跟踪督导机制，确保如期完成目标任务。

二是"双减"工作扎实推进。2021年7月，中共中央办公厅、国务院办公厅印发《关于进一步减轻义务教育阶段学生作业负担和校外培训负担的意见》①。教育部成立校外教育培训监管司，牵头建立由19个部门组成的"双减"工作专门协调机制。教育部单独或会同有关部门陆续出台20多个配套文件，校内校外两个维度同时发力，校内减负提质与校外培训机构治理同步推进。教育部把落实"双减"作为部党组和教育督导的"双一号"工程，建立了直通20万所义务教育学校的"双减"工作直报平台，推动地方教育部门、中小学校认真落实"双减"任务。经过一段时期的努力，"双减"工作取得明显进展。截至2021年12月，中小学生作业总量和时长得到有效控制，在规定时间内完成书面作业的学生比例由"双减"前的46%提高到90%以上；各地各校基本实现课后服务全覆盖；在课后服务工作中，91.7%的教师参与提供了课后服务，同时自愿参加课后服务的学生比例由2020～2021学年第二学期的49.1%提高到本学期的91.9%②。线下校外培训机构压减了83.8%，线上校外培训机构压减了84.1%，培训市场热度大幅降温，资本野蛮生长的现象得到有效遏制③。面对"双减"，公立校外教育机构积极响应政策，结合学生和家长需求，发挥校外培训资源优势，与学校联动，主动提供优质课后服务。

三是落实"五项管理"。2021年教育部加强对中小学生手机、睡眠、读物、作业、体质的管理，印发了五个专门通知。5月，国务院教育督导委员会办公室印发了《关于组织责任督学进行"五项管理"督导的通知》，提出组织当地中小学校责任督学开展"五项管理"督导工作。6月，教育部公布

① 《中共中央办公厅 国务院办公厅印发〈关于进一步减轻义务教育阶段学生作业负担和校外培训负担的意见〉》，http：//www.moe.gov.cn/jyb_xxgk/moe_1777/moe_1778/202107/t20210724_546576.html？ivk_sa＝1024320u，2021年7月24日。

② 教育部：《"办实事 见实效"系列新闻发布会（第一场）》，http：//www.moe.gov.cn/fbh/live/2021/53899/sfcl/202112/t20211221_588735.html，2021年12月21日。

③ 教育部：《"办实事 见实效"系列新闻发布会（第一场）》，http：//www.moe.gov.cn/fbh/live/2021/53899/sfcl/202112/t20211221_588733.html，2021年12月21日。

《未成年人学校保护规定》，全面构建了学校保护制度体系，特别是与"五项管理"的要求逐项进行衔接，将政策要求转化为规章制度规范。根据国务院教育督导委员会办公室6月的实地督查情况，绝大多数省份按照"全覆盖、齐步走、抓督查、常态化"要求推进落实，"五项管理"规定要求逐步落地，取得了阶段性成效①。

（三）适度普惠型儿童福利制度体系建设加快推进，未成年人保护工作协调机制实现全覆盖

儿童福利从补缺型向适度普惠型转变，国家对儿童福利的责任范围与保障程度不断扩大与提升。推动儿童福利机构优化提质和创新转型，不断提升均等化和专业化水平。

一是完善儿童福利保障制度。6月，民政部、国家发改委联合编制的《"十四五"民政事业发展规划》围绕提升儿童福利保障水平、健全未成年人保护体系、加强困境儿童保障和留守儿童关爱等方面明确了重点任务和主要举措，提出一系列发展目标。国家发改委等三部门印发《"十四五"积极应对人口老龄化工程和托育建设实施方案》，提出聚焦"一老一小"领域扩大养老托育服务有效供给，提升服务质量，完善服务体系。

二是困境儿童生活保障和福利服务不断改善。孤儿、事实无人抚养儿童的基本生活保障进一步完善。2021年底，全国集中养育孤儿平均保障标准是每人每月1655.1元，社会散居孤儿平均保障标准是每人每月1225.2元。一些地区建立了相应的自然增长机制。被纳入国家保障的事实无人抚养儿童有27.4万名，平均保障标准是每人每月1206.6元②。孤儿、事实无人抚养儿童认定的申请受理开通了"跨省通办"，方便身处异地的特殊儿童群体身

---

① 教育部：《2021教育金秋系列发布会（第三场）》，http：//www. moe. gov. cn/fbh/live/2021/53659/mtbd/202108/t20210830_ 555867. html，2021年8月30日。

② 翟倩：《共同守护祖国的未来和希望——2021年儿童福利和未成年人保护工作综述》，http：//www. mca. gov. cn/article/xw/mtbd/202112/20211200038612. shtml，2021年12月16日。

份得到迅速有效的认定，及时享受到相关的政策和保障，将党和政府对特殊儿童群体的关爱落到实处。

三是未成年人保护机制和机构建设不断加强。2021年4月，国务院未成年人保护工作领导小组成立，这是我国儿童福利和保护事业的重要里程碑。截至2021年11月，全国省市县三级实现协调机制全覆盖①。2021年5月，民政部等部门出台了《关于进一步推进儿童福利机构优化提质和创新转型高质量发展的意见》，要求到2025年，全面完成中国儿童福利机构优化提质和创新转型，县级儿童福利机构原则上应转型为未成年人救助保护机构②。截至2021年底，全国配备乡镇儿童督导员5.5万名、村（居）儿童主任66.7万名③。

（四）高度重视家庭家教家风建设，构建支持家庭生育养育教育的法律法规政策体系

家庭家教家风建设受到高度重视，《中华人民共和国国民经济和社会发展第十四个五年规划和2035年远景目标纲要》单设"加强家庭建设"一节，把家庭建设作为治国理政的重要基点，纳入完善和发展中国特色社会主义制度的战略部署。《中国妇女发展纲要（2021—2030年）》和《新儿纲》分别增加了"妇女与家庭建设"和"儿童与家庭"领域。酝酿十年的家庭教育立法获得通过，家庭教育从"家事"上升到"国事"，家庭教育进入"依法育儿"时代。

一是实现家庭教育立法。2021年10月，第十三届全国人民代表大会常务委员会第三十一次会议通过了《中华人民共和国家庭教育促进法》（以下简称《家庭教育促进法》）。这是我国第一次就家庭教育进行专门立法，开启了我国家庭教育的新时代。《家庭教育促进法》明确了家庭教育的责任主

---

① 民政部：《民政部2021年第四季度例行新闻发布会》，http：//www.mca.gov.cn/article/xw/xwfbh/2021/xwfbh_07/index.html，2021年11月5日。
② 民政部等：《关于进一步推进儿童福利机构优化提质和创新转型高质量发展的意见》，http：//xxgk.mca.gov.cn：8011/gdnps/pc/content.jsp？id=14956&mtype=1，2021年5月25日。
③ 翟倩：《共同守护祖国的未来和希望——2021年儿童福利和未成年人保护工作综述》，http：//www.mca.gov.cn/article/xw/mtbd/202112/20211200038612.shtml，2021年12月16日。

体是未成年人的父母或者其他监护人，国家和社会起到提供指导、支持和服务的作用①。相关法律条文也与"双减"政策进行了呼应。12月，国务院妇儿工委办公室、教育部、全国妇联等部门共同召开了贯彻落实《家庭教育促进法》工作部署会。结合工作职责，各相关部门对本系统如何贯彻落实《家庭教育促进法》做出了具体安排。

二是实施三孩生育政策。2021年7月，《中共中央国务院关于优化生育政策促进人口长期均衡发展的决定》公布，实施一对夫妻可以生育三个子女的政策及配套支持措施。实施三孩生育政策是积极应对人口老龄化、改善我国人口结构、保持人力资源禀赋优势的重大战略决策。8月，第十三届全国人民代表大会常务委员会第三十次会议通过《全国人民代表大会常务委员会关于修改〈中华人民共和国人口与计划生育法〉的决定》，各地相继启动地方人口与计划生育条例修改工作，出台共同育儿假、育儿补贴、奖励假、陪产假等鼓励生育的福利政策，人口生育配套政策逐步完善。

（五）儿童成长环境不断优化，儿童友好城市和儿童友好社区建设进入快车道

环境在儿童成长中具有重要作用，良好的环境是儿童德智体美劳全面发展的重要基础条件。各地在环境创设中进一步落实儿童优先原则，推进儿童友好城市建设。

一是儿童友好城市建设进入实质性推进阶段。2021年9月，国家发改委联合22个部门印发《关于推进儿童友好城市建设的指导意见》，提出到2025年，全国范围内开展100个儿童友好城市建设试点。2021年7月深圳印发《关于先行示范打造儿童友好型城市的意见（2021—2025年）》，这是我国第一个地方指导性意见，提出完善儿童友好制度体系、空间体系、服务体系和参与体系，确定了12项重点任务。长沙、成都、威海、保定、宁

---

① 《中华人民共和国家庭教育促进法》，http：//www.moe.gov.cn/j-b_ sjzl/sjzl_ zcfg/zcfg_ qtxgfl/202110/t20211025_ 574749.html，2021年10月23日。

波等地纷纷制订了儿童友好城市的战略构想和行动计划，推进标准制定，编制规划建设导则，以项目为抓手进行规划实践。

二是尊重爱护儿童的社会环境进一步形成。在环境创设中全方位落实儿童优先原则，在公共政策制定、公共设施建设和社会日常生活中进一步落实儿童参与权利和获得公共服务的权利。全国多个城市就轨道交通和公共汽（电）车对儿童免票的标准进行了修订。2021年5月，中央宣传部等九部门印发《关于推进博物馆改革发展的指导意见》，强调要健全博物馆免费开放机制，发挥教育功能，促使博物馆成为学生研学实践的重要载体。

三是网络空间合法权益的政策保障日益完善。《未成年人保护法》增加了"网络保护"专章，规定了国家、社会、学校和家庭都应当注重未成年人网络素养保障以及合法权益，回应了当前网络保护中的热点问题。2021年8月，国家新闻出版署印发了《关于进一步严格管理 切实防止未成年人沉迷网络游戏的通知》，通过加强对网络游戏企业落实提供网络游戏服务时段时长、实名注册和登录、规范付费等情况的监督管理，防止未成年人沉迷网络游戏，切实保护未成年人身心健康。10月，教育部等六部门下发《关于进一步加强预防中小学生沉迷网络游戏管理工作的通知》，安排各地有关部门做好预防中小学生沉迷网络游戏管理工作[1]。11月，文旅部发布《文化和旅游部办公厅关于加强网络文化市场未成年人保护工作的意见》，提出要推进文娱领域综合治理，加强未成年人网络保护，保障未成年人在网络空间的合法权益，让更多儿童能够免于网瘾和低俗文化的伤害[2]。

（六）儿童法律保护体系更加健全，少年司法工作科学化水平不断提升

《未成年人保护法》正式生效实施，我国儿童保护法治工作迈上新台

---

① 教育部办公厅等：《关于进一步加强预防中小学生沉迷网络游戏管理工作的通知》，http：//www. moe. gov. cn/srcsite/A06/s3321/202110/t20211029_ 576140. html，2021年10月29日。

② 《文化和旅游部办公厅关于加强网络文化市场未成年人保护工作的意见》，http：//www. gov. cn/zhengce/zhengceku/2021-12/02/content_ 5655433. htm，2021年11月29日。

阶，一大批配套法律法规随即出台，与儿童保护相关的立法、执法、司法工作进入高质量、精细化发展阶段。

一是出台贯彻落实《未成年人保护法》的配套法律法规，未成年人保护法律体系更加健全。修订后的《未成年人保护法》包括家庭、学校、社会、网络、政府、司法六大保护体系。2021年有关部门出台了多项配套法律文件。国务院未成年人保护工作领导小组印发了《国务院未成年人保护工作领导小组关于加强未成年人保护工作的意见》。教育部《未成年人学校保护规定》全面细化了学校的保护职责。公安部对旅馆经营者接待未成年人入住提出"五必须"要求。

二是落实全面综合的未成年人司法保护制度，初步形成儿童友好的司法体系。最高人民检察院在全国检察机关开展"检爱同行 共护未来"未成年人保护法律监督专项行动，推行督促监护令制度，履行未成年人司法保护主导责任，助力完善"家庭、学校、社会、网络、政府、司法"未成年人保护大格局①。最高人民法院成立少年法庭工作办公室，在六个巡回法庭设立了少年法庭巡回审判点，并重新界定少年法庭的受案范围，将与未成年人权益保护和犯罪预防关系密切的涉及未成年人的刑事、民事及行政诉讼案件纳入少年法庭受案范围，创设家庭教育令制度等。通过一系列卓有成效的改革部署，中国特色未成年人司法体系专业化、规范化、人性化不断升级，儿童友好的司法理念日益融入制度建设中。

二 问题与挑战

让广大儿童健康成长和共享美好生活，是新时代儿童事业发展的出发点和落脚点。但是受到经济社会发展水平的制约，儿童事业发展仍然存在不平衡不充分的问题。同时，信息化技术的飞速发展和疫情防控工

---

① 最高人民检察院：《最高检部署开展未成年人保护法律监督专项行动》，https://www.spp.gov.cn/spp/xwfbh/wsfbt/202104/t20210429_517069.shtml#1，2021年4月29日。

作常态化也给儿童工作带来新的挑战，儿童事业发展任务艰巨、使命光荣。

（一）儿童视力不良、超重肥胖等问题仍需持续关注

一是儿童视力不良问题依然严峻。因受疫情影响，近视检出率有所反弹。2020年数据显示，近视出现低龄化趋势，各地6岁儿童近视率均超过9%，最高可达19.1%。小学阶段近视率攀升速度较快，从小学一年级的12.9%快速上升至六年级的59.6%。平均每升高一个年级，近视率增加9.3个百分点，幼儿园阶段和小学阶段应成为我国近视防控重点年龄阶段①。

二是儿童营养三重负担并存。目前我国儿童呈现三重营养负担即营养不足、微量营养素缺乏症和超重肥胖，特别是超重肥胖已成为影响我国儿童身心健康的重要公共卫生问题。2019年全国学生体质与健康调研结果显示，目前营养不良高发的华南和西南地区仍有很多省份营养不良率高于10%，部分甚至高于15%，且学生贫血率达到11.1%，相较2014年出现反弹②。目前我国6~17岁儿童的超重肥胖率达到了19%，比2002年提高近13个百分点，儿童超重肥胖水平持续上升。特别要引起注意的是超重肥胖低龄化问题，目前我国6岁以下儿童超重肥胖水平已达到10.4%③。

三是城乡、地区间儿童健康水平差异较为明显。2020年，农村婴儿死亡率和5岁以下儿童死亡率分别为6.2‰和8.9‰，高于城市3.6‰和4.4‰的水平。从地区来看，西部地区婴儿死亡率和5岁以下儿童死亡率分别为

---

① 国家卫生健康委员会：《国家卫生健康委员会2021年7月13日新闻发布会文字实录》，http：//www.nhc.gov.cn/xcs/s3574/202107/2fef24a3b77246fc9fb36dc8943af700.shtml，2021年7月13日。

② 教育部：《第八次全国学生体质与健康调研结果》，http：//www.moe.gov.cn/fbh/live/2021/53685/sfcl/202109/t20210903_558262.html，2021年9月3日。

③ 国家卫生健康委员会疾病预防控制局：《中国居民营养与慢性病状况报告（2020年）》，http：//www.gov.cn/xinwen/2020-12/24/content_5572983.htm，2021年12月23日。

7.9‰和 10.6‰，高于中部地区 4.7‰和 6.6‰的水平、东部地区 2.7‰和 4.1‰的水平，城乡、地区间不平衡的问题仍然存在①。

（二）"双减"背景下教育治理还需不断优化

一是应试教育倾向需要继续扭转。部分中小学办学中短视功利的现象仍然存在。学校一方面要接受行政安排与督导，落实'双减"政策；另一方面要提高升学考试成绩。在教育理念未发生根本转变的情况下，部分学校还存在违规组织月考和公开考试成绩排名等问题。评价指挥棒直接影响着办学导向，要进一步推动教育评价从"唯分数""唯升学"转向"综合素质"的评价，引导学生全面发展。

二是校外学科类培训"隐形变异"问题。在深入推进校外培训机构治理过程中，家长、学生对应试教育的需求并没有减少，一些地方学科类培训转入"地下"，换个名称逃避监管。2021 年 9 月，教育部办公厅下发《关于坚决查处变相违规开展学科类校外培训问题的通知》指出了校外培训的 7 种隐形变异形态，例如，业务经营名不副实，打着游学、研学、夏令营等名义或者在艺体等非学科类培训中开展学科类培训，以咨询、文化传播、家政服务等名义开展学科培训。模糊线上线下界限，通过"直播变录播"等方式违规开展学科类培训。变换空间，在居民住宅、咖啡厅等场所开展"一对一""一对多"等学科类培训，增加了认定、监管和查处的难度。

（三）适度普惠型儿童福利制度体系还需完善

一是适度普惠型儿童福利制度体系需加速转变。目前我国儿童福利制度体系正在由传统、狭义、以少数孤残儿童和福利机构养育为主向现代、广义、适度普惠的体系转型，儿童福利的概念、内容框架界定标准尚未统一。儿童福利服务对象有所局限，服务方式仅是经济和物质层面的，有效可及的

---

① 国家统计局：《〈中国儿童发展纲要（2011—2020 年）〉终期统计监测报告》，http://www.stats.gov.cn/tjsj/zxfb/202112/t20211221_ 1825519.html，2021 年 12 月 21 日。

专业性服务还很匮乏。

二是未成年人保护工作协调机制有待加强。虽然各个层级的未成年人保护工作协调机制已广泛建立，但是部门间有效协作机制还处于探索中，各部门目前主要还是基于各自职责开展相应的儿童关爱保护工作。在监测预防、强制报告、应急处置、评估帮扶、监护干预等基层儿童保护机制的联动方面有待进一步健全，需要尽快形成一门受理、协同办理、广泛参与的工作机制。

三是机构和队伍建设有待加强。县级儿童福利机构向未成年人救助保护机构转型，功能定位发生了变化，服务对象开始扩大，但是现有的机构设置、人员数量、服务内容、经费还远远没有跟上。专业人才队伍严重不足，专岗不专人、专职不专业的现象比较突出，难以满足现阶段未成年人保护服务工作的需求。

（四）家庭教育各方责任有待落实

一是家长主体责任有待进一步落实。家长对儿童教育期望普遍比较高，在义务教育学校发展不均衡和升学考试竞争激烈的形势下，"起跑线"焦虑、择校焦虑、升学焦虑直接转化成对儿童学业要求和校外补习的压力。"双减"政策出台后，学校作业和校外补习减少，考试次数减少，部分家长心里没底，反而变得更加焦虑。家庭教育最重要的是品德教育，但是处于焦虑中的家长们往往把教育孩子的责任转移给祖辈、教师和校外培训机构，忽视了家庭教育中对儿童品德的培养，在家庭教育中重"教"轻"育"，不利于儿童的全面健康成长。

二是家庭教育指导服务体系建设工作还有待加强。在体系建设过程中，涉及家庭教育工作的多个部门之间还没有形成分工明确的运行机制。各级各类家庭教育指导服务机构的覆盖面有待扩大，指导服务内容的科学性、系统性、专业性也有待提高。家庭教育指导者队伍没有准入门槛，专业素质有待提高。大部分家庭教育指导服务机构面临经费不足的困难。

（五）儿童友好环境建设工作还需深入开展

一是儿童友好城市建设过程中，有效的儿童参与需要加强。虽然深圳、

北京、长沙、宁波等城市在儿童参与社区的适儿化改造、参与社区议事等方面进行了很多有意义的探索和尝试，但是儿童参与以活动、论坛、发言等形式为主，政策制定过程中很少听到儿童的声音，难以真正对政策制定和公共决策产生实质性影响。相关部门要多为儿童提供参与社会生活、表达意见的渠道，如建立儿童议事会、开展儿童建言献策活动等。

二是受多种因素影响，我国儿童成长的社会环境面临诸多挑战。儿童用品质量安全形势总体向好，但校园跑道、玩具、文具、服装等质量安全事件时有发生。部分企业为了追求利润，使用成本较低的原材料，导致产品存在安全隐患。目前电商平台是儿童产品销售量比较多的渠道，但是由于对所售产品把关不严，监管力度不够，存在以次充好、缺少认证标识、产品说明不准确等问题。

三是信息技术的发展给儿童安全和福祉带来风险。网络防沉迷系统和"青少年模式"作用发挥不足，如何最大限度趋利避害，是迫切需要解决的问题。由于发展不平衡不充分，当前未成年人网络保护也存在较大的城乡区域差异，贫困地区未成年人使用网络的基本权利尚未得到充分保障，网络使用的监管监护严重缺位。

（六）儿童法律权益保障存在短板

一是儿童民事权益保障存在短板和弱项。随着《中华人民共和国民法典》和新修订的《未成年人保护法》颁布实施，未成年人民事权益容易被忽视的种种问题日益凸显。主要问题包括：家庭监护意识和能力出现不足时，国家如何支持未成年人获得良好的监护，这方面的保障措施亟须细化和操作化；未成年人的个人信息在网络时代很容易被非法处理，侵权行为发生后如何依法维权；在婚姻纠纷中，未成年子女经常受到各种各样的伤害，甚至成为双方抢夺的对象和谈判的砝码，如何切实维护未成年子女的合法权益需要出台更加明确的操作化措施。

二是性侵害未成年人犯罪防控形势严峻。2021 年 6 月最高检发布的《未成年人检察工作白皮书（2020）》显示，侵害未成年人犯罪数占未成年人检察案件总数比例过半，对侵害未成年人犯罪提起公诉人数居前两位的罪名是强奸罪、猥亵儿童罪，且依然处于增长过程中①，说明预防和惩治性侵害未成年人犯罪工作中还存在薄弱环节。同时，要出台有力举措，落实强制报告和密切接触未成年人从业查询制度，加强对未成年人及家长的防护教育。

三是分级干预体系的落实面临法治困境。根据《中华人民共和国预防未成年人犯罪法》的规定，对未成年人不良行为设立家庭、学校、社区联动的干预模式，对未成年人严重不良行为设立矫治教育、专门教育、专门矫治教育的保护处分模式。实施过程中，这一分级干预体系建设和运行出现了一系列的困难，最重要的原因是缺乏可操作性的配套文件。

三　对策与展望

2022 年将召开中国共产党第二十次全国代表大会，这是进入全面建设社会主义现代化国家、向第二个百年奋斗目标进军新征程的重要一年，要聚焦儿童发展新需求新期待，为儿童健康成长创造更加有利的环境，让儿童共享经济社会发展的"红利"。

（一）聚焦儿童健康需求，提供精准干预策略

一是聚焦儿童健康需求，关注重点问题和重点人群。要以问题为导向，以目标为引领，以需求为驱动，努力解决儿童健康领域突出问题。针对我国城乡、区域儿童健康差异和儿童视力不良、超重肥胖、心理健康等突出问题，健全卫生和教育等部门的联合机制，保证儿童健康政策的覆盖率，落实各项政策，减少地区差异和健康不平等。满足儿童健康需求，保证健康服务质量，分类指导各地、各校有针对性地精准落实儿童健康综合保障措施和干

---

① 最高人民检察院：《最高检发布〈未成年人检察工作白皮书（2020）〉》，https：//baijiahao.baidu.com/s？id＝1701336951415789489&wfr＝spider&for＝pc，2021 年 6 月 1 日。

预行动，全面提升儿童的健康服务水平。

二是完善儿童健康工作机制，为儿童健康发展保驾护航。有关部门要完善儿童健康工作实施机制，全面压实各方责任，确保各项儿童健康保障措施落实到位、扎实推进。各地政府应综合考虑当地儿童的主要健康问题和现有制度资源基础，选择恰当的切入点，因地制宜，积极改革和创新现有措施，制定符合当地实际情况的健康问题防控实施方案、保障体系和评估办法，动员各部门和全社会参与，促进儿童健康持续发展。

三是加强儿童健康监测，提供精准干预策略。儿童健康监测是掌握儿童健康状况的基础。健康监测能帮助决策者及时了解儿童的健康状况和变化趋势，发现其存在的健康问题，提出改进干预和促进儿童健康的政策与措施。要健全不同领域儿童的健康监测体系，建立部门间合作共享机制。建立儿童健康状况信息采集标准和工作规范，加强监督检查，提高监测体系质量。加大数据分析力度，动态观察儿童健康状况变化，及时调整儿童健康优先领域。增强政策措施制定过程中的循证研究支持，甄选优先干预项目，总结干预和推广经验。

（二）深化基础教育综合改革，促进教育公平与质量提升

一是持续打好"双减"攻坚落实战。深入推进"双减"工作，巩固学科类培训机构压减的成果，加大对各种隐形培训的查处力度。各地要区分体育、文化艺术、科技等非学科类培训机构并明确主管部门，落实高中阶段学科类培训严格参照义务教育阶段执行的政策要求。推动地方政府加强校外培训监管行政执法工作，切实增强依法实施行政检查、行政处罚、行政强制的意识和能力，在法定节假日、休息日、寒暑假指导各地开展常态巡查、坚决关停①。巩固提高学校"双减"水平，切实抓好校内教育教学质量提升，增强课后服务吸引力和有效性，在确保所有学生达到国家规定的学业质量标准

① 教育部：《教育部 2022 年工作要点》，http://www.moe.gov.cn/jyb_sjzl/moe_164/202202/t20220208_597666.html，2022 年 2 月 8 日。

的基础上更加注重因材施教，满足学生多样化学习与发展需求，有效降低广大学生及其家长在"补差培优"方面的所谓"刚需"。

二是加快建立健全公共教育服务体系。推进基本公共教育服务标准化、均等化。深入实施义务教育薄弱环节改善与能力提升工程，健全校园校舍、师资队伍、教学装备、经费保障等办学条件标准化推进机制，确保"两免一补"等资助政策城乡学生全覆盖，促进义务教育优质均衡发展和城乡一体化。推动学前教育普及普惠，强化学前教育教师配备和待遇保障，全面提升保教质量。加强县域普通高中建设，推进普通高中多样化发展。推动特殊教育拓展融合发展，持续做好残疾儿童义务教育入学工作，提高特殊教育质量。

三是落实新时代基础教育质量评价改革方案。教育部陆续出台了《幼儿园保育教育质量评估指南》《义务教育质量评价指南》《普通高中学校办学质量评价指南》，阐明了评什么、怎么评、谁来评等关键问题。进一步落实县（市、区）和校自评、市级复核、省级评价、国家抽查监测分工责任制，各地要建立党委政府领导、政府教育督导部门牵头、部门协同、多方参与的组织实施机制。巩固义务教育免试就近入学和"公民同招"成果，深化中考和高考改革，全面实施学生综合素质评价和招生录取综合改革，改进中考体育的测试内容和计分办法，推进中考美育改革试点，健全德智体美劳全面考查的内容体系。

（三）完善儿童福利保障制度，提升儿童保护工作专业化水平

一是健全儿童福利制度体系建设。引入以儿童为中心、综合性的视角，建立与经济社会发展水平相适应的适度普惠型儿童福利制度体系。做好儿童福利制度顶层设计，继续开展立法研究，建立儿童福利领域专门法律，完善儿童福利制度体系，夯实儿童福利发展的法治基石。理顺未成年人保护工作协调机制，健全完善部门间协调和联动机制，发挥部门协同优势，加快健全基层儿童保护机制建设，加快形成未成年人保护工作新格局。

二是推动儿童福利服务的高质量发展。《新儿纲》突出强调了发展有效

可及且专业化的儿童福利服务的重要意义，专业性的服务是过去儿童福利体系中的短板，亟须尽快补强。进一步优化儿童福利服务，一方面，需通过精细的政策解析和精准的工具指引，推动地方政府主动作为，扩大对儿童福利服务的资源投入，优化儿童福利保障资金的配置，注重对专业服务生产和供给成本的投入，支持引导社会力量参与，抑制儿童福利服务地域差异进一步扩大；另一方面，要更加精准地设计儿童福利服务的内容，细化儿童福利的分类保障和服务标准，推动儿童工作者队伍不断壮大和专业性不断增强。

（四）统筹各方资源，推动覆盖城乡的家庭教育指导服务体系建设

一是推动构建覆盖城乡的家庭教育指导服务体系。《家庭教育促进法》提出"教育行政部门、妇女联合会统筹协调社会资源，协同推进覆盖城乡的家庭教育指导服务体系建设"。《新儿纲》提出"95%的城市社区和85%的农村社区（村）建立家长学校或家庭教育指导服务点"的目标。家庭教育指导服务体系包括管理机制、指导服务机构、人才队伍、研究和宣传等多个板块的内容，是一个系统工程，要统筹谋划、系统推进。

二是健全学校家庭社会协同育人机制。中小学校、幼儿园要发挥与家长联系紧密的优势，加强家长学校建设，帮助家长树立科学育儿理念，掌握并运用科学育儿方法。促进家校沟通与合作，实现家校共育。充分利用图书馆、博物馆、科技馆、社区、儿童活动中心、研学实践教育基（营）地等校外活动场所，发挥社会大课堂在课后服务和实践育人中的作用，将高质量的校外教育服务引入学校教育体系，形成政府为主导、家庭为基础、学校为主体、社会为平台、专业为支撑的协同育人机制。

（五）优化儿童参与机制，营造儿童友好的社会环境

一是在城市规划和社会治理中建立有效的儿童参与机制。相较于成人参与，儿童参与更聚焦于公共利益，推动普惠型城市空间体系构建和规划向公平公正转型。儿童参与城市空间建设，更可能带动他们的父母和其他家庭成员更多地参与城市空间治理。因此，在今后的儿童友好城市建设中，如何让

儿童更加有效地参与到城市规划和社区治理中，发挥儿童的主体作用，也是儿童友好城市建设的重点和难点。

二是要在社会治理各环节落实儿童优先的理念。提升有关部门对"儿童优先"重要性的认识，抓住当前儿童在安全、健康、学习、成长等方面的突出问题，通过解决这些关键问题，带动全盘工作的推进。加强政策的协同性和联动性，在制定政策、配置资源时，注重多部门的资源统筹整合及长效机制建设，形成政府、社区、社会力量、家长和儿童多元参与、协同配合的机制。

三是多方共同发力提升儿童媒介素养。使用网络已成为当代儿童的一种生活方式，这也为数字化时代保护儿童带来严峻挑战。面对网民低龄化到幼儿阶段的现状，引导儿童养成良好用网习惯，进行网络安全教育，抵制网络不文明行为，需要家庭、学校、社会、互联网企业等多方共同发力。

（六）夯实儿童法律保护基础，全方位保障儿童合法权益

一是全面宣传最有利于未成年人的理念。最有利于未成年人是儿童法律保护工作的根本原则，理念越深入人心，越能保障儿童工作的正确方向。最有利于未成年人原则，不仅是立法、执法、司法的要求，更是守法的要求，是任何组织和个人处理涉及未成年人事项应当遵循的基本行为准则。

二是紧盯关键领域加强未成年人保护行政执法工作，包括加强密切接触未成年人从业限制制度的执行和监管，推动不适宜未成年人场所违规接待未成年人的执法机制化、常态化，深入开展未成年人网络保护执法工作，等等。

三是持续深化未成年人司法制度改革，包括推动少年警务规范化发展，创建专业化的儿童法律援助和司法救助保障机制，充分发挥未成年人保护公益诉讼的制度效能，依法纠正和处理监护人侵害儿童权益事件，建立未成年被害人"一站式"取证机制，出台专门教育和专门矫治教育的实施细则，等等。

发 展 篇

Overall Development

B.2
2021年中国儿童教育发展报告

高书国 石 特*

摘 要： 2021 年是中国教育特别是儿童教育发展的关键之年，"十四五"经济社会发展规划全面启动，中国儿童教育进入高质量发展新阶段，探索中国式教育现代化成为未来一个时期儿童教育发展的战略主题。2021 年，"双减"工作全面展开，为儿童教育发展创设了更加有利的社会环境。《家庭教育促进法》正式颁布，使家庭教育进入依法带娃的新时代，学校家庭社会协同育人更加有法可依。《义务教育课程方案和课程标准（2022 年版）》颁布，为落实儿童教育和儿童健康发展目标提供保障。中央政府和各地方政府在推进儿童教育和儿童发展方面取得新进展、新突破和新成就，中国儿童教育高质量发展的局面正在形成。

关键词： 儿童教育 "十四五"规划 "双减"政策 高质量发展

---

* 高书国，中国教育学会副秘书长，教育规划专家，博士，研究员，研究方向为教育政策、教育规划；石特，山东鲁东大学教师，青年学者，硕士，研究方向为基础教育、儿童发展。

2021 年是中国共产党百年华诞之年，是实施"十四五"规划、开启全面建设社会主义现代化国家新征程的首年，也是儿童教育更高质量发展的一年。这一年，党和国家推出的儿童教育政策密度之大、力度之强、影响之深，可圈可点：0~3 岁婴幼儿托育新模式初步探索，幼小科学衔接理念深入人心，义务教育精品教材建设扎实推进，"双减"政策力度空前，儿童身心健康政策体系更趋完善，家庭教育工作有极大进展，地方儿童教育好经验不断涌现，基础教育各学段育人方式更加丰富、育人质量全面提升……中国儿童教育在高质量发展的新阶段开局良好。

一 "十四五"规划：中国式儿童教育现代化迈向新阶段

2021 年 11 月 11 日，中国共产党第十九届中央委员会第六次全体会议通过了《中共中央关于党的百年奋斗重大成就和历史经验的决议》（以下简称《决议》），科学系统全面地总结了中国共产党建党一百年来，在新民主主义革命、社会主义革命和建设、改革开放阶段社会主义现代化建设、新时代全面建设社会主义现代化强国建设进程中取得的历史性成就和积累的宝贵经验——这是我党的宝贵精神财富、我国的宝贵精神财富，更是中华民族的宝贵精神财富。《决议》创造性提出："以中国式现代化推进中华民族伟大复兴。"中国式教育现代化是中国式现代化的重要组成部分，是实现中国式现代化的基础工程和核心保障。从本质上讲，中国式教育现代化是中国共产党领导、造福于全体人民的中国特色社会主义教育现代化。从趋势上判断，中国式教育特别是中国式儿童教育现代化已经步入一个新的发展阶段。

党的十八大以来，中国儿童教育发展取得了历史性成就，教育强国建设取得了跨越式发展。2021 年，我国义务教育普及水平达到世界高收入国家平均水平，学前教育毛入学率达到 88.10%，高中阶段教育毛入

学率达到91.40%，高等教育毛入学率达到57.80%，进入教育普及化新阶段。国家公共教育服务能力和服务水平整体提升，人均受教育年限持续提升，人均GDP达到1.25万美元，进入高收入国家行列。经济发展、社会进步为儿童发展和儿童教育提供了坚实的基础，为实现儿童教育高质量发展提供了根本保障。表1显示了2012~2021年中国儿童教育发展主要指标变化情况。

表1　2012~2021年中国儿童教育发展重要指标

单位：%

年份	学前教育毛入学率	义务教育巩固率	高中阶段教育毛入学率
2012	64.50	91.80	85.00
2013	67.50	89.70	86.00
2014	70.50	91.50	86.50
2015	75.00	91.80	87.00
2016	77.40	92.30	87.50
2017	79.60	92.60	88.30
2018	81.70	93.00	88.80
2019	83.40	93.40	89.50
2020	85.20	94.80	91.20
2021	88.10	95.20	91.40

资料来源：教育部各相关年度《全国教育事业统计公报》，http://www.moe.gov.cn/jyb_ sjz1/sjz1_ fztjgb/。

教育发展，规划先行。2021年3月，《中华人民共和国国民经济和社会发展第十四个五年规划和2035年远景目标纲要》发布，"提升国民素质，促进人的全面发展""建设高质量教育体系"被明确写入其中，擘画了路线图，明确了未来发展方向。该纲要第十三篇"提升国民素质 促进人的全面发展"提出，把提升国民素质放在突出重要位置，构建高质量的教育体系和全方位全周期的健康体系，优化人口结构，拓展人口质量红利，提升人力资本水平和人的全面发展能力。第四十三章"建设高质量教育体系"中提出，全面贯彻党的教育方针，坚持优先发展教育事业，坚持立德树人，增强学生文明素养、社会责任意识、实践本领，培养德智体美劳全面发展的社会主义建设者和接班人。其中，中国儿童教育发展目标明确：完善普惠性学前教育和特殊教育、专门教育保障机制，学前教育毛入园率提高到90%以上。巩固义务教育控辍保学成果。巩固提升高中阶段教育普及水平，鼓励高中阶段学校多样化发展，高中阶段教育毛入学率提高到92%以上，规范校外培训等。

《国家教育事业发展"十四五"规划纲要》（以下简称《规划》）以教育高质量发展为主题，确定未来五年中国教育发展战略目标、主要任务和重大措施。《规划》提出："十四五"期间发展的总体目标是"到2025年，基本建成制度更加完备、结构更加优化、保障更加全面、服务更加高效的高质量教育体系，教育发展活力进一步激发，人才培养水平和教育服务贡献能力显著增强，技能型社会、学习型社会建设加快推进，全民受教育程度不断提升，教育综合实力、现代化水平和国际影响力全面增强。到2035年，总体实现教育现代化，建成教育强国，为基本实现社会主义现代化提供坚强支撑"。《中国儿童发展纲要（2021—2035年）》进一步明确提出："坚持走中国特色社会主义儿童发展道路，坚持完善最有利于儿童、促进儿童全面发展的制度机制，落实立德树人根本任务，优化儿童发展环境，保障儿童生存、发展、受保护和参与权利，全面提升儿童综合素质，为实现第二个百年奋斗目标、建设社会主义现代化强国奠定坚实的人才基础。"儿童教育和儿童发展进入高质量发展新阶段。

构建以"制度-结构-保障-服务"为主体的高质量教育发展体系，成为未来五年乃至更长一个时期中国教育发展的战略主题。在此基础上，《规划》进一步确定了六个具体目标：立德树人成效实现新提升，教育普及程度迈上新台阶，人才培养能力得到新提高，教育服务水平达到新高度，教育综合改革取得新突破，教育对外开放形成新局面。"十四五"期间，要全面加强教育基础能力建设，实现教育发展方式、教育投入结构从规模发展为主向提升质量为主转变，加速推进教育的高质量发展。

一是坚持为党育人、为国育才，全面落实立德树人根本任务。坚持为党

育人、为国育才，构建大中小一体化的思政工作体系，坚持德智体美劳五育并举、全员全程全方位育人。促进学生综合素质全面提升，加强和改进学校体育美育，完善学校体育教学模式，将学校美育作为立德树人的重要载体。推动每名学生掌握1~2项运动技能，努力让学生掌握1~2项艺术特长。培养学生健康观念和能力，形成终身受益的健康生活方式。推动构建覆盖城乡的家庭教育指导服务体系，健全全社会协同育人机制，要切实降低义务教育阶段的家庭作业和课外训练的压力，促进学校教学的健康发展。

二是坚持公平优质、协调发展，进一步提高全民教育的普及率。《规划》把实现好、维护好、发展好最广大人民的根本利益作为出发点和落脚点，以促进共同发展为目标，努力构建面向全体公民、满足不同群体需求、贯穿人的一生的高质量教育体系。要健全公平优质普及普惠的基础教育服务体系，构建以普惠性资源为主体的幼儿园办园体系，推进县域内义务教育优质均衡发展；探索发展综合高中，发展科技高中、人文高中等特殊化学校；构建支持技能型社会建设的职业教育体系，发展中国特色学徒制；促进高等教育内涵发展，构建一流大学体系，全面提升研究教育与培养质量；建立面向大众的终身学习的教育系统，支持和规范民办教育健康发展。2025年，高等教育毛入学率将达到60%。这一战略安排，把《中国教育现代化2035》提出的高等教育入学率目标提前了5年。更加公平、更加优质的教育，将为实现人的全面发展特别是儿童发展奠定坚实基础。

规划既定，重在落实。截止到2022年4月，北京、上海、天津、广东、湖北、河南、河北、辽宁、宁夏等十几个省（区、市）编制发布了省级"十四五"教育事业发展规划，提出了实施高质量发展、加快教育现代化、建设教育强省的战略措施。规划落实，关键是要加强监督。在规划的落实执行上务必严格，加强监督管理。国家教育部门肩负领导和管理全国教育工作的职责，应建立相应的问责机制。各地教育管理部门应履行监督规划执行的责任，确保将规划所确定的任务与要求落实到教育的全过程。各级各类学校要定期自查规划落地情况，发现问题并采取有效措施来改进工作。广大中小学学校为落实国家和省市教育"十四五"规划，依据区域儿童发展新需要，制定本学校发展规划，形成一个完整推进教育现代化的规划体系，为建设教育强国提供规划支持和措施保障。

二 智减慧加：为儿童健康发展创设优质环境

2021年，一场前所未有的"双减"政策以雷霆之势席卷中国教育。《关于进一步减轻义务教育阶段学生作业负担和校外培训负担的意见》（以下简称《"双减"意见》）重磅出台，条条政策切中当前中国教育问题，对学校、社会培训机构、家庭的功能进行了重构，力度之大、措施之实、行动之迅速，堪称年度"C位"教育政策。教育部先后出台多份配套文件对校外培训治理、作业管理、课后服务及考试管理做出规定，减轻学生过重作业负担。

冷静分析，我们就能更加深刻地体会到"双减"的重大意义。据国家统计局统计，2020年，全国人口净增长仅为48万，中国人口出现负增长的风险加大。在《中共中央关于制定国民经济和社会发展第十四个五年规划和二〇三五年远景目标的建议》中明确提出要"降低生育、养育、教育成本，促进人口长期均衡发展，提高人口素质"[1]。2021年7月20日，《中共中央国务院关于优化生育政策促进人口长期均衡发展的决定》进一步明确指出要"以人民为中心。顺应人民群众期盼，积极稳妥推进优化生育政策，促进生育政策协调公平，满足群众多元化的生育需求，将婚嫁、生育、养育、教育一体考虑，切实解决群众后顾之忧，释放生育潜能，促进家庭和谐幸福"[2]。而在《"双减"意见》中则要求"切实提升学校育人水平，持续规范校外培训，有效减轻义务教育阶段学生过重作业负担和校外培训负担"。其实，"双减"是一个"小切口"，迎来的是中国基础教育的"大革

---

[1] 《中共中央关于制定国民经济和社会发展第十四个五年规划和二〇三五年远景目标的建议》，人民出版社，2021，第35页。

[2] 《中共中央国务院关于优化生育政策促进人口长期均衡发展的决定》，http://www.gov.cn/zhengce/2021-07/20/content_ 5626190. htm。

命"。党中央、国务院一系列政策文件，注重减少生育养育教育费用，促进儿童身心全面发展，实现人口的可持续发展。

与此同时，2021 年 9 月 1 日，新中国历史上首次出台的教育督导问责文件——《教育督导问责办法》开始实施，2022 年，教育部将"双减"（即减轻义务教育阶段学生作业负担和校外培训负担）和"五项管理"（即手机、睡眠、读物、作业、体质管理）作为"一号工程"。规划完成，必有评估。效果评估是确保规划得到良好执行的重要环节。要以高质量发展为核心，完善国家教育标准制度体系，引入教育规划的第三方评估机制，按内容、分层次组织实施评估工作，定期发布规划落实评估报告，提高评估实效。

在校内减负提质上，各地逐步落实《关于加强义务教育学校作业管理的通知》，规范作业管理，严控书面作业总量和时长，提升作业质量；教育部印发了《关于进一步做好义务教育课后服务工作的通知》，课后服务将实现义务教育学校全覆盖；印发《关于加强义务教育学校考试管理的通知》，大幅压减考试次数，规范考试命题管理，合理运用考试结果。基础教育"双减"工作监测平台直报信息显示，截至 2021 年 12 月底，全国线上校外培训机构已压减 84.1%，线下校外培训机构已压减 83.8%，其他培训机构一部分转为实行政府指导价的非营利性机构，不适合"营转非"的则被注销。培训市场虚火渐灭，广告杳无踪影，资本陆续撤离，野蛮生长现象得到了有效遏制；学校作业总量和时长已基本达到要求，据调查，"双减"前，46%的学生可以在指定的时间段完成家庭作业，"双减"后达到 90%，86%的家长对学校课后服务工作表示满意。同时，国务院教育督导委员会办公室开设"双减"工作举报专栏，已受理并处理近万条实名举报。教育部学校直报平台收到的无记名调查问卷中，绝大多数家长对学校减负提质工作表示满意。此外，地方"双减"工作收效斐然，如新疆维吾尔自治区制定 1 年内有效减轻、3 年内成效显著，人民群众教育满意度明显提升的"双减"目标。各学校建立作业总量定期审核制度，政府相关部门不再审批新的面向义务教育阶段学生的学科类校外培训机构等政策进一步落实。青岛市制定印发

《青岛市普通中小学规范办学实施方案》和青岛市中小学规范办学行为量化计分办法（试行）》，将"双减"纳入对学校规范办学监管，多次进行全市抽查。通过创新思路促落实，家校合力抓落实，青岛市经过数月的努力，"减负"工作取得了阶段性成果：一是中小学生的作业负担确实减下来了；二是家庭特别是中小学生校外补习负担明确减下来了；三是家长对孩子的有效陪伴时间多了，孩子参与体育锻炼的时间多了、孩子在户外活动的机会多了。

应该说，自"双减"工作推行以来，改革的重锤落在每一个旧瘴痼疾之处，第一阶段成效明显。同时也必须看到，"双减"绝不是一个孤立的政策，它是教育高质量发展棋局上的重要一步，是构筑以育人为中心的教育新生态圈的重要一环，未来中小学课堂，要着力提高课堂教学效率，打造开放、个性化的学校课后服务，提高教师的课堂教学质量，促进培训机构监管走向长效常态，扎实巩固"双减"初步成果，不断深化改革，才是长久之路。"双减"铺就了新时代中国教育高质量发展的一根重要的"铁轨"，必然会引领中国儿童发展进入高质量发展的新阶段。

三 减负提质：积极发展儿童早期托育服务

进入 21 世纪第三个十年，中国人口生产与人口发展面临的挑战更加严峻。2020 年全国第七次人口普查统计数据表明：全国 0~14 岁人口为 25338 万人，占 17.95%。2020 年全国育龄妇女总和生育率为 1.3，人口出生率处于较低水平。如何提升人口出生率、保障人口可持续增长和高质量发展是关系经济稳定、社会发展和家庭建设的战略问题，也是促进教育高质量发展和人力资源高质量开发的关键所在。

人口调查数据显示，"十三五"时期新生儿数明显高于"十二五"时期，但生育意愿及出生人口数不如预期，全面二孩政策效应递减。其中，0~3 岁婴幼儿托幼服务供需紧张、父母生育养育负担加重等是制约人口数量增长的重要原因。围绕人口再生产，近年来国家连续出台一系列新政。

2016年1月1日正式实施全面二孩政策，2020年全面放开三孩政策。2021年，我国3岁以下婴幼儿入托率为5.5%，比2016年国家卫计委调查的4.1%提升了1.4个百分点，但与世界发达国家相比仍有差距。2017年，OECD国家中0~2岁儿童平均入托率已达到32%，法国、比利时、以色列等国入托率已超过50%。北京师范大学学前教育研究所所长洪秀敏团队受国家卫生健康委的委托，对全国13个城市的婴幼儿照护服务供需现状进行调研，调查显示高达68.4%的家庭有入托需求。其中，2~3岁入托需求高达82%。托育服务俨然成为很多家庭是否生育二孩甚至是否选择生育一孩的关键影响因素，社会强烈呼吁增加托育服务的有效供给。2019年和2020年《国务院政府工作报告》分别指出"加快发展多种形式的婴幼儿照护服务"，"推动教育公平发展和质量提升"。2021年5月，中央政治局会议审议《中共中央国务院关于优化生育政策促进人口长期均衡发展的决定》。这对于我国人口结构的调整、实施国家积极应对人口老龄化战略、保持人力资本的优势具有重要意义。7月，《中共中央国务院关于优化生育政策促进人口长期均衡发展的决定》发布，强调要优化生育政策，实施三孩生育政策及配套支持措施，这有利于激发妇女的生育意愿，促进人口的健康、可持续发展。

2020年3月，全国人大代表、广东省旅游控股集团有限公司总经理黄细花向记者透露，她将提出《关于将托幼保育纳入学前教育的建议》，建议将托幼保育纳入学前教育，让0~3岁托幼教育和3~6岁幼儿教育真正实现地位平等。各地要积极开展普惠托育工作，建立符合当地常住居民需求的儿童保育设施，因地制宜地提供托位。2020年度，国家发改委计划在全国新建50000个0~3岁托幼机构，接纳婴幼儿入园，减轻家长养育负担。北京市委、市政府于2022年出台《关于优化生育政策促进人口长期均衡发展的实施方案》，明确在"十四五"期间，各区均设立不少于一个综合性婴幼儿照护服务指导中心，承担辖区托育机构和家庭养育指导等服务。到2025年，北京市生育扶持政策的各项举措逐渐健全，各项服务和管理体系已趋于完备。全面提升了生育保健服务的质量，加速建立普惠托儿所制度，以平均每

1000 名 0~3 岁儿童 4.5 个托位、普惠托位达 60% 为目标，建立健全托儿所配套设施。从长期发展来看，托育服务的数量满足社会的需求仅仅是托育服务发展的第一步，而建立科学完善的 0~3 岁婴幼儿托育服务体系、提升托育服务的质量更具深远价值。要明确我国托育服务的性质，厘清政府部门、家庭和托育机构在托育服务中的职责，要强化政府的支持，构建托育服务系统，并要强化对幼儿的家庭教育。探讨适合中国国情的保育服务方式，培养高水平的托育教师队伍，推进托育服务课程的改革，进行托育质量评估工具的研发，建立有效的托育监管制度，加强托育服务监督。

四 和谐共哺：营造幼小科学衔接教育生态

"从幼儿园到小学，不是翻山越岭，不是跳跃大沟深壑，也不是进入天壤之别的生活，而是童年生活的一种自然延伸和过渡"。学前教育是教育生态链中的重要一环，学前教育与义务教育相连，促进幼儿园和小学科学衔接，降缓幼小衔接的坡度，保证幼儿从幼儿园到小学教育阶段的转变，对于他们的身心健康与终身发展都有着十分重大的影响。同时，做好幼小衔接是实现"双减"的有效途径，在"双减"中肩负重要使命。党中央、国务院历来高度重视幼小衔接工作，2018 年，中共中央、国务院颁布的《关于学前教育深化改革规范发展的若干意见》中要求"小学起始年级必须按国家课程标准坚持零起点教学"，并连续多次部署开展幼儿园"小学化"专项治理行动。2019 年，中共中央、国务院印发的《关于深化教育教学改革全面提高义务教育质量的意见》中提出"小学一年级设置过渡性活动课程，注重做好幼小衔接"。

儿童发展越来越受到国家、政府和全社会的高度关注、重视和支持。教育部、国家发改委、财政部等 9 个部门共同印发的《"十四五"学前教育发展提升行动计划》提出目标要求，"进一步提高学前教育普及普惠水平，到2025 年，全国学前三年毛入园率达到 90% 以上，普惠性幼儿园覆盖率达到85% 以上，公办园在园幼儿占比达到 50% 以上。覆盖城乡、布局合理、公益

普惠的学前教育公共服务体系进一步健全，普惠性学前教育保障机制进一步完善，幼儿园保教质量全面提高，幼儿园与小学科学衔接机制基本形成"。从中央部委合作到地方政府支撑和全社会共同参与，中国的儿童发展事业前途广阔。

2021年，教育部印发《关于大力推进幼儿园与小学科学衔接的指导意见》（以下简称《指导意见》），明确了幼儿园与小学之间的衔接工作。《指导意见》中对实施幼小衔接提出五条举措：一是开展幼儿园的入托教育，使其做好生活、社会、学习等多个层面的准备工作。二是在小学实行适应入学的教育，把第一个学期作为招生适应期，对一千级的教育和教学模式进行了改造。加强与托儿所的联系。三是教育科研单位要在园所内开展教科研工作，加强对中小学教师在课程、教学、管理等方面的交流与研讨。四是要在幼儿园和小学之间构建"家校共育"的制度。五是要把各方面的资源统一起来，同时继续加大对违规办学的整治力度。其中，《指导意见》中的《幼儿园入学准备教育指导要点》《小学入学适应教育指导要点》两份附件，就如何做好幼儿的入学准备教育和小学的适应教育提出了具体的、切实可行的指导意见，并就如何做好学生的心理、生活、社会和学习四个方面的准备和适应提出了教育的意见。《指导意见》以专项文件的形式凸显了幼小科学衔接的重要性，体现了建设高质量教育体系的迫切要求，对幼小科学衔接提出了具体实施要求，相比以往文件具有更强的操作性。

一年以来，全国各地紧锣密鼓地制定幼小科学衔接实施方案，在推进幼小科学衔接上持续发力。树立科学衔接理念、有针对性的入学准备教育、"四个准备"的有机融合和渗透、小学教育严格零起点教学、小学教育推进游戏化教学和入学适应课程、幼小联合教研、家幼小共哺共育等成为学前教育圈的2021年度热议话题。如山东省幼小衔接实验区之一青岛市发布了《青岛市幼儿园与小学科学衔接实验方案》，提出将探索建立市域幼小衔接的行政推进、教研支撑、家园共育、专项治理、教师培训、督导保障等制度，形成市域推进、部门协作、示范引领、专家指导、评估矫正的运行机制。安徽省教育厅发布《推进幼儿园与小学科学衔接攻坚行动实施方案》，并于 2021 年设立了 16 个幼小科学衔接省级实验区、96 所试点幼儿园、32 所试点小学，先行试点推进幼儿园入学准备和小学入学适应教育。海南省教育厅印发的《海南省推进幼儿园与小学科学衔接攻坚行动实施方案》中明确提出到 2023 年底，全省幼小协同的有效机制基本建立，幼小科学衔接的教育生态基本形成。"幼儿园小学化"顽疾化解指日可待。

五 培根铸魂：国家打造义务教育课程新标准

2022 年，教育部基础司工作重点强调：课程是教育教学的核心，义务教育课程主要由课程计划、课程标准和教材三个文本组成，2021 年，课程文本建设成绩斐然。自 2011 年教育印发义务教育语文等学科 19 个课程标准（2011 年版）至今，新课程方案和课程标准得到稳妥贯彻。这十年中，组织开展学习培训、根据新课标组织教科书的修订和审查、以课程标准为依据确定科学的评价标准、整合各方有利的课程资源、组织新课标的教研工作、切实解决条件保障问题等一一完成。2021 年教育部印发的《国家义务教育质量监测方案》（2021 年修订版）中提出要"紧扣课程标准（或指导纲要）开发工具，突出能力素养导向"。课程标准得到更深层次的落细落实。教育部将进一步修订义务教育课程方案和学科课程标准。义务教育各学科课程标准修订稿将从培养有理想、有本领、有担当的时代新人要求出发，注重知识统整，加强综合；加强与生产劳动、社会实践的结合，倡导做中学、用中学、创中学，学以致用，更加重视真实情境下的问题解决，以便更好地聚焦于当前的"双减"工作，形成更加有利于教育高质量发展的生动局面。

教材是教育教学的关键要素和基本载体。"培根铸魂、启智增慧"是党中央在 2021 年对教材工作提出的根本遵循，这既是打造精品教材的题中应有之义，也是打造精品教材的评价标准。尺寸教材，铸魂工程。党的十八大以来，党中央、国务院印发了《关于加强和改进新形势下大中小学教材建设的意见》等重要文件，教材管理的科学化、规范化水平不断提升。2017 年 9 月起，全国义务教育阶段中小学初始年级的道德与法治、语文、历史 3

个科目启用国家统编教材。2019 年，"统编本"覆盖义务教育阶段所有年级，2020 年，国家教材委员会印发《全国大中小学教材建设规划（2019—2022 年）》，这是新中国成立以来首次对各学段、各学科领域教材建设做系统设计。2021 年，国家教材委员会组织开展了首届全国教材建设奖评选工作，义务教育三科统编教材获评"首届全国教材建设奖"。"十三五"期间，教育部教材局坚持"五审"制度，遴选优秀教材，淘汰过时落后的旧教材，把握教材编写的政治关、质量关、队伍关、科研关，完成了对义务教育阶段国家教材的全面摸排。同年，义务教育所有学科教材的修订工作如期启动。

常言道，十年树木，百年树人。2022 年 9 月，新修订的义务教育课程方案和课程标准将开始执行，这是中国中小学教育教学改革的大事，将深刻地影响未来十年儿童教育发展，为中国儿童健康、快乐、创造性成长创造条件、提供保障。

六 健全成长：双倍呵护儿童身心

儿童是国家的未来、民族的希望。2020 年 5 月 31 日，在"六一"国际儿童节到来之际，中共中央总书记、国家主席、中央军委主席习近平代表党中央寄语广大少年儿童，向全国各族少年儿童致以节日的祝贺。他向全国各族少年儿童提出了殷切的希望：从小学习做人、从小学习立志、从小学习创造，童年是人的一生中最宝贵的时期，在这个时期就注意树立正确的人生目标，培养好思想、好品行、好习惯，今天做祖国的好儿童，明天做祖国的建设者。

2021 年，教育部、全国妇联、共青团等部门在儿童身心健康方面，将长期规划与近期政策紧密相连，持续推进，取得明显进展。《中国儿童发展纲要（2021—2030 年）》明确提出：推动我国中小学生青少年近视率逐年降低，全国中小学生身体素质达标率达 60%；保障儿童每天至少 1 小时中等及以上强度的运动，合理安排儿童作息，保证每天睡眠时间；等等。2021年 3 月，全国综合防控儿童青少年近视工作联席会议讨论通过了《儿童青少年近视防控光明行动工作方案（2021—2025年）》《2021年全国综合防控儿童青少年近视重点工作计划》，同年4月颁布的《儿童青少年近视防控光明行动工作方案（2021—2025年）》，聚焦近视防控的关键领域、核心要素和重点环节，联合开展引导学生自觉爱眼护眼、减轻学生学业负担、强化户外活动和体育锻炼、科学规范使用电子产品、落实视觉健康监测、改善学生视觉环境、提升专业指导和矫正质量、加强视力健康教育等8个专项行动。2021年6月，发布《儿童青少年近视防控光明行动倡议书》。2021年是印发《综合防控儿童青少年近视实施方案》（以下简称《实施方案》）的第四个年头，呵护儿童青少年眼健康，综合防控儿童青少年近视工作总体见效、持续向好的基本局面进一步巩固。据调查，2020年全国儿童青少年总体近视率为52.7%，较2018年下降0.9个百分点，基本实现近视率每年下降0.5个百分点的防控目标。同时，近视早发情况得到一定缓解，低度近视发展为高度近视速度放缓。这意味着儿童青少年近视防控取得成效，近视防控持续向好的局面初步形成。另外，《关于进一步推进学校应急救护工作的通知》提出，要在全国扎实推进学生应急救护知识技能普及行动，加大教职员工救护培训力度，加强救护服务阵地建设。启动国家中小学应急教学改革，公布一批全国急救教育试点学校。2021年9月，教育部联合市场监管总局、国家卫生健康委印发《关于加强学校食堂卫生安全与营养健康管理工作的通知》，明确加强学校食堂卫生安全与营养健康管理工作，提出规范食堂建设、加强食堂管理等九条具体要求。2021年10月，教育部联合国家卫生健康委印发《中小学生健康体检管理办法》，进一步加强中小学生健康体检管理，增加体育锻炼时长，脊柱检查被纳入中小学生体检。

儿童青少年心理健康工作是健康中国建设的重要内容。近年来，先后印发《中小学心理健康教育指导纲要》《中小学德育工作指南》等文件，明确将心理健康教育纳入德育工作内容，指导各地各校全面推进心理健康教育。2019年发布的《健康中国行动——儿童青少年心理健康行动方案（2019—2022年）》要求全国各地积极开展心理健康宣传，营造有利于儿童心理健康的环境。同时提出到2022年底，各级各类学校要建立心理服务平台或依

托校医等人员开展学生心理健康服务，学前教育、特殊教育机构要配备专兼职心理健康教育教师。通过"国培计划""省培计划"培训了1万多名国家级骨干教师，同时对农村边远地区、贫困地区或者经济欠发达地区专门培训了10万名体育教师，这就是"1+10"的模式，为脱贫地区提升中小学体育水平和儿童发展水平提供教师资源保障。

值得关注的是，"双减"落地同样需要与儿童的身心健康密切联系。手机、睡眠、读物、作业、体质是切实关系未成年人健康成长的5个方面，是未成年人成长过程中面临的具体现实问题。早在2021年初，教育部就先后印发5个专门通知，对中小学生手机、睡眠、阅读、作业、体质管理提出了规定性要求，营造有利于学生健康成长的环境，解决广大家长急难愁盼问题，为"双减"的深入开展奠定了坚实基础。2021年8月30日，从教育部新闻发布会获悉，国务院教育督导委员会办公室关于"五项管理"的问卷显示，在我国中小学中仍有38%的学生的就寝时间晚于规定要求，高达67%的中小学生睡眠时间不达标。儿童健康发展是一项重要的"未来工程"，需要持续努力，久久为功。中国儿童健康发展永远在路上！

七　依法带娃：家庭教育的政策"牛"年

2021年是中国家庭教育的政策"牛"年，可谓家庭教育发展史上最强的政策年。这一年，酝酿十年的家庭教育法制化成为现实，家庭教育挑战和问题得到有效缓解，家庭教育指导工作内容得到极大丰富，家校合作更深一层，家国同构展现新貌。2021年，《中共中央关于制定国民经济和社会发展第十四个五年规划和二〇三五年远景目标的建议》将"十四五"的家庭建设任务确定为"以建设文明家庭、实施科学家教、传承优良家风为重点，深入实施家家幸福安康工程；构建覆盖城乡的家庭教育指导服务体系；健全学校家庭社会协同育人机制；充分发挥家庭家教家风在基层社会治理中的作用"。在协同育人策略上，"十四五"规划强调加强家校合作，促进家访制度化和常态化；在中小学、幼儿园、社区建立家长委员会，加强对家庭教育的宣传和实践；发挥共青团、少先队、妇联、科协、关工委等多种形式的教育功能，形成学校、家庭、社会协同育人的格局。文件条条指向家庭教育的高质量发展目标，充分显示了国家对家庭教育的重视，也体现了未来教育的一个重要发展趋势。

《中华人民共和国家庭教育促进法》的出台是在家庭教育发展中具里程碑意义的事件，家庭教育从"家事"上升到"国事"，中国家庭教育进入"依法育儿"时代。从基础调研到立法规划，经历多次审议，可谓"十年磨一剑"。《中华人民共和国家庭教育促进法》共包含六章五十五条，从家庭责任、国家支持、社会协同、法律责任对相关方面进行了划分和规定。其中明确规定："家庭教育以立德树人为根本任务，培育和践行社会主义核心价值观，弘扬中华民族优秀传统文化、革命文化、社会主义先进文化，促进未成年人健康成长。""未成年人的父母或者其他监护人负责实施家庭教育。国家和社会为家庭教育提供指导、支持和服务"，家长必须自觉承担起"对未成年人实施家庭教育的主体责任，用正确思想、方法和行为教育未成年人养成良好思想、品行和习惯。"《中华人民共和国家庭教育促进法》对依法教育、依法养育、依法带娃做出一系列明确的法律规定，同时提出家长当合理运用家庭教育的方式方法，如亲自养育、共同参与、相机而教、潜移默化、严慈相济、尊重差异、平等交流、相互促进、全面发展。

2021年9月，国务院印发《中国儿童发展纲要（2021—2030年）》（以下简称《纲要》），增设"儿童与家庭""儿童与安全"两个新领域，提出儿童享有更加和谐友好的家庭和社会环境，在新增的"儿童与家庭"领域，《纲要》提出立德树人、保障儿童权利、落实监护人责任、培养好家风、增强亲子互动、基本建成覆盖城乡的家庭教育指导服务体系、基本形成支持家庭生育养育教育的法律法规政策体系、提升家庭领域理论和实践研究水平等八项主要目标。2021年7月，中宣部、中央文明办等部门联合印发《关于进一步加强家庭家教家风建设的实施意见》，指出要加强习近平总书记关于注重家庭家教家风建设重要论述的学习宣传，让新时代家庭观成为亿万家庭日用而不觉的道德规范和行为准则，以建设文明家庭、实施科学家

教、传承优良家风为重点，推动家庭家教家风建设高质量发展。

2021 年 10 月，国家发展改革委、教育部等 23 个部门联合印发《关于推进儿童友好城市建设的指导意见》，提出推进家庭家教家风建设。深入实施家家幸福安康工程，创建文明之家、实施科学家庭教育、传承良好家风。构建家校社协同育人体系，加强家庭教育指导服务，增强家庭监护责任意识和能力，建立良好亲子关系，培养儿童良好思想品行和生活习惯。2021 年 6 月，新修订的《未成年人保护法》开始实施，继续将"家庭保护"放在首位，并细化了家庭监护职责，新增了"听取未成年人的意见"等原则，首次系统全面阐述了父母或其他监护人的监护职责及禁止行为。家庭教育工作的新格局初步形成，桩桩件件都旨在用不同形式指导父母"把爱带回家"，全方位呵护未成年人健康成长。家庭的幸福、家校的和谐、孩子的获得感，将成为对 2021 年家庭教育政策与法规实际效果的最为热切的期待。

构建覆盖城乡的家庭教育指导服务体系是未来一个时期中国儿童发展的重要工程。从整体上看，"十四五"规划更注重组织模式、教育资源和教育网络的构建，致力于全面建成农村地区的家庭教育辅导服务系统；计划在 2025~2030 年，以制度建设、水平提升、素质提升为主要内容，构建起较为完善的城乡一体化的家庭教育辅导服务体系。在政府和教育行政部门指导下，依据系统论的思想，从地理空间（实体空间）、网络空间（虚拟空间）两个维度，设计建立国家、省级、地市、区县、学校"五级"家庭教育指导服务体系，教育行政部门特别是家庭教育科学研究机构研究和确定"覆盖城乡"的内涵、标准、路径和策略，明确责任者、时间表和路线图。鼓励地区、学校、社区开展家庭教育指导服务实验，设立家庭教育服务试点。

家庭教育指导服务体系作为一个整体的系统，涵盖家庭教育知识普及、理论学习、方法指导和资源服务。"乡"本身就是一种社会关系的存在，"乡"更多地与家庭、家族、宗族紧密相关——这也正是乡村振兴和乡村家庭教育发展最为宝贵的社会文化资源和中国化制度源头。乡村家庭教育指导服务体系是城乡家庭教育指导服务体系不可缺少的重要组成部分，是一项前无古人的开创性事业，对于家庭教育、家庭建设和乡村振兴具有重要的支撑、保障和促进作用。

必须指出，城乡家庭教育发展不平衡不充分的矛盾十分突出。从系统视角分析，乡村家庭教育指导服务体系建设既存在系统性问题，也存在深层次问题，主要表现是组织能力、支撑能力、保障能力、服务能力不足，体制机制性障碍深刻存在，极大地限制了乡村家庭教育发展和水平提升。乡村家庭教育指导服务体系最为缺乏的是组织系统和组织能力。组织系统的边缘化导致家庭教育特别是乡村家庭教育的边缘化。北京师范大学中国基础教育质量监测协同创新中心主持了全国哲学社会科学重大课题"新时代我国家庭教育指导服务体系构建研究"，全国九省区市教育与妇联部门27万多人参加的课题调查表明，平均有38.2%的被调查者认为缺少专门的家庭教育领导组织机构；平均75.5%的参与者认为家庭教育经费不足，最严重的一个地区认为经费不足者高达93.3%。在九省区市中，平均只有61.4%的地区建立了家庭教育指导队伍，依然有近40%的区域没有家庭教育指导队伍，其中部分省市这一数字高达50.6%，这种情况需要迅速加以改变。

（一）实现城乡家庭教育服务体系一体化发展

家庭教育指导服务体系是一个系统工程，对于家庭教育发展、家长能力提升和儿童未来发展都具有战略性深远影响，必须加强系统思维和顶层设计。从国家层面分析，城乡家庭教育指导服务是一个大体系、大系统。未来中国城乡家庭教育指导服务体系将更加体现一体化设计、一体化建设和一体化管理的特点，形成城乡一体、协同协作、科学有力、全领域全覆盖的现代化家庭教育指导体系。

1. 一体化设计

城乡一体化是中国现代化和城市化发展的一个新阶段。家庭教育服务体系要在发展规划、目标设计、功能设计、制度设计上体现城乡一体化的新特点、新趋势和新要求。

2. 中华人民共和国一体化建设

《中华人民共和国家庭教育促进法》规定："省级以上人民政府应当组织有关部门统筹建设家庭教育信息共享服务平台，开设公益性网上家长学校和网络课程，开通服务热线，提供线上家庭教育指导服务。"这就要求家庭教育指导资源库、专家库和人才培养等方面实现城乡一体化建设，真正实现覆盖城乡，面向城乡所有家长和儿童，实现全员、全过程、全生命周期的指导服务。

3. 一体化管理

城乡家庭教育指导服务体系一体化管理的基本设想是，在一个县或一个地级市要明确家庭教育管理体制，由妇联或教育行政部门进行统一管理。避免政出多门、多头管理，造成管理资源浪费。更为重要的是，要对城乡家庭教育指导服务机构实行统一监管、治理和人员指导培训。

（二）实现乡村家庭教育服务体系的数字化发展

构建现代化家庭教育服务体系需要理论创新、内容创新、方法手段和工具创新。《中国互联网络发展状况统计报告》的数据显示，截至 2020 年 12 月，我国网民规模达 9.89 亿人，互联网普及率达 70.4%。其中，农村网民规模为 3.09 亿人，农村地区互联网普及率为 55.9%。贫困村通光纤比例达 98%，全国中小学（含教学点）互联网接入率达 99.7%。要充分利用信息化、网络化时代的技术优势，加速乡村家庭教育指导服务体系手段创新和工具创新。运用新媒体、融媒体方式，构建体现现代化理念、现代化内容、现代化手段与方式的乡村家庭教育指导服务新样态，提升服务的精准度和增强服务的科学性、有效性，更好地服务于乡村家庭、乡村家长和乡村儿童发展。

（三）实现乡村家庭教育服务体系特色化发展

中国地域广阔、文化多样，乡村经济水平、建设能力及发展水平存在较大差异，乡村建设要在一体化的基础上，体现乡村视角、乡村需要、乡村特点，构建具有中国乡村特点、地域特色、多样化、个性化的家庭指导服务体系，进行乡村社会治理、促进文化传承和提升家庭教育质量势在必行。无论是全国，还是乡村，90后家长已经成为新一代家长。其教育水平、文化素养、时代特征与上一代迥然不同，他们是网络时代的原住民，更容易接受现代技术、现代知识和现代文化。中国教育学会组织的一份有关亲子关系的调查表明："家长受教育程度越高，认可通过自学、专业人士指导来学习家庭教育知识的比例显然越高。"在乡村振兴和中华文化复兴的大背景下，他们更易于接受中华优秀传统家庭教育文化，同时也更多地体现时代化、特色化和个性化趋势。

八　教育创生：地方好做法层出不穷

群众有没有获得感是检验一项政策成效的最终标准。教育政策的生命力在于落实，落实关键在于精准，精准即需因地制宜，既要杜绝上热下冷的落实"温差"、避免"下面的歪嘴和尚念歪了经"，又要逐层细化，力求产生实效。2021年，各地教育部门深刻领悟中央精神，结合本地区实际，创生出一系列的地方好做法，为教育政策的落地提供了一个又一个的鲜活样本。

幼小衔接助力"双减"落地生花。江苏省泰州市海陵区以学段衔接为抓手推动语文教学质量提升。海陵区深化教学改革，统筹各年级、各学段知识体系，通过"一年级课堂常规展示""游戏化拼音教学""拼音节""多识字，早阅读"等活动引导学生从幼儿园到一年级的自然过渡、科学衔接、双向衔接；通过中年级段"起步作文"示范课、"整本书阅读"展示课让学生课内习得阅读方法，并迁移运用，完整表达内心感受；通过"单元整体教学"的研究，探索小学和初中衔接的基本模式和方法，构建幼小衔接、学段衔接的语文教学体系。为贯彻落实《山东省教育厅关于印发〈山东省幼儿园与小学科学衔接实施方案〉的通知》（鲁教基字〔2021〕4号）和《关于印发〈潍坊市幼儿园与小学科学衔接实施方案〉的通知》（潍教函〔2021〕105号）精神，潍坊市寒亭区组织开展了"联动教研、三向衔接"

专题系列活动，以确立的 5 对幼小衔接示范园、校为中心，每月下旬召开一次碰头会，了解工作推进情况，不断发现问题、调整目标和措施。区教育和体育局将师资培训作为推动幼小衔接的重点，以此来帮助教师改变理念，提升教师科学衔接的能力。依托学前教育中心教研组及小学各学科名师工作室开展了多层面的幼小衔接培训活动。前期，组织各小学、幼儿园教师开展为期 2 天的幼小衔接专题培训，全区小学校长、幼儿园园长及中层以上干部、一年级和幼儿园骨干教师等 500 余人参加，努力引领学校、幼儿园科学衔接，提升专业水平。绵竹市第二示范幼儿园幼小科学衔接课题组经过精心设计、分层规划，由行政、骨干教师领衔，纳入成熟期、成长期不同层面的教师，组建了六大项目研究小组，以期深化幼小科学衔接课程改革，全面系统推进课题研究，促幼小科学衔接有效落实。各项目组在课题领导小组的统筹安排下，以儿童为中心，以问题为导向，以《幼儿园入学准备教育指导要点》为引领，制定了详尽的研究方案，细化阶段研究目标、人员分工与研究措施。理论学习、观摩研讨、巡诊调研、课程故事分享、主题沙龙、视频微课研究……在线上线下不同主题、不同形式的研究活动中，教师们积极参与、深入思考、热烈讨论、献言献策，小组间协同合作，形成研究共同体，持续探究幼小科学衔接的方法、策略、路径、模式等，为本区域幼小科学衔接提供可推广、可复制、可借鉴的幼小科学衔接"二幼"经验。

中小学生课后服务作为推动"双减"落地的重要策略，是一项教育民生工程，是促进学生全面健康成长、有效减轻家长负担的重要举措。北京市按照国家"双减"的要求，积极探索学校内外的双向稳步发展，2022 年前，家庭负担、课外培训、家庭教育和父母的对应负担得到有效缓解，人民的教育满意度得到了明显的提高。坚持首善标准，不仅要"治乱、减负、防风险"，更要"改革、转型、促提升"，逐条逐项抓好落实。学校要尽可能多地引入课外活动；引导优秀的社会资源和优秀教师有机加入课外活动，充分利用少年宫、青少年活动中心等课外活动场地的功能；加强网上免费教育，建设"双师课堂"，为学生发展提供优质资源和成长空间。

在推动课后服务全覆盖方面，浙江省金华市自 2018 年起，全面推行小学课后服务，建立小学网络报名平台，按照"家长申请、班级初审、学校核准、统筹安排"步骤统一实施，家长可在手机上完成在线查询、申请、选班等工作。目前，全市392所小学均开展课后服务，参加学生27.5万余名，占学生总数的72.3%；参与课后服务教职工1.9万名，占教职工总数的91.3%。2020年以来，全市从校外辅导机构"回流"学生11万余名。用体育强健体魄，用美育陶冶情操，用劳动磨炼品质……这些是与"双减"政策相呼应的有力加持。在提高课后服务质量方面，湖北省红安县指导全县各小学在教育局规定的"1+1+1+2"（即每周一次学生答疑加心理辅导、一次阳光体操、一次小小红色讲解员宣讲和两次社团活动）模式基础上，一校一策开展课后服务。各学校共建立了涵盖书法、剪纸、国画、戏曲、武术等在内的72个课后兴趣班，并利用革命老区红色资源，培养小小红色讲解员，组织学生讲述党史故事和革命先烈故事。山东省教育厅启动普通中小学强课提质行动，以课改带教改提质量，计划用三年努力，构建起优秀课程资源、师资支撑体系和健全的制度环境，营造出良好教学改革局面；上海市教委发布《义务教育项目化学习三年行动计划（2020—2022年）》，利用活动项目、学科项目、跨学科项目来促进义务教育学校教与学方式变革。以切实落实要求见责任、以创新落实方法见情怀，确保"双减"落地见效、真正促进学生身心健康发展。

儿童教育一端连接着万千家庭的期望，一端关乎国家发展的前途命运。稳中求进的2021年，儿童教育在目标上更坚定，在行动上更公平，在质量上更深化，在生态上更可持续。从家庭到学校、从政府到社会，都在为孩子们的安全健康、成长成才保驾护航。面向未来，既要打好"双减"攻坚战，更要打好提升教育质量的持久战，深入推进学前教育普及普惠科学发展，全力推进义务教育优质均衡高质量发展，加快推动普通高中特色多样发展，全面提高教育教学质量和儿童教育发展水平，创新拓展新的教育经验及模式等依然是教育发展的阶段性主题，基础教育将始终为建设高质量教育体系的宏伟蓝图目标、为全面建设社会主义现代化国家积蓄力量。

B.3
2021年中国儿童福利工作
发展状况分析报告

倪春霞　褚晓瑛　刘根盈　李超群*

摘　要： 2021年是开启未成年人保护新格局的起步之年，也是推进儿童福利事业高质量发展的规划之年。本文全景展现2021年儿童福利和未成年人保护工作的发展情况，对加强顶层设计、完善儿童福利保障制度、健全未成年人保护工作机制等做宏观透视，对儿童福利和未成年人保护工作在实践中所存在的困难和问题做梳理检视，结合"护童成长"项目开展地区的实际情况做微观聚焦。在此基础上就下一步工作提出对策建议，完善儿童福利法律制度体系建设，推进四级关爱服务平台建设，优化儿童福利服务体系建设等。

关键词： 儿童　未成年人　儿童福利　未成年人保护

　　2021年我国儿童福利和未成年人保护工作得到全面加强，未成年人保护协调机制加快构建，儿童福利机构优化提质和创新转型加速布局，儿童福利领域民生保障水平不断提高，精准化管理和精细化服务持续发力，儿童保障对象和广大未成年人的获得感、幸福感、安全感不断增强。

---

* 倪春霞，中国儿童福利和收养中心主任；褚晓瑛，中国儿童福利和收养中心副主任；刘根盈，中国儿童福利和收养中心儿童福利部副主任；李超群，中国儿童福利和收养中心儿童福利部职员。

一 儿童福利和保护工作现状

（一）加强顶层设计

1. 注重规划引领

儿童福利和未成年人保护事业被纳入国家宏观规划，统筹全局、重点突破，以高水平规划引领民政事业高质量发展；加强总体性指引，强化对地方编制专项规划的指导，确保上下贯通、条块衔接。《中华人民共和国国民经济和社会发展第十四个五年规划和2035年远景目标纲要》专设"保障妇女未成年人和残疾人基本权益"章节，提出"加强困境儿童分类保障，完善农村留守儿童关爱服务体系，健全孤儿和事实无人抚养儿童保障机制"。《中国儿童发展纲要（2021—2030年）》分别就健康、安全、教育、福利、家庭、环境、法律保护等七大发展领域提出主要目标和发展措施，针对孤儿、留守儿童和困境儿童等重点人群进行专门规定。

民政部对标2035年国家基本实现社会主义现代化远景目标，在《"十四五"民政事业发展规划》中围绕提升儿童福利保障水平、健全未成年人保护体系、加强困境儿童保障和留守儿童关爱等明确重点任务和主要举措，提出一系列发展目标。在"十四五"时期民政事业主要发展指标中设定2025年乡镇（街道）未成年人保护工作站覆盖率达到50%。在未成年人保护能力建设工程专栏中，提出到2025年底，实现地级未成年人救助保护机构全覆盖、县级未成年人救助保护机构覆盖率总体达到75%、乡镇（街道）未成年人保护工作站或工作专干全覆盖、村（居）儿童主任培训参训率达到100%。聚焦健全未成年人保护体系建设，以更高的目标加上更实的措施进行部署，加强设施建设，提升服务能力。

各地顺势而为，截至2021年底，已有15个省（区、市）启动儿童福利和未成年人保护事业专项规划编制工作，其中浙江、江西、湖北、广西和重庆等地已正式发布相关规划，① 提前对"十四五"期间的儿童福利和未成年人保护工作进行安排，将儿童福利和未成年人保护工作作为重点的基本民生工程和优先发展事项，确立发展目标，确定主要任务。以浙江和江西为例，两省所定的主要发展指标更为具体和具有可比性，体现发展性和可持续性的特点（见表1、表2）。

表1 "十四五"时期浙江省儿童福利事业主要发展指标

主要指标	2020年实际值	2022年目标值	2025年目标值
集中供养孤儿基本生活最低养育标准(元/年)	18000	21000	25000
区域性儿童福利机构数量(个)	6	9	11
未成年人救助保护中心实体化运行率(%)	30	70	100
乡镇(街道)未成年人保护工作站覆盖率(%)	0	30	70
建有示范性儿童之家的乡镇(街道)占比(%)	60	80	100
县(市、区)至少拥有儿童服务类社会组织数(个)	1	3	5

表2 "十四五"时期江西省儿童福利事业主要发展指标

主要指标	2020年实际值	2025年目标值	指标属性
农村留守儿童数量(万人)	60.16	40	预期性
儿童类社会组织数量(个)	110	220	预期性
设区市儿童福利机构独立设置率(%)	46	100	约束性
儿童福利机构残疾儿童定点康复机构设置率(%)	33	100	约束性
儿童福利机构"养治教康+社工服务"覆盖率(%)	43	100	约束性
未成年人救助保护机构数量(个)	88	110	预期性
村(居)儿童主任覆盖率(%)	95	100	约束性
村(居)儿童关爱服务场所覆盖率(%)	38	60	约束性
乡镇(街道)未成年人保护工作站覆盖率(%)		50	预期性

2. 强化法律支撑

《中华人民共和国民法典》（以下简称《民法典》）的颁布施行和《中华人民共和国未成年人保护法》（以下简称《未成年人保护法》）的修订施

---

① 张柳、张央、郑红、申平康：《年度盘点｜"十四五"开局之年儿童保护工作机制取得突破性进展》，2022年1月17日，https://www.sohu.com/a/516603599_120063265。

行，从基础性、综合性法律的高度赋予民政部门实施国家兜底监护、牵头协调未成年人保护、针对困境未成年人实施分类保障等法定职责，为儿童福利和未成年人保护事业发展提供了强有力的法律保障。贵州、上海等地及时启动地方配套法规修改工作，对省级层面未成年人保护条例进行修订，固化经验成果，尝试政策突破，形成地方特色。贵州率先修订《贵州省未成年人保护条例》，该条例已于 2021 年 9 月 1 日起正式施行。《上海市未成年人保护条例》修订案已表决通过并于 2022 年 3 月 1 日起施行。

3. 加强政策供给

为做好未成年人救助保护、农村留守儿童关爱服务、儿童福利机构高质量发展、孤儿及事实无人抚养儿童保障等工作，民政部强化政策设计，将法律规定具象化为看得见摸得着的政策保护。通过出台工作意见、下发工作通知的形式，提出具体要求，给出政策指引，为儿童福利和未成年人保护事业发展提供政策铺垫。

（二）完善儿童福利保障制度

1. 保障范畴不断拓展

《关于做好因突发事件影响造成监护缺失未成年人救助保护工作的意见》（民发〔2021〕5 号），细化和实化《民法典》《未成年人保护法》相关规定，将因突发事件影响造成监护缺失的未成年人纳入制度化救助保护范围。《民政部关于印发〈特困人员认定办法〉的通知》（民发〔2021〕43号），明确规定"特困人员中的未成年人，可继续享有救助供养待遇至 18周岁"及"年满 18 周岁仍在接受义务教育或者在普通高中、中等职业学校就读的，可继续享有救助供养待遇"。放宽特困人员救助供养制度所覆盖的未成年人范围，从 16 周岁延长至 18 周岁及在读期间。供养时间延长，结合已在实施的针对特困人员救助供养金与事实无人抚养儿童基本生活补贴标准实行补差发放措施，从紧要问题和切身利益入手，切实加强对该类儿童群体的基本生活权益保障，实现福利政策的兼容和打通，成为此次修订《特困人员认定办法》的一大政策亮点。

2.保障水平不断提高

精准聚焦儿童福利服务对象的现实需求，健全孤儿和事实无人抚养儿童基本生活保障制度，完善动态调整机制，提高孤儿、事实无人抚养儿童和艾滋病病毒感染儿童的基本生活保障水平，提标扩面逐年实现。《国家发展改革委等部门关于进一步健全社会救助和保障标准与物价上涨挂钩联动机制的通知》（发改价格〔2021〕1553 号）正式纳入孤儿、事实无人抚养儿童和艾滋病病毒感染儿童等三类儿童群体，进一步扩大价格补贴联动机制保障范围，做到"应补尽补"。做够做足优先安排和特殊保障，落实落细自然增长机制和价格补贴联动机制，确保孤儿和事实无人抚养儿童的基本生活标准不断提高。2021 年，全国机构集中养育孤儿和社会散居孤儿生活费平均标准分别为 1655.1 元/（人·月）和 1225.2 元/（人·月），较 2020 年分别增长 5.62% 和 7.47%（见图 1）。事实无人抚养儿童生活费平均保障标准为 1206.6 元/（人·月），较 2020 年增长 5.8%。[①]

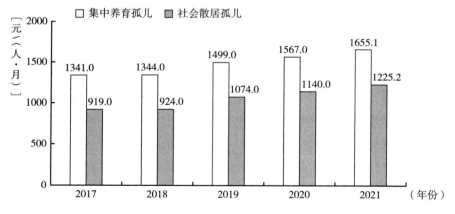

图 1　2017~2021 年孤儿保障标准

资料来源：2017~2020 年数据来自《中国儿童发展报告（2020）》《中国儿童发展报告（2021）》的相关年份中国儿童福利工作发展状况分析。2021 年数据来自翟倩：《共同守护祖国的未来和希望——2021 年儿童福利和未成年人保护工作综述》，2021 年 12 月 16 日，http://www.mca.gov.cn/article/xw/mtbd/202112/20211200038612.shtml。

[①]　翟倩：《共同守护祖国的未来和希望——2021 年儿童福利和未成年人保护工作综述》，2021 年 12 月 16 日，http://www.mca.gov.cn/article/xw/mtbd/202112/20211200038612.shtml。

（1）继续做好孤儿和事实无人抚养儿童医疗保障工作。一是推动各地强化资源整合，构建综合保障，加强各类儿童医疗保障政策的互补衔接，先行先试，推出具有本地属性的工作尝试。广东省民政厅联合省卫生健康委印发《关于建立儿童福利机构孤残儿童省级医疗救治"绿色通道"的通知》，规范"联系—转诊转院—陪护—出院"的实施流程，为罹患急危重症疾病的孤儿（含事实无人抚养儿童）提供全过程就医关照。甘肃省民政厅下发《关于进一步做好孤儿和事实无人抚养儿童医疗保险参保相关工作的通知》，将民政部门认定的孤儿和事实无人抚养儿童纳入基本医疗保障覆盖范围，实施参保全额资助。二是各地主动担当作为，加大资源统筹力度，千方百计确保"孤儿医疗康复明天计划"（以下简称"明天计划"）项目有效开展。宁夏民政厅印发《宁夏"孤儿医疗康复明天计划"项目实施细则》，继续提质扩面，将困境儿童拓展为"明天计划"项目医疗康复资助对象，资助范围包括诊疗费用、康复费用和住院服务费等相关费用，已资助299名该类儿童。三是中国儿童福利和收养中心积极引入慈善资源，搭建对接平台，联合爱佑慈善基金会推出孤儿医疗康复救助专项活动，为疑难重症患儿建立跨省就医绿色通道，2021年下半年来为56名来自广西、四川等12个省份的孤儿实施医疗救助。

（2）继续做好残疾儿童康复救助工作。一是做好成熟项目实施。"明天计划"项目历来重视康复和矫治工作，由脑瘫康复向综合康复拓展，增加语言训练和心理康复等资助内容，突出重点，有针对性地做好0~6岁孤残儿童抢救性康复和早期干预。通过实施中央财政支持社会组织参与社会服务项目，资助中国心胸血管麻醉学会在藏族居住区开展孤残儿童康复救助服务活动，共筛查93名儿童，在当地治疗康复20名，安排6名特需儿童来京接受手术及康复。二是加强与残联部门合作。2021年10月28日，《中国残联 民政部 国家卫生健康委关于印发〈残疾儿童康复救助定点服务机构协议管理实施办法（试行）〉的通知》，再次明确民政部门在加强和规范残疾儿童康复救助定点服务机构管理工作中的职责，特别规定将符合条件的儿童福利机构纳入残疾儿童康复救助定点服务机构。在前期试点工作基础上，及

时将好的经验和做法上升为全国政策，为各地儿童福利机构及机构内残疾儿童进入康复救助工作体系和服务网络提供制度保障。三是强化服务输出。充分发挥儿童福利机构在专业技术和管理理念方面的传统优势，开门办院，辐射社区，为机构外残疾儿童、困境儿童提供康复服务和优质资源，惠及更多残疾儿童。

（3）继续做好孤儿和事实无人抚养儿童教育保障工作。一是加大政策组合力度，为孤儿和事实无人抚养儿童从学前教育到高等教育进行全链条帮扶资助。民政部继续在彩票公益金补助地方项目资金的使用分配上采取全面倾斜措施，全力实施"福彩圆梦·孤儿助学工程"教育资助政策，2021年共安排2.67亿元资金，惠及2.67万名在校学生。① 二是各级民政部门借助开展"我为群众办实事"活动契机，将事实无人抚养儿童助学工作作为重要内容，进行重点安排，扩大助学政策受益面，为事实无人抚养儿童接受中高等教育提供持续性帮扶。民政部于2021年5月组织实施"事实无人抚养儿童助学工程"，通过协调中华少年儿童慈善救助基金会筹集资金，面向西藏和四川、云南等涉藏省份的事实无人抚养儿童开展定向助学工作。截至2021年9月1日，已为首批414名符合条件的事实无人抚养儿童按照每人6000元的标准发放助学金。山东省民政厅自2021年秋季学年起，在全省全面推开"事实无人抚养儿童助学工程"，按照每人每学年1万元的标准发放助学金，同时积极争取将助学工程资金列入财政预算。广西民政厅资助170名事实无人抚养儿童，并从2022年起将事实无人抚养儿童的助学帮扶纳入自治区福利彩票公益助学活动范围。云南省民政厅利用省级彩票公益金，按照每人一次性2000元的标准开展助学工作。各地在前期工作基础上，强化资金统筹和长效机制建立，变临时性资助为制度化帮扶。

3. 保障内容不断丰富

在工作模式上从基本生活保障延伸到综合关爱服务，在工作理念上从主

---

① 翟倩：《共同守护祖国的未来和希望——2021年儿童福利和未成年人保护工作综述》，2021年12月16日，http://www.mca.gov.cn/article/xw/mtbd/202112/20211200038612.shtml。

要关注儿童的生存困难扩展到有效面对儿童监护困境问题。对内通过提升儿童福利机构、未成年人救助保护机构专业水平，对外通过发挥社会组织专业优势，强化机构和社会力量的协同参与，为孤儿、留守儿童、事实无人抚养儿童等保障对象提供心理疏导、情感抚慰等专业服务。《民政部办公厅关于印发〈2021年中央财政支持社会组织参与社会服务项目实施方案〉的通知》（民办函〔2021〕48号）所列资助范围包括涉及未成年人案件中针对未成年人的心理干预和教育矫治等具体服务，以及面向社会散居孤儿、事实无人抚养儿童、农村留守儿童、困境儿童等特殊儿童群体及其家庭开展心理健康服务、行为矫治、社会融入、家庭关系调适等个性化服务，且占有较大比重。通过部级立项安排，强化购买服务方向示范引导，发挥中央财政支持倍增效应，引入更多社会资源参与，扩大心理疏导、社会适应、家庭融合等非物质性帮扶项目供应。

4. 推进儿童福利机构高质量发展

儿童福利机构是民政部门服务和保障孤弃儿童养育、治疗、教育、康复和安置的重要阵地，也是开展儿童福利机构特需儿童助医助学工作和社会工作服务的主要载体，各级民政部门高度重视儿童福利机构的固本强基和优化提质。《关于进一步推进儿童福利机构优化提质和创新转型高质量发展的意见》（民发〔2021〕44号）既是前期探索经验的集大成者，也是后续实践的纲领性文件，确定总体思路，明确主要目标，针对如何就优化提质和创新转型进行分类推进做出全盘规划，并对强化保障措施提出具体要求。优化提质和创新转型齐头推进，成为国家孤儿养育工作的一次重大调整，实现历史性跨越。

针对儿童福利机构进行布局优化，一是坚持问题导向，统筹解决儿童福利工作中带有普遍性的问题。儿童福利机构资源相对过剩和未成年人救助保护机构资源明显短缺并存。如图2所示，孤儿数量逐年减少，趋势固定，特别是儿童福利机构集中养育孤儿仅有5.4万人（2021年三季度民政统计数据），而"全国市级以上儿童福利机构共有床位数8.3万张"，且"全国县级儿童福利机构881家"，"近70%的县级儿童福利机构养育儿童不到10

图 2　2014~2021 年孤儿数量

资料来源：2014~2020 年为各年四季度民政统计数据，2021 年为三季度民政统计数据。

人"，资源闲置情况突出。① 基层未成年人救助保护机构不平衡不充分不专业发展现状，同广大未成年人对美好生活的向往以及《民法典》《未成年人保护法》赋予民政部门的职责期许之间存在较大落差，亟须在机构铺设和能力建设方面补齐弱项。二是坚持存量盘整，分类施策互有侧重。针对省、地市级儿童福利机构，集中优质资源推进高质量发展。针对县级儿童福利机构，充分发挥其覆盖面广的空间优势和从事儿童养育工作人员的人力资源优势，转型设置为相对独立的未成年人救助保护机构，成为加强未成年人保护工作重要的基层平台和工作触角。

5. 优化事实无人抚养儿童认定程序

事实无人抚养儿童保障制度是一个带有温度的制度安排，认定标准经过2020 年的两次扩容，截至 2020 年底，被纳入政策覆盖范畴的共有 25.3 万名，2021 年底则有 27.4 万名，增长 8.3%。② 通过国家保障的形式，给予事

① 《民政部举行儿童福利机构优化提质和创新转型工作专题新闻发布会》，2021 年 5 月 25 日，http：//www.gov.cn/xinwen/2021-05/25/content_ 5612129. htm。

② 翟倩《共同守护祖国的未来和希望——2021 年儿童福利和未成年人保护工作综述》，2021 年 12 月 16 日，http：//www.mca.gov.cn/article/xw/mtbd/202112/20211200038612. shtml。文章原文为"截至目前，27.4 万名事实无人抚养儿童纳入国家保障"。

实无人抚养儿童及时、有效、全面的关爱与保护。

民政部从基层的实际困难和现实需求出发，重点解决在政策对象瞄准过程中凸显的失联认定困境。2021年1月25日，民政部举行2021年第一季度例行新闻发布会，对全国事实无人抚养儿童工作总体情况、优化父母失联认定程序和下一步工作措施做了详细说明。2021年2月2日，民政部召开全国事实无人抚养儿童"精细排查、精确认定、精准保障"工作推进（视频）会，部署推动下一步工作开展，明确工作原则，指明工作路径，为基层工作指路定向。

6. 规范儿童收养工作

一是加强政策理论和收养法律立法研究，推动修订《中国公民收养子女登记办法》。二是全面实施儿童收养评估制度。《收养评估办法（试行）》自2021年1月1日起施行，共17条，涵盖适用范围、工作原则、开展方式、实施主体条件、评估流程、报告报案情形、工作时限等基本内容，明确收养评估要求，压实民政部门监管责任，为依法开展收养评估工作提供基本依据。上海、江西和云南三地根据工作实际，分别制定《上海市收养评估实施办法》《江西省收养评估实施办法（试行）》《云南省收养评估实施细则（试行）》，充实完善收养评估的内容和流程，规范收养评估工作。中国儿童福利和收养中心主动寻找在国内收养领域的发力点和突破点，凭借自身在收养领域所积累的技术和行业经验，为北京、江西等地修订完善收养评估细则提供智力支持，主动承接北京市全域收养评估工作，受托承担河南、四川等11个省份部分市县收养评估工作，为全国收养评估工作发挥示范引领作用。三是开展儿童收养示范性培训。民政部于2021年5月在安徽召开全国儿童收养工作培训班。上海、河南、青海等地举行省（区、市）内收养工作培训班。通过系统培训，以训带建，提升依法履职能力，提高收养登记工作水平。

7. 提升儿童福利工作信息化水平

互联网成为推动儿童福利工作加快发展的重要抓手，优化升级全国儿童福利信息系统，创新"互联网+"在儿童福利领域的服务应用，解决群众关

心的急难愁盼问题和高频服务事项，着力推动相关政务服务跨地区、跨部门、跨层级协同办理。自 2021 年 6 月 30 日起，依托全国儿童福利信息系统在全国范围内全面实施孤儿、事实无人抚养儿童认定申请受理"跨省通办"工作，优化申请方式，规范办理流程，突破户籍地限制。实施当日上午，即成功办理全国首例认定。2021 年 9 月 1 日，民政一体化政务服务平台移动端"民政通"正式开通上线，"民政通"由 App 客户端、百度小程序和微信小程序三部分构成，内置儿童福利板块，提供未成年人寻亲公告在线查询和收养政策解答服务。

数据要素应用价值不断显现。民政部门在孤儿助学领域开展大数据应用，完整匹配服务对象需求，发挥数据要素支持作用，实现精准帮扶。继续推进部门间数据比对和信息共享，让数据多跑路，通过数字赋能实现"政策找人"，提升识别和保障的精准度，减少靶向不准和福利叠加现象。

8. 推进儿童福利基础研究

开展课题申报研究工作，强调应用型和前瞻性选题。2021 年已立项的民政部部级基础综合类和专项业务类课题分别包括"儿童家庭与社区支持福利体系建设研究"、"新时代儿童综合康复服务体系研究"和"跨国收养儿童权益保护问题研究"，向社会公开取经，深化对儿童福利和未成年人保护领域重要理论、重大政策、重要举措和重点难点问题的探索和研究。中国儿童福利和收养中心正在组织编写《中国未成年人保护发展报告（2022）》，旨在为推动儿童福利和未成年人保护事业实现新发展提供政策建议和决策参考。

推进儿童福利标准化建设，加快标准研究制定，加强标准宣贯实施，推动儿童福利相关业务工作专业化、本土化发展。《儿童福利机构社会工作服务规范》（MZ/T 167—2021）于 2021 年 3 月 11 日由民政部发布实施，为儿童福利机构开展全流程和闭环型的社会工作服务进行规范，对儿童福利机构的标准化建设和专业化发展具有重要指导意义。浙江省地方标准《孤困儿童管理与服务规范》（DB33/T 2285—2020）正式实施，为提升孤儿和困境儿童福利工作提供"浙江样本"。上海市儿童福利院团体标准《孤弃儿童保障服务规范》（T/CSCA 120042—2021）正式发布，在儿童福利行业团体标准方面尝试打造"上海品牌"。

9. 抓紧疫情防控和安全管理工作

一是持续做好新冠肺炎疫情防控工作。民政部于 2021 年 1 月 18 日召开全国养老服务和儿童福利服务机构冬春季疫情防控工作视频会议，对儿童福利领域疫情防控工作进行部署，要求各地制定实施方案，压实"四方责任"，落实"五有措施"。针对疫情散点多发变化情况，下发防控工作通知，开展疫情防控督促指导，不定期视频抽查。二是继续加强儿童福利领域安全管理。常态化开展重大风险防范化解工作，持续推进儿童福利机构消防安全专项整治三年行动，指导省级民政部门开展儿童福利领域服务机构安全检查。

（三）健全未成年人保护工作机制

1. 加强未成年人保护工作协调机制建设

建立未成年人保护协调机制，将民政部门牵头作用和各成员单位工作优势进行系统集成，是《未成年人保护法》重要的制度创新。在建立未成年人保护协调机制过程中，体现出了高位推进、自上而下全面铺开的鲜明特点。在国家层面成立国务院未成年人保护工作领导小组，并在地方层面实现省市县三级全覆盖。其中，省级分为 20 个未成年人保护工作领导小组（含新疆生产建设兵团）和 12 个未成年人保护工作委员会。各级民政部门依法承担协调机制办公室职能，各成员单位加强协调联动，初步形成上下贯通、左右衔接，纵向到底、横向到边的良好局面。

未成年人保护工作协调机制功能不断激活，国务院未成年人保护工作领导小组于 2021 年 5 月 28 日以视频形式召开第一次全体会议，审议通过《国务院未成年人保护工作领导小组关于加强未成年人保护工作的意见》，通过制发高规格政策文件的形式及时形成制度成果，为落实《未成年人保护法》和加强未成年人保护建立配套措施、提供政策引领。

2. 组织开展"未成年人保护工作宣传月"活动

民政部于 2021 年 4 月下发《关于开展"未成年人保护工作宣传月"活

动的通知》，对活动开展进行部署，明确指导思想，规定活动内容和宣传方式，提出工作要求。活动期间同步开展"书记县长话未保""传承历史、展望未来""为未成年人添翼"等系列活动。各地认真做好宣传月活动安排，按照通知要求丰富宣传载体，创新宣传形式，建立长效机制，宣传活动走上街头、下沉社区，确保宣贯活动的受众面和知晓度，在各个层面达成广泛共识，营造良好法治环境和舆论氛围。

为展现基层儿童福利工作者风采，中国儿童福利和收养中心组织开展"儿童主任的一天"征文活动，全国 26 个省（区、市）参与投稿 900 余篇，评选出 60 篇获奖作品。"中国儿童福利"微信公众号加大宣传力度，推送优质报道，编写原创文章，开设专题报道，开好"儿童主任小课堂"，讲好"儿童主任的一天"精彩事迹，增加公众对儿童福利以及儿童保护工作的认知与理解。

3. 加强四级关爱服务平台建设

一是强化未成年人保护资源配置力度。优化未成年人保护工作力量分布，打造市县乡村四级服务矩阵，未成年人保护工作有人员落实、有场所落实、有能力落实。明确分层分类功能定位，优化提质和创新转型并重，不断整合、盘活存量资源，加大未成年人关爱服务体系和服务平台建设。加强未成年人保护队伍建设，配齐配足基层工作力量，我国现有 5.5 万名儿童督导员和 66.7 万名儿童主任。[1] 眉山市继续加强在未成年人保护工作中的首创精神，建立"未保小组长"制度，将未成年人保护工作纳入全市网格化服务管理体系。二是加强业务培训和能力提升工作，提高专业化和职业化水平。2021 年 9 月 22~25 日，青海省民政厅举办首次儿童主任示范培训班，用三天的时间对 100 名优秀儿童主任开展法律、政策和实务培训，以点带面，加强全省儿童主任队伍建设，为儿童福利事业高质量发展筑牢一线基础。

---

[1] 翟倩：《共同守护祖国的未来和希望——2021 年儿童福利和未成年人保护工作综述》，2021 年 12 月 16 日，http://www.mca.gov.cn/article/xw/mtbd/202112/20211200038612.shtml。

4. 加强农村留守儿童关爱保护

民政部下发《关于加强寒假春节期间父母就地过年农村留守儿童关爱服务工作的通知》，从组织摸排底数和强化监护责任落实等六个方面做出具体部署，将父母就地过年的农村留守儿童作为关爱服务的重点对象，强化重要节点的兜底关爱力度。各地落实通知要求，采取切实措施，以接地气的政策惠及农村留守儿童，开展富有特色的关爱服务工作。哈尔滨市民政局"四个强化"、济南市民政局的"六个一"① 加大工作力度，创新工作方法，做实做细父母就地过年农村留守儿童关爱服务工作。

农村留守儿童关爱保护和困境儿童保障工作部际联席会议开展表彰工作。199个集体、400名同志分别获评为"全国农村留守儿童关爱保护和困境儿童保障工作先进集体""全国农村留守儿童关爱保护和困境儿童保障工作先进个人"②。通过表彰活动，发挥先进集体和优秀个人的示范带动作用，增强各地各部门各战线的责任感和使命感，推动农村留守儿童关爱保护和困境儿童保障工作取得更大进展，开创更新局面。

继续指导举办全国农村留守儿童关爱保护"百场宣讲进工地"活动。活动由民政部、国资委共同指导，中建集团主办，4年已开展400场，累计参与活动900余万人次。从家长端入手，开展专题宣讲，受众广泛，效果明显，增强和提高了一线务工人员监护意识和监护能力，成为农村留守儿童关爱保护品牌活动。2021年12月31日，2021年第100场宣讲活动以网络直播的形式在北京举行，在线观看超过300万人次。

继续做好"护童成长"——儿童关爱服务体系建设试点项目（以下简称"护童成长"项目）。"护童成长"项目由民政部和联合国儿童基金会合作开展，于2020年正式启动，为期三年，涉及4省9县。民政部儿童福利司

---

① 四个强化：强化摸底排查到位、强化监护责任落实、强化协同关爱帮扶、强化社会力量参与。六个一：建立一份信息台账、确定一名被委托照护人、发放一份政策清单、明确一名帮扶责任人、统一发布关爱服务热线、引导社会组织奉献一份爱心。

② 《关于表彰"全国农村留守儿童关爱保护和困境儿童保障工作先进集体和先进个人"的决定》（民发〔2021〕75号）。

于 2021 年 2 月 4 日在北京召开"护童成长"项目工作推进视频会。中国儿童福利和收养中心主办两期 2021 年"护童成长"项目儿童之家服务能力提升培训班，在南京召开全国"护童成长"项目基层儿童关爱保护服务体系建设经验交流会。项目所在省份也分别召开项目推进会。部省推动与县域实践双向互动，及时对项目开展情况进行总结分析，对已取得的经验进行提炼分享，紧扣"六个要素"①，稳步推进试点地区儿童关爱保护服务体系建设。

中国儿童福利和收养中心与中央广播电视总台社教节目中心合作编制以留守困境儿童为主体拍摄对象的专题系列节目《最后一公里的爱》和《爱笑的眼睛》，宣传留守困境儿童关爱工作推进情况，展现儿童主任履职尽责的正面形象，展示未成年人保护工作所取得的积极成效，获得良好社会效应，起到正面激励作用。

5. 开展全国未成年人保护示范创建工作

《民政部关于开展全国未成年人保护示范创建的通知》（民函〔2021〕68 号）就开展全国未成年人保护示范创建工作进行部署，针对总体要求、基本原则、创建范围和条件、创建程序、工作保障等进行明确规定，通过创建未成年人保护工作示范地区，发挥示范引领、典型带路、辐射带动作用，推动新时代未成年人保护工作高质量发展。2021 年 9 月 24 日，国务院未成年人保护工作领导小组办公室、民政部召开全国未成年人保护工作推进会暨示范创建动员部署会，进行再动员再部署。各地正高标准严要求稳步推进示范创建工作。

6. 配合做好"双减"工作

《民政部办公厅关于进一步加强校外培训机构登记管理的通知》（民办函〔2021〕55 号）、《教育部办公厅等三部门关于将面向义务教育阶段学生的学科类校外培训机构统一登记为非营利性机构的通知》（教监管厅〔2021〕1 号），共同明确民政部门在"双减"工作中所承担的工作职责，

---

① 具体指：一套协调机制、一个工作平台、一笔工作资金、一条服务热线、一支基层队伍、一个专家团队。

做好非营利性培训机构法人登记工作，严格审查、加强管理，构建教育良好生态，为落实"双减"工作贡献民政力量。

二 存在的困难和问题

在党中央、国务院的高度重视下，我国儿童福利和未成年人保护事业取得长足发展，但是老问题与新情况交织出现，新形势新挑战层出不穷，工作成效距离党和人民的要求仍然存在差距。在梳理检视这些困难和问题时，结合"护童成长"项目此前开展的基线调研情况，[①] 以小见大，对试点地区的现实图景做微观聚焦。

（一）协调机制有待加强

虽然各个层级的未成年人保护协调机制已广泛建立，但是民政牵头、部门协作的落地机制缺乏细节支撑，协调机制的核心功能发挥不充分，发现报告、应急处置、评估帮扶、监护干预联动响应机制运转不灵活，治理格局需要提升，治理路径需要畅通。

"护童成长"项目试点地区以往由民政部门牵头成立的农村留守儿童关爱保护和困境儿童保障工作联席会议制度的实行情况，存在明显不足。联席会议所开展的工作多以部门汇报儿童工作为主，各部门缺少横向联系，主要基于自身职责开展儿童关爱保护工作，民政部门在主动提出整体年度工作计划、提供问题解决方案、开展部门协调等方面缺少经验。随着县级未成年人保护协调机制的建立，不能再用以往的标准和惯性来开展未成年人保护工作，要避免职责不明、内容不清、保障不实、协调不力的老问题翻出新花样，尽快形成政府为主、民政牵头、多部门参与、社会组织补充的县级未成年人保护体系和工作机制。

[①] 由中国儿童福利和收养中心通过招标形式，聘请陕西妇女儿童发展基金会团队开展该调研工作，2021年7月完成《护童成长——儿童关爱服务体系建设试点项目基线调研报告》。

（二）工作模式有待调整

面向群体而非聚焦个体的传统工作模式面临挑战，无法有效应对更趋复杂和多元的儿童困境，特别是心理问题和监护困境相互激发导致劣势叠加，现有的救助方式欠缺解决新问题的弹性，效用不断递减，儿童福利的资源投放必须面对更多的未成年人保护需求，在应对思路上必须调整偏重物质救助的单维模式，综合考虑生理、心理和社会多重因素。

对 669 份有效回收的在校儿童调查问卷的统计显示，"护童成长"项目试点地区在校儿童最希望的变化，前三项依次为"和父母有更多的交流"（422，占比 63.1%）、"有人理解我"（358，占比 53.5%）、"不再担心被欺负"（271，40.5%），在家庭融入、社会交往等情感、心理方面的需求较为明显（见图 3）。

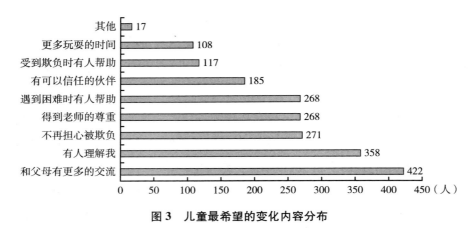

图 3　儿童最希望的变化内容分布

资料来源：《护童成长——儿童关爱服务体系建设试点项目基线调研报告》。

对 69 户困境儿童家庭的入户考察和单独访谈发现，困境儿童对以社工服务为主的家庭及社会（学校）融入、家长儿童保护意识增强、社会资源链接、心理疏导等个案服务需求依旧凸显，占比约为 30.0%（见图 4）。

"护童成长"项目试点地区的儿童对基本的保障性关爱以及以社工服务为主的发展性服务均存在较大需求。与此同时，针对儿童主任的调研情况也显示，儿童主任对父母讥讽、忽视儿童等非身体伤害情形，普遍存在问题意识不足、干预手段有限的情况。儿童主任针对重点儿童家庭的走访和关爱，也主要限于生活缺乏保障、身体遭受明显伤害的儿童，对于那些可能长期遭受"精神"伤害或者存在心理健康问题的儿童缺乏足够关注，缺少发现识别技巧。

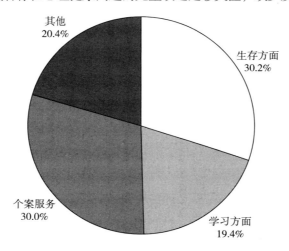

图4　困境儿童需求分布

资料来源：《护童成长——儿童关爱服务体系建设试点项目基线调研报告》。

注：生存方面：在家庭卫生状况、睡觉环境等方面需要改善和支持。学习方面：在学习环境、基本学习用品等方面需要改善和支持。

（三）队伍建设有待加强

一是基层服务体系不健全，功能发挥不完整。县级未成年人救助机构多属挂牌成立，缺少人员、场所、经费等实体要素，存在功能弱化虚化短板，乡村关爱服务平台的功能也多限于系统数据的收集上报以及保障对象的发现和救助等工作。二是专业力量严重不足，专岗不专人、专职不专业现象突出，儿童督导员和儿童主任在理念、知识、技能等方面存在差距，难以充分满足未成年人保护服务、资源链接等需求。

关于"护童成长"项目试点地区儿童主任的年龄、学历、任职时长等情况的统计分析，基于2181名儿童主任的样本展开。

在性别构成上，总体而言，试点地区儿童主任的男女比例分别为30.8%、69.2%，与传统认知相符（见图5）。

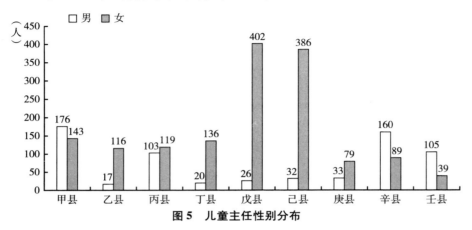

图5 儿童主任性别分布

资料来源：《护童成长——儿童关爱服务体系建设试点项目基线调研报告》。

在年龄构成上，总体而言，试点地区儿童主任小于等于45岁的占比为51.3%，46~55岁的占32.4%，超过55岁的占16.3%，年龄结构偏大（见图6）。①

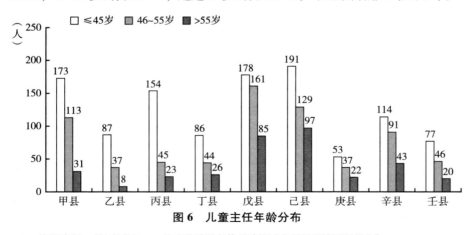

图6 儿童主任年龄分布

资料来源：《护童成长——儿童关爱服务体系建设试点项目基线调研报告》。

---

① 年龄分布情况的人数总和为2171人，与2181人存在出入，原报告在相关章节没有提及原因。

在学历构成上,总体而言,试点地区儿童主任以高中、中专为主,占比为48.7%,初中及以下的占26.3%,大专及以上的占25.0%,学历层次较低(见图7)。

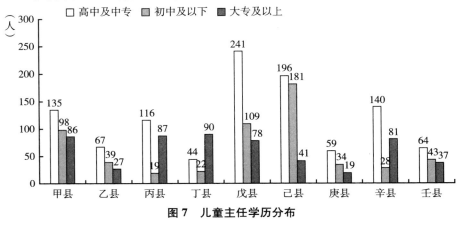

图7 儿童主任学历分布

资料来源:《护童成长——儿童关爱服务体系建设试点项目基线调研报告》。

在任职时长上,总体而言,试点地区儿童主任任职时间不超过6个月的占比为26.8%,7~12个月的占31.2%,1~2年的占25.4%,超过2年的占16.6%,58.0%的儿童主任任职时间不超过12个月,流动性较大(见图8)。①

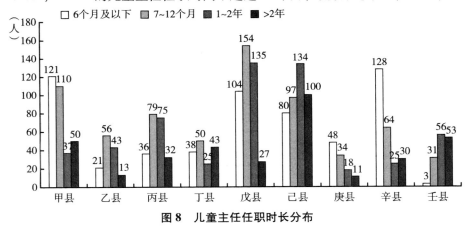

图8 儿童主任任职时长分布

资料来源:《护童成长——儿童关爱服务体系建设试点项目基线调研报告》。

---

① 任职时长分布情况的人数总和为2161人,与2181人存在出入,原报告在相关章节没有提及原因。

关于儿童督导员的年龄、学历、任职时长等情况的统计分析，基于150名儿童督导员的样本展开。

在性别构成上，总体而言，试点地区儿童督导员的男女比例分别为58.0%、42.0%（见图9）。

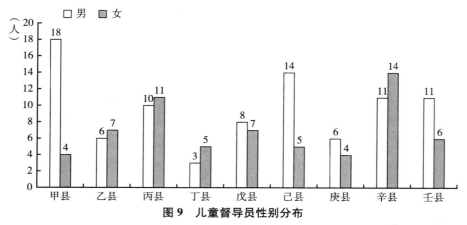

图9　儿童督导员性别分布

资料来源：《护童成长——儿童关爱服务体系建设试点项目基线调研报告》。

在年龄构成上，总体而言，试点地区儿童督导员小于等于45岁的占比为76.7%，46～55岁的占20.7%，超过55岁的占2.6%（见图10）。

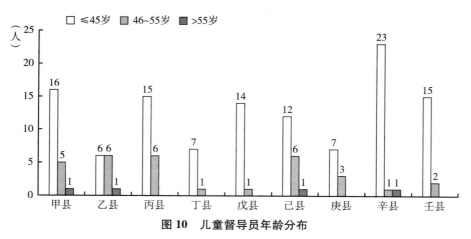

图10　儿童督导员年龄分布

资料来源：《护童成长——儿童关爱服务体系建设试点项目基线调研报告》。

在学历构成上，总体而言，试点地区儿童督导员以大专、本科及以上为主（含2名研究生），占比为80.7%，初中及以下学历的占3.3%，高中及中专的占16.0%（见图11）。

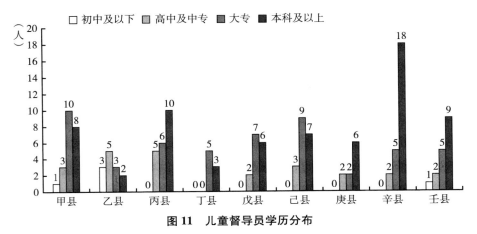

图11 儿童督导员学历分布

资料来源：《护童成长——儿童关爱服务体系建设试点项目基线调研报告》。

在任职时长上，总体而言，试点地区儿童督导员任职时间不超过6个月的占比为20.8%，7~12个月的占28.2%，1~2年的占35.6%，超过2年的占15.4%，49.0%的儿童督导员任职时间不超过12个月，流动性较大（见图12）。①

在培训内容需求上，试点地区儿童督导员排在前三位的需求分别为如何与困境儿童交流、儿童工作理念和知识、儿童工作技能，儿童主任则是儿童工作理念和知识、如何与困境儿童交流、儿童工作技能。在专业培训内容需求上，二者基本一致（见图13）。

在专业支持需求上，试点地区儿童督导员和儿童主任排在前三位的需求均为工作相关培训、工作经费支持、上级领导支持（见图14）。

通过上述数据分析，可以看出作为未成年人保护体系终端末梢的儿童主任群体存在年龄结构老化、学历层次较低等比较显著的缺陷和不足。儿童督

---

① 任职时长分布情况的人数总和为149人，与150人存在出入，原报告在相关章节没有提及原因。

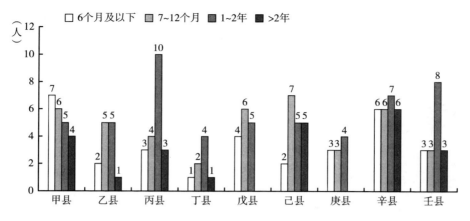

图12　儿童督导员任职时长分布

资料来源：《护童成长——儿童关爱服务体系建设试点项目基线调研报告》。

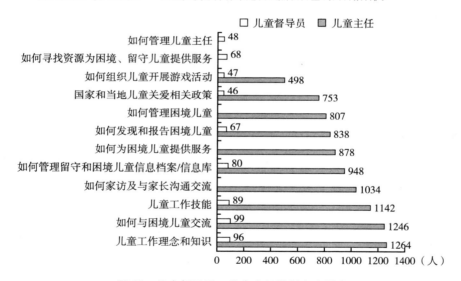

图13　儿童督导员、儿童主任培训内容需求

资料来源：《护童成长——儿童关爱服务体系建设试点项目基线调研报告》。

导员和儿童主任任职时长普遍较短，更换频繁，两者只有5%～20%的时间用于儿童工作，与理想的职业状态相去甚远。儿童督导员和儿童主任在专业发展上也有着高度一致的需求。

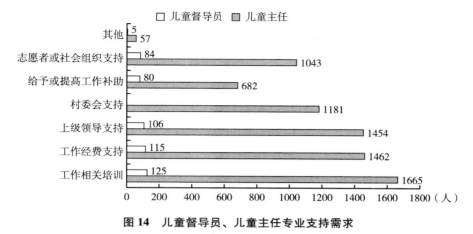

图14　儿童督导员、儿童主任专业支持需求

资料来源：《护童成长——儿童关爱服务体系建设试点项目基线调研报告》。

（四）社会参与有待健全

当前儿童福利和未成年人保护的行政体系相对完善，但是缺乏与之相适应的服务支持体系。社会力量参与未成年人保护工作不够充分，未成年人保护领域专业社会组织相对稀缺，专业人才从规模数量到专业水平均与现实需求存在较大差距。政策倡导不到位，政府购买服务投入有限，孵化培育力度需进一步加大。

从"护童成长"项目试点的情况观察，试点地区社会组织的整体情况也不容乐观。一是缺少系统有效的儿童关爱保护个案服务。社会组织所开展的儿童关爱保护活动，多是以捐赠为主的、单独的关爱活动。二是缺少专业水准比较高的社会组织，缺乏亮眼的活动项目。三是大多数处于发展初期，成立时间超过5年的社会组织仅占30.0%。四是普遍需要完善内部治理，获得社会组织等级评估的社会组织仅占27.5%。五是在人员结构上缺乏稳定性，全职人员不足10人的社会组织占比为85.0%，核心志愿者不足20人的社会组织占比为50.0%。

试点地区的社会组织在开展儿童关爱服务项目方面所面临的主要困难依

次是：缺乏资金保证（89.7%）和缺乏专业人员（69.2%）。开展儿童关爱服务项目所需要的支持因素依次是：资金支持（92.3%）、服务技能支持（76.9%）、获得政府部门的认可和支持（71.8%）。主要的培训需求依次是：儿童工作技能（74.4%）、儿童工作理念与知识（66.7%）、国家与地方儿童关爱相关政策（59.0%）、如何寻找资源为困境及留守儿童提供服务（56.4%）。在专业提升和资金保障方面面临双重困境。

（五）儿童友好发展环境尚需完善

儿童友好型环境建设滞后，优质儿童公共服务资源相对匮乏，与基本公共服务均等化的目标之间存在较大差距，城乡之间、地区之间差异明显。需要在加大政策统筹支持力度、完善组织协调机制和明确建设评价标准等方面进一步努力，提升儿童友好环境创建水平。

三　对策建议

儿童福利和未成年人保护涉及亿万家庭和所有儿童权益，儿童福利工作者必须胸怀"国之大者"，从大处着眼，充分认识到儿童福利和未成年人保护工作事关重大，加强服务供给侧改革，推动形成多层次儿童福利服务体系，又要从小处着手，强化责任担当，创新工作举措，用心用情做好关爱保护工作。

（一）不断完善儿童福利法律制度体系建设

一是加强顶层设计，继续开展《儿童福利法》立法研究，建立儿童福利领域专门法律，完善儿童福利制度体系，夯实儿童福利发展的法治基石。加强监护制度研究，推动形成责任清晰、配套衔接的未成年人监护制度体系。二是理顺未成年人保护工作机制体制，健全完善部门间工作协调机制和联动响应机制，发挥部门协同优势，加快形成未成年人保护工作新格局。完善监督考核机制，加大未成年人保护协调机制的督促指导力度，将未成年人保护工作列入各级政府高质量发展综合绩效考评指标，发挥考核评价"指挥棒"作用，以评促建。三是建立服务清单管理模式，明确专业权限、人员配置和工作流程，破解行政职能和服务能力不相匹配的基层难题，确保政策执行和服务递送切实有效。四是加快推动各职能部门之间儿童数据的对接和共享工作，建立健全儿童福利和保护执法体系的信息协作机制，加快构建全国统一的儿童福利和保护信息系统和案例库，为政策实施、调整、优化提供关键支撑。

（二）继续推进四级关爱服务平台建设

一是推进儿童福利机构优化提质和创新转型不断提档加速，开展儿童福利机构高质量发展实践基地建设。推动儿童福利机构和未成年人救助保护机构双翼发展，建立"资源配置更加优化、权责关系更加明晰、服务效能更加提升"的高质量发展局面。建立健全防范化解儿童福利领域重大风险机制，提升突发事件下的儿童福利保障能力，加强儿童福利机构安全管理和常态化疫情防控工作。二是大力加强专业技术和服务人才队伍建设，选优配强儿童督导员和儿童主任，加强市县级未成年人救助保护机构、乡镇（街道）未成年人保护工作站、村（居）民委员会服务阵地建设，提高其专业化、职业化水平。

（三）不断优化儿童福利服务体系建设

一是强化政府主导责任，链接多方协同力量，建立服务支持体系，加强基层儿童工作队伍建设，加大政府购买服务力度，为未成年人提供多层次多样化的关爱保护服务。二是培育基层专业人才队伍。固定兼职身份，降低流动性，研究设立儿童主任岗位津贴制度，逐步推动基层儿童服务力量专职化。三是积极支持和引导社会力量参与。加大力度培育发展社会服务机构，明确县级儿童服务类社会组织覆盖率，让社会力量成为承接儿童福利和保护服务的主力。将兜底性的儿童福利和保护服务纳入基本公共服务清单，将普惠性的服务纳入政府购买服务目录。四是重视儿童友好型乡村社区建设，在

乡村振兴和社区建设相关规划中加大儿童友好因素的权重,通过建设儿童友好型乡村社区,为困境儿童打造更为友好的成长空间和人文环境。

做好儿童福利和未成年人保护工作任重道远,广大儿童福利工作者要继续坚持"最有利于未成年人的原则",聚焦群众关切,紧盯关键环节,开展更多创新实践,推出更多利好政策,织密织牢未成年人保护网,维护好未成年人合法权益。

参考文献

《重庆市儿童福利与未成年人保护事业发展"十四五"规划(2021—2025年)》。

苑立新主编《中国儿童发展报告(2020)》,社会科学文献出版社,2020。

苑立新主编《中国儿童发展报告(2021)》,社会科学文献出版社,2021。

中国儿童家庭养育投入现状报告

张春泥　潘修明*

摘　要： 本报告聚焦家庭对儿童的养育投入现状，对家庭的教育经济投入、照料投入与分工、家庭教育方式，以及这些方面在不同背景家庭之间的差异进行了定量描述。通过对中国家庭追踪调查数据的分析，本文发现，近年来中国家庭对儿童教育的经济投入不断提高，家长对科学养育的重视程度不断提升，但这也意味着家庭教育养育成本的上升。不同社会经济地位的家庭之间在养育投入上存在差异：城镇家庭、高学历父母比农村家庭、低学历父母在养育子女上投入更多、做得更好。虽然绝大多数家庭都坚持父母亲自养育，但母亲普遍比父亲在儿童照料和辅导上投入更多。单亲家庭在子女照料和监护上不及双亲家庭做得好，父母经常争吵的家庭在亲子关系上不及父母关系和谐的家庭。据此，政府应设法降低家庭的养育成本；鼓励父亲积极参与儿童家庭养育、促进家庭关系和谐；给予单亲家庭的儿童更多的关注和帮助，建设家庭友好型的社会环境。

关键词： 儿童　家庭养育投入　家庭教育　家庭背景

　　家庭是儿童成长的第一环境，家庭的教育和养育投入对儿童早期和长期的发展至关重要。《中国儿童发展纲要（2021—2030年）》对家庭提出

---

* 张春泥，北京大学社会学系长聘副教授，研究方向为社会人口学、社会分层、社会调查；潘修明，北京大学社会学系硕士研究生。

"教育引导父母或其他监护人落实抚养、教育、保护责任，树立科学育儿理念，掌握运用科学育儿方法"，"增强亲子互动，建立平等和谐的亲子关系"的目标。2021年10月23日由第十三届全国人民代表大会常务委员会第三十一次会议通过，并于2022年1月1日起施行的《中华人民共和国家庭教育促进法》也要求未成年人的父母或其他监护人在实施家庭教育时运用合理的方式方法，明确提出"亲自养育，加强亲子陪伴""共同参与，发挥父母双方的作用""严慈相济，关心爱护与严格要求并重""平等交流，予以尊重、理解和鼓励"等要求。这些政策和法律文件的出台，标志着中国的儿童教育养育进入了一个国家监管程度更高、介入更深的阶段，将以往很大程度上属于私人领域的亲职实践纳入国家和公共体系的监管当中，以制度化的手段引导和规范父母和其他监护人做有责任的家长，实践科学育儿，防止儿童虐待、忽略和管教不当等行为。不仅中国，其他国家和地区也有类似的由政府推动实施的、以儿童为权利主体的家庭教育措施，[①] 这是现代社会儿童教育养育发展的一个重要特征。我国目前正处在家庭教育养育的转折点，我们有必要了解当今中国家庭对子女的教育养育投入现状，尤其是父母亲自养育、共同参与、科学育儿的实践状况。

投入也意味着付出。一方面，抚育子女在中国家庭中占据重要的位置，跨国比较研究显示，中国人高度肯定生儿育女的价值，且普遍将家庭视为儿童抚育的责任主体；另一方面，中国人也感受到较高的生育和养育孩子的成本与负担。[②] 在中国的大城市以及部分中产家庭之中，以经济和情感劳动上高度投入为特征的"密集育儿"已经出现；[③] 伴随着家长育儿焦虑在媒体上的传播，青年一代对生育也望而却步。[④] 2021年7月，中共中央办公厅、国

① 杨杰兵：《国际视野下中国家庭教育：问题与对策》，《亚太教育》2016年第15期。
② 张春泥、史海钧：《性别观念、性别情境与两性的工作—家庭冲突——来自跨国数据的经验证据》，《妇女研究论丛》2019年第3期。
③ 杨可：《母职的经纪人化——教育市场化背景下的母职变迁》，《妇女研究论丛》2018年第2期。
④ 洪秀敏、朱文婷：《二孩时代生还是不生？——独生父母家庭二孩生育意愿及影响因素探析》，《北京社会科学》2017年第5期。

务院办公厅印发《关于进一步减轻义务教育阶段学生作业负担和校外培训负担的意见》，提出要有效减轻义务教育阶段学生过重的作业负担和校外培训负担，以实现有效减轻家庭教育支出和家长的精力负担、有效缓解家长焦虑情绪的工作目标。这一方案的提出，无疑让 2021～2022 年成为这一代儿童教育环境改变的重要转折点。在评估"双减"效果之前，我们也有必要先了解"双减"实施前中国家庭对子女教育的密集投入状况，尤其是家庭的经济负担和精力投入压力。

2020 年的中国家庭追踪调查（China Family Panel Studies，以下简称 CFPS）为了解《家庭教育促进法》和"双减"政策实施之前我国家庭的儿童教育养育投入状况提供了难得的数据基础。CFPS 是北京大学中国社会科学调查中心开展的一项全国代表性、综合性、追踪性的社会调查，该调查的基线调查于 2010 年实施，采用多阶段、内隐分层、与人口规模成比例的抽样方法在全国 25 个省（自治区、直辖市）抽取了 19986 户家庭，对这些家庭及其全体成员进行问卷调查，最终完成了 14960 户家庭、33600 名成人和 8900 名少儿的问卷调查。基线调查界定出来家庭的全部成员及其血缘或领养后代作为基因成员，这是 CFPS 长期追踪的对象。[①] 此后，CFPS 每两年对这些家庭和个人开展全样本范围的追踪调查，最近一期完成访问并发布的数据来自 2020 年调查。

CFPS 是国内少有的对儿童也进行个人问卷访问的调查。该调查为家庭中 0～15 岁的未成年人设计了专门的少儿个人问卷，分为家长代答和少儿自答两个部分。对于 10 岁以下的未成年人，少儿问卷由其主要照料人（家长）回答家庭对儿童的照料安排、养育态度的问题，以及提供对儿童各项发展状况的评价；对于 10～15 岁的未成年人，在由其主要照料人回答代答模块外，还需其本人亲自回答部分问题，以详细了解其在家庭和学校的生活学习状况。本报告将主要使用 CFPS 少儿问卷的家长代答和儿童自答的信息来了解中国家庭的教育养育投入状况。本报告的主要分析对象为 0～15 岁的

---

① 谢宇、胡婧炜、张春泥：《中国家庭追踪调查：理念与实践》，《社会》2014 年第 2 期。

儿童，按照接受调查时的年龄和在学状况分为早期（0~2岁）、学前（3~5岁）、小学、初中四个阶段。已持续10年的CFPS调查还提供了历时比较的数据，但由于是追踪调查，在相近调查年份处在同一阶段者很可能是同一批儿童，因此，本报告以2020年数据作为主要数据，辅以2014年和2010年作为历时比较的数据来源，通过扩大调查年份的间隔来减少样本重复和流失所造成的数据不稳定。

表1统计了CFPS 2010、2014、2020年回答少儿问卷的各阶段儿童的样本量。2010年和2014年样本量均维持在8000人以上；受新冠肺炎疫情的影响，2020年的调查难以实施面对面访问，大量启用了电话访问，由此造成了一定比例的样本流失，但仍然有接近6000名儿童完成了个人问卷。

表1　中国家庭追踪调查儿童样本情况

单位：人

样本类别	2010年	2014年	2020年
儿童所处阶段			
早期	1595	1650	249
学前	2285	2280	1933
小学	3556	3102	2702
初中	1237	1221	1003
10~15岁儿童自答	3354	2494	2027
样本量	8673	8253	5887

资料来源：2010年、2014年及2020年中国家庭追踪调查数据。

本报告将充分利用CFPS少儿问卷丰富的测量信息，从教育经济投入、照料投入、教育方式三方面描述我国家庭对儿童的教育养育投入状况。其中，照料投入和教育方式也可视为家庭的非经济投入。家庭对儿童养育教育的投入行为很大程度上取决于家庭背景，本报告除了描述家庭投入的整体分布和历时变化以外，还描述了这些家庭投入行为在不同背景家庭之间的差异性，以此反映家庭投入的分化程度。接下来，本报告先简要描述 CFPS 0~15 岁儿童的家庭背景。

一 0~15岁儿童的家庭背景

家庭是儿童最初的社会化场所，提供了儿童生存和发展最基本、最重要的环境。家庭背景是对儿童所在家庭的特征的概括，通常包括家庭社会经济地位、家庭结构、家庭关系等。家庭社会经济地位主要指家庭在社会经济分层中的位置以及这些位置上附带的物质条件；通常，社会经济地位越高的家庭能够为子女提供更多的养育和教育资源。[①] 家庭结构主要指父母婚姻关系的完整性，双亲家庭通常在子女教育养育的投入上比单亲家庭更有优势。[②] 家庭关系主要指家庭成员之间关系的融洽程度，一般来说，父母关系和谐的家庭比父母冲突矛盾较多的家庭更有利于儿童的成长。[③④]

基于 CFPS 目前能够提供的变量[⑤]，本报告主要以父母学历和家庭的城乡居住地来反映儿童的家庭社会经济地位。具体而言，父母学历或受教育程度反映了父母的人力资本水平和他们在劳动力市场中获取收入的能力，是比收入更稳定的社会经济地位指标。本报告将父母学历分为三类：父母至少一方拥有大专及以上的高等教育学历（"大专及以上"），父母双方均未受过高等教育但至少一方拥有高中（含职高）学历（"高中"），以及父母双方均不具备高中及以上学历（"初中及以下"）。家庭结构，主要依据父母的婚姻状态将家庭分为双亲和单亲家庭两类。其中，单亲家庭包括因父母离异

---

① ［美］安妮特·拉鲁：《不平等的童年》，张旭译，北京大学出版社，2010。
② Paul R. Amato, "The Consequence of Divorce for Adults and Children," *The Journal of Marriage and Family* 62（2000）：pp. 1269-1287.
③ John H. Grych, Frank D. Fincham, "Marital Conflict and Children's Adjustment：A Cognitive-Contextual Framework," *Psychological Bulletin* 108（1990）：pp. 267-290.
④ Patrick T. Davies, E. Mark Cummings, "Marital Conflict and Child Adjustment：An Emotional Security Hypothesis," *Psychological Bulletin* 116（1994）：pp. 387-411.
⑤ 2020 年中国家庭追踪调查尚未发布家庭经济库和家庭关系库，故暂时无法使用家庭收入指标，也无法构造更为细分的家庭结构。

导致的子女与父母其中一方生活的离异单亲家庭和因父母一方丧偶导致的丧偶单亲家庭。双亲家庭则指父母婚姻完整的家庭，包括原生家庭和为数不多的继亲家庭；对于因父母流动造成与子女分离居住的家庭（如留守家庭），如果父母婚姻完整，这种情况仍属于双亲家庭。CFPS 10~15 岁的儿童回答了父母吵架的频次，根据父母是否吵架，我们在双亲家庭中进一步区分了和谐家庭和争吵家庭。

（一）家庭社会经济地位

从 20 世纪末开始，我国经历了大规模的高等教育扩张，其结果之一是青年父母的学历水平普遍提高。在 2020 年 CFPS 10~15 岁儿童中，已有近 1/4 儿童的父母至少一方受过高等教育，与 10 年前相比，这一比例提高了近 12 个百分点。与此同时，同年龄段的儿童中，父母双方仅受过义务教育的儿童比例已从 2010 年的 71.0% 降至 2020 年的 53.6%（见图 1）。

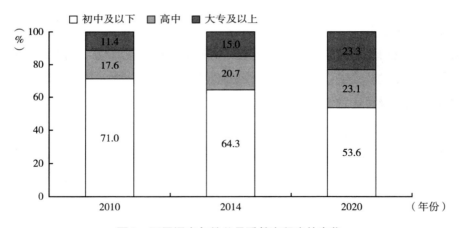

图 1　不同调查年份父母受教育程度的变化

资料来源：2010 年、2014 年及 2020 年中国家庭追踪调查数据。

随着中国城镇化的不断推进，儿童居住在城镇的比例也不断提高。2010 年，CFPS 样本中仍有 62.6% 的儿童居住在农村，但到 2020 年，该比例已降至 55.3%（见图 2）。

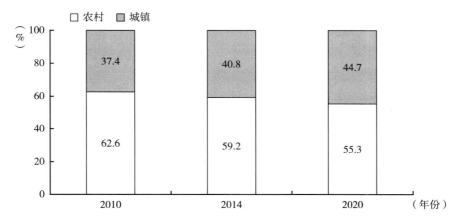

图2　不同调查年份居住在城镇和农村家庭儿童的比例变化

资料来源：2010年、2014年及2020年中国家庭追踪调查数据。

教育扩张和城镇化作为中国20世纪末以来中国人口的两大重要变化，提升了当代儿童所在家庭的绝对社会经济水平。可以预测，居住于城镇、父母受过高等教育的家庭比例未来将进一步增长。家庭社会经济水平的提升、父母文化素质的提高，将成为实施和推广家庭教育的重要基础，并将助力我国儿童的营养水平、身体发育水平、综合能力的进一步提升。

（二）家庭结构的完整性

从家庭结构上看，当今我国绝大多数儿童生活在双亲家庭中，包括原生家庭和继亲家庭。不过，随着中国离婚率的上升，生活在离异单亲家庭的儿童也有所增长。在2010年左右，未成年人生活在离异单亲家庭的比例已经超过了生活在丧偶单亲家庭的比例，离异已成为中国单亲家庭的主要来源。[①] 在CFPS样本中，2020年约有5.5%的儿童与丧偶或者离异的父母组成单亲家庭，虽然总体比例不高，但较之2010年时的2.2%已有明显增长（见图3）。

---

① 张春泥：《离异家庭的孩子们》，社会科学文献出版社，2019。

更值得注意的是，在 2010 年时，生活在城镇单亲家庭的儿童比例仍要高于生活在农村单亲家庭的比例，这与我国从 20 世纪 80 年代到 21 世纪前 10 年间离婚人群较多分布于城镇人口、非农职业人口、较高学历群体的特征相吻合。但已有迹象表明，2010 年以后，中国的离婚出现了向社会经济地位较低的人群扩散的趋势。①② 2020 年 CFPS 数据也反映出了这一点：单亲家庭儿童的城乡分布出现了逆转，在农村的比例开始高于城镇（见图 3）。

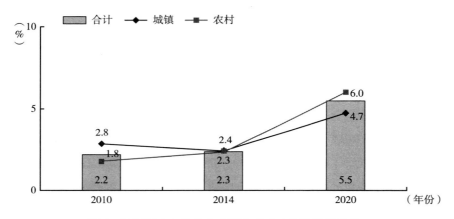

图 3　不同调查年份儿童生活在单亲家庭的比例变化

资料来源：2010 年、2014 年及 2020 年中国家庭追踪调查数据。

（三）父母关系和谐程度

2020 年，有将近 1/3 的 10~15 岁儿童回答在调查前一个月父母之间有过争吵，这一比例高于 2014 年和 2010 年（见图 4）。但这一变化未必说明中国家庭的父母关系变得更不和谐。由于该信息由 10~15 岁少儿自己报告，一方面，这也许是如今的儿童较之 10 年前的儿童对父母矛盾更为关注或更愿意表达；另一方面，也不排除与新冠肺炎疫情之下家庭成员居家时间增多

---

① 张春泥：《离异家庭的孩子们》，社会科学文献出版社，2019。
② Li Ma, Jani Turunen, Ester Rizzi, "Divorce Chinese Style," *Journal of Marriage and Family* 80 (2018): pp. 1287-1297.

导致家庭摩擦增加有关，因而具有一定的特殊性。虽然父母关系的和谐度在测量上受到上述因素的干扰，但在接下来的分析中，我们仍然能观察到和谐家庭与争吵家庭在子女投入上的一些差异。

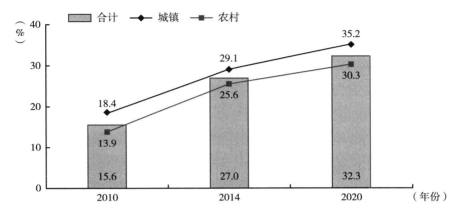

图4　不同调查年份父母争吵家庭的比例变化

注：10~15 岁儿童自答，资料来源于 2010 年、2014 年及 2020 年中国家庭追踪调查数据。

二　家庭的教育经济投入

家庭的教育经济投入是指家庭在子女教育上的经费投入，CFPS 针对家庭中每一位儿童提问了他/她的教育支出、课外班的参与情况和费用，以及其他与经济有关的家庭教育投入行为，如是否为孩子的教育存钱、是否有计划送孩子出国留学。

（一）教育费用

CFPS 的教育总支出包括过去 12 个月家庭直接为孩子支出的校内和校外教育费用，具体包括向孩子就读学校支付的学杂费、伙食/住宿/校车费、教材/参考书/学习用品费和其他校内活动相关费用，课外班/家教费用，以及

其他教育费用（如文具、教育软件、课外活动等）。图5统计了2010、2014、2020年家庭为不同阶段儿童支出的教育总费用的均值。可以看到，家庭的教育支出随子女升学而上升，如不考虑通胀因素，该教育支出也随着调查年份的推移而上升。其中，2010到2014年上升较为明显的是小学和初中阶段，而2014到2020年的教育费用则在学前阶段上升幅度最大。

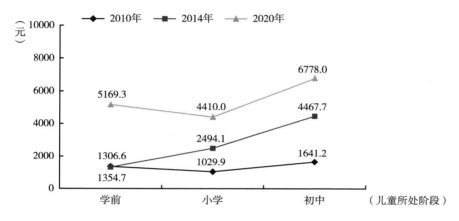

图5 过去12个月家庭用于孩子的教育支出均值

资料来源：2010年、2014年及2020年中国家庭追踪调查数据。

父母学历越高，家庭教育支出水平越高。从2010年到2020年，各个学历层的父母在儿童教育上的支出均有所上升。虽然高学历家庭与低学历家庭在儿童教育支出上的绝对金额都在扩大，但从相对差距来说，家庭之间在教育费用上的差异有所缩小：2010年，大专以上学历父母对子女的教育支出是初中及以下父母支出的4.4倍，2020年该比值已降至2.2。究其原因，主要还是与低学历父母对子女的教育支出快速增加有关。不考虑通货膨胀因素，大专及以上父母在2020年的支出水平是2010年的3倍，而初中及以下学历父母在2020年的教育支出则达到2010年的5.9倍（见图6）。

城镇家庭的教育支出高于农村家庭，随着时间推移，农村家庭的教育支出明显上涨。2010年，城镇儿童的教育支出是农村儿童的3.1倍，2020年

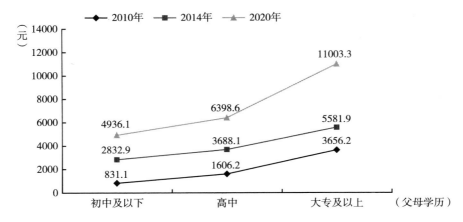

图 6　父母学历与家庭教育支出均值

资料来源：2010 年、2014 年及 2020 年中国家庭追踪调查数据。

前者的支出水平约是后者的 2 倍（见图 7）。然而，由于农村家庭的教育支出基数较低，城乡家庭间的教育支出在绝对金额上的差异仍在扩大。

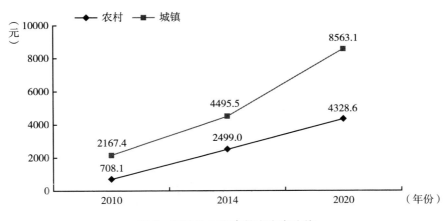

图 7　居住地与家庭教育支出均值

资料来源：2010 年、2014 年及 2020 年中国家庭追踪调查数据。

与西方国家不同，我国双亲和单亲家庭之间在教育费用支出上的差异极小，2020 年前者仅比后者高 891 元。尤其是在控制了家庭社会经济地位水

平之后，[①] 两类家庭的教育费用无显著差异。此外，双亲家庭中，和谐家庭和冲突家庭在教育费用上也无显著差异。

以上分析表明，我国家庭教育支出近 10 年来不断提高，尤其体现为学前阶段儿童的教育支出提高，以及低学历家庭、农村家庭教育支出的快速提高。这些变化一方面表明家庭对子女教育投入的意识和经济能力均有所提高，但另一方面也意味着家庭教育成本的上升。

（二）课外班参与和费用

从学前阶段升入小学，再到升入初中，儿童参与课外班的比例不断上升。2020 年，13.7% 的学前阶段儿童参与了课外班，小学阶段为 29.4%，初中阶段为 31.6%。而且，随时间推移，各阶段儿童参与课外班的比例均有所提高，尤其是在 2014~2020 年间，各阶段的参与比例均接近翻番（见图 8）。

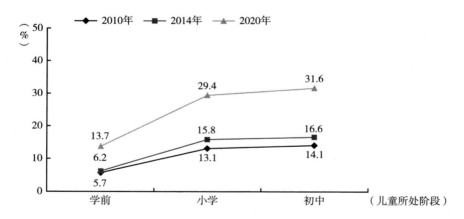

图 8　各阶段儿童参加课外班比例

资料来源：2010 年、2014 年及 2020 年中国家庭追踪调查数据。

随着儿童在受教育阶段上的进阶，对课外班的选择也逐渐由才艺类转向学业类。以 2020 年为例，17.3% 的学前阶段儿童参加了才艺类课外班（才

---

① 在多元回归分析中控制了父母学历和家庭城乡居住地。

艺培养、心智开发、亲子活动），仅有 7.6% 的学前儿童参加了学业类课外班（学校课程辅导或竞赛辅导）。到小学阶段，儿童参与学业类课外班的比例提升至 24.0%，仍低于才艺类课外班（28.3%）。但到了初中阶段，才艺类课外班的参与比例降至 21.7%，学业类课外班的参与比例则上升至 36.8%（见图 9）。

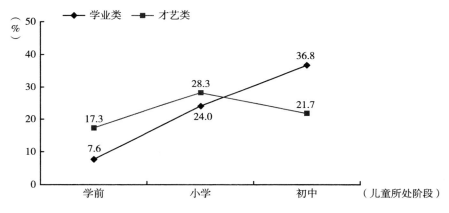

图 9　2020 年各阶段儿童参加课外班的类型

资料来源：2020 年中国家庭追踪调查数据。

不仅参加课外班的比例随时间推移而提高，家庭在儿童课外班上的支出水平也相应提高（见图 10）。从 2010 年到 2020 年，在已参加课外班的儿童中，课外班的支出水平在学前和初中这两个阶段的上升尤为突出：2020 年，学前课外班的支出水平是 2010 年的 5.5 倍，初中课外班支出为 2010 年的 4.7 倍。

城镇家庭的儿童参加课外班的比例高于农村儿童。从 2010 年到 2020 年，城镇和农村家庭儿童参加课外班的比例均不断上升，但农村家庭儿童参加课外班的比例提升速度更快，从 2010 年的仅 3.6% 上升至 2020 年的 16.3%（见图 11）。

父母学历越高，儿童越可能上课外班。2020 年，父母中至少一方为大专及以上学历的初中生中，将近 2/3（65.4%）参加了课外班，而在父母学

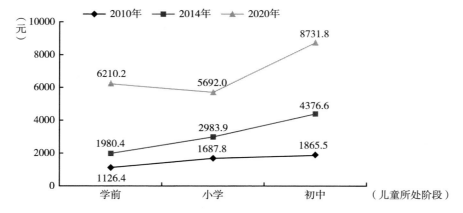

图 10　各阶段参加课外班儿童的课外班支出

注：限已参加课外班的儿童；资料来源于 2010 年、2014 年及 2020 年中国家庭追踪调查数据。

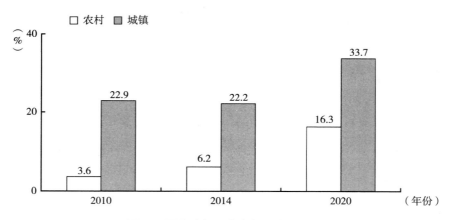

图 11　居住地与儿童参加课外班比例

资料来源：2010 年、2014 年及 2020 年中国家庭追踪调查数据。

历仅为初中及以下的初中生中，该比例仅为 22.9%。不过，更突出的家庭社会经济地位差异体现在学前阶段。父母中至少一方为大专及以上学历的学前儿童中，超过 1/4（26.3%）参加了课外班，而在父母学历仅为初中及以下的学前儿童中，参加比例仅为 5.2%（见图 12）。

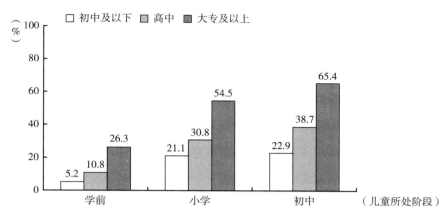

图12　2020年父母学历与儿童参加课外班比例

资料来源：2020年中国家庭追踪调查数据。

双亲家庭儿童在小学和初中阶段参加课外班的比例显著高于单亲家庭的儿童，单亲家庭儿童则更可能在学前阶段参加课外班（见图13）。究其原因，很可能是单亲家庭儿童在学前阶段多由祖辈照料，而祖辈相对有时间接送儿童参加课外班，课外班也可以弥补隔代养育在智育投入上的不足。但到了小学和初中阶段，子女更多跟随父母生活，单亲父/母较之双亲父母更难协调子女参与课外班的接送和陪同。

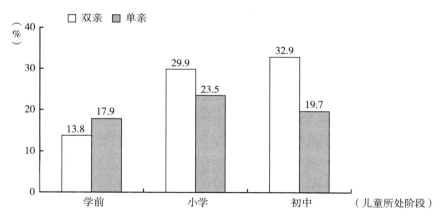

图13　2020年在各阶段单亲和双亲家庭儿童参加课外班比例

资料来源：2020年中国家庭追踪调查数据。

图 14 显示，在小学阶段父母关系和谐的家庭与争吵家庭的儿童在参加课外班的比例上没有显著差异；但在初中阶段，和谐家庭的儿童比争吵家庭的儿童更可能参加课外班（$p<0.05$）。

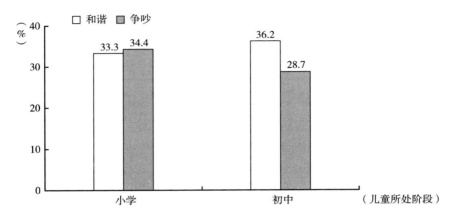

图 14　2020 年父母关系与儿童参加课外班比例

注：10~15 岁儿童；资料来源于 2020 年中国家庭追踪调查数据。

与家庭教育支出类似，课外班参与比例的提高一方面体现出家庭对子女培养的重视，希望通过市场让子女获得更多补充性的教育，但另一方面也意味着家庭教育负担的上升。参加课外班，家庭不仅需要付出经济成本，更需要付出时间和精力，包括在不同课外班之间做出选择、辗转于学校和课外机构以及不同课外机构之间。在这些方面，与双亲家庭、和谐家庭相比，单亲家庭和争吵家庭略有一些力不从心。随着儿童受教育阶段的进阶，课外班的选择从才艺类转向了学业类；随时间推移，农村家庭儿童的课外班参与比例快速提升。这反映出儿童参与课外班很大程度上还是为了应对学业竞争和升学压力，这迫使更多的家庭卷入其中。

（三）为教育存钱

CFPS 询问了家庭是否已经开始为孩子的教育专门存钱，包括购买教育基金等多种形式。图 15 显示，随时间推移，父母为孩子教育专门存钱的行为明显降低，这尤其体现在父母学历较高的家庭中。一个可能的原因是，如前文所述，由于近年来家庭教育支出水平不断上升，短期家庭教育投入的增加抑制了长期的教育投入或储蓄。另一个可能的原因是，出国留学意愿的下降也降低了家庭为子女教育存钱的必要性，接下来会对此专门报告。

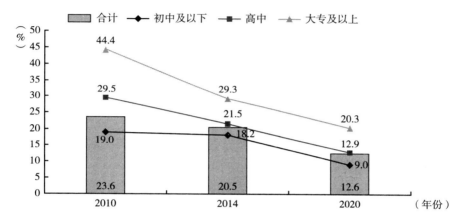

图 15　不同学历父母为孩子教育存钱的比例

资料来源：2010 年、2014 年及 2020 年中国家庭追踪调查数据。

（四）出国留学

图 16 展示了家庭计划把孩子送到国外去念书的比例。该比例从 2010 年到 2020 年大幅下降，其中下降最为明显的是父母受过高等教育的家庭。2010 年，高学历父母的孩子中有超过 1/3 者被计划送往国外念书，但在 2020 年，该比例降至 14.6%。由此可见，越来越多的中国家长，尤其是中产阶级的家长，对孩子的教育规划是让孩子留在国内发展。这反映出我国中产家庭对国内教育的信心和文化自信的提升，也意味着国内应提供多样化的、优质的教育选择来满足家庭更高的教育需求。

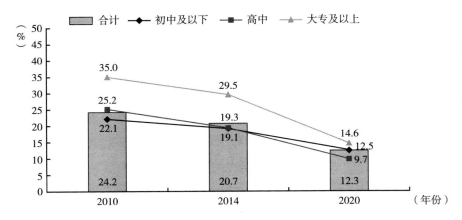

图16　不同学历父母有计划送孩子出国留学的比例

资料来源：2010 年、2014 年及 2020 年中国家庭追踪调查数据。

三　家庭照料投入

西方研究表明，相比于经济投入，不同家庭之间的非经济投入的差异更大，也更影响儿童的长期发展。[①] 这一节，我们将聚焦家庭照料投入，来展现中国家庭对儿童照料投入的状况和父母之间的分工。

（一）主要照料人

表 2 统计了 2020 年和 2014 年[②]儿童在家庭中的主要照料人。数据显示，母亲和祖辈是儿童最主要的日常生活照料人。不过，祖辈的照料存在阶段性，随着孩子年龄的增长，祖父母和外祖父母照料的比例下降。相比于母亲和祖父母，父亲对孩子各阶段的生活照料参与较少。在小学或之前阶段，大部分儿童要依靠成年人的照料，到了初中阶段，儿童自己照顾自己的情况则

---

① ［美］安妮特·拉鲁：《不平等的童年》，张旭译，北京大学出版社，2010。

② 2010 年调查的提问方式不同，数据难以比较，故省略。

更为普遍。①

从 2014 年到 2020 年，儿童照料分工的整体格局没有太大变化，即母亲和祖辈为主，父亲参与较少。但相比于 2020 年，2014 年时处在初中阶段的儿童自己照顾自己的比例要更高。换言之，随着时间的推移，儿童需要被照料和监护的年龄也在提高，父母"放手"得越来越晚。另一点变化是，祖父母和外祖父母对早期儿童的照料参与比例有一定的上升。

表 2　2014 年、2020 年儿童的主要照料人

单位：%

主要照料人	早期	学前	小学	初中	合计
2020 年					
祖父母	37.7	36.7	20.8	9.6	24.8
外祖父母	7.2	5.6	1.8	0.7	3.1
父亲	1.3	3.5	8.5	6.4	6.2
母亲	53.8	53.3	57.2	39.3	52.7
其他	0.0	0.9	11.8	43.9	13.2
2014 年					
祖父母	31.3	38.6	25.6	8.5	27.9
外祖父母	5.6	4.3	3.0	0.8	3.6
父亲	1.5	4.0	6.9	3.4	4.5
母亲	61.4	51.6	47.9	23.0	47.9
其他	0.2	1.5	16.6	64.3	16.2

资料来源：2014 年及 2020 年中国家庭追踪调查数据。

表 3 分不同家庭背景统计了儿童的主要照料人。城镇家庭、高学历家庭、双亲家庭中母亲承担主要照料责任的比例较高。与双亲家庭比较，单亲家庭中，祖父母和父亲作为主要照料人的比例显著较高；究其原因，主要是我国离异单亲家庭的孩子随父亲生活的比例相对较高。②

---

① 体现在表 2 的"其他"项。

② 张春泥：《离异家庭的孩子们》，社会科学文献出版社，2019。

表3　2020年不同家庭背景的儿童主要照料人

单位：%

家庭背景	祖父母	外祖父母	父亲	母亲	其他
居住地					
农村	26.9	1.8	5.9	48.3	17.1
城镇	22.6	4.0	6.6	56.7	10.2
父母学历					
初中或以下	23.2	1.8	6.3	50.7	18.0
高中	27.9	3.1	5.3	54.0	9.7
大专或以上	25.5	6.0	6.7	56.3	5.5
家庭结构					
双亲	22.6	2.4	5.9	55.5	13.6
单亲	44.3	3.8	12.5	25.1	14.3
父母关系（10~15岁）					
和谐	13.0	0.8	6.6	50.1	29.5
争吵	10.0	0.9	8.4	51.2	29.5

资料来源：2020年中国家庭追踪调查数据。

（二）上下学接送

从儿童上下学的接送人也可以看出母亲和祖辈承担了较多的照料劳动。在需要接送上下学的儿童中，将近45%的儿童由母亲接送，1/3以上由祖辈接送；从2014年到2020年，分工情况几乎没有变化。相比之下，父亲接送儿童上下学的比例始终相对较低（见图17）。

较之双亲家庭，单亲家庭更依赖祖辈帮忙接送孩子上下学（见图18），其由祖父母或外祖父母接送的比例高达62.8%。争吵家庭与和谐家庭在此方面无显著差别。

（三）父母监护

CFPS采集的"父母是否总能知道子女与谁在一起"数据能部分反映父母对子女的监护程度。根据儿童自己的回答，绝大多数父母都总能知道他/

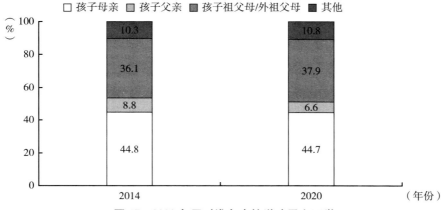

图17　2020年平时谁负责接送孩子上下学

注：限需要接送上下学的儿童；资料来源于2020年中国家庭追踪调查数据。

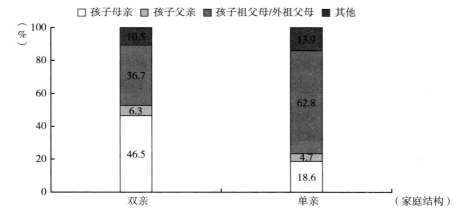

图18　2020年不同家庭结构的接送安排

注：限需要接送上下学的儿童；资料来源于2020年中国家庭追踪调查数据。

她与谁在一起。其中，学历越高的父母和城镇家庭的父母对孩子的监护更密切，双亲家庭的父母对孩子的监护比单亲家庭更密切（见图19）。

（四）辅导作业

儿童的作业辅导也主要是由母亲来承担。2020年，儿童由母亲辅导作

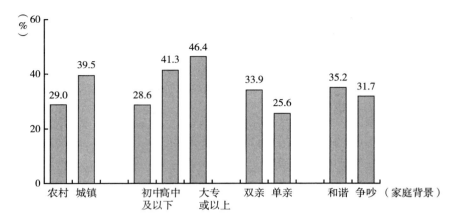

图19 不同家庭背景下，父母总能知道子女与谁在一起

注：10～15岁儿童自答；资料来源于2020年中国家庭追踪调查数据。

业的比例高达64.5%，父亲参与辅导的仅占22.5%。随着时间推移，父母在辅导子女作业上的分工差异逐渐扩大，而非逐渐缩小（见图20）。

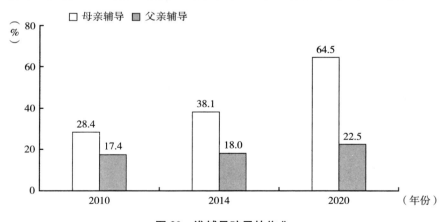

图20 谁辅导孩子的作业

资料来源：2010年、2014年及2020年中国家庭追踪调查数据。

学历越高的父母，越可能辅导孩子功课。但即便是大专以上学历的父母中，并没有显示出更平等的父母分工，仍然由母亲承担主要的辅导责任（见图21）。

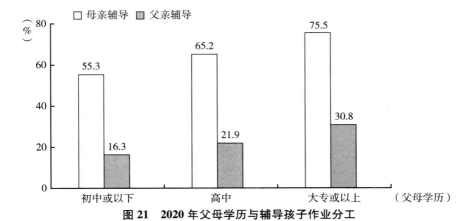

图21　2020年父母学历与辅导孩子作业分工

资料来源：2020年中国家庭追踪调查数据。

双亲家庭主要由母亲对儿童进行作业辅导。单亲家庭中父亲辅导作业的比例略高一些，但仍不足30%（见图22）。换言之，缺乏母亲陪伴的单亲家庭儿童更可能处于作业无人辅导的状态。

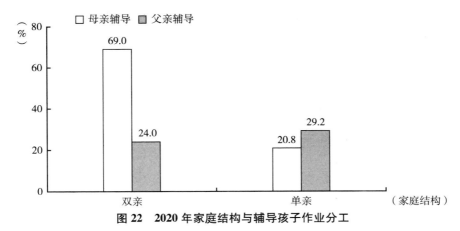

图22　2020年家庭结构与辅导孩子作业分工

资料来源：2020年中国家庭追踪调查数据。

上述对家庭照料投入的分析表明，我国家庭的照料投入存在代际协作和性别分工不平等的特征。代际协作体现在祖辈对儿童照料的参与较多，尤其是在从早期到小学阶段儿童的生活照料、接送上下学等方面。性别分工的不

平等体现在母亲是儿童日常生活、上下学接送、辅导作业等方面最主要的照料人，而父亲在这些方面均参与较少，即便是在高学历父母的家庭中也依然如此。此外，由于中国的单亲家庭构成中以父亲单亲家庭居多，母职的缺位一定程度上导致了单亲家庭在儿童照料上的不足，这也可视为亲职分工不平等的后果之一。

四　家庭教育方式

除照料投入外，家庭教育方式构成了家庭非经济投入的另一个重要方面，家庭的教育方式部分决定了儿童的智育成长。

（一）早期和学前智育培养

CFPS 采用了家庭环境观察量表（Home Observation for Measurement of the Environment Scale）的一些指标来了解儿童在家庭中的智育培养环境。对 0~2 岁的早期儿童，CFPS 提问了家人教其识数、辨认颜色和形状的频率；对 3~5 岁学前儿童，提问了家人带儿童外出游玩、买书、讲故事、识字的频率。有科学证据表明，这些智育投入对儿童的大脑有积极的刺激，有助于儿童认知和非认知能力的培养。[1]

图 23 显示，大部分家庭都能够做到对早期儿童进行智育方面的培养。1/3 以上的家庭会每天对 0~2 岁的儿童进行识数、辨认颜色的培养或互动，2/3 以上的家庭每周都会进行数次这类活动，但也有 13%~20% 的家庭几乎不进行这类培养。

中国家庭对 3~5 岁儿童的智育培养的频次比 0~2 岁低一些。一方面这些活动对家长或照料人的文化要求更高，另一方面学前儿童可能已经在幼儿园接受了类似的培养。尽管如此，中国家庭对孩子进行学前智育培养的频率

---

[1]　James J. Heckman, Jora Stixrud, Sergio Urzua, "The Effects of Cognitive and Noncognitive Abilities on Labor Market Outcomes and Social Behavior," *Journal of Labor Economics* 24（2006）: pp. 411-482.

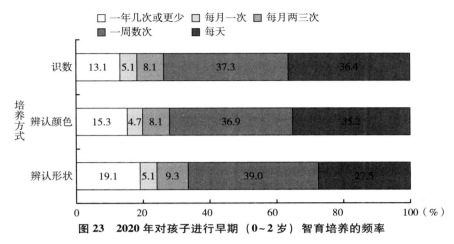

图 23 2020 年对孩子进行早期（0~2 岁）智育培养的频率

注：0~2 岁儿童家长代答；资料来源于 2020 年中国家庭追踪调查数据。

依然较高，有 43%~57% 的家庭会每周数次甚至每天带孩子外出游玩、讲故事或识字。其中，讲故事和教识字在中国家庭对学前儿童智育培养行为中尤其普遍，有 21.6% 和 17.3% 的儿童每天分别都有家人给其讲故事、教其识字。在这几项活动中，给孩子买书的频率相对较低，45.9% 的家庭给孩子买书的频率为一年几次或更少（见图 24）。

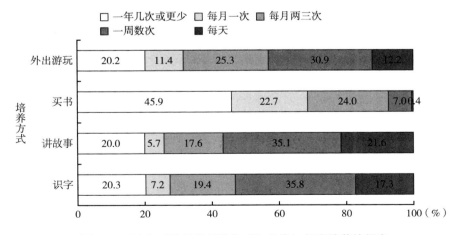

图 24 2020 年对孩子进行学前（3~5 岁）智育培养的频率

注：3~5 岁儿童家长代答；资料来源于 2020 年中国家庭追踪调查数据。

我们对上述智育培养项目的频率赋分、标准化后计算平均得分（分值范围为0~1），以此来衡量家庭的智育环境，[①] 分值越高表示智育培养越频繁。图25显示，随时间推移，家庭对早期和学前儿童的智育培养愈加重视、实践愈加频繁，2020年的得分较之2014年有明显提高，尤其是在儿童的早期阶段。

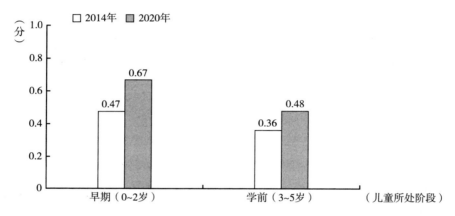

图25 2014年和2020年家庭智育环境评分

注：家庭智育环境评分越高表示越重视儿童的智育培养；资料来源于2014年、2020年中国家庭追踪调查数据。

分不同家庭背景来看，城镇家庭比农村家庭的智育环境评分高；父母学历越高，对儿童的早期和学前培养越重视，家庭的智育环境评分越高（见图26）。双亲家庭比单亲家庭的智育环境评分高，这可能是由于单亲家庭的孩子多由祖辈照料，祖辈在智育培养的重视程度和能力上不及父母。双亲家庭中，父母和谐家庭与父母冲突家庭之间在智育评分上则没有显著差异。

（二）父母教养方式

CFPS向10~15岁的儿童提问了其父母的教养方式，包括批评、表扬、询

---

① 对家庭环境观察量表和接下来的教养方式量表的得分构造方式参见喻文珊、李汪洋、谢宇《心理量表的设计与测量》，载谢宇等《中国民生发展报告（2016）》，北京大学出版社，2017，第282~289页。

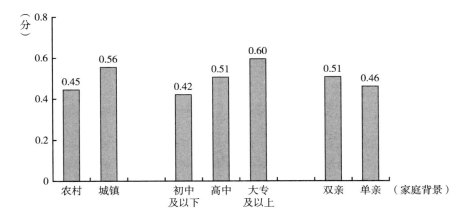

图26　2020年城乡居住、父母学历、家庭结构的家庭智育环境评分

注：家庭智育环境评分越高表示越重视儿童的智育培养；本图针对0~5岁儿童；资料来源于2020年中国家庭追踪调查数据。

问学校情况、参与家长会、说话方式等14个题项。图27显示，总的来说，2/3以上的父母都采用比较鼓励的、平等友好的、参与式的教养方式对待10~15岁子女，具体体现为：总是或者经常跟孩子说话很和气（76.3%）、鼓励孩子独立思考（70.5%）、鼓励孩子努力做事（65.9%）、喜欢跟孩子说话（64.5%）、向孩子询问学校的情况（61.0%）、要孩子做事时会跟孩子讲这样做的原因（60.0%）等。对于10~15岁的儿童，家长辅导和检查作业、给孩子讲故事已相对较少，跟孩子一起玩乐的比例也相对较小。

　　与智育环境类似，我们对家庭教养方式也进行赋分、标准化并计算平均得分（分值范围为0~1），以衡量家长对子女教育的参与度，得分越高代表父母更有意识地、积极主动地参与孩子的学习和生活。表4比较了2014年和2020年不同家庭背景儿童所接受的教养方式的评分差异。数据显示，较之2014年，2020年各类型家庭的教养方式都有不同程度的改善，父母对子女学习和生活的参与更积极主动。但教养方式在父母学历不同、父母关系不同的家庭之间仍存在差异：父母学历越高，父母的教养方式越积极；父母关系和谐的家庭比父母争吵家庭的教养方式更积极，对孩子的学习和生活的参与更主动。

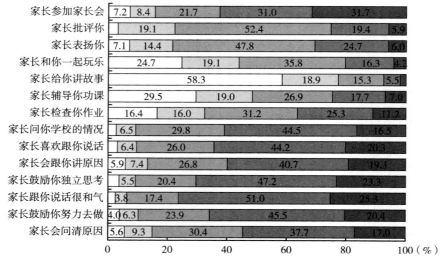

图27　2020年家庭教养方式的行为频率

注：10~15岁在学儿童；资料来源于2020年中国家庭追踪调查数据。

表4　不同居住地、父母学历、家庭结构、父母关系等的家庭教养方式评分

家庭背景	2014年	2020年
居住地		
农村	0.52	0.57
城镇	0.57	0.60
父母学历		
初中或以下	0.52	0.57
高中	0.58	0.59
大学或以上	0.62	0.64
家庭结构		
双亲	0.54	0.58
单亲	0.51	0.57
父母关系		
和谐	0.56	0.60
争吵	0.51	0.56

注：家庭教养方式得分越高代表父母对子女学习和生活的参与越积极主动；本表针对10~15岁在学儿童；资料来源于2014年、2020年中国家庭追踪调查数据。

（三）成绩不好时如何处理

对于在学儿童，CFPS 提问了家长："如果这个孩子拿回来的成绩单上的成绩或其进步程度比预期的低，您最常用哪种方式处理？"图 28 显示，大多数父母都会采用鼓励孩子的方式，而非体罚或责骂。而且，随着时间推移，中国父母体罚或责骂以及找老师的比例进一步降低，采取鼓励孩子好好学习的方式来应对孩子成绩不理想的比例进一步提高。

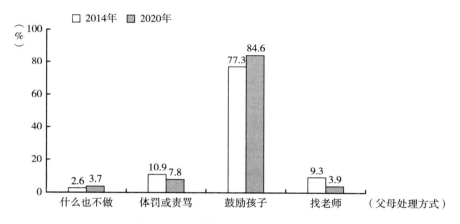

图 28　孩子成绩不好时父母处理方式

注：在学儿童家长代答；资料来源于 2014 年、2020 年中国家庭追踪调查数据。

在应对孩子成绩不好时的处理方式上（见图 29），2020 年城镇和农村家庭已无明显差别，而 2014 年农村家庭采取体罚或责骂的比例显著高于城镇家庭（$p<0.05$）。

（四）亲子关系

10~15 岁的儿童回答了他们遇到烦恼时的主要倾诉对象和调查前一个月他们与父母吵架的频率，据此了解亲子关系。

总的来说，从 2010 年到 2020 年，亲子关系的亲密性有所增强，父母作为子女主要倾诉对象的比例较 10 年前增加了约 10 个百分点。2020 年数据

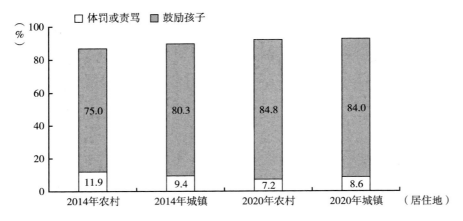

图29　居住地与孩子成绩不好时父母处理方式

注：在学儿童家长代答；资料来源于2014年、2020年中国家庭追踪调查数据。

显示，38.0%的10~15岁儿童将父母作为遇到烦恼时的主要倾诉对象。但无论是2010年、2014年还是2020年，也总有12%~15%的孩子遇到烦恼时无人可倾诉，这些儿童的心理健康值得重视。

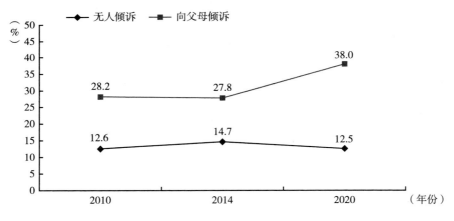

图30　遇到烦恼时的主要倾诉对象

注：10~15岁儿童自答；资料来源于2010年、2014年、2020年中国家庭追踪调查数据。

　　表5展示了不同家庭背景下儿童无人倾诉烦恼和主要向父母倾诉烦恼的比例。父母学历越高，孩子越可能将父母作为主要倾诉对象。在父母受过高

等教育的儿童中，将父母作为烦恼主要倾诉对象的比例将近 50%，而在父母学历为初中及以下的儿童中，该比例仅为 35.8%。单亲家庭的孩子更可能面临无人倾诉的困境，也更少将父母作为烦恼倾诉对象。争吵家庭的儿童将父母作为倾诉对象的比例也低于和谐家庭的儿童。

表5　2020 年家庭背景与儿童烦恼倾诉对象

单位：%

家庭背景	无人倾诉	向父母倾诉
居住地		
农村	11.2	37.5
城镇	14.4	39.0
父母学历		
初中及以下	12.4	35.8
高中	13.4	37.7
大专或以上	12.1	49.4
家庭结构		
双亲	12.1	39.4
单亲	15.2	29.0
父母关系		
和谐	11.8	41.2
争吵	12.7	37.4

注：10~15 岁儿童自答；资料来源于 2020 年中国家庭追踪调查数据。

随时间推移，10~15 岁儿童与父母的冲突比例有所提高，但这一情况可能与前面分析的父母争吵增多的因素有关：一方面，这也许是由于现在的儿童更关注亲子关系或更愿意表达；另一方面，也不排除这是受 2020 年疫情下居家和上网课时间增多的影响（见图 31）。

在父母和谐的双亲家庭中，亲子冲突会更少；反之，在父母争吵的家庭中，3/4 以上会出现亲子之间的争吵（见图 32）。由此可见，和谐的父母关系与和谐的亲子关系之间存在一定的关联性。

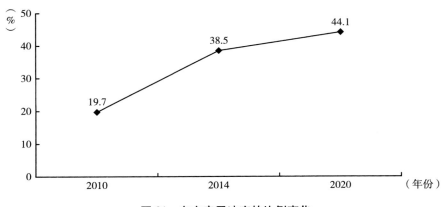

图31　存在亲子冲突的比例变化

注：10~15 岁儿童自答；资料来源于 2010 年、2014 年、2020 年中国家庭追踪调查数据。

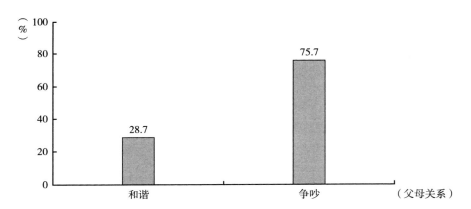

图32　2020 年父母关系与存在亲子冲突的比例

注：10~15 岁儿童自答；资料来源于 2020 年中国家庭追踪调查数据。

五　政策建议

基于 CFPS 2020 年的调查，并结合往年的数据，本报告对 10 年间我国家庭的儿童教育养育投入进行了分析，包括家庭的教育经济支出、照料投入和家长教育方式，并比较了不同社会经济地位、家庭结构和父母关系的家庭对儿童教育养育投入上的差异。结合本报告的研究发现，我们得出以下几点政策建议。

（一）重视和培育年轻一代父母在家庭教育上的主体性、自觉性和创造性

近年来，我国家庭对儿童教育教养的意识和能力不断提升，家庭的社会经济绝对水平也不断提升，更多受过高等教育的父母、更多生活在城镇地区的儿童，以及家庭不断提升的教育投入和不断改善的教育教养方式，均是现阶段国家推动家庭教育、普及家庭教育的良好基础。这也意味着，引导父母和其他监护人落实家庭教育时应该注重方式方法的多样性、灵活性和科学性，应该鼓励、培育和借助年轻一代父母在教育抚育儿童上自身的创造性和自觉性，形成一些值得推广、方便借鉴的经验和做法。

（二）推进"双减"工作，减少家庭负担，加强政策评估

近年来，家庭的教育支出和课外班投入不断上升，显示出我国家庭面临较重的教育负担。教育成本的上升不仅体现在向来更愿意对子女进行密集投入的城市中产家庭，也扩展到社会经济地位较低的家庭。家庭教育负担的上升成为开展旨在减少儿童课内学业负担、课外补习负担、家庭教育负担和家长焦虑的"双减"工作的现实依据。"双减"是我国迈出发展具有中国特色的现代教育制度的重要一步，或将成为中国教育史上一场重要的社会试验。不过，由于"双减"的一些政策内容在其他国家未有先例，其对我国教育公平和儿童发展产生的短期和长期影响仍有待评估。家庭是教育不平等再生产的一个重要场域，其对教育分层的影响不亚于学校。在"双减"影响下，家庭教育投入如何变化仍存在很大的不确定性，政策的非预期后果值得持续关注。

（三）为代际育儿协作提供支持，鼓励和促进父亲对儿童教育养育的参与

在对儿童照料的分工上，我国家庭存在代际协作和性别分工不均衡的特

点。代际协作体现在祖辈对儿童照料的积极参与上，这种协作为当下中国家庭解决照料问题提供了重要的社会支持。在未来相当长的时间内，应加强对育儿代际协作的政策研究，包括这种协作方式对儿童教育教养、女性就业和生育、老年人身心健康和社会生活的影响。如这种模式仍以积极效果为主，政策上应加以支持。在性别分工上，我国的家庭教育离"父母共同参与，发挥双方作用"的目标仍有较大差距，大多数照料工作仍然由儿童的母亲来承担。鼓励和促进父亲参与儿童照料、分担育儿责任应该成为未来家庭教育政策努力的重点。

（四）为单亲家庭提供照料支持

生活在单亲家庭的儿童比例虽然低，但较之过去有所上升。与西方社会的单亲家庭困境略有不同，我国单亲家庭面临的抚育困难主要不是经济上的，更多是照料安排上的。本报告发现，单亲家庭在子女的教育经济投入上与双亲家庭无显著差异，但在照料投入方面较之双亲家庭存在显著不足。由于我国单亲家庭以父亲单亲家庭为主，在教育抚育存在严重的性别分工不均衡的背景下，单亲父亲很可能在照料、陪伴子女等父职实践上存在困难。未来政策上要重视这类家庭所存在的照料问题，在公共服务方面对这类家庭给予切实的支持和帮助。

（五）将维护和促进和睦的父母关系纳入家庭教育指导的内容

本报告表明，父母争吵对儿童照料、监护以及亲子关系存在不利影响。反之，和谐的父母关系则有助于形成和谐的亲子关系。2019年版《全国家庭教育指导大纲（修订）》的内容主要集中在指导父母如何教育子女，但父母或夫妻之间如何和谐相处、如何有效沟通，对形成和睦的亲子关系和家风建设也有重要的影响。因此，家庭教育指导时也应将维护和促进父母关系的和睦作为指导内容之一。

B.5
2021年中国未成年人保护
法律制度研究报告

佟丽华 于旭坤*

摘 要： 2021年，新修订的《未成年人保护法》《预防未成年人犯罪法》正式实施，相关部门也出台了大量政策，未成年人保护事业取得很大进步。国家在全面构建未成年人学校保护制度、建立和发展未成年人教育惩戒制度、发展和完善未成年人法律援助制度、防止未成年人沉迷网络游戏、加强对未成年人入住旅馆的管理和家庭教育发展等方面已经取得重大发展，为更好开展未成年人保护工作奠定了坚实基础。但也要看到，我国在推动落实相关法律制度、建立完善有效的工作衔接机制、培养未成年人保护的专业社会力量以及增强社会公众的未成年人保护意识等方面尚存在一定不足，需要不断开拓创新并总结可推广、可复制的有益经验，以让更多的未成年人受益。

关键词： 法律制度 法律保护 未成年人

多年来，党和国家高度重视未成年人①保护工作，一直不遗余力地为少年儿童苗壮成长创造有利条件。2021年是"十四五"规划和第二个一百年奋斗目标的开局之年，中国未成年人保护事业取得重大发展。在这一年，与

---

* 佟丽华，北京青少年法律援助与研究中心主任；于旭坤，北京青少年法律援助与研究中心执行主任。

① 如无特殊说明，本文中的"未成年人"与"儿童"同义，均指不满18周岁的自然人。

未成年人相关的两部专门性法律《未成年人保护法》和《预防未成年犯罪法》相继实施，国务院、教育部、公安部、国家新闻出版署等也出台了大量与未成年人保护相关的政策性文件或部门规章，一些制度也开始施行，这都为推动未成年人保护工作发挥了重要作用。但也要看到，现实中也面临一些法律制度亟待完善和未成年人保护法律意识淡薄、专业水平不高等问题，需要予以高度重视并加以改进，为培养能够担当民族复兴大任的时代新人营造良好成长环境。

一 2021年中国未成年人保护法律制度概述

2021年，中国未成年人保护法律制度取得全面发展，相关法律、部门规章以及国家政策等都相继实施，为未成年人保护工作提供了重要依据。

（一）国家法律相继实施

素有未成年人保护"小宪法"之称的《未成年人保护法》的修订是未成年人保护领域的一件大事，该法于2021年6月1日正式实施，本次《未成年人保护法》确立了家庭、学校、社会、网络、政府和司法的"六位一体"保护的框架结构。该法强化了"家庭保护"，明确了未成年人的父母或者其他监护人应当履行的监护职责，以及不得实施的行为；完善了"学校保护"，希望让每名学生都能在学校安全健康地成长；在"社会保护"部分增加了交通优惠、大型公共场所设母婴室、商场设置安全设施等相关内容；"政府保护"明确了很多政府部门的责任，希望政府在未成年人保护中更有作为；单设未成年人"网络保护"，希望推动解决社会关注的未成年人网络沉迷、隐私泄露等问题。上述种种规定都关系到每个家庭的孩子，每个孩子都会因此受益。

另一部关于未成年人的专门性法律《预防未成年人犯罪法》于2021年6月1日施行，该法由原来的五十七条修订为六十八条，内容更加丰富。在"预防犯罪的教育"一章，规定了国家、社会、学校和家庭如何开展未成年人的预防犯罪教育；"对不良行为的干预"一章进一步明确了"不良行为"的概念以及具体行为；在"对严重不良行为的矫治"一章，列举了严重不良行为的九种情形，规定了参与矫治的主体、程序等；"对重新犯罪的预防"一章对公安机关、人民检察院、人民法院、司法行政部门、未成年犯管教所、社区矫正机构以及相关社会组织提出了一些要求。该法细化了对未成年人罪错行为的教育与矫治措施，有利于培养未成年人的良好品行。

《民法典》作为新中国第一部以法典命名的法律于 2021 年 1 月 1 日正式实施，该法针对未成年人的监护问题、民事行为能力问题以及民事法律责任等进行了规定，是保护未成年人民事合法权益的一部重要法律；于 2021 年 3 月 1 日实施的《刑法修正案（十一）》进一步加大了对性侵未成年人犯罪行为的打击力度，同时对情形极为恶劣的未成年人犯罪问题进行了突破性规定；《家庭教育促进法》于 2021 年 10 月 23 日公布并于 2022 年 1 月 1 日实施，该法明确了"家庭教育"的概念，要求家长用正确思想、方法和行为教育未成年人养成良好思想、品行和习惯，将传统"家事"上升为"国事"；于 2021 年 11 月 1 日正式实施的《个人信息保护法》加强了未成年人尤其是不满 14 周岁未成年人的个人信息权益保护，有利于促进个人信息的合理利用；2021 年 8 月 20 日，第十三届全国人大常委会第三十次会议通过了《法律援助法》，该法规定，要对无固定生活来源的未成年人等特定群体免予核查经济困难状况，以积极维护未成年人等弱势群体的合法权益；为了防止食品浪费，2021 年 4 月 29 日，《反食品浪费法》正式发布，该法要求教育系统要加强对未成年人反食品浪费的教育和管理，为促进经济社会可持续发展贡献积极力量。

上述法律均在 2021 年取得重大发展，从多角度关注未成年人的成长，有利于更加全面地保护未成年人。

（二）政府部门发布的部门规章及政策性文件

2021 年 8 月，经国务院常务会议审议通过《中国儿童发展纲要（2021—2030 年）》。相比上一个十年的《中国儿童发展纲要》，新十年的

《中国儿童发展纲要》在保留了原有的"儿童与健康""儿童与教育""儿童与福利""儿童与社会环境""儿童与法律保护"方面的内容以外，又增加了"儿童与安全""儿童与家庭"两个领域，共提出了70项主要目标和89项策略措施，是2021年至2030年开展未成年人保护工作的重要遵循。

《未成年人保护法》规定县级以上人民政府应当建立未成年人保护工作协调机制，为了贯彻落实上述规定，国务院于2021年4月成立了国务院未成年人保护工作领导小组，该领导小组组长由国务院副总理孙春兰担任，办公室设在民政部①，教育部、公安部、中央网信办、国家卫健委、团中央、最高人民法院、最高人民检察院等主要负责人是小组成员，进一步加强了对未成年人保护工作的统筹、协调、督促和指导工作。2021年6月，国务院未成年人保护工作领导小组印发《国务院未成年人保护工作领导小组关于加强未成年人保护工作的意见》（国未保组〔2021〕1号），不但对未成年人保护工作提出了总体要求，而且还从家庭保护、学校保护、社会保护、网络保护、政府保护、司法保护等几个方面指出了开展未成年人保护的重点任务，以更好地保护未成年人身心健康、保障其合法权益。

教育部发布的《未成年人学校保护规定》和《中小学教育惩戒规则（试行）》分别于2021年9月1日和2021年3月1日正式实施，以部门规章的形式落实了《未成年人保护法》等法律规定，前者明确了学校保护的具体职责，后者保障和规范了学校、教师的教育惩戒权利。据新华网等媒体报道，2021年6月1日，为了防范在旅馆中出现侵害未成年人的案件，公安部对旅馆经营者接待未成年人入住提出"五必须"要求②；针对"饭圈"乱象问题，2021年8月，中央网信办发布《关于进一步加强"饭圈"乱象治理的通知》，进一步压紧压实网站平台主体责任，提出了具体工作要求；

---

① 详见《国务院办公厅关于成立国务院未成年人保护工作领导小组的通知》（国办函〔2021〕41号）。

② 具体见中央人民政府官网，http://www.gov.cn/xinwen/2021-05-31/content_5614357.htm。

为了加大对未成年人沉迷网络游戏的治理力度，2021 年 8 月 30 日，国家新闻出版署发布《关于进一步严格管理 切实防止未成年人沉迷网络游戏的通知》，该通知被称为"史上最严"防沉迷政策。

国务院及相关部委发布部门规章及政策性文件是积极落实国家法律、推动制度创新的重要举措，可以在实践中更好推动未成年人的政府保护工作。

（三）司法机关发布的相关文件

2021 年 5 月，最高人民检察院发布了 10 件构建未成年人保护大格局典型案（事）例①。这些案（事）例既有检察机关对监护侵害行为支持起诉、协助救助，又有积极推动构建社会支持体系、对迷途少年精准帮教，还有学校负责人因未履行强制报告义务而被依法追责等典型案（事）件，对各地各单位有效开展未成年人保护工作具有积极的借鉴意义。2021 年 3 月 2 日，最高人民法院正式成立少年法庭工作办公室并发布未成年人司法保护典型案例，这些案例中有 4 起是刑事案例，既有人民法院教育感化挽救失足未成年人的案例，也有故意杀人、对未成年人实施性侵害等严重侵害未成年人的犯罪案例；另外 3 起是民事案例，涉及非婚生子女的抚养、父母怠于履行监护职责以及未成年人参与直播打赏等社会广泛关注的问题，体现了司法审判的力度与温度。

除此以外，最高人民检察院还通过联合发文的方式推动家庭教育指导工作。2021 年 5 月 31 日，最高人民检察院联合全国妇联、中国关心下一代工作委员会发布《关于在办理涉未成年人案件中全面开展家庭教育指导工作的意见》，指出"未成年人犯罪和遭受侵害有多方面原因，其中家庭因素的影响不容忽视"，因此提出了强化家庭监护责任、提升家庭教育能力的主要

---

① 构建未成年人保护大格局典型案（事）例介绍了近年来检察机关发挥未成年人保护法律监督职责，联合公安、法院、教育、民政、团委、妇联、关工委等单位共同开展未成年人保护工作的情况，详见 https：//www.spp.gov.cn/spp/xwfbh/wsfbh/202105/t20210531_519795.shtml。

任务、工作内容、工作机制等；2021 年 11 月，最高人民检察院联合全国妇联、中国关心下一代工作委员会发布《在办理涉未成年人案件中全面开展家庭教育指导工作典型案例》，这 5 起典型案例从引导树立科学教育观念、推动构建规范化工作机制、增强家庭教育指导针对性、督促监护与家庭教育指导有机结合和推动家庭教育指导专业化发展等方面进行聚焦，有利于形成以家庭为纽带的未成年人保护的合力。

2021 年，最高人民检察院、最高人民法院通过发布典型案例等方式，引导全社会加强对未成年人问题的关注，有利于凝聚共识、共同推动未成年人的司法保护工作。

二　未成年人法律保护制度的重要发展

未成年人保护是一项系统性、持续性工作，2020 年新修订的《未成年人保护法》对此前检察院、教育部等发布的强制报告制度、信息查询及从业禁止制度、校园欺凌防控制度等进行了吸纳，将其上升为国家法律制度。在新修订的《未成年人保护法》正式发布或者实施后，相关法律、部门规章和政策性文件等相继出台，既是对《未成年人保护法》《预防未成年人犯罪法》的积极落实，同时又从操作层面提出了一些具体要求，有些还具有较强的开创性，这些都有利于加强对未成年人的保护。

（一）全面构建未成年人学校保护制度

以《未成年人保护法》的"学校保护"一章为基础，2021 年，教育部发布了《未成年人学校保护规定》（以下简称《规定》）。《规定》将原来《未成年人保护法》"学校保护"的 17 条内容扩充到 63 条、约 9000字，内容更加具体明确且具可操作性。在校未成年人的人身安全、受教育权、财产权、休息权、人格权、隐私权、肖像权和知识产权等重要权利与学校保护工作密切相关，为此，《规定》第二章"一般保护"用 12 个条文进行了规定。学生欺凌和校园性侵害问题受到社会高度关注，针对这两个议题，第三章"专项保护"做出了专门规定，其中6条围绕学生欺凌做出规定，1条针对校园性侵害、性骚扰进行了规定。第四章"管理要求"涉及了日常教育教学、校园安全、学生体质与心理健康以及禁烟禁酒等，对学校开展相关工作提出了要求，具有较强的可操作性。值得注意的是，该《规定》特别强调了未成年人保护机制的重要作用，在很多地方都有所涉及，其中总则第3条中要求学校"健全保护制度，完善保护机制"，具有积极的现实指导意义①。

现从以下十项具体机制方面对《规定》进行解读。

一是建立发现机制。《规定》第19条、第22条、第54条提出，学校应当定期针对全体学生开展防治欺凌专项调查，教职工应当关注因身体条件、家庭背景或者学习成绩等可能处于弱势或者特殊地位的学生，并通过建立投诉举报电话、邮箱或其他途径，及时发现学生权益受到侵害的情形。

二是建立首问负责机制。在学生权益受到侵害后，《规定》第48条要求，任何发现或者接到报告的教职员工均应当处理，如果不属于本职工作范围或者自身无法处理，应当及时向班主任或者学校负责人等报告；第49条规定，"学生因遭受遗弃、虐待向学校请求保护的，学校不得拒绝、推诿，需要采取救助措施的，应当先行救助"。上述内容都强调了学校及所有教职员工的责任。

三是建立及时的学校处理机制。学校和教师是保护学生的一道重要防线，所以《规定》第21条、第23条、第47条、第49条等对教职工和学校及时制止学生欺凌，组织对学生欺凌的认定、处置和报告，积极履行强制报告义务以及帮扶困难学生等进行了规定，对学校的具体工作进行了有效指导。

---

① 佟丽华：《以十大机制全面提升未成年人学校保护水平》，载《人民教育》2021年第12期。

四是细化教职员工的准入查询和管理机制。在新修订的《未成年人保护法》相关规定的基础上,《规定》要求学校严格执行入职报告和准入查询制度,对教职员工提出了更高标准且要求更加明确。

五是建立专岗专人机制。《规定》第41条规定,"校长是学生学校保护的第一责任人",而且"学校应当指定一名校领导直接负责学生保护工作",鼓励有条件的学校,"可以设立学生保护专员开展学生保护工作"。第53条还规定,"教育行政部门应当指定专门机构或者人员承担学生保护的监督职责,有条件的,可以设立学生保护专兼职监察员负责学生保护工作"。专门机构和专门人员是推动未成年人学校保护工作的重要力量,《规定》对学校和基层教育行政部门提出了明确要求。

六是建立有效的学生参与机制。学生既是学校保护的对象,同时又是可以参与保护的主体之一,《规定》第16条要求,学校应当尊重学生的参与权和表达权,第9条、第17条、第45条又分别对表彰奖励学生、教育惩戒和处分学生以及做出与学生权益有关的决定等进行了规定,这都有利于保障学生参与权的实现。

七是建立有效的家校联系机制。《规定》特别重视家长的作用,第46条明确要求学校"应当建立与家长有效联系机制",而且在学生安全事故处理①、学生使用特定药物②、手机统一管理③等方面都提到了与家长加强联系的内容。除此以外,《规定》第10条还特别要求学校和老师"对所获得的学生及其家庭信息负有管理、保密义务",这在互联网时代具有较强的现实意义。

八是建立校外人员参与的联动机制。《规定》从三个方面提出强化校外人员的参与机制:一是邀请校内外相关人员成立学生欺凌治理组织,二是可以组建学生保护委员会,三是鼓励和支持法治副校长、法律顾问等参与专业

---

① 详见《未成年人学校保护规定》第7条。
② 详见《未成年人学校保护规定》第30条。
③ 详见《未成年人学校保护规定》第33条。

辅导工作机制。①

九是建立社会力量参与的专业支持机制。社会组织是开展未成年人学校保护工作的有益力量之一，为此，《规定》第 52 条提出，"教育行政部门可以通过政府购买服务的方式，组织具有相应资质的社会组织、专业机构及其他社会力量，为学校提供法律咨询、心理辅导、行为矫正等专业服务，为预防和处理学生权益受侵害的案件提供支持"。考虑到一些地方的社会组织力量不足，第 55 条还规定，"县级教育部门应当会同民政部门，推动设立未成年人保护社会组织"。

十是建立跨部门的合作机制。《规定》专设"支持与监督"一章，强调了司法机关、政府相关部门和相关群团组织的作用，其中第 50 条规定，"教育行政部门应当积极探索与人民检察院、人民法院、公安、司法、民政、应急管理等部门以及从事未成年人保护工作的相关群团组织的协同机制，加强对学校学生保护工作的指导与监督"，努力形成未成年人学校保护的工作合力。

上述十项具体机制的规定明确具体，可以更好地指导学校开展未成年人保护工作，教育行政部门和学校都应当认真学习并积极贯彻落实。

（二）建立和发展中小学教育惩戒规则

多年来，"教育惩戒"问题受到社会广泛关注，对是否赋予教师教育惩戒权，既有支持也有反对。针对学校教师不敢管、不愿管、不会管的窘境，有人明确支持"将戒尺还给老师"，但也有一些教师因害怕"管出事故"或者引发家校矛盾而对教育惩戒敬而远之。在广泛听取地方教育行政部门、学校、教师等各方面的意见后，教育部发布部门规章《中小学教育惩戒规则（试行）》（以下简称《规则》），该《规则》已于 2021 年 3 月 1 日实施。

《规则》全文共 20 条，对教育惩戒的基本定位、应用范围、适用情形、

---

① 详见《未成年人学校保护规定》第 19 条、第 41 条、第 44 条。

具体措施、禁止行为等做出了明确规定，为学校和教师正确履行教育管理职责明确了方向、提供了支持，同时也为健全学生行为规范、培养学生遵纪守法的良好行为习惯打下了基础，是开展青少年法治教育并推动依法治校工作的重要依据。

根据《规则》的规定，可以从六个方面来认识中小学教育惩戒规则①：

一是明确教育惩戒定位，注重教育和帮扶效果。教育惩戒的出发点和落脚点都是"教育"二字，教师应当更新教育理念，重视对学生的教育和后续帮扶工作，关注育人效果。

二是制定实施细则和规范，教育惩戒要有章可循。学校应当依法制定、完善校规校纪，班级也可以制定班规或者班级公约，以进一步明确教育惩戒的具体规则。

三是视情节轻重实施教育惩戒，方式要依法得当。《规则》第4条规定，"遵循法治原则，做到客观公正；选择适当措施，与学生过错程度相适应"。因此，《规则》针对违反校规校纪的学生、有不良行为的学生、有严重不良行为的学生等分别规定了不同的管教和惩戒措施，第11条第2款也规定了教师和学校可以在学生扰乱课堂秩序以及携带、使用违规物品或者行为具有危险性等情形时采取必要措施。

四是适应未成年人发展规律和特点，对小学高年级、初中和高中阶段的学生特别规定了三项教育惩戒的措施，即《规则》第10条提出："（一）给予不超过一周的停课或者停学，要求家长在家进行教育、管教；（二）由法治副校长或者法治辅导员予以训诫；（三）安排专门的课程或者教育场所，由社会工作者或者其他专业人员进行心理辅导、行为干预。"此外，学校也可以对学生进行纪律处分，高中阶段学生还可能被开除学籍。

五是要求学校和教师坚守法律红线，不得侵害学生权利。《规则》明确

---

① 具体参见于旭坤《落实〈中小学教育惩戒规则（试行）〉需要注意的六个问题》，载《青少年法治教育》2021年第3期。

要求，教师不得对未成年人进行体罚、变相体罚，不得侮辱学生人格尊严；严禁因个人或者少数人违规违纪行为而惩罚全体学生或者指派学生对其他学生实施教育惩戒；严禁因学业成绩而教育惩戒学生；严禁因个人情绪、好恶实施或者选择性实施教育惩戒；严禁其他侵害学生权利的言行①。

六是加强家校沟通，学生及家长可依法采取救济措施。《规则》要求，学校要重视家校沟通协作，在学生出现违规违纪行为时，学校、教师要与学生家长共同做好教育矫治，同时要尊重学生及家长的申辩权。

《规则》对教育惩戒进行了明确具体的规定，但是，教师、学校要真正领会教育惩戒的相关内容并正确运用，还需要在实践中不断探索。

（三）发展和完善未成年人法律援助制度

2021年8月20日，第十三届全国人大常委会第三十次会议审议通过了《法律援助法》，法律援助服务在未成年人司法保护体系中至关重要，是未成年人获得法律服务的重要制度保障。《刑事诉讼法》第五编"特别程序"用专章规定了"未成年人刑事案件诉讼程序"，其中第278条规定"未成年犯罪嫌疑人、被告人没有委托辩护人的，人民法院、人民检察院、公安机关应当通知法律援助机构指派律师为其提供辩护"；新修订的《未成年人保护法》第101条第1款、104条规定，司法行政部门"应当确定专门机构或者指定专门人员，负责办理涉及未成年人案件"，"法律援助机构应当指派熟悉未成年人身心特点的律师为未成年人提供法律援助服务"，而且"法律援助机构和律师协会应当对办理未成年人法律援助案件的律师进行指导和培训"。

与上述《刑事诉讼法》《未成年人保护法》相衔接，《法律援助法》在两个地方对未成年人进行了专门规定：一是如果刑事案件的未成年犯罪嫌疑人、被告人没有委托辩护人的，人民法院、人民检察院、公安机关应当通知

---

① 详见《中小学生教育惩戒规则（试行）》第12条。

法律援助机构指派律师担任辩护人①；二是未成年人属于无固定生活来源的特定群体之一，在申请法律援助时，可以免予核查未成年人的经济困难状况②。

综合考虑《法律援助法》以及《未成年人保护法》、《刑事诉讼法》等规定和未成年人的实际需求，可以看出，上述规定发展和完善了未成年人法律援助制度，对实际工作提出了如下要求。

一是由专门人员办理未成年人法律援助案件的申请、审查和指派等事宜。不同于一般的法律援助案件，未成年人案件有其自身特点，因此，各级法律援助机构应当指定专门人员处理相关事务。专门工作人员在具体工作中应当关注并分析个案、类案特点，积极推动未成年人法律援助案件的办理，并向相关部门提出具体建议。

二是优先指派熟悉未成年人身心特点的律师提供法律援助服务。具体工作中，法律援助机构应当按照《未成年人保护法》等相关规定，优先指派熟悉未成年人身心特点和法律业务的承办人员办理案件。如果未成年人是女性，应当优先指派女性承办人员办理③。

三是法律援助机构和律师协会应当开展业务指导和培训。法律援助机构和律师协会应当加大业务指导和培训力度，不断提升案件承办人员的专业知识和工作水平，逐步形成一支业务精湛又相对稳定的未成年人法律援助律师队伍。

四是建立法律援助与司法救助、专业社会服务合作机制，实现法律援助效果最大化。法律援助应当与司法救助、庇护安置、调查评估、医疗救助、矫治教育、心理辅导、家庭教育指导等其他专业服务合作，形成对未成年人救助保护的工作合力，尽可能减少未成年人所受的伤害和影响，实现法律援助效果最大化。

法律援助应当积极发挥在维护未成年人合法权益中的职能优势，不断提升专业服务水平，以更好保护未成年人的合法权益。

---

① 详见《法律援助法》第 25 条。
② 详见《法律援助法》第 42 条。
③ 详见《未成年人保护法》第 101 条。

（四）构建史上最严防止未成年人沉迷网络游戏制度

新修订的《未成年人保护法》增设了"网络保护"专章，要求"网络产品和服务提供者不得向未成年人提供诱导其沉迷的产品和服务""网络游戏服务提供者应当按照国家有关规定和标准，对游戏产品进行分类，做出适龄提示，并采取技术措施，不得让未成年人接触不适宜的游戏或者游戏功能"等。国家新闻出版署于2021年8月30日发布的《关于进一步严格管理切实防止未成年人沉迷网络游戏的通知》被称为史上最严的防止未成年人沉迷网络游戏的通知，引发了社会广泛关注。

在新修订的《未成年人保护法》正式实施当日，北京青少年法律援助与研究中心就中国知名游戏公司运营的手机网络游戏侵害未成年人权益一案，向法院提起未成年人保护民事公益诉讼，这是中国首例由社会组织提起的未成年人保护民事公益诉讼。自提起该公益诉讼以来，大量家长通过电话、来信等方式向北京青少年法律援助与研究中心反馈孩子沉迷手机网络游戏的问题。为此，北京青少年法律援助与研究中心安排专人对这些家长进行了深度访谈，在对152位家长进行访谈的基础上，中心撰写了《未成年人沉迷手机网络游戏现象调研报告》，并于2021年8月9日对外发布，几十家媒体详细报道了报告的内容。

可以看出，政府部门、社会组织、新闻媒体和很多家长乃至整个社会都十分关注未成年人沉迷网络游戏问题。未成年人沉迷网络原因复杂，可能受到家庭、社会以及自身性格等多方面影响，但是也要看到，部分网络产品和服务提供者的主体责任缺失也是导致未成年人沉迷网络的重要因素之一。《未成年人保护法》《关于进一步严格管理 切实防止未成年人沉迷网络游戏的通知》等对未成年人沉迷网络游戏问题进行了规定，网络游戏企业应当认真落实以下方面。

一是网络游戏企业不得向未成年人提供诱导其沉迷的产品和服务[①]。

---

① 详见《未成年人保护法》第74条。

《未成年人保护法》第 4 条规定，未成年人应当受到"特殊、优先保护"。而且，网络游戏企业应当加强源头管理，避免向未成年人提供诱导其沉迷的产品和服务。

二是设置并提升"青少年模式"的使用性能。青少年模式可以在时间、权限、消费等方面对未成年人设置相应功能①，网络游戏企业要严格限制未成年人的游戏时长和充值数额②，并结合未成年人的使用特点不断优化青少年模式，以使其真正发挥功效。

三是落实对游戏产品的分类管理制度。《未成年人保护法》为相关部门出台网络游戏分类管理规定和标准提供了依据，要积极避免未成年人接触不适宜的游戏或功能。

四是网络游戏企业有可能受到行政处罚。如果网络游戏企业不依法履行防沉迷义务，那么，新闻出版、网信等国家有关部门不仅可以没收违法所得、对网络游戏企业及直接负责的主管人员和其他责任人员处以罚款；对拒不改正或者情节严重的，还可以"责令暂停相关业务、停业整顿、关闭网站、吊销营业执照或者吊销相关许可证"③。

因此，在防止未成年人沉迷网络游戏过程中，网络游戏企业应当积极履行自身法律责任，助力未成年人健康成长。

（五）加强对旅馆经营者接待未成年人的管理

这些年来，酒店、宾馆、酒吧、网吧等成为未成年人遭受性侵害、学生欺凌的高发场所，为了有效遏制针对未成年人的侵害行为，新修订的《未成年人保护法》不仅在第 58 条、59 条规定"学校、幼儿园周边不得设置营业性娱乐场所、酒吧、互联网上网服务营业场所等不适宜未成年人活动的场所"以及"烟、酒、彩票销售网点"，还在第 57 条明确了旅馆经营者的询

---

① 详见《未成年人保护法》第 74 条。
② 详见国家新闻出版署发布的《关于进一步严格管理 切实防止未成年人沉迷网络游戏的通知》等相关规定。
③ 详见《未成年人保护法》第 127 条。

问义务和强制报告义务，即："旅馆、宾馆、酒店等住宿经营者接待未成年人入住，或者接待未成年人和成年人共同入住时，应当询问父母或者其他监护人的联系方式、入住人员的身份关系等有关情况；发现有违法犯罪嫌疑的，应当立即向公安机关报告，并及时联系未成年人的父母或者其他监护人。"上述规定都在法律层面加强了对未成年人的社会保护，期望能够不断优化未成年人的成长环境。

2021年6月1日，公安部正式对旅馆经营者接待未成年人入住提出了"五必须"要求，以积极预防旅馆等场所侵害未成年人案件的发生①。

一是查验未成年人入住时的身份。在接待未成年人入住时，旅馆经营者必须查验其身份，必须按照要求如实登记并报送该未成年人的相关信息。

二是询问监护人的联系方式。办理登记入住时，旅馆经营者必须向未成年人询问其父母或者其他监护人的联系方式，并记录备查。

三是询问同住人员身份。在未成年人与成年人或者其他未成年人同住旅馆时，工作人员必须询问同住人员的身份及其与未成年人的关系等相关信息，而且要做好记录备查。

四是加强安全巡查和访客管理。旅馆必须加强安全巡查以及访客管理，积极预防针对未成年人的不法侵害。

五是履行报告义务。在"五必须"要求中，公安部列举了四种可疑情形，即："一是成年人携未成年人入住，但不能说明身份关系或身份关系明显不合理的；二是未成年人身体受伤、醉酒、意识不清，疑似存在被殴打、被麻醉、被胁迫等情形的；三是异性未成年人共同入住、未成年人多次入住、与不同人入住，又没有合理解释的；四是其他可疑情况。"一旦发现可疑情况后，旅馆经营者必须履行报告义务，一方面要及时联系未成年人的父母或者其他监护人，另一方面立即向公安机关报告，并在能力范围内采取相应措施保护未成年人身心健康。

---

① 详见《公安部对旅馆经营者接待未成年人入住提出"五必须"要求》，载新华网。

上述要求有利于避免或者减少侵害未成年人行为的发生，使未成年人的成长环境更加安全。

（六）明确家庭教育制度发展方向

近些年来发生的很多案件背后都折射出家庭教育不足的问题，实际上，我国法律对家庭教育已有规定。我国《宪法》规定，"父母有抚养教育未成年子女的义务，成年子女有赡养扶助父母的义务"；新修订的《未成年人保护法》第15条规定，"未成年人的父母或者其他监护人应当学习家庭教育知识，接受家庭教育指导，创造良好、和睦、文明的家庭环境"；《预防未成年人犯罪法》也规定了未成年人的父母或者其他监护人要加强对未成年人的管教，参与对罪错未成年人的矫治教育。于2021年10月23日发布的《家庭教育促进法》整合了我国法律有关家庭教育的内容，引导全社会注重家庭、家教、家风，明确了家庭教育的发展方向。

《家庭教育促进法》全文55条，5800多字，共分为六章，除了总则和附则外，从"家庭责任"、"国家支持"、"社会协同"和"法律责任"等几个方面进行了规制。

一是规定了什么是"家庭教育"。《家庭教育促进法》第2条规定："本法所称家庭教育，是指父母或者其他监护人为促进未成年人全面健康成长，对其实施的道德品质、身体素质、生活技能、文化修养、行为习惯等方面的培育、引导和影响"，该条明晰了"家庭教育"的概念。

二是规定了国家和社会的支持。在"总则"中除明确"未成年人的父母或者其他监护人负责实施家庭教育"以外，《家庭教育促进法》第4条还规定"国家和社会为家庭教育提供指导、支持和服务"。

三是明确了相关工作机制。一是规定建立健全家庭学校社会协同育人机制①，二是司法机关要与政府相关部门建立家庭教育工作联动机制，即第8

---

① 详见《家庭教育促进法》第6条。

条规定的："人民法院、人民检察院发挥职能作用，配合同级人民政府及其有关部门建立家庭教育工作联动机制，共同做好家庭教育工作"。

四是细化了家庭责任。《家庭教育促进法》用 10 个条文规定了父母和家庭成员的责任、家庭教育的内容指引和方式方法、分居或者离异家庭同样要加强家庭教育等①。

五是重视家庭教育指导服务。政府有关部门、妇联、福利和救助保护机构、人民法院等都要积极提供家庭教育指导服务，用人单位还要支持职工参加相关的家庭教育服务活动。

六是要重视学校、幼儿园以及医疗保健机构等的作用。从村（居）委会、学校、幼儿园到婴幼儿照护服务机构以及早期教育服务机构，到医疗保健机构、家庭教育服务机构、公共文化服务机构、爱国主义教育基地和新闻媒体等，都要参与家庭教育相关工作和服务。

《家庭教育促进法》为父母或者其他监护人的家庭教育进行了指导，也为未来国家、学校、社会等各方开展家庭教育工作指明了方向。

三　儿童法律保护存在的问题及建议

上述内容体现了 2021 年度未成年人保护法律政策的重要发展，但也要看到，现实中也面临一些制度落实落细不够和未成年人保护法律意识淡薄、专业水平不高等问题，需要予以高度重视，并在具体实践中加以改进。

（一）推动落实相关法律制度

在《未成年人保护法》启动修订之前，加强未成年人保护立法、强化未成年人法律制度建设的呼声一直很高，很多专家学者认为，未成年人法律制度的不完善对未成年人保护形成掣肘。但是，近些年来随着国家法律政策的不断完善，再强调构建未成年人法律制度已与现实不符。如前文所

---

① 详见《家庭教育促进法》第二章"家庭责任"部分。

述，2021年度，国家在加强未成年人学校保护、建立和发展未成年人教育惩戒制度、发展和完善未成年人法律援助制度、防止未成年人沉迷网络游戏以及加强对未成年人入住旅馆的管理和家庭教育发展等方面已经取得重大发展，为了让更多未成年人真正受益，应当积极推动这些法律制度落实落细。

为了将国家法律政策真正落实落细，结合实践，提出如下建议：

一是地方相关部门发布规定以督促落实未成年人保护工作。一些基层行政部门缺乏未成年人保护理念，甚至于不清楚国家发布了哪些法律政策，建议上级政府部门发布一些规范性文件，通过行政命令、任务分解等方式，明确下级行政部门的基本任务、工作职责以及处理流程等，以切实推动政府内部在上下左右之间的协调一致。

二是推动有关部门建立未成年人保护的专门机构或者专门人员。《未成年人保护法》和《未成年人学校保护规定》等都特别强调专门机构或者专门人员的作用，在具体工作中，公安机关和司法行政部门等应当尽快成立专门机构或者安排专门人员办理与未成年人有关的案（事）件；基层教育行政部门和学校应当重视未成年人学校保护工作，在学校内推动学生保护专员等队伍培养工作。

三是推动互联网企业等建立未成年人保护机制。虽然很多互联网企业建立了青少年模式，也通过各种措施加大对未成年人的保护力度，但是在企业内部的领导协调机制、投诉举报机制、强制报告等方面仍然有很大提升空间，互联网企业应当注意加强这方面工作。

（二）建立有效的工作衔接机制

新修订的《未成年人保护法》第6条规定："保护未成年人，是国家机关、武装力量、政党、人民团体、企业事业单位、社会组织、城乡基层群众性自治组织、未成年人的监护人以及其他成年人的共同责任。国家、社会、学校和家庭应当教育和帮助未成年人维护自身合法权益，增强自我保护的意识和能力。"未成年人保护工作不是仅凭哪一个部门、哪一个单位或者哪一个人就可以完成的，需要国家、社会、学校和家庭等从各个角度共同发力，为此，新修订的《未成年人保护法》在总则部分特别规定了县级以上人民政府应当建立未成年人保护工作协调机制①。据媒体报道，截至2021年6月，全国省级层面已经全部建立未成年人保护工作领导小组或委员会，217个市（地、州、盟）、912个县（区、市、旗）率先建立工作协调机制②，这些协调机制都是由党政负责同志担任主要负责人，这为统筹推动未成年人保护工作奠定了良好基础。

但是，从现实中的一些个案来看，很多地方还没有建立有效的工作衔接机制，一些权益受到侵害的未成年人尚未得到有效、充分的保护。以监护人侵害未成年人合法权益案件为例，首先，村（居）委会和学校在发现未成年人有可能受到监护侵害以后，应当及时向公安、民政部门等报告。第二，民政部门及其他相关部门应当进行紧急安置，使未成年人脱离危险境地，并统筹协调案件进展；公安部门应当对案件进行调查，必要时启动刑事侦查程序。第三，检察机关要依法进行法律监督，也可以通过发送检察建议、支持起诉等方式推动案件进展，以最大限度地避免未成年人继续受到监护侵害。第四，人民法院可以建立专门绿色通道，对案件快速立案、快速审理、快速裁判，依法追究行为人的法律责任，并按规定向有关部门发送司法建议。第五，专业的法律援助律师或者社工师、心理咨询师等要为未成年人提供专业、及时的帮助，积极维护未成年人的合法权益。当然，各部门之间还要建立信息共享机制以实现相关工作的有效衔接，将及时通报和信息共享环节纳入各职能部门的具体工作流程。

（三）鼓励在实践中积极探索并不断创新

近些年来，未成年人的法律保护工作不断发展创新，很多制度都是先在部门或者地方实践基础上发展，然后上升为国家法律政策层面的制度或者要

---

① 详见《未成年人保护法》第9条。
② 详见《全国省级层面已全部建立未成年人保护工作领导小组或委员会》，http：//www. nwccw. gov. cn/2021-07/29/content_ 294032. htm。

求的。如自 1984 年 10 月上海市长宁区人民法院建立我国第一个专门审理未成年人刑事案件的合议庭以来，最高人民法院积极推动少年审判庭的建立，此后，最高人民检察院、民政部等均建立了专门机构，机构专门化和人员专业化取得了重大进步。再如，强制报告制度有利于及时发现线索并为未成年人提供有效帮助，依法严惩侵害未成年人权益的违法犯罪行为，这在国外已有一些经验，而我国强制报告制度的产生基于地方探索。2017 年 7 月，浙江省杭州市萧山区检察院办理的一起严重性侵未成年人犯罪案件①，是缘于被害幼女受到严重伤害就医时，医生怀疑女孩遭性侵害而报案。以这个案件为基础，浙江省杭州市萧山区检察院联合有关部门于 2018 年 4 月率先在全国建立侵害未成年人犯罪案件强制报告制度。此后，浙江、江苏、广东、江西等省份也都建立了相关制度。2020 年 5 月 29 日，最高人民检察院联合国家监察委员会、教育部等印发《关于建立侵害未成年人案件强制报告制度的意见（试行）》，后《未成年人保护法》将之上升到法律层面进行了规定。

近些年来尤其是 2021 年，中国的未成年人保护工作取得很大发展，既有制度层面的突破和创新，也有工作层面的有益经验，应当对这些经验进行总结。如 2021 年 12 月 28 日，上海长宁区检察院、区民政局、区妇女联合会、区关心下一代工作委员会联合出台《关于构建检察、政府、社会一体化分类家庭教育指导工作体系的意见》②。根据该《意见》，四家单位将共同设立"三站一坊"，其中民政在各街镇设未成年人保护工作站，妇联在 185 个居民区设家事关护站，各街镇关工委设宁萌观察站，检察院则在"三站"中设"检社家宁萌共育坊"，以共同提升未成年人家庭的教育能力。

南京市首家社区层级的"儿童网格驿站"于 2021 年 12 月 25 日在江北新区设立，驿站将为自理能力较差的残障未成年人的家长提供喘息服务，让

---

① 史卫忠：《制定印发〈关于建立侵害未成年人案件强制报告制度的意见（试行）〉有关情况的通报》，载《检察日报》2020 年 5 月 30 日。

② 《指导父母"依法"带娃！上海首个一体化分类家庭教育指导意见出炉》，https：//baijiahao. baidu. com/s？id＝17204798153969777673&wfr＝spider&for＝pc。

家长得以放松和休息。另外，也会面向社区及周边困境儿童，以及其他有需要的儿童开展普惠型服务，包括应急突发个案处置、紧急个案强制报告与转接等。

为维护未成年人合法权益，凝聚多方力量推进未成年人监护监督工作的开展，2021年12月9日，上海虹口区检察院牵头召开未成年人监护监督工作研讨会，与法院、公安、民政、教育、妇联、团区委六家单位共同会签出台《关于加强虹口区未成年人监护监督工作的意见》，并聘任了首批6名未成年人监护监督员，这也是上海首个未成年人监护监督工作意见。[①]

此外，深圳福田区在区委全面依法治区委员会专设未成年人保护协调小组，其在未成年人保护体制机制改革上开创了两个全国第一：一是把未保工作全面纳入党委领导之下；二是把未保工作纳入依法治区体制之中，这对国内未成年人保护事业发展具有积极意义。

以上仅是地方对未成年人保护工作的列举，期待在实践中不断开拓创新，在条件成熟时，形成可复制的经验、模式，推动未成年人保护工作取得更大进步。

（四）培养未成年人保护的专业社会力量

2021年是我国未成年人保护法律政策取得重大发展的一年，国家法律和相关政策已经实施，但是没有专业的机构和人员推动落实，再好的法律政策也难以真正发挥效应。当前，党和政府不可能增加大量编制和人员来开展未成年人保护工作，比较有效的方式是培育专业的社会组织，并依托专业社会组织培养专业的未成年人保护人才。但是，从未成年人保护类社会组织的发展来看，相关社会组织还比较匮乏，专业人才仍储备不足，这成了制约中国未成年人保护事业发展的重要瓶颈。为了更好发挥社会组织的作用，储备更多优秀的、专业的未成年人保护类社会组织人才，需要在一些省会城市支

---

① 虹口检察：《上海首个未成年人监护监督工作意见出台，聘任首批监护监督员》，详见 https：//new.qq.com/omn/20211212/20211212A03G0400.html。

持、培养一批示范性的未成年人保护类社会组织，并依托这些社会组织培养一支专业社会组织人才队伍，这不仅会使更多的未成年人及其家庭受益，而且也将受到党和政府的认可和欢迎，为国家建设和社会发展贡献积极力量。

在省会城市培育专业的社会组织，以及依托专业的社会组织培养专业人才是一个复杂的系统工程，如果让社会组织人才队伍真正发挥作用，建议首先从推动解决个案出发，继而以点带面地推动所在省份未成年人保护工作。

一是鼓励并支持具有法律、社工、心理等专业背景的社会组织人员共同开展工作，形成能够有机配合、共同协作的专业力量。

二是对外公布联系方式，提供有效咨询。社会组织可以通过电话、来信、来访、网络等方式，为未成年人及其监护人、教师、政府有关部门、邻居、社会爱心人士等解答各种咨询问题，引导其依法、理性维护未成年人的合法权益或者为未成年人提供帮助和服务。

三是直接办理未成年人保护案（事）件。通过诉讼、调解、个案帮扶等方式，为处在困境中的未成年人提供专业服务，让其感受到来自社会的温暖。

四是组织开展未成年人保护的专题培训。社会组织可以通过线上线下等多种方式，针对中小学生及其家长、教师等开展培训，帮助增强未成年人保护意识，掌握基本维权技巧。

五是推动部门协作，社会组织要与当地民政、妇联、共青团、公安、检察院、法院、司法行政部门等负责未成年人保护工作的单位建立起密切的工作联系，推动解决一些具体案（事）件，并配合上述部门开展未成年人保护工作。

六是开展实证研究，积极参与本省份内与未成年人有关法律政策的制定、修改，为维护未成年人合法权益建言献策。

（五）倡导更多人关注未成年人保护工作

未成年人保护是涉及整个社会的问题，需要每一个人付出努力，因为与家庭、学校等有关，整个社会观念的变化就显得特别重要，要呼吁更多人士成为未成年人保护知识的学习者、传播者和未成年人成长的守护者。但是很多时候，人们只有在真正遇到未成年人权益受到侵害的时候，才想到学习未成年人保护的相关法律知识，可是此时未成年人的身体或者心理已受到伤害。

为了倡导更多人关注未成年人保护工作，国家有关部门或者一些具有影响力的社会组织可以开展相关工作。

一是结合《未成年人保护法》、《预防未成年人犯罪法》、《反家庭暴力法》、《民法典》和《刑法》等法律规定和相关政策，开发有关未成年人保护的普法课件，并制作专项题库，提供给社会大众学习、了解，以帮助更多父母、老师等各界人士了解基础知识。

二是培育文明使者，给更多的人带去专业知识。可以专业课件和专题题库为基础，为关注未成年人保护知识宣传的爱心人士提供培训，再经由这些人士到社区、学校或有关单位进行知识宣讲，带动更多的人借助专业知识帮助和保护未成年人。

三是借助互联网平台，让越来越多的人知晓未成年人保护的理念和知识，鼓励通过视频、文字、图片等多种方式在多个平台发布相关信息，以不断提高未成年人保护的知晓率。

未成年人保护关系到每个家庭的福祉、关系到国家以及人类社会未来的发展，推动未成年人保护事业发展是新时代国家加强和改善未成年人保护工作的重大战略部署。期待国家机关和有关单位完善内部管理的体制机制，通过多种方式加强社会倡导，培育更多专业社会组织和人才，为我国未成年人的健康成长提供强有力的支撑和保障。

B.6
2021年移动互联网视角下中国儿童发展分析报告

李 扬　屈俊美　夏 玥　高溁朝*

摘　要： 2021年，网络传播格局持续发展变化，移动互联网影响力日益
突出，网络环境更能反映社会环境。在此背景下，本研究以定量
研究与质性研究相结合的方式，观察全网涉儿童议题的态势，分
析儿童与健康、安全、教育、福利、家庭、环境、法律保护等领
域的热点话题。总体来看，"十四五"开局起步之年，宏观政策
影响较为明显，加之个别事件不时发生，涉儿童议题热度上升。
各界期待落实相关新规新策，直面现实情况，动态解决问题。同
时，合力优化内容生态，保护儿童成长，促进儿童发展。

关键词： 儿童　移动互联网　网络生态　社会热点

一　总体情况

近年来，移动互联网快速发展，日渐成为讨论儿童议题的重要场域、涉
儿童信息传播的重要通道，以及儿童媒介接触的重要载体。中国互联网络信
息中心（CNNIC）发布的第49次《中国互联网络发展状况统计报告》① 显

---

* 李扬，人民网舆情数据中心舆情分析师；屈俊美，人民网舆情数据中心主任舆情分析师；
夏玥，人民网舆情数据中心主任舆情分析师；高溁朝，人民网舆情数据中心助理舆情分
析师。
① 《第49次〈中国互联网络发展状况统计报告〉专家解读》，中国互联网络信息中心官方
网站。

示，截至 2021 年 12 月，我国网民规模达 10.32 亿个，互联网普及率达 73.0%，网民使用手机上网的比例达 99.7%，即时通信、网络视频、短视频用户使用率分别为 97.5%、94.5% 和 90.5%，相关应用基本实现普及。目前，网民结构能体现国民结构，网络议题能反映社会议题，网络环境能折射社会环境。因此，关注当前传播格局下的儿童议题尤为必要。

2021 年，儿童成为社会关注的焦点，研究儿童问题更是具有时代价值。《中国儿童发展纲要（2021—2030 年）》印发，儿童在健康、安全、教育、福利、家庭、环境、法律保护等领域的情况备受关注。国务院未成年人保护工作领导小组成立，《关于加强未成年人保护工作的意见》发布，构建了家庭保护、学校保护、社会保护、网络保护、政府保护、司法保护"六位一体"的未成年人保护格局，我国儿童保护工作机制取得新进展。第七次全国人口普查数据发布，中国人口年龄结构变化引热议，各界关注"少子化""低生育率困境"等问题，不少声音担忧我国发展后劲不足，并期待政府和社会为儿童成长提供更多保障。

"人民众云"大数据平台监测显示，2021 年 1 月 1 日至 12 月 31 日，全网涉儿童议题中，儿童与家庭领域信息占比为 36.8%，居于首位，反映出"小家之事"渐成"大家之事"，顶层设计日益重视家庭价值，《家庭教育促进法》为"依法带娃"提供了依据，"三孩"政策引发热议，家庭议题与社会议题叠加推高了信息量。儿童与安全领域信息占比为 31.6%，为儿童创建安全的环境、减少儿童伤害获各界期待。儿童与教育领域信息占比为 19.1%，"双减"成为社会热点，"教育公平"等话题引发讨论。儿童与福利领域信息占比为 6.7%，福利工作创新发展，救助保障机制持续完善赢得认可。儿童与法律保护领域信息占比为 3.8%，法律体系日益完善，明确了学校、家庭等各方的责任，引导社会各界增强保护儿童合法权益的意识。儿童与健康领域信息占比为 1.5%，社会期待提升疫情防控常态化背景下的儿童健康保障能力。儿童与环境领域信息占比为 0.5%，儿童成长环境日益优化，公共设施等"硬件"更加完善，精神文化活动等"软件"不断提升，网络环境更加清朗，尊重、爱护儿童的社会环境进一步形成。

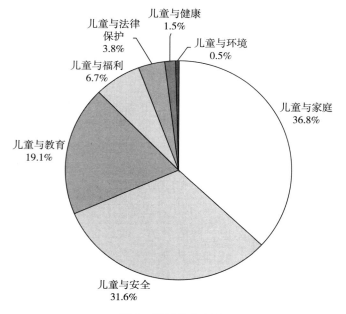

图1 领域分布占比

数据来源：人民网舆情数据中心"人民众云"大数据平台。

二 热点解读

（一）安全事故牵动人心，护航儿童安全成长

2021年，《中国儿童发展纲要（2021—2030年）》新增"儿童与安全"领域内容，涉儿童安全工作更加精准有效，赢得积极评价。同时，受儿童身心发育不成熟、安全意识不足、自我保护能力有限等因素影响，儿童伤害事件热度颇高。

整体来看，儿童溺水事故、日常用品引发的事故与食品安全事故，是儿童安全舆情的高发领域。一是儿童溺水事故受到多方重点关注，相关事件通报、预防溺水的科普文章等内容占比较高。二是日常用品中的安全隐患易引发讨论，"儿童安全座椅""电热毯"等用品的安全性获社会关注，如"福

建立法 4 岁以下儿童乘车必用安全座椅""6 月 1 日起儿童安全座椅纳入全国性立法""专家建议别买二手儿童安全座椅"等内容进入微博热搜榜，"西安 13 岁女孩手脚被电热毯烫伤""1 岁男童尿床被电热毯烧成重伤"等事件引发广泛讨论，公众对此类问题的关注度、警惕性升温。三是儿童吞食异物、儿童食品安全等问题引人警醒，如"河南郑州 2 岁男童误食纽扣电池食管被腐蚀""江苏一婴儿吃瓜子呛入气管险窒息身亡""山东济南男童误食减肥产品中毒送医急救""河南新乡学生集体呕吐 校长痛哭却难更换送餐公司"等事件获多方关注。

涉儿童安全事件中，往往直接受害者是儿童，间接受害者是其亲属。由于儿童自身年幼，难以在舆论场中自我发声，所以其家长常为相关事件的主要传播者，如"幼儿园男童呕吐后趴桌身亡""山东枣庄一幼儿园 4 岁男童非正常死亡""幼儿园 3 岁女童身上现 29 处针眼"等事件中，受害儿童家长或通过自己的社交媒体账号发布相关信息，或联系媒体接受采访，将情况公布于众，较多网民对此表示愤慨，呼呼加强对幼儿园等机构的管理。另外，与女童相比，更具冒险倾向的男童面临的安全隐患可能更多，有网民认为，儿童自身的安全意识更需增强。

（二）聚焦日常生活情境，关爱儿童身心健康

儿童日常生活中的健康隐患不容忽视。如儿童用眼过度问题方面，"2 岁男童玩手机致 700 度近视"等事件引发关注，有全国人大代表建议，把视力状况纳入衡量学生综合素质的标准。儿童运动不足问题方面，有全国政协委员建议，立法确保儿童每天至少运动 1 小时。儿童睡眠质量问题方面，有媒体报道，10 余年间青少年睡眠不足的现象日趋严重，青少年的睡眠时长呈下降趋势，超过八成中小学生睡眠时长未达标。教育部印发《关于进一步加强中小学生睡眠管理工作的通知》，提出保证儿童睡眠，获得多方认可。同时，新冠肺炎疫情持续，儿童防疫情况备受关注。如新冠病毒疫苗是否适合儿童接种等问题引发讨论，微博话题#试验显示科兴疫苗对儿童青少年具安全性#的阅读量近 6000 万次；中国政府网发布《3—11 岁儿童接种新

冠疫苗不良反应情况如何？》的视频，解答公众的疑惑，引导家长更加科学、理性地看待疫苗。

儿童心理健康情况获各界关注。一方面，随着数字技术的发展，部分不适宜儿童接触的信息，更易被线上展示给儿童，可能影响儿童心理健康。另一方面，课业压力、亲子关系等因素，易致儿童出现心理问题。《中国新闻周刊》报道，据调查，6～16岁在校学生中，中国儿童的精神障碍总患病率为17.5%，其中，流行程度较高的精神障碍包括：注意缺陷多动障碍（占6.4%）、焦虑障碍（占4.7%）、对立违抗障碍（占3.6%）、抑郁障碍（占3.0%）、抽动障碍（占2.5%）。2021年7月教育部印发《关于加强学生心理健康管理工作的通知》，提出加强心理健康课程建设；2021年中国科学院心理研究所发布的《中国国民心理健康发展报告（2019—2020）》显示我国青少年抑郁检出率为24.6%，相关情况获社会关注。

（三）教育改革持续推进，促进儿童全面发展

2021年，我国教育改革持续推进，儿童教育进一步发展，多项政策措施落地，舆论认可教育改革的积极意义，也期待进一步保障教育公平、缓解教育焦虑。

儿童教育增效减负，保障儿童健康成长。近年来，在"鸡娃""超前教育""拔苗助长"等不当教育理念影响下，出现了作业负担过重、校外培训过度、有违成长规律等问题。2021年7月，中共中央办公厅、国务院办公厅印发《关于进一步减轻义务教育阶段学生作业负担和校外培训负担的意见》。较多网民认为，"双减"是中国教育改革的新起点。一是"减负"力度加大，赢得了较多家长支持，减轻了儿童的学业负担，维护了合理的教育生态，有助于学生更好地回归校园，促进儿童身心健康发展。二是配套政策逐步完善，教育部先后出台关于加强中小学生睡眠管理、加强义务教育学校作业管理等通知，通过适量的作业、充足的睡眠，保障学生身心健康，促进儿童快乐成长，获得较多好评。三是教育公平仍为"痛点"，不少网民担忧课业负担和校外培训虽成为"重点监管对象"，但中高考分数仍是"指挥

棒"，普通家庭学生提升学业能力的渠道减少，而"富裕家庭""高知家庭"等群体的教育资源优势更加明显，可能带来新的不公平。

持续深化素质教育，更加注重全面发展。一是各方合力落实"双减"的同时，也积极推动"双增"。教育部有关负责人表示，为了儿童青少年的健康成长，将增加学生参加户外活动、体育锻炼、艺术活动、劳动活动的时间和机会，增加学生接受体育和美育方面课外培训的时间和机会。各界期待通过"双增"，进一步提升儿童全面发展的水平。二是舆论关注素质教育能力区域性不平衡问题，有网民认为，一线城市更具有素质教育意识和能力，教育资源更加集中，"美育"更具可行性；二线、三线城市部分学校、家庭对素质教育缺乏科学规划，"考试导向"观念被普遍接受，较多家长、教师及学生自身对各项活动的配合度有限；县乡教育短板仍然明显，"硬件"虽日渐完善，但生源、师资、文化氛围等因素均难以短期改变。各界期待落实相应政策，进一步传递科学合理的教育理念，不仅要学习知识，也要立德树人。

（四）健全儿童福利体系，保障儿童基本权益

2021年，我国儿童福利和保护事业创新发展，普惠托育服务、儿童救助医疗保障水平持续提升，残疾儿童康复救助及留守儿童关爱保护进一步发展。

儿童福利工作创新发展，救助保障机制持续深化。一是央地协同推进儿童福利与保护事业，多地民政部门编制儿童福利事业发展"十四五"规划，江西、广西、浙江等省级行政区已正式发布规划，立足本土实际，创新儿童福利与保护新模式。二是2021年，民政部办公厅印发了《关于开展孤儿、事实无人抚养儿童认定申请受理"跨省通办"工作的通知》，为服务孤儿、事实无人抚养儿童异地认定提供了便利，儿童福利工作的数字化能力加强。《儿童福利机构社会工作服务规范》发布，明确了儿童福利机构社会工作的原则、基本要求、内容、流程、方法和督导，提升了儿童福利机构建设的标准化和专业化水平。三是对留守儿童、困境儿童等群体的关爱进一步加强，

《乡村振兴促进法》《中共中央国务院关于全面推进乡村振兴加快农业农村现代化的意见》《关于加快推进乡村人才振兴的意见》等提及加强对农村留守儿童、妇女和老年人以及残疾人、困境儿童的关爱服务。民政部有关负责人表示，将继续关爱留守儿童，建立市、县、乡、村四级关爱保护网络，同时，推动对孤儿、事实无人抚养儿童的生活补贴按照经济发展水平动态增长。四是完善残疾儿童康复救助定点服务机构管理，中国残联、民政部、国家卫生健康委于 2021 年 10 月 28 日联合制订了《残疾儿童康复救助定点服务机构协议管理实施办法（试行）》，提升国内残疾儿童康复救助定点服务机构能力，促进残疾儿童康复事业持续发展。

普惠托育服务体系建设加快，儿童之家服务能力提升。一是《"十四五"公共服务规划》中明确，到 2025 年，每千人口拥有 3 岁以下婴幼儿托位数 4.5 个，孤儿和事实无人抚养儿童实现应保尽保。教育部、国家发改委等九部委发布的《"十四五"学前教育发展提升行动计划》提出，到 2025 年，全国学前三年毛入园率达到 90% 以上，普惠性幼儿园覆盖率达到 85% 以上，公办园在园幼儿占比达到 50% 以上，相关政策回应了社会呼声，为普惠托育服务的发展指出了方向。二是各界期待进一步发挥儿童之家在基层社会治理和儿童保护中的作用，提高儿童之家建设、管理和服务水平，保证儿童之家服务时长，拓展服务内容，确保服务安全，为儿童提供专业化、精细化的服务。

（五）重视家教家风建设，关注家庭社会价值

儿童与家庭问题，渐由"小家之事"成为"大家之事"，顶层设计日益重视家庭这一社会单元的价值，公众也期待以提高社会公共服务水平等方式，减轻家庭压力，释放社会活力。

家庭教育被置于更加重要的位置，各界关注度与讨论度提升。2021 年3 月，《习近平关于注重家庭家教家风建设论述摘编》在全国发行，为做好新时代家庭工作打下了良好的基础。随后，中宣部、中央文明办、中央纪委机关、中组部、国家监委、教育部、全国妇联印发《关于进一步加强

家庭家教家风建设的实施意见》，强调要强化制度保障，把新时代家庭观的要求体现到法律法规、制度规范和行为准则中，体现到各项经济社会发展和社会管理政策中，彰显公共政策价值导向。《关于在办理涉未成年人案件中全面开展家庭教育指导工作的意见》出台，为推动涉未成年人案件家庭教育提供了指导方向。10月，《中华人民共和国家庭教育促进法》公布并通过，"依法带娃"成为讨论热词，家庭教育、学校教育、社会教育更加协调互补。

"三孩"政策成为社会焦点，多方呼吁减轻家庭生育、养育、教育压力。2021年5月，中共中央政治局召开会议，听取"十四五"时期积极应对人口老龄化重大政策举措汇报，审议《关于优化生育政策促进人口长期均衡发展的决定》，其中"进一步优化生育政策，实施一对夫妻可以生育三个子女政策及配套支持措施""依法组织实施三孩生育政策，促进生育政策和相关经济社会政策配套衔接""要将婚嫁、生育、养育、教育一体考虑""加强适婚青年婚恋观、家庭观教育引导""降低家庭教育开支""保障女性就业合法权益""对全面两孩政策调整前的独生子女家庭和农村计划生育双女家庭，要继续实行现行各项奖励扶助制度和优惠政策""维护好计划生育家庭合法权益"等内容获广泛关注。目前，舆论对于"三孩"政策的观望情绪较明显，一方面，较多网民认为面向儿童的公共服务以及面向家长的社会保障尚存在短板，若落实"三孩"政策，家庭仍为承压主体且压力更加突出；另一方面，有声音呼吁改变一味追求人口增长的思路，而追求人口发展质量，增加儿童及家庭的幸福感，推动形成低增速下的良性循环。

（六）优化儿童成长环境，网络空间更加清朗

儿童成长环境日益优化，公共设施等"硬件"更加完善，精神文化活动等"软件"不断提升，"儿童优先"日益成为共识，尊重、爱护儿童的社会环境进一步形成。

儿童友好城市、儿童友好社区试点增加，面向儿童的公共文化服务水平

不断提升。一是 2021 年，建党百年主题宣传贯穿全年，各地区各部门举办"少年儿童心向党""'童声'献礼建党百年""建党百年儿童画"等主题活动，提升儿童精神力量的展演、出版物等文化产品增加。二是国家发改委等部门联合印发《关于推进儿童友好城市建设的指导意见》，提出为儿童成长发展提供适宜的条件、环境和服务，切实保障儿童的生存权、发展权、受保护权和参与权；到 2025 年在全国范围内开展 100 个儿童友好城市建设试点；2035 年，预计全国百万以上人口城市开展儿童友好城市建设的超过 50%，100 个左右城市被命名为国家儿童友好城市，儿童友好成为城市高质量发展的重要标识，儿童友好理念成为全社会共识和全民自觉。三是基层治理中，建设儿童友好社区的重要性日益明显，制度、空间、服务、文化等方面不断完善，"柔性关照""儿童共建共享"的理念被越来越多的群众接受。多数网民对因地制宜进行试点表示认可，同时期待适当明确标准，提升"儿童友好"理念落地的专业化水平。四是"绿色发展"成为社会新共识，舆论呼吁一方面减少环境污染对儿童的伤害，另一方面，增强儿童生态环境保护意识，养成绿色低碳生活习惯，在全国低碳日等时间节点开展儿童环保主题活动，提升儿童自然教育水平与生态文明意识。

网络环境日益清朗，仍有部分内容引发担忧。7 月，中央网信办启动"清朗·暑期未成年人网络环境整治"专项行动，聚焦解决 7 类网上危害未成年人身心健康的突出问题，严肃查处炒作"网红儿童"行为，禁止诱导未成年人打赏行为，防止炫富拜金、奢靡享乐、卖惨"审丑"等现象对未成年人形成不良导向。中国演出行业协会网络表演（直播）分会发出"网络表演（直播）行业保护未成年人行动倡议"，超 50 家平台承诺"不为未满 16 岁未成年人提供网络直播服务"。目前，涉儿童视频可分为两类，第一类是以儿童作为内容的主体，部分账号以"萌娃"内容吸引关注，或通过儿童"卖萌""卖怪""卖惨"等方式进行"引流"，或让儿童直接"带货"。多家媒体批判"儿童网红"乱象，指出一些家长成了"啃小族"，儿童的"成人化"举止极易对其成长造成不利影响，呼吁平台规定更加细化严谨。第二类是以儿童作为观看的主体，《中国未成年人网络保护法律政策研究报告》显示，青少年观看直播的比例达 45.2%[①]。多家平台推出青少年模式，虽已通过规定使用时长、限制出镜直播、限制充值打赏等方式加高了门槛，但技术识别有时难以判断真实使用者是否未成年。如"60 岁老人凌晨三点上网"多次被系统判定为疑似未成年人操作，但"60 岁老人"10 余次通过人脸识别，技术手段无法判断是否属于"代过人脸"的情况。舆论担忧：一方面，视频内容参差不齐，暴力、低俗、危险内容和不文明语言可能给儿童成长带来影响；另一方面，上网增加了近视风险、减少了运动时间，可能影响儿童身体健康。

"线上""线下"不再泾渭分明，营造良好环境需拓宽思路。随着移动互联网的发展，其伴随性、场景化的特点，使网络接触日渐成为公众的生活习惯。当代儿童是网络时代的"原住民"，而较多家长是"移民"乃至"难民"，往往自身对网络环境的认识不够充分，对信息产品的使用不够纯熟，对儿童进行媒介干预的能力有限。部分家长可能"过度保护""以禁代管""简单粗暴""有心无力"，导致粗暴干预的行为增加，而正面引导的意识和能力不足，或将导致激起儿童逆反心理、减弱儿童对网络信息的辨识能力等问题，某种程度上降低了儿童的媒介素养。另外，平台的"青少年模式"基于"数字断连"等思路，虽然通过技术手段设置了准入门槛，但优化内容生态更为关键。有网民认为，在法律保障完善、社会提示到位的情况下，父母子女自愿录制网络视频，记录和分享家庭生活，成为母婴博主，介绍"育儿"经验，影响力扩大后顺势把握商业机会，合法创收也无不可，选择权应属于家庭，需避免"过度监管"。近年社会讨论中，观点虽较多元，但为儿童提供良好的综合成长环境已成为共识。

（七）政策法规日益完善，多方合力保护儿童

2021 年，法律体系日益完善，明确了学校、家庭等各方的责任，既加强了对未成年人的法律保护，也关注了预防未成年人犯罪等问题，引导了儿

---

① 《中国未成年人网络保护法律政策研究报告》，https：//chinalporg.cn/newsitem/278302285。

童与社会各界增强法治意识。

多项政策法规聚焦未成年人，法治"保护网"越织越密。2021年6月1日，《未成年人保护法》《预防未成年人犯罪法》施行，新修订的《未成年人保护法》条文从72条增加到130多条，特点包括充实总则规定、加强家庭保护、完善学校保护、充实社会保护、新增网络保护、强化政府保护、完善司法保护等；预防未成年人犯罪，立足于教育和保护未成年人，及时进行分级预防、干预和矫治。10月，《家庭教育促进法》通过并公布，引导全社会注重家庭、家教和家风，增进家庭幸福与社会和谐。另外，《中小学教育惩戒规则（试行）》2021年3月1日起实施，明确了教师惩戒的具体方式、程度和界限；《未成年人学校保护规定》2021年9月1日起施行，落实了新修订的《未成年人保护法》的部分内容，健全了未成年人学校保护制度。

预防未成年人犯罪更需形成合力，典型事件折射深层次问题。《家庭教育促进法》《关于在办理涉未成年人案件中全面开展家庭教育指导工作的意见》等出台，舆论期待重点推动开展涉案未成年人家庭教育指导、失管未成年人家庭教育指导、预防性家庭教育指导等工作，加强对未成年人违法犯罪多发地区的指导，聚焦城市流动人口集中、城乡接合部、乡村留守儿童集中等重点地区。也有声音指出，家庭教育缺失正是青少年犯罪的重要原因，因此寄希望于家庭教育可能意义有限，更需要有关部门和社会力量的介入。随着经济发展水平提高，部分"留守"问题出现了新的表现形式，如"安徽歙县女生霸凌"事件一度引发关注，10名违法行为人中，8名为未成年人，侵害人与被侵害人均为单亲家庭、父母外出务工、隔代教养的14岁女孩，多名涉事未成年人表示对打架"习以为常"乃至"引以为傲"。此前，各界主要关注乡村留守儿童的生活困境；而今，县城留守青少年的心理健康与价值观念问题更需重视。另外，转发和讨论是普通网民参与舆论监督的重要形式，较多声音呼吁减少传播案件相关的视频、图片等信息，以保护未成年人的合法权益；也有网民认为，"不转发""不传播"可能导致此类问题难以被看见，非恶意的传播不应被视为"违法违规"。舆论一方面期待加强普法工作，增强各界保护未成年人合法权益的意识；另一方面期待网信部门等单位划定此类内容治理标准，共同维护良好网络生态。

法律保护适应新形势、新变化，"网暴"问题再度受重视。网络暴力问题由来已久，2021年再度引发热议，一是由于"15岁少年刘学州被'网暴'致死事件"获广泛关注，"网暴致死""万字遗书""寻亲艰难""对世界绝望""15岁少年被亲妈拉黑"等情况令舆论震惊，也引发广泛情感共鸣。刘学州养家亲属代理律师提出"就未成年人刘学州被网暴致死案提起公益诉讼建议"后，最高人民检察院回复称已将材料转至相关部门研究。目前，已有较多声音呼吁加大对网络暴力的处罚力度，尽快进行专门立法；也有观点认为，很难明确界定哪些言论属于"网暴"，哪些声音是"最后一根稻草"，如仅通过立法方式进行规制，某种程度上可能增加网民讨论时"因言获罪"的风险，进而降低公众参与社会事务的意愿。二是由于近年来网络环境变化，青少年易成为"网暴"的受害者，也易成为"网暴"的参与者。青少年易受"划分阵营""非此即彼"等思路影响，进行网络"论战"的意愿更高，言论的攻击性更强，情绪化表达更多，发表不同观点易变为无谓争辩乃至互相谩骂，理性声音参与讨论的意愿随之降低，观点极化的风险上升，以"维护正义"之名的"网暴"行为更值得警惕。各界期待，在法律保护明确底线的同时，加强对儿童的道德引导，提升网络参与的综合素养，共同营造良好社会氛围。

三 总结与展望

（一）"十四五"开局起步，儿童议题热度升温

2021年，各界对儿童议题的关注度明显升温。"十四五"规划纲要中，"构建高质量的教育体系和全方位全周期的健康体系""坚持优先发展教育事业，坚持立德树人，增强学生文明素养、社会责任意识、实践本领""推进基本公共教育均等化""完善留守儿童关爱体系""更加注重学生爱国情怀、创新精神和健康人格培养"等内容广获关注，舆论期待儿童事业发展

取得新成果。《中国儿童发展纲要（2021—2030年）》发布后，多方积极解读"新儿纲"，不仅关注"70项主要目标和89项策略措施指导"等具体内容，更聚焦"立德树人作为主线""更加注重促进儿童全面发展""更加注重学校家庭社会协同育人""更加注重全方位保障儿童权益"等新特点，做出了"新儿纲站在新的历史起点上，为儿童和儿童事业发展擘画了美好前景"等积极评价，推动形成良好的舆论氛围。与此同时，"三孩"也成为公共讨论的高频词语，人口与发展的结构性问题日益被关注。较多网民认识到，儿童问题折射了社会问题；公众表达对儿童的期待，亦是表达对未来的期待。

未来几年，社会对儿童的关注度或将持续提升。一是人口总量低速增长的趋势短期较难改变，"二孩""三孩"生育政策可能带来少儿人口比例的小幅回升，但受育龄妇女规模缩小、生育意愿下降等因素影响，人口结构仍面临挑战，降低"生育""养育""教育"成本的呼声增加，舆论期待儿童成长环境更加友好，公共服务更加优化。二是疫情防控常态化形势下，儿童健康持续获关注，建议增强专项保护意识，提升对儿童疾病的诊疗能力，加强健康科普等工作。三是进一步加强对儿童的法律保护，深入开展法治宣传和家庭教育宣传，灵活运用新媒体等形式"以案释法"，预防未成年人违法犯罪和遭受侵害，引导媒体客观、审慎、适度采访和报道涉未成年人案件，加强未成年人网络保护，促进政府、企业、学校、家庭、社会形成保护儿童的合力。

（二）贯彻落实新规新策，直面问题并动态纾解

儿童发展问题关乎未来，关爱儿童是社会的共同责任。2021年以来，中央及地方单位，出台了多项政策措施，加强了宣传引导，营造了保障儿童健康成长的社会氛围。近年来，涉儿童问题虽不断变化，但教育话题仍是社会关注的重点。此前，较多政府官员、专家学者、师生家长感受到教育生态失衡的问题，学校、家庭和社会协同不够；"唯分数论"不仅带来了学业压力，也增加了社会压力；素质教育或成为"一纸空文"，或成为"内卷新赛

道";教培行业出现"资本化"问题,增加了金融风险并影响社会稳定。"双减"后,舆论期待教育公平更加"看得见,摸得着",学生、家长、教师各负其责,基础教育可持续发展,教育生态更加良好,真正培养全面发展的时代新人。

2022年,预计儿童与教育领域议题热度仍将持续,教育焦虑情绪仍然存在。一是"双减"后,不少学校"分数隐身,等级登台"令家长忐忑,中考分流引发职业观与公平性的讨论,各界期待直面新问题,拿出新思路、新举措。建议全面落实"双减"政策,保障减负成效,促进学生全面健康发展,避免校内课后服务"流于形式",同时注重保障教师群体权益。二是安全问题易被关注,学生营养餐、溺水、体罚、虐童、校园欺凌等问题易引热议,各界呼吁织牢"防护网",加大宣传力度,提升社会保护能力和增强自我保护意识。建议家校社会协同发力,教育、文旅、消防、市场监管等部门,加强对可能存在儿童安全隐患环节的综合治理。三是加快构建现代化儿童福利和未成年人保护体系,儿童的生活照料和成长教育状况虽已明显改善,但儿童服务需求日益增多并更加细化,可进一步提升专业化、数字化、智能化服务水平。

(三)传播格局发展变化,合力优化内容生态

新媒体赋权下,公众有了自我发声的"麦克风",每个人都是重要的传播节点。涉儿童事件敏感性较高,多起事件中,儿童家长选择通过社交媒体发声,引发更多关注,维护个人权益。但同时,也有家长夸大问题、扭曲儿童受害经过,单方声音引起"舆论一边倒",而不实情况被发现后,又出现"反转""翻车"等现象,一定程度上消耗着社会信任。另外,涉儿童的KOL(关键意见领袖)也值得重视。近年来,较多亲子类KOL,拥有大量的粉丝,积极讨论涉儿童议题,但其传播内容的科学性及传播动机往往有待考量,乃至散布"小道消息",以所谓"揭秘""重磅""独家爆料""知情人士称"为名进行炒作,导致部分家长"偏听偏信",部分公众难以及时获得真实准确的信息。

因此，有关部门、平台方、专业媒体等主体，需进一步合力优化内容生态。一方面，在涉儿童事件中，把握舆论导向、价值取向，对儿童家属、涉事个人与涉事单位等多方信源进行交叉求证，客观报道、动态通报，及时传播真实情况，防范谣言滋生；另一方面，完善常态化的监督管理机制，对涉儿童内容加强把关，避免不良信息影响儿童身心健康，提高儿童及家长的媒介素养，共同营造有利于儿童健康成长的舆论环境。

专题篇
Special Topics

B.7
中国儿童青少年健康危险行为
状况分析报告

马　军　董彦会　王鑫鑫　马　涛*

摘　要： 儿童青少年是未来社会发展的生力军，肩负着国家的未来。促进儿童青少年健康成长，对于国家未来的发展具有重要的意义。近年来，随着我国经济水平的提高，在营养不足问题改善的同时，不良饮食行为也潜移默化地影响着儿童青少年的体格发育和健康。久坐行为已经成为危害儿童青少年身体健康最为重要的影响因素之一，因此儿童青少年身体活动需要进一步加强。儿童伤害发生率大幅下降，但仍处于较高水平，不仅严重威胁儿童青少年身心健康，还会造成严重的疾病负担。儿童青少年物质滥用问题突出，吸烟饮酒等问题趋于低龄化，亟待解决。针对以上问题，国家要完善相关的制度和配套设施，各部门要协调配合，加大经

---

* 马军，北京大学儿童青少年卫生研究所所长、教授；董彦会，北京大学儿童青少年卫生研究所博士后；王鑫鑫，宁夏医科大学博士研究生；马涛，北京大学儿童青少年卫生研究所博士研究生。

费投入，推动儿童青少年健康成长。

关键词： 儿童青少年　不良饮食行为　身体活动不足　伤害　物质滥用　健康危险行为

儿童青少年健康危险行为是指，给儿童青少年健康、完好状态乃至成年期健康和生活质量造成直接或间接损害的行为。目前我国儿童青少年存在诸多健康危险行为，如膳食不合理，缺乏体育锻炼，意外伤害，以及吸烟、饮酒、药物使用等物质滥用行为，这些健康危险行为将成为儿童青少年成长发育过程中的重要危险因素。《中国儿童发展纲要（2021—2030年）》（以下简称《纲要》）就儿童健康领域提出未来十年要普及儿童健康生活方式、提高儿童健康素养以及增强儿童体质等目标，同时还提出要加强对《纲要》实施情况的系统监测和分析评估工作。因此，使用全国性和地方代表性数据，对儿童健康危险行为现况及趋势进行分析，聚焦儿童主要健康危险行为问题和挑战，将有利于帮助政策制定者基于科学证据开展工作，利用监测数据做好儿童健康生活方式的促进，从而达到提升其健康水平的目的。

一　现况

（一）不健康饮食

目前，全球专家共识对青少年的年龄界定是10~24岁，2019年北京大学儿童青少年卫生研究所对全国6~22岁学生的调查结果显示，我国儿童青少年中不喝含糖饮料的仅占15.7%，有75.8%的学生平均每天喝含糖饮料少于1次，8.5%的学生平均每天喝含糖饮料1次及以上。分性别来看，男生在含糖饮料摄入方面高于女生，表现为不喝含糖饮料的比例男生（14.6%）低于女生（16.9%），而每天喝1次及以上的比例男生（10.5%）

高于女生（6.5%）。分城乡来看，城区儿童青少年中不喝含糖饮料的比例（15.0%）低于郊县（16.7%），每天喝 1 次及以上含糖饮料的比例（8.7%）高于郊县（8.3%）。从不同学段的结果来看，每天喝 1 次及以上含糖饮料的学生比例从高到低分别为职业高中（15.0%）、初中（9.2%）、普通高中（9.1%）、大学（7.6%）、小学（6.2%）。2019 年我国不同组别儿童青少年每天摄入含糖饮料情况见图 1。

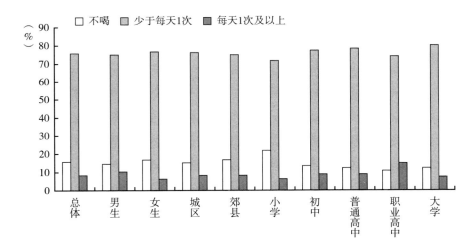

图 1　2019 年中国不同组别儿童青少年每天摄入含糖饮料情况

数据来源：北京大学儿童青少年卫生研究所开展的全国调查。

　　2019 年北京大学儿童青少年卫生研究所的调查结果显示，我国儿童青少年中不吃甜食（包括糖果、蛋糕、巧克力、甜汤等）的比例为 11.0%，有 76.2% 的学生吃甜食少于每天 1 次，12.8% 的学生吃甜食每天 1 次及以上。分性别来看，女生在甜食摄入方面高于男生，表现为不吃甜食的比例男生（13.6%）高于女生（8.4%），而每天吃 1 次及以上的比例男生（11.3%）低于女生（14.3%）。分城乡来看，城区儿童青少年中不吃甜食的比例（10.9%）低于郊县（11.2%），而每天吃 1 次及以上甜食的比例（12.4%）低于郊县（13.3%）。从不同学段的结果来看，每天吃 1 次及以上甜食的学生比例从高到低分别为初中（14.7%）、普通高中（13.8%）、职

业高中（12.9%）、小学（11.0%）、大学（7.7%）。2019 年我国不同组别儿童青少年每天摄入甜食情况见图 2。

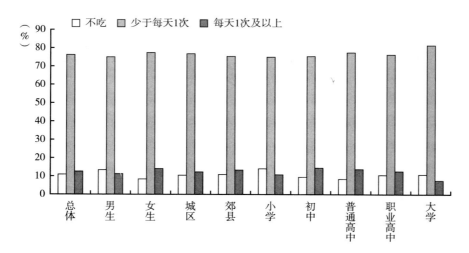

图 2 2019 年中国不同组别儿童青少年每天摄入甜食情况

数据来源：北京大学儿童青少年卫生研究所开展的全国调查。

2019 年北京大学儿童青少年卫生研究所的调查结果显示，我国儿童青少年中不吃油炸食物（如油条、油饼、炸薯条、炸鸡翅等）的比例为 15.6%，有 76.8% 的学生吃油炸食物少于每天 1 次，7.6% 的学生吃油炸食物每天 1 次及以上。分性别来看，男生在油炸食物摄入方面高于女生，表现为每天吃 1 次及以上的比例男生（8.3%）高于女生（6.9%）。分城乡来看，城区儿童青少年不吃油炸食物的比例（14.6%）低于郊县（16.9%），而每天吃 1 次及以上油炸食物的比例（7.4%）略低于郊县（7.8%）。从不同学段的结果来看，每天吃 1 次及以上油炸食物的学生比例从高到低分别为职业高中（10.7%）、普通高中（8.8%）、初中（7.5%）、大学（6.5%）、小学（6.3%）。2019 年我国不同组别儿童青少年每天摄入油炸食物情况见图 3。

2019 年北京大学儿童青少年卫生研究所的调查结果显示，我国儿童青少年中，报告吃新鲜水果每天 2 次及以上的学生占 22.6%，每天吃 1 次的占

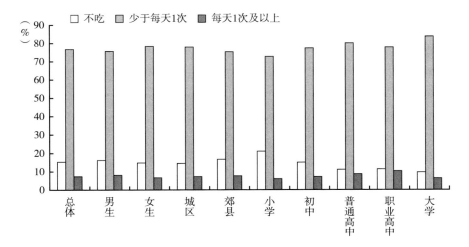

图 3　2019 年中国不同组别儿童青少年每天摄入油炸食物情况

数据来源：北京大学儿童青少年卫生研究所开展的全国调查。

38.4%，少于每天 1 次的占 35.6%，从来不吃新鲜水果的学生占 3.4%。分性别来看，男生从来不吃新鲜水果的比例（4.2%）高于女生（2.6%）。分城乡来看，郊县儿童青少年中从来不吃新鲜水果的比例（3.5%）略高于城区（3.3%），每天 2 次及以上的比例（24.2%）高于城区（21.3%）。从不同学段的结果来看，从来不吃新鲜水果的比例从高到低分别为职业高中（5.4%）、小学（3.4%）、普通高中（3.3%）、大学（3.2%）、初中（3.1%）。2019 年我国不同组别儿童青少年每天摄入新鲜水果情况见图 4。

2019 年北京大学儿童青少年卫生研究所的调查结果显示，我国儿童青少年中，报告吃新鲜蔬菜每天 2 次及以上的学生占 44.7%，每天吃 1 次的占 37.1%，少于每天 1 次的占 14.9%，从来不吃新鲜蔬菜的学生占 3.3%。分性别来看，男生从来不吃新鲜蔬菜的比例（3.6%）高于女生（2.9%）。分城乡来看，郊县儿童青少年中从来不吃新鲜蔬菜的比例（3.6%）高于城区（3.0%），每天 2 次及以上的比例（45.9%）高于城区（43.9%）。从不同学段的结果来看，从来不吃新鲜蔬菜的比例从高到低分别为小学（4.4%）、职业高中（4.3%）、初中（3.0%）、大学

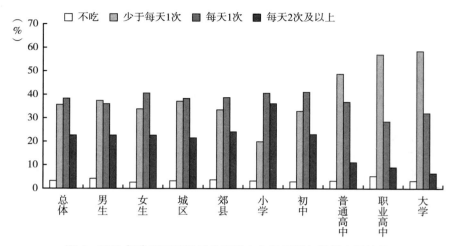

图4 2019年我国不同组别儿童青少年每天摄入新鲜水果情况

数据来源：北京大学儿童青少年卫生研究所开展的全国调查。

（2.5%）、普通高中（2.1%）。2019年我国不同组别儿童青少年每天摄入新鲜蔬菜情况见图5。

（二）身体活动不足

2019年北京大学儿童青少年卫生研究所的调查结果显示，我国儿童青少年在过去一周的每天户外活动时长少于1小时的比例为26.2%，1~2小时的比例为35.2%，2~3小时的比例为17.2%，3小时及以上的比例为21.4%。女生每天户外活动时间少于1小时的比例（29.2%）高于男生（23.2%）。城区学生每天户外活动时间少于1小时的比例（26.2%）略高于郊县（26.1%）。从不同学段的结果来看，每天户外活动时间少于1小时的比例从高到低分别为普通高中（34.3%）、大学（25.5%）、职业高中（24.6%）、初中生（23.3%）、小学（23.3%）。2019年我国不同组别儿童青少年户外活动情况见图6。

2019年北京大学儿童青少年卫生研究所的调查结果显示，我国儿童青少年过去一周每天看电视时长2小时及以上的比例为16.9%，1~2小时的比

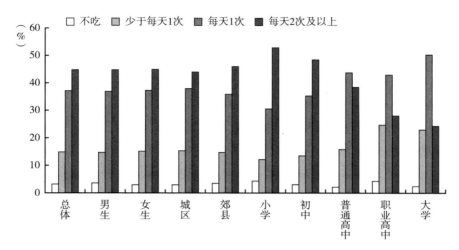

图 5　2019 年我国不同组别儿童青少年每天摄入新鲜蔬菜情况

数据来源：北京大学儿童青少年卫生研究所开展的全国调查。

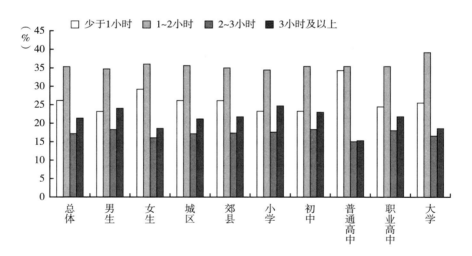

图 6　2019 年我国不同组别儿童青少年户外活动情况

数据来源：北京大学儿童青少年卫生研究所开展的全国调查。

例为 21.6%，少于 1 小时的比例为 39.9%，没看过的比例为 21.6%。男生每天看电视时长 2 小时及以上的比例（18.2%）高于女生（15.6%）。城区

学生每天看电视时长 2 小时及以上的比例（16.5%）低于郊县（17.3%）。从不同学段的结果来看，每天看电视时长 2 小时及以上的比例从高到低分别为职业高中（26.6%）、初中（20.1%）、大学（16.7%）、普通高中（14.0%）、小学（13.8%）。2019 年我国不同组别儿童青少年看电视情况见图 7。

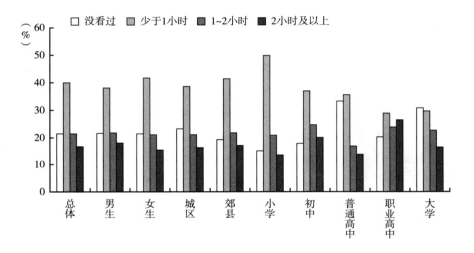

图 7 2019 年我国不同组别儿童青少年看电视情况

数据来源：北京大学儿童青少年卫生研究所开展的全国调查。

2019 年北京大学儿童青少年卫生研究所的调查结果显示，我国儿童青少年过去一周每天看电脑时长 2 小时及以上的比例为 7.2%，1~2 小时的比例为 9.9%，少于 1 小时的比例为 32.9%，没看过的比例为 50.0%。男生每天看电脑时长 2 小时及以上的比例（9.4%）高于女生（5.1%），城区学生每天看电脑时长 2 小时及以上的比例（8.1%）高于郊县（5.9%）。从不同学段的结果来看，每天看电脑时长 2 小时及以上的比例从高到低分别为大学（19.5%）、职业高中（14.7%）、初中（7.1%）、普通高中（6.5%）、小学（3.9%）。2019 年我国不同组别儿童青少年看电脑情况见图 8。

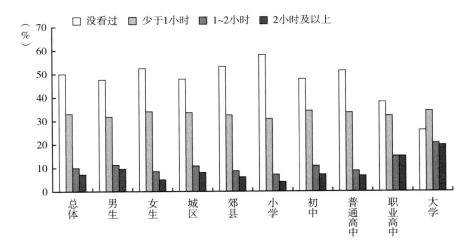

图8　2019 年我国不同组别儿童青少年看电脑情况

数据来源：北京大学儿童青少年卫生研究所开展的全国调查。

（三）伤害相关行为

2019 年北京大学儿童青少年卫生研究所的调查结果显示，我国学生过去 12 个月受到过严重伤害的比例为 7.1%，其中男生受到过严重伤害的比例（8.5%）高于女生（5.8%），城区（7.2%）略高于郊县（7.1%）。从不同学段的结果来看，发生严重伤害的比例从高到低依次为普通高中（7.4%）、小学（7.3%）、初中（7.2%）、职业高中（7.1%）、大学（4.5%）。2019 年我国不同组别儿童青少年受到严重伤害情况见图9。

2019 年北京大学儿童青少年卫生研究所的调查结果显示，我国学生经常不安全过马路的比例为 5.9%，有时不安全过马路的比例为 20.5%。其中男生经常不安全过马路的比例（6.7%）高于女生（5.0%），城区（5.3%）低于郊县（6.6%）。从不同学段的结果来看，经常不安全过马路的比例从高到低依次为小学（7.8%）、初中（6.4%）、职业高中（4.4%）、普通高中（3.7%）、大学（2.1%）。2019 年我国不同组别儿童青少年不安全过马路情况见图10。

149

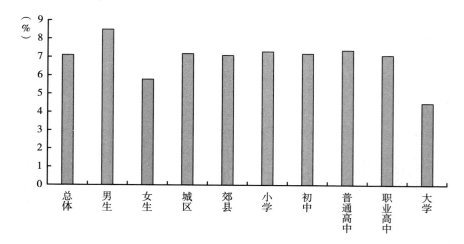

图9　2019年我国不同组别儿童青少年受到严重伤害情况

数据来源：北京大学儿童青少年卫生研究所开展的全国调查。

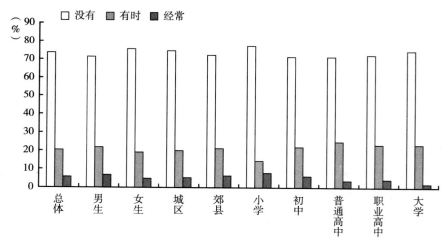

图10　2019年我国不同组别儿童青少年不安全过马路情况

数据来源：北京大学儿童青少年卫生研究所开展的全国调查。

　　2019年北京大学儿童青少年卫生研究所的调查结果显示，我国学生在没有安全措施的地方游泳的比例为3.3%，男生的报告率（4.3%）高于女生（2.2%），城区（3.2%）略低于郊县（3.4%）。按学段来看，去过没有安全措施的地方游泳的比例从高到低依次为小学（3.7%）、初中（3.7%）、职业高中（3.4%）、普通高中（2.5%）、大学（2.0%）。2019 年我国不同组别儿童青少年不安全游泳行为发生情况见图 11。

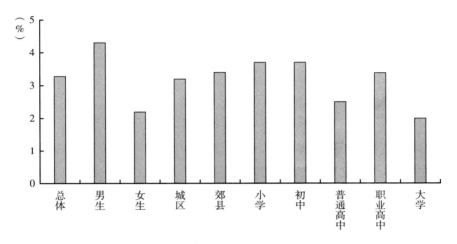

图 11　2019 年我国不同组别儿童青少年不安全游泳行为发生情况

数据来源：北京大学儿童青少年卫生研究所开展的全国调查。

（四）物质滥用行为

2019 年北京大学儿童青少年卫生研究所的调查结果显示，我国学生曾经尝试吸烟的比例为 9.3%，其中男生（13.9%）高于女生（4.7%），城区（10.2%）高于郊县（8.2%）。从不同学段的结果来看，尝试吸烟的比例从高到低分别为职业高中（22.4%）、大学（19.3%）、普通高中（13.6%）、初中（8.1%）、小学（2.9%）。我国学生报告在过去 30 天里吸过烟的比例为 3.0%，其中男生（5.0%）高于女生（0.9%），城区（3.6%）高于郊县（2.2%）。分学段来看，过去 30 天里吸过烟的比例从高到低依次为职业高中（11.7%）、大学（9.5%）、普通高中（3.6%）、初中（2.0%）、小学（0.5%）。2019 年我国不同组别儿童青少年吸烟情况见图 12。

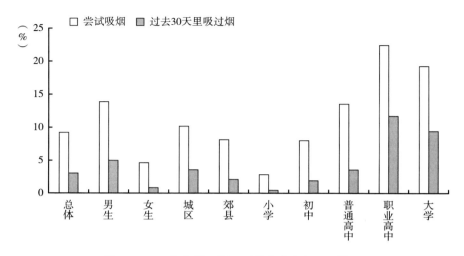

图12 2019年我国不同组别儿童青少年吸烟情况

数据来源：北京大学儿童青少年卫生研究所开展的全国调查。

2019年北京大学儿童青少年卫生研究所的调查结果显示，我国学生曾经尝试饮酒的比例为26.6%，其中男生（32.1%）高于女生（21.0%），城区（29.5%）高于郊县（22.8%）。从不同学段的结果来看，尝试饮酒的比例从高到低分别为大学（50.3%）、职业高中（46.7%）、普通高中（41.2%）、初中（23.5%）、小学（10.6%）。2019年我国不同组别儿童青少年尝试饮酒情况见图13。

二 中国儿童主要不良健康行为方面的问题和挑战

（一）儿童不良饮食行为问题亟待解决

儿童青少年时期养成良好的饮食行为习惯，不仅能够保障基本的生长发育需要，而且对于成年后形成正确的饮食行为习惯具有重要的意义。儿童不良饮食行为是社会发展带来的问题，也与生活方式和行为密不可分。

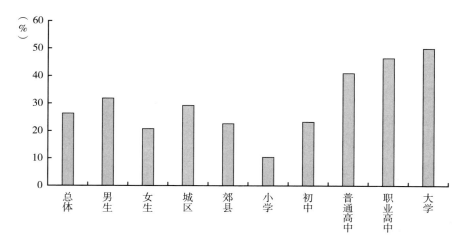

图 13　2019 年我国不同组别儿童青少年尝试饮酒情况

数据来源：北京大学儿童青少年卫生研究所开展的全国调查。

随着我国居民物质生活的日益富足，吃不饱饭的日子已一去不返，但就满足健康需求来说，吃饱不等于吃好，甚至过多不健康饮食会对身体造成巨大负担。近年来，国家一直在提倡减糖的理念，建议每人每天摄入糖不超过50g，但 2011 年中国健康和营养调查结果显示，我国儿童中不喝含糖饮料的人数占不到 1/10，而且从长期趋势来看，自 2004 年至 2011 年，我国儿童中不喝含糖饮料的人数逐渐减少[①]。2019 年北京大学儿童青少年卫生研究所对全国学生的调查结果显示，有近 85% 的儿童青少年在过去一周中喝过含糖饮料。就健康饮食的其他方面来说，在过去一周中，有近 90% 的儿童青少年吃过甜食，近 85% 的儿童青少年吃过油炸食物，而有近 40% 的儿童青少年不能每天食用新鲜水果，近 20% 的儿童青少年不能每天食用新鲜蔬菜。2019 年，一项对浙江三年级以上学生的调查结果也显示，有超过八成学生

---

① Guo H., Phung D., Chu C., Sociodemographic, Lifestyle, Behavioral, and Parental Factors Associated with Sugar-sweetened Beverage Consumption in Children in China［J］. *PLoS One*, 2021, 16（12）: e0261199.

每天食用油炸食品①，上海市中学生中有近一半学生不能每天食用蔬菜，还有近1/4不能每天食用水果②。因此学校和家庭应该给予学生健康的膳食指导，改善学生的膳食行为。

导致儿童青少年超重与肥胖的危险因素主要包括遗传、环境和生活方式因素等，其中生活方式的影响最为突出，究其根本是因为糖摄入过多。含糖饮料的摄入是导致膳食结构不合理、超重肥胖和儿童龋齿患病率增高的主要原因，在一定程度上也会导致非传染病风险的增加。

随着生活水平的提高，我国饮料行业产销均呈上升趋势，市面上超过半数的饮料为含糖饮料。2014年我国居民人均饮料消费（119kg）较2003年（12kg）高了近9倍；2017年我国饮料产量超过18000万吨，较1992年增长了440倍。《中国儿童含糖饮料消费报告》显示，2008年城市儿童饮料消费为人均日饮用量为715mL③。同时WHO建议，儿童每天摄入游离糖不宜超过25g。从我国儿童含糖饮料摄入量来看，糖摄入在10年前就已经超标。

（二）身体活动不足仍然存在，遏制其发展的任务迫在眉睫

近几年因为疫情的影响，我国儿童看电视、使用计算机等静态生活方式时间越来越长，从而导致身体活动不足情况明显增加，虽然这些生活方式在一定程度上可以提高儿童认知能力和社会适应能力，但是身体活动不足对儿童健康造成的危害不容忽视。

随着学习压力和课业负担的增加，儿童久坐行为十分普遍。近年来，久坐行为与肥胖、近视等不良健康结果之间的关系得到广泛的关注。2019年北京大学儿童青少年卫生研究所的全国调查结果显示，在过去一周里有

---

① Gu F., Zhou S., Lou K., et al. Lifestyle Risk Factors and the Population Attributable Fractions for Overweight and Obesity in Chinese Students of Zhejiang Province［J］. *Front Pediatr*, 2021, 9: 734013.

② Zhu J., Tan Y., Lu W., et al. Current Assessment of Weight, Dietary and Physical Activity Behaviors among Middle and High School Students in Shanghai, China-A 2019 Cross-Sectional Study［J］. *Nutrients*, 2021, 13（12）: 4331.

③ 马冠生主编《中国儿童含糖饮料消费报告》，中国人口出版社，2019，第56页。

26.2%的儿童青少年每天户外活动时长不足 1 小时。一项关于 53162 名 5～17 岁中国上海儿童身体活动的研究表明，每天参加 1 小时以上中高强度身体活动的儿童仅占 18.4%，同时，每天久坐行为超过 2 小时的儿童占 88.2%；随着年级的增高这一现象更加明显，其中初中、高中阶段学生的身体活动均低于平均水平[1]。久坐行为作为影响儿童健康的重要危险因素，对于儿童的健康影响是巨大而长久的。因此，我们应重视久坐行为对儿童体质健康的不利影响，加强儿童身体活动。

2019 年北京大学儿童青少年卫生研究所的全国调查结果显示，有 16.9%的儿童青少年在过去一周中每天看电视时长 2 小时及以上，有 7.2%的儿童青少年每天看电脑时长 2 小时及以上。中国体育活动与健身——青年研究调查结果显示，虽然我国儿童每日视屏时间未达标率较 2016 年有所下降，但总体仍在 1/3 以上[2]，这对我国青少年的视力和体能都造成不良影响。2016 年一项涵盖全国 31 个省、自治区、直辖市及新疆建设兵团的调研结果显示，2/3 的儿童青少年达不到每天参加至少 1 小时的中高强度身体活动推荐量[3]，且有 37%儿童青少年每日视屏时间超过 2 小时[4]。通过进一步观察发现，虽然小学和高中学生每天观看电子屏幕 2 小时以上报告率相近，但其中城乡差异明显，农村小学生每日视屏时间未达标率高于城市，而高中则情况相反，这提示了加强农村学生健康管理的紧迫性。

随着物质生活的改善，农村学生营养不良的问题已被扭转，但随之而来的是超重肥胖率的增加，目前我国农村学生超重肥胖率增幅已超过城市学

① 张加林、唐炎、陈佩杰等：《全球视域下我国城市儿童青少年身体活动研究——以上海市为例》，《体育科学》2017 年第 1 期。

② Zhu Z., Tang Y., Zhuang J., et al. Physical Activity, Screen Viewing Time, and Overweight/Obesity among Chinese Children and Adolescents: An Update from the 2017 Physical Activity and Fitness in China the Youth Study [J]. *BMC Public Health*, 2019, 19 (1): 197.

③ Fan X., Cao Z. B., Physical Activity among Chinese School-aged Children: National Prevalence Estimates from the 2016 Physical Activity and Fitness in China-The Youth Study [J]. *J Sport Health Sci*, 2017, 6 (4): 388-394.

④ Cai Y., Zhu X., Wu X., Overweight, Obesity, and Screen-time Viewing among Chinese School-aged Children: National Prevalence Estimates from the 2016 Physical Activity and Fitness in China-The Youth Study [J]. *J Sport Health Sci*, 2017, 6 (4): 404-409.

生，甚至6岁以下儿童的超重肥胖率也高于城市，如不及时加强干预，将造成巨大的社会经济负担，同时，农村地区的学生大多为留守儿童，家庭健康教育容易缺失，更需要政府通过行政力量推进学校卫生资源下沉，强化农村学校健康教育和健康监测。

每天进行至少1小时的中高强度运动，不仅是锻炼体能的需要，也是预防近视的最有效措施。根据2017年的调查结果来看，我国儿童青少年总体中高强度运动时间未达标率近2/3，且随着年龄增长，未达标率也在上升，远远不能达到《儿童青少年近视防控适宜技术指南》（更新版）中提到的每天户外活动2小时的防近需求，因此社会、家庭、学校应形成各方合力，以"双减"政策落地为抓手，将思路从过分强调学生学习成绩的老路子扭转过来，鼓励学生在课后积极进行体育活动，以健康的体魄为未来的发展打好基础。

（三）儿童伤害发生率大幅下降，但仍处于较高水平

儿童伤害是全球儿童面临的重要健康威胁之一，据世界卫生组织估计，全球每年有超过95万的儿童因伤害和暴力而死亡。在我国，伤害是儿童青少年人群的第一位死亡原因[1]。死亡仅仅是伤害导致的最严重的结局，伤害造成的残疾和失能也造成了巨大的经济损失和心理负担。

伤害不仅会导致儿童死亡，还会导致儿童暂时或永久性残疾。《世界预防儿童伤害报告》显示，儿童因伤害住院治疗是儿童因伤害死亡的37倍，同时儿童发生残疾人数是儿童因伤害死亡人数的4倍。2015~2018年全国伤害监测系统共报告6~17岁儿童伤害病例331663例，男女性别比为2.19：1，在报告的学龄儿童病例中，6~11岁占53.5%，12~14岁占21.5%，15~17岁占25.0%[2]。2019年北京大学儿童青少年卫生研究所的调查结果显示，有7.1%的儿童青少年在过去12个月受到过严重伤害。

---

① 国家卫生和计划生育委员会统计信息中心、中国疾病预防控制中心慢性非传染性疾病预防控制中心编著《中国死因监测数据集》，中国科学技术出版社，2017。

② 纪翠蓉、段蕾蕾、陆治名等：《中国2015~2018年6~17岁儿童伤害病例流行病学特征分析》，《中国学校卫生》2020年第7期。

伤害不仅会造成严重的疾病负担,还严重威胁儿童青少年身心健康。其中对儿童心理健康的损害,不仅仅表现在当下的恐惧感、创伤后应激障碍等心理反应上,还会导致成年后更容易出现行为、身体和精神卫生问题。

《中国卫生健康统计年鉴(2021)》数据显示,2020年我国5~20岁儿童青少年死因构成排首位的大类是损伤和中毒,其中城市儿童青少年排首位的是机动车辆交通事故,农村儿童青少年排首位的是溺水。而2019年北京大学儿童青少年卫生研究所的调查结果也显示,5.9%的儿童青少年经常有不安全过马路的行为,3.3%的儿童青少年去过没有安全措施的地方游泳。伤害看似意外,实则可以预防,根据伤害预防的"5E"〔engineering(工程)、environment(环境)、enforcement(强化执法)、education(教育)和evaluation(评估)〕原则,学校和家庭应对学生开展积极的伤害预防教育。综合部分省份进行的健康相关行为监测结果来看,目前中学生中存在骑车违规行为问题的有近三成,违规行为报告率从高到低依次为带人(19.8%)、双手离把(17.4%)、逆行(16.6%)、闯红灯/乱穿马路(9.4%)、互相追逐打闹(8.0%)、攀扶其他车辆(5.9%)。同时还存在非安全场所游泳、滑冰等伤害相关行为[1][2],亟须学校加强伤害预防宣教,家长落实监护责任,未雨绸缪,提前消除可能的危险。

(四)物质滥用问题日益突出

物质滥用一直是各国社会关注的重要公共卫生问题之一,此类行为的影响大多从儿童青少年期延续到成年期,给家庭和社会造成巨大危害。

儿童青少年的体格、智力、心理都在不断发育,同时该时期也是成长的敏感期,他们对酒精、毒品有着比成人更多的好奇心。因此应该加强对儿童青少年的行为干预,帮助儿童青少年养成良好的生活的行为习惯,减少物质滥用行为的发生。

---

[1] 张京舒、雷园婷、吕若然等:《北京市中学生骑车违规行为现状及其影响因素分析》,《中国儿童保健杂志》2019年第5期。

[2] 李秀玲、李冬娥、汪俊华等:《贵州省中学生伤害相关行为流行特征分析》,《现代预防医学》2018年第5期。

儿童青少年身体的生长发育尚不完善，对烟草的敏感性较高。同时吸烟也会使成年期患慢性疾病的风险大大增加，由于尼古丁的成瘾作用，儿童青少年时期的吸烟行为往往延续到成年阶段，因此，越早开始吸烟，往往意味着其吸烟年限也越长。对于大多数吸烟引起的慢性疾病，流行病学证据都表明其发生的风险随着吸烟年限的延长而增高。从2014年和2019年我国烟草调查报告来看，中学生吸烟行为明显改善，尝试吸烟率和现在吸烟率都出现下降，2019年初中生曾吸过卷烟的比例为12.9%，现在吸卷烟的比例为3.9%，与2014年相比，约每年分别下降1个和0.4个百分点；但是现在电子烟使用率显著上升，2019年现在电子烟使用率为2.7%，与2014年相比，上升了1.5个百分点，而且初中男生现在吸烟率接近10%[1]，说明校园控烟仍有待进一步加强，市场监管部门也要加大对商超向未成年人售烟行为的查处力度。虽然目前初中男生现在吸烟率仍数倍于女生，但从初二、初三女生现在吸烟率接近15岁以上女性吸烟率的结果来看，女生吸烟率增长问题不容忽视，应成为下一步校园禁烟工作的防控重点。

2015年，北京市小学生尝试吸烟率达7.05%，现在吸烟率为1.99%[2]，说明应重视家庭在青少年禁烟行动中的作用，将校园禁烟工作范围扩大到学生家庭，加强对家长的健康宣教，利用"小手拉大手"活动改善学生家庭吸烟环境，减少二手烟吸入和低龄吸烟行为。另外，北京市中小学生尝试吸烟率和现在吸烟率均随着年龄增长而升高，尝试吸烟率和现在吸烟率在13岁和16岁有两个剧增趋势，对应小升初和初升高阶段，因此，学校、家长应加强对该年龄段孩子的监管和教育。

据《2014中国青少年烟草调查报告》报道，我国初中生现在烟草使用率不到7%，但曾经尝试吸烟的人数占比为此数字的近两倍，其中超过八成的学生尝试吸烟的行为发生在小学阶段，同时，男女学生现在烟草使用率差异很大，男生五倍于女生。过去7天内，近3/4的学生曾暴露于二手烟（指

---

① 中国疾病预防控制中心：《2019年中国中学生烟草调查结果》。
② 郭欣、张鹏程、徐文婕等：《北京市中小学生2005~2015年烟草使用流行状况》，《中国学校卫生》2019年第1期。

看到过周围有人吸烟)[1]，由此可见儿童青少年的吸烟和二手烟暴露的情况比较严重。此外，女生吸烟率的增长值得警惕，部分省份的初中女生吸烟率高于我国 15 岁以上女性的吸烟率，这个上升的趋势警醒我们需要加强对儿童青少年吸烟的监测和干预。另外，初中生现在吸烟率存在地区差异，西藏、云南和贵州最高，分别为 21.4%、16.5% 和 16.3%，上海、江苏和浙江最低，分别为 1.4%、1.8% 和 2.6%。这一地区差异提示我们强化在重点地区的控烟行动，可能会取得更明显的控烟效果。

2015 年北京市中小学生营养与健康状况监测的数据指出，北京市中小学生过去 1 周中饮酒率超过一成，饮酒学生的平均年龄为 10 岁，最小的饮酒学生仅为 6 岁，说明我国儿童饮酒情况应引起充分重视，饮酒行为受居住地、家庭等外界环境因素的影响，同时不同年龄、性别群体的饮酒率也有较大差异[2]。应尽早根据不同人群特点，针对影响因素采取相应措施以减少学龄儿童尝试或持续饮酒行为。

根据北京市[3]和广东省[4]青少年健康行为监测结果可以看出，虽然我国学生现在饮酒率存在波动下降现象，但总体来看，现在饮酒率仍接近 1/3，同时北京市调查结果显示寄宿制学生现在饮酒率高于走读学生，提示我们倡导学生不饮酒不仅要从家庭教育出发，同时也应在学校强调生活作风建设，加强宿舍管理，杜绝学生在学校沾染不良生活习惯的可能。广东省[5]和河南省[6]调

---

[1] 肖琳、冯国泽、姜垣等：《中国初中学生烟草使用及其影响因素研究》，《中华流行病学杂志》2017 年第 5 期。

[2] 麻慧娟、喻颖杰、郭丹丹等：《2015 年北京市 3776 名学龄儿童酒类饮品饮用情况分析》，营养研究与临床实践——第十四届全国营养科学大会暨第十一届亚太临床营养大会、第二届全球华人营养科学家大会，2019，第 121 页。

[3] 段佳丽、饶超、孙颖等：《2008 年与 2014 年北京市中学生饮酒行为动态变化比较》，《首都公共卫生》2018 年第 6 期。

[4] 曲亚斌、沈少君、袁华晖等：《广东省 2007—2016 年青少年物质滥用行为变化趋势》，《中国学校卫生》2020 年第 11 期。

[5] 曲亚斌、沈少君、袁华晖等：《广东省 2007—2016 年青少年物质滥用行为变化趋势》，《中国学校卫生》2020 年第 11 期。

[6] 李凤娟、孙经、何健等：《河南省青少年物质成瘾行为现况及影响因素分析》，《中国公共卫生》2018 年第 4 期。

查结果显示有超过 1/10 学生在过去 30 天内至少有一天喝过 5 杯以上白酒，应重点关注这一部分重度饮酒学生的身体健康，尤其是心脑血管健康情况，并对其加强健康宣教，合理引导其减少饮酒行为，甚至戒酒。

2018 年，辽宁省对省内 12598 名在读中学生进行非医疗目的的精神活性物质使用情况问卷调查发现，共有 118 名学生（0.94%）存在精神活性物质滥用行为，被报告使用最多的精神活性物质是笑气球，其余依次为摇头丸、冰毒、K 粉等[1]。综合部分省份监测结果，目前在校儿童青少年滥用成瘾物质的报告率在 0.50% ~ 0.94%，其中男生报告率高于女生，职业高中高于普通高中和初中[2]，除公安部门要进一步加强禁毒工作、严厉打击向未成年人贩毒的犯罪行为外，学校也应坚持不懈地进行校园禁毒宣传，全方位普及禁毒知识，防止儿童青少年因一时好奇而抱憾终身。

三　政策建议

（一）加强顶层设计，全方位促进儿童青少年健康工作

围绕儿童健康的主要影响因素，找准问题和短板，采取针对性措施，加强儿童健康管理，落实三级预防的疾病防控策略，减少儿童常见病的发生发展，促进儿童健康成长。

推动儿童健康服务均等化。2009 年深化医改以来，国家全方位提升基本公共卫生服务能力，在城乡普遍开展儿童预防接种。同时，实施贫困地区儿童营养改善、新生儿疾病筛查等重大项目，儿童健康服务公平性、可及性获得长足发展，儿童公共卫生水平持续提高。

① 杨月明、杨红玉、杨洋等：《辽宁省在校中学生精神活性物质滥用情况及影响因素》，《中国学校卫生》2021 年第 8 期。

② 曲亚斌、沈少君、袁华晖等：《广东省 2007—2016 年青少年物质滥用行为变化趋势》，《中国学校卫生》2020 年第 11 期；李凤娟、孙经、何健等：《河南省青少年物质成瘾行为现况及影响因素分析》，《中国公共卫生》2018 年第 4 期；杨月明、杨红玉、杨洋等：《辽宁省在校中学生精神活性物质滥用情况及影响因素》，《中国学校卫生》2021 年第 8 期。

加强妇幼健康服务网络建设。2016～2018 年，我国投资 84.8 亿元支持建设 500 家妇幼保健机构，各级政府加大资金支持力度，妇幼保健事业得到长足发展。2018 年数据显示，全国共有超过 3000 所妇幼保健机构、800 家妇产医院、200 家儿童医院，相关从业人员超过 60 万名，以此为基础构建了妇幼保健机构—基础医疗卫生机构—中大型综合医院三方面紧密联系的妇幼健康服务体系，加深了保健与临床之间的协作。

（二）聚焦重点问题，提高儿童青少年健康水平

作为祖国未来的栋梁，儿童青少年健康对全民健康建设影响深远。我们应该高度重视儿童青少年健康工作，认真贯彻落实国家出台的各项相关政策文件，持续实施《中国儿童发展纲要（2021—2030 年）》，不断促进儿童青少年健康成长。

1. 重点关注儿童青少年营养工作

一是完善相关政策体系，修订食品标签标识相关规定。通过《食品安全国家标准 预包装食品标签通则》（GB 7718—2011）、《食品安全国家标准 预包装食品营养标签通则》（GB 28050—2011）、《食品安全国家标准 预包装特殊膳食用食品标签》（GB 13432—2013）等标准，对能量、营养成分及营养声称等标识做出规定，规范指导企业生产，引导儿童青少年等特定人群合理选择食物。加强多部门联动工作机制，做好食品标识监督管理协调工作，加强营养健康教育，杜绝高盐、高糖、高脂食品进校园。二是完善校园食品安全监督管理机制，培养健康饮食习惯。2019 年，教育部、国家市场监督管理总局、卫健委等多部门印发《学校食品安全与营养健康管理规定》，提出全面提高学生营养不良的监测、评价和干预工作，着重保障学生膳食健康。2020 年，国家卫健委等四部门印发《校园食品安全守护行动方案（2020—2022 年）》《关于落实主体责任强化校园食品安全管理的指导意见》《关于做好秋季学期学校食品安全工作的通知》，提出要防范学校食品安全风险，大力普及食品安全与营养健康相关知识，推动中小学生通过正餐摄入营养所需，防止片面依赖零食。2021 年 6 月，多部门联合印发《营

养与健康学校建设指南》，鼓励学校配备食品安全员、营养指导员和健康教育教师等三类人员，并制定相应的培训和考核制度，对学生开展食品安全、合理膳食和卫生防疫等方面的健康教育，增强其营养健康意识，提高学校食品安全和营养配餐的工作能力，不断提升学校营养与健康工作质量。三是持续开展儿童营养监测。及时了解包括儿童在内的我国居民膳食结构和营养状况的变化及出现的问题，每3年开展一次中国慢性病与营养监测、食物成分监测，每年分别开展一次针对农村义务教育学生营养改善计划和经济落后地区儿童营养改善项目的营养健康状况监测。四是落实儿童肥胖干预。全面开展对儿童生长发育的监测和评价工作，依据工作实际和科学研究进展不断更新儿童肥胖预防和干预适宜技术，针对不同肥胖风险的儿童进行分类管理，引导儿童采用健康合理膳食和充足体育锻炼的生活方式，实现营养的供需平衡，完成儿童肥胖综合预防和干预工作。

2. 加强儿童青少年体育锻炼

一是强调家庭责任，贯彻父母是孩子的健康责任人的观念。引导家长培养儿童参加体育运动的习惯，以身作则，充分带动孩子参与体育活动的兴趣，与孩子一同提高身体素质。提倡家长创造家庭支持性环境，保证孩子锻炼的必要条件，使孩子在校外也有充足的户外活动时间。培养儿童青少年体育技能及兴趣，使其入手至少一项体育运动技能并长期坚持，引导孩子养成终身锻炼的习惯，减少儿童视屏及久坐时间，按照相关指南建议获得充足睡眠时间。二是落实学校责任，帮助学生塑造健康体形。保证学生在校每天至少一小时的活动时间。确保体育课和课间活动保质保量完成，各级学校要充分学习贯彻国家体育与健康课程标准，狠抓落实，避免以学生健康为代价片面强调学习成绩，各地政府合理安排学生考核，全面评价学生素质。教师不得挤占学生课间活动时间，鼓励学生减少静态行为。幼儿园幼童应保证每天至少两小时的户外活动时间，以保证打好身体素质的基础；中小学生则应保证每天参与至少一小时校内中高强度运动，并向肌肉力量和强健骨骼的练习进行适当侧重，以预防肥胖和脊柱弯曲异常等常见病的发生发展。三是强调政府责任，全面建设社会层面的支持性环境。合理规划市政建设，增大儿童青少年锻炼设施密度。在社区、公园、多功能运动场地等儿童青少年常见活动场所进行设施补足。推动公共体育设施免费或优惠向儿童青少年开放，支持中小学体育场地设施在非上课时段向儿童青少年开放。保证儿童青少年可以在运动场所获得充足且安全的饮用水。

3. 加强儿童青少年心理健康工作

一是国家出台《全国精神卫生工作规划（2015—2020 年）》《关于加强心理健康服务的指导意见》等文件，提出要建立学生心理健康教育工作机制，制订校园突发危机事件处理预案，为学生提供心理健康教育、心理辅导、心理危机干预等心理健康服务。要求各级各类医疗卫生机构开展医务人员精神障碍相关知识与技能培训，注重提高抑郁、焦虑、孤独症等心理行为问题和常见精神障碍的筛查识别、处置能力。二是关注儿童青少年心理健康促进工作。2013 年，原国家卫生计生委印发了《关于做好综合医院精神科门诊设置有关工作的通知》，要求各地完善精神科设置和发展规划，合理设置综合医院精神科门诊或心理治疗门诊，各县（市）应当至少有一家县级综合医院设置精神科门诊或心理治疗门诊。提高心理健康服务可及性。目前约80%的县（市）具备提供精神卫生服务的能力。鼓励各地开通心理援助热线，向包括儿童青少年在内的各类人群免费提供心理援助和心理危机干预服务。目前，全国有超过 200 家精神卫生专业机构开设心理援助热线，其中 174 条热线提供 24 小时服务。三是开展心理健康知识普及。结合世界精神卫生日、世界卫生日等，开展科普宣传活动，聘任具有社会影响力的人士宣传精神卫生相关知识，利用宣传视频、海报等宣传材料加大宣传力度，扩大影响力。指导各地充分利用各种新旧媒体渠道，积极开展精神卫生相关知识科普宣传和儿童心理健康教育活动，引导未成年人在内的公众关注心理健康，提高心理调适能力。

4. 加强儿童传染病和其他常见病防治

一是要继续坚持实施国家免疫规划。各地开展预防接种培训，加强日常督导，印发《关于切实增强责任意识狠抓预防接种规范管理工作的通知》等系列文件，持续推进预防接种规范化管理。组织开展脊灰免疫策略调整以

来未接种脊灰灭活疫苗人群的补种工作。印发《完善国家免疫规划疫苗集中采购机制实施方案》，协调保障疫苗供应。二是全力预防艾滋病、梅毒、乙肝传播。三是以诺如病毒、流感、手足口病、心理障碍等儿童常见病为重点，研发并推广儿童常见疾病防治技术，预防和减少儿童疾病发生。

（三）以学生健康为目标，加强部门合作，合力提高学校卫生工作水平

学校卫生工作是保证学生健康的根本，关系到重大公共卫生问题，做好学校卫生工作是政府的责任。同时，学生健康是健康中国的一部分，因此各部门要深入贯彻落实《"健康中国2030"规划纲要》，始终把提高学生健康水平作为学校卫生工作的基本目标之一。要会同多部门，统筹协调解决学生健康中的重要问题。因此，建议加强部门间合作，补足学校卫生人员数量，提高相关工作能力，完善学校卫生设施和制度建设，精准解决学生健康问题及其危险因素。

（四）以中小学校为重点，动员学校、家庭和社区力量，塑造学生自主自律的健康行为方式

充分发挥学校卫生和健康教育工作的作用，在学校、家庭和学生中强化"健康第一"的指导思想，树立正确的教育观和成才观，改善学校和家庭中的不良生活环境，引导学生采用自我管理的健康生活方式，提高学生健康水平。因此，建议贯彻落实自主自律健康理念，开展多层次、多形式的健康教育活动，将健康教育融入学生素质教育的各个层面。进一步按照中小学健康教育规范，根据中小学生年龄特点，开发科学严谨、生动活泼的健康教育读本，采用中小学生喜闻乐见的形式，充分利用健康教育课，以及自媒体和传统媒介、因势利导地开展丰富多样的健康教育活动，培养学生自我管理的健康意识和行为。落实"健康第一"的理念，学校、家长和社会合力培养青少年健康行为方式，提高学生心理健康水平。

虽然"双减"政策已落地，但学生仍存在学习压力大的情况。因此，家长、学校和社会应落实"健康第一"的观点，树立正确教育观和成才观，

减轻学生学习压力，真正使学生"减负"。家庭和社会为其提供一个健康生活环境，树立榜样力量，做孩子健康行为方式的支持者和督导者。针对学生年龄特点，开展青春期和心理健康教育，培养学生良好的处理情绪、应对压力和解决矛盾的能力，建立家庭、学校和社会支持网络，防止欺凌和校园暴力发生，早期发现情绪异常儿童，开展心理咨询，预防自残和自杀行为的发生。开展控烟限酒宣传教育、营造健康的网络环境和行为，防止孩子吸第一口烟，延缓孩子吸烟饮酒年龄，减少上网时间，培养安全上网行为；加强青春期性教育，增加和增强儿童青少年性道德、性健康、性安全的相关知识和意识，减少青少年早孕和性卫生问题。

B.8
中国中小学生脊柱侧弯状况分析报告

宋逸 董彦会 刘婕妤 马奇*

摘 要： 近年来，中国中小学生脊柱侧弯检出率较高，且检出人数逐年增加。继肥胖、近视后，脊柱侧弯目前是威胁中国中小学生身心健康的第三大"杀手"，国家予以高度重视。中国中小学生中检出的脊柱侧弯多为姿势性脊柱侧弯，以轻度脊柱侧弯和胸段脊柱侧弯占比高。根据2019年全国学生常见病和健康影响因素监测结果，中国中小学生脊柱弯曲异常检出率率为2.8%。近期国家出台的"双减"政策为儿童脊柱侧弯防治提供了良好的支持空间。展望未来，创建脊柱健康友好环境还要形成学校、家庭、社会、医疗卫生机构、政府部门一体化联防联控机制，利用科普宣传、防治、筛检、就医等信息资源，提供科学、合理的脊柱健康科普及防控信息，实现优质资源共享，确保儿童脊柱健康三级防控措施落实到位。

关键词： 中小学生 脊柱侧弯 儿童健康

根据第七次全国人口普查结果，中国0~14岁儿童人口占总人口数的

---

* 宋逸，北京大学儿童青少年卫生研究所副所长、副教授，研究方向为儿童青少年健康与发展；董彦会，北京大学儿童青少年卫生研究所博士后，研究方向为儿童慢性病环境和致病机制研究；刘婕妤，北京大学儿童青少年卫生研究所博士研究生，研究方向为儿童青少年生长发育及影响因素；马奇，北京大学儿童青少年卫生研究所硕士研究生，研究方向为儿童青少年生长发育及影响因素。

17.95%，约 2.5 亿人[①]。近年来，脊柱侧弯已经成为继近视、肥胖之后，中国儿童的第三大健康问题，且检出人数逐年增加。脊柱侧弯是脊柱节段向侧方弯曲伴有椎体旋转的三维脊柱畸形，可累及胸腰椎的一个或多个节段，大部分脊柱侧弯的发生病因不明。脊柱侧弯对人体的影响除了体现在体态方面外，还能够加重腰背疼痛，损伤心、肺功能[②]。脊柱弯曲异常筛查是达到早诊断、早治疗目的的主要途径[③]，中国儿童脊柱弯曲异常的早筛、早防、早治也越来越受到政府的重视。

一 中国中小学生脊柱侧弯现状与影响因素

（一）脊柱侧弯分类

脊柱弯曲异常按体征可以分为侧弯和前后弯曲异常两类，儿童中发生的脊柱弯曲异常主要是脊柱侧弯。脊柱侧弯依据不同特点又可分为不同类别。按成因和性质分类，可分为先天性和后天性的侧弯。先天性脊柱发育不良、先天性半椎体、腰椎骶化等是先天性脊柱侧弯的主要类别；后天性脊柱侧弯则包含姿势性和病理性两类，中国儿童的脊柱侧弯多为姿势性脊柱侧弯[④]。姿势性侧弯又可分为习惯性侧弯和固定性侧弯；病理性侧弯分为特发性（原因不明）侧弯和继发性（如继发于结核、外伤等）侧弯。一般情况下，20%的脊柱侧弯病例可因神经肌肉综合征或先天性疾病引起，但80%的脊柱侧弯为特发性脊柱侧弯，其发病原因尚不明确。

---

① 国务院第七次全国人口普查领导小组办公室编《2020 年第七次全国人口普查主要数据》，中国统计出版社，2021。
② 蒋志成、徐慧琼、万宇辉等：《儿童青少年脊柱弯曲异常筛查研究进展》，《中国学校卫生》2021 年第 2 期。
③ 陈俊泽、廖八根、韩晓峰等：《儿童青少年脊柱侧弯筛查及干预研究进展》，《黑龙江中医药》2021 年第 2 期。
④ 蒋志成、徐慧琼、万宇辉等：《儿童青少年脊柱弯曲异常筛查研究进展》，《中国学校卫生》2021 年第 2 期。

（二）脊柱侧弯现况

1. 脊柱侧弯检出率

据估计，世界范围内脊柱侧弯患病率在 1%~3%[1]。根据 2019 年全国学生常见病和健康影响因素监测结果，中国中小学生脊柱弯曲异常检出率为 2.8%[2]。一项对 1980~2020 年中国大陆中小学生脊柱侧弯研究的 Meta 分析结果显示[3]，脊柱侧弯的初筛阳性率和确诊率平均分别为 4.40% 和 1.23%，13~15 岁为脊柱侧弯的高发年龄。女性患病率高于男性，平均为男性的 1.74 倍。特发性脊柱侧弯患病率平均为 1.16%，其中 79.5% 的患者为轻度侧弯，东部地区的脊柱侧弯患病率低于中部地区。自 2008 年后，脊柱侧弯患病率呈现逐年上升趋势，但是与地区社会人口指数、纬度和海拔无线性相关性。

2019~2021 年，全国各地区开展的小规模人群筛查显示，脊柱侧弯检出率相差较大。在县市级的研究中，除银川[4]和惠州[5]检出率在 1% 以下（分别为 0.21% 和 0.51%）之外，苏州[6]、甘肃榆中[7]、泰安[8]、上海虹口区[9]、石家庄[10]、

[1] Dunn J., Henrikson N., Morrison C., et. al. Screening for Adolescent Idiopathic Scoliosis: Evidence Report and Systematic Review for the US Preventive Services Task Force [J]. *JAMA*, 2018, 319 (2): 173-187.

[2] 《国家卫生健康委员会 2021 年 7 月 13 日新闻发布会文字实录》，（2021-07-13）[2022-02-28]. http://www.nhc.gov.cn/xcs/s3574/202107/2fef24a3b77246fc9fb36dc8943af700.shtml。

[3] 徐帅、苏永佳、王振波等：《中国大陆中小学生脊柱侧凸的患病特点：关于 72 项研究的 Meta 分析》，《中国脊柱脊髓杂志》2021 年第 10 期。

[4] 任永红、朱治铭、王浚懿等：《2021 年银川市西夏区部分学校中低年级学生脊柱侧弯筛查分析》，《宁夏医学杂志》2021 年第 12 期。

[5] 曾守虹：《惠州地区青少年脊柱侧弯患病率的调查》，《深圳中西医结合杂志》2019 年第 16 期。

[6] 海波、沈蕙、刘萌萌等：《苏州市中小学生脊柱侧弯调查》，《预防医学》2021 年第 9 期。

[7] 温剑涛、崔小娟、张辰等：《甘肃省榆中县青少年脊柱侧凸现况调查》，《保健医学研究与实践》2021 年第 5 期。

[8] 黄云、樊爱平：《2019 年泰安市中小学生重点常见病监测》，《预防医学论坛》2021 年第 9 期。

[9] 亓德云、李丽平、江艳微等：《上海市虹口区儿童青少年脊柱弯曲异常现状及影响因素分析》，《中国学校卫生》2021 年第 3 期。

[10] 陈玉娟、李立、杨惠玲等：《石家庄儿童脊柱侧弯现状及影响因素分析》，《中国学校卫生》2021 年第 11 期。

郑州①、广州②、绵阳③的检出率在1%～9%之间；在省级的研究中，西藏④和广东⑤的脊柱侧弯检出率分别为1.17%和3.73%（见图1）。

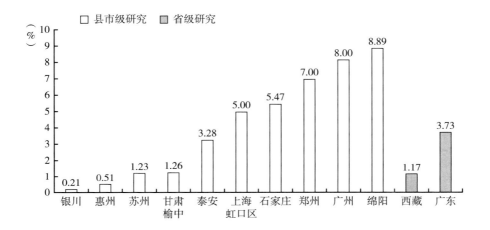

图1　全国各地脊柱侧弯检出率

资料来源：银川、惠州、苏州等地中小学生脊柱侧弯现况调查。

在脊柱侧弯检出率的性别分布上，女生的检出率高于男生。其中惠州的脊柱侧弯检出率分别为女生0.63%和男生0.42%，石家庄脊柱侧弯检出率分别为女生8.85%和男生2.31%，郑州脊柱侧弯检出率分别为女生8.40%和男生5.70%、广州脊柱侧弯检出率分别为女生9.50%和男生7.00%（见图2）。

---

① 吴春丽、李东方、张晓辉：《郑州市儿童青少年脊柱侧弯现状及影响因素》，《华南预防医学》2021年第5期。

② 孙艺、刘伟佳、熊莉华等：《广州市中学生脊柱侧弯现状及影响因素分析》，《中国学校卫生》2021年第12期。

③ 文献英、徐浩天、刘念等：《2019年绵阳市7～18岁中小学生脊柱弯曲异常调查结果分析》，《预防医学情报杂志》2021年第6期。

④ 李尚乐、张强、荣霞：《西藏地区中小学生脊柱弯曲异常状况分析》，《中国学校卫生》2021年第9期。

⑤ 李梦、曲亚斌、孙艺等：《广东省中小学生脊柱侧凸流行特征及影响因素分析》，《中国学校卫生》2022年第2期。

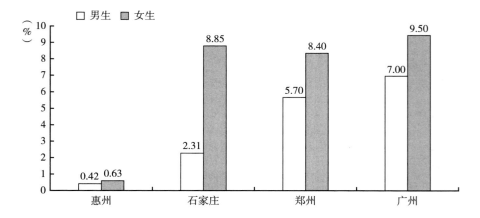

图2 全国各地分性别脊柱侧弯检出率

资料来源：惠州、石家庄、郑州和广州中小学生脊柱侧弯现况调查。

从年龄分布来看，2019年绵阳市7~18岁中小学生脊柱侧弯检出率总体上随着年龄增加先上升后下降。男生和女生脊柱侧弯检出率均在15岁达到最高值，分别为18.58%和15.33%；女生脊柱侧弯检出率最低年龄为8岁，为2.39%，男生脊柱侧弯检出率最低年龄为11岁，为4.84%（见图3）。

从各学段脊柱侧弯检出率来看，广东、西藏、泰安和上海虹口区的研究结果均显示小学、初中、高中的脊柱侧弯检出率依次升高（其中泰安及上海虹口区的检出率包含脊柱前后弯曲异常）。广东的脊柱侧弯检出率为小学1.35%，初中4.50%，高中5.94%；西藏的脊柱侧弯检出率为小学0.61%，初中0.84%，高中1.40%（见图4）。

从城乡分布来看，泰安及广东的数据均显示城区的儿童青少年脊柱侧弯发生率高于乡村的儿童青少年脊柱侧弯发生率。泰安的城乡儿童青少年脊柱侧弯发生率分别为4.11%和3.42%，广东为4.51%和2.79%（见图5）。

在检出的脊柱侧弯的类型分布上，泰安和广州的研究均显示胸段脊柱侧弯在所有的脊柱侧弯中占比最高，分别为56%和48%；苏州的研究显示腰段侧弯占比最大，为38%（见图6）。

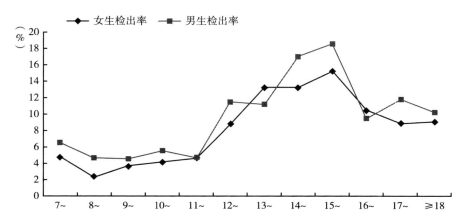

图3 2019年绵阳市7~18岁中小学生各年龄段脊柱侧弯检出情况

资料来源：绵阳市中小学生脊柱侧弯现况调查。

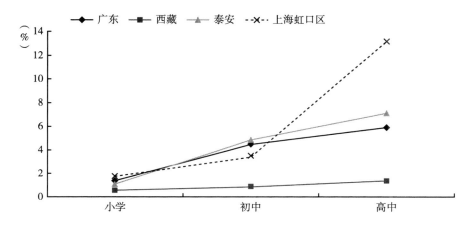

图4 全国各地脊柱侧弯检出率随学段变化情况

资料来源：广东、西藏、泰安和上海虹口区中小学生脊柱侧弯现况调查。

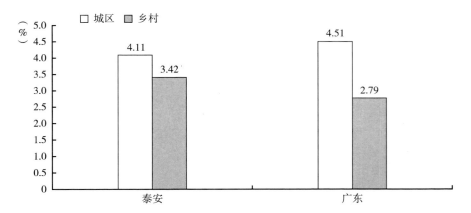

图5 脊柱侧弯检出率城乡对比

资料来源：泰安和广东中小学生脊柱侧弯现况调查。

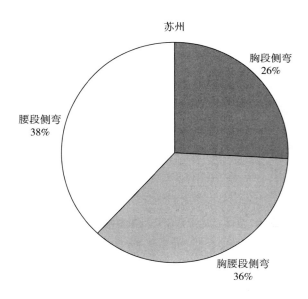

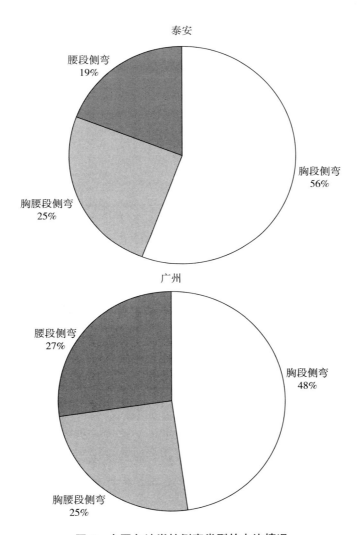

图6　全国各地脊柱侧弯类型的占比情况

资料来源：苏州、泰安和广州中小学生脊柱侧弯现况调查。

在检出的所有脊柱侧弯儿童中，甘肃榆中和广州的研究均显示轻度脊柱侧弯的占比最高（分别为68%和78%）（见图7）。

2. 影响因素

影响中小学生脊柱侧弯的因素较多。2019~2021年，在郑州、苏州、石家庄、

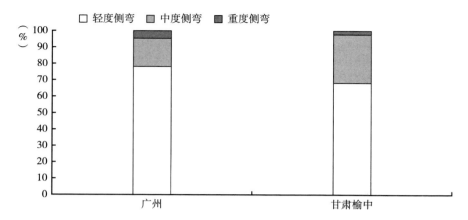

图7　脊柱侧弯严重程度占比情况

资料来源：广州和甘肃榆中中小学生脊柱侧弯现况调查。

广州、上海虹口区开展的研究中，身体姿势、营养状况、课桌椅高度、每日户外活动时长、每日电子设备使用时长、每周体育课频率、每日体育锻炼时长、每日久坐时长、每日近距离用眼时长、家族脊柱侧弯史、家长老师监督读写姿势等影响因素被纳入研究；其中身体姿势、营养状况、课桌椅高度和每日户外活动时长是最受关注的四个因素（见图8）。

既往研究认为，发生脊柱侧弯是趴桌子、歪坐、跷二郎腿、驼背等行为使位于脊柱两侧的肌肉受力不均衡，导致脊柱功能和结构的改变，从而改变了脊柱两侧的对称状态。在石家庄的研究中，不良坐姿、不良站姿、不良走姿导致脊柱侧弯发生风险增加1倍以上[1]。骨骼和肌肉的发育会受到营养状况的影响，在苏州中小学生脊柱侧弯的研究发现，营养不良组脊柱侧弯发生概率是非营养不良组的1.42倍[2]。户外活动通过缓解肌肉紧张状态，适时放松肌肉，从而达到对脊柱的保护作用；郑州的研究结果显示，增加每日户外活动时间能够降低脊柱侧弯的风险，与每天户外活动不足1小时的儿童青

① 陈玉娟、李立、杨惠玲等：《石家庄儿童脊柱侧弯现状及影响因素分析》，《中国学校卫生》2021年第11期。

② 海波、沈蕙、刘萌萌等：《苏州市中小学生脊柱侧弯调查》，《预防医学》2021年第9期。

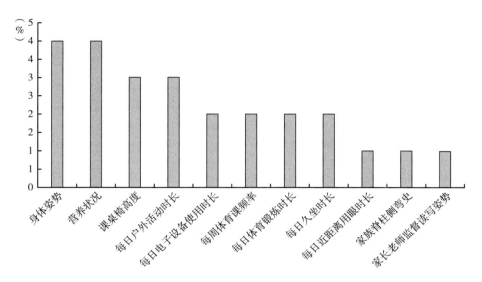

图 8 中小学生脊柱侧弯影响因素在研究中的频率分布

数据来源：郑州、苏州、石家庄等地中小学生脊柱侧弯现况调查。

少年相比，户外活动1~2小时者脊柱侧弯的发生率降低30.8%，户外活动2小时以上者脊柱侧弯的发生率降低45.4%①。课桌椅高度会影响儿童青少年坐姿，研究显示课桌椅高度不合适会使脊柱侧弯的发生率增加1.5倍以上②。有综述研究显示，长时间使用电子设备使颈部的生物力学风险增加③，每天使用移动电子设备时间≥3h是脊柱侧弯的危险因素④。此外，长时间坐位学习是脊柱侧弯发生的危险因素，脊柱持续紧张，导致脊柱两侧肌肉酸胀，破坏了腰椎稳定性⑤。而上体育课、有家长或老师监督儿童青少年的读

---

① 吴春丽、李东方、张晓辉：《郑州市儿童青少年脊柱侧弯现状及影响因素》，《华南预防医学》2021年第5期。
② 陈玉娟、李立、杨惠玲等：《石家庄儿童脊柱侧弯现状及影响因素分析》，《中国学校卫生》2021年第11期。
③ Tegtmeier P. A., Scoping Review on Smart Mobile Devices and Physical Strain [J]. *Work* (Reading，Mass)，2018，59（2）：273-283.
④ 孙艺、刘伟佳、熊莉华等：《广州市中学生脊柱侧弯现状及影响因素分析》，《中国学校卫生》2021年第12期。
⑤ 孙艺、刘伟佳、熊莉华等：《广州市中学生脊柱侧弯现状及影响因素分析》，《中国学校卫生》2021年第12期。

写姿势则是保护因素①。严重的脊柱侧弯易导致胸廓畸形程度增加，进而增加脊柱侧弯患者肺损伤的危险性，在一项对成都地区五所小学各年级儿童的调研中，脊柱侧弯儿童的肺活量明显低于脊柱正常儿童②。

（三）规范筛查方法，统一防控技术

对儿童脊柱侧弯进行科学规范的筛查，有利于在脊柱侧弯发生的早期对其进行矫正和治疗，做到早发现、早诊断、早干预③。较早时期，国内脊柱弯曲筛查多采用 X 线摄片，在 X 线摄片上选择弯曲两端最倾斜的椎体，沿其上下终板做平行线，这两条线所形成的夹角称为 Cobb 角，Cobb 角≥10°是诊断脊柱弯曲的金标准④。但由于 X 线摄片会带来辐射影响，不适用于筛查的推广和普及。目前认为，多种检查方法联合使用可以提高筛检的敏感度和特异度，例如研究采用体检、波纹照相术和 X 线摄片联合的三检法进行检查。但是由于波纹照相术费用成本较高，多数研究直接采用体检和 X 线摄片联合的二检法。前屈试验是公认的首选检查方法⑤，如果前屈试验下出现背部任何部位的不等高则视为前屈试验阳性，往往提示有椎体旋转，可以高度怀疑存在脊柱侧弯。综上所述，国内对于脊柱侧弯检查采用的方法不一，导致国内脊柱侧弯筛查结果难以进行比较。因此，有专家倡导规范筛查方法，统一防控技术。

2014 年，国家卫生和计划生育委员会与国家标准化管理委员会联合发

① 海波、沈蕙、刘萌萌等：《苏州市中小学生脊柱侧弯调查》，《预防医学》2021 年第 9 期；亓德云、李丽平、江艳微等：《上海市虹口区儿童青少年脊柱弯曲异常现状及影响因素分析》，《中国学校卫生》2021 年第 3 期。

② 胡婷、周劲松、王卓慧等：《成都市青羊区小学儿童特发性脊柱侧弯现状及其相关因素分析》，《中国儿童保健杂志》2021 年 11 月 15 日。

③ 蒋志成、徐慧琼、万宇辉等：《儿童青少年脊柱弯曲异常筛查研究进展》，《中国学校卫生》2021 年第 2 期。

④ Horne J. P., Flannery R., Usman S., Adolescent Idiopathic Scoliosis: Diagnosis and Management [J]. *Am Fam Physician*, 2014, 89 (3): 193-198.

⑤ 邹艳、林云、章荣华等：《儿童青少年脊柱侧弯筛查和干预研究进展》，《预防医学》2019 年第 10 期。

布《儿童青少年脊柱弯曲异常的筛查》（GB/T 16133-2014），其原则以筛查出姿势性脊柱侧弯和姿势性脊柱后凸为主；使用一般检查、前屈试验、脊柱运动试验、俯卧检查和脊柱侧弯测量仪检查来判定脊柱弯曲的筛查结果，成为中国儿童青少年脊柱侧弯筛查的主要参照标准。2021年11月，国家卫生健康委疾控局组织编写了《儿童青少年脊柱弯曲异常防控技术指南》，指南中的第一次筛检使用一般检查和前屈试验的结果来判定，借助脊柱运动实验排除第一次筛检中的假阳性结果，最后使用躯干旋转测量仪来测定脊柱侧弯的角度。根据筛查结果，将人群分为正常、姿态不良和脊柱侧弯，并针对不同的群体给出不同的管理和干预的建议。

（四）进行科学干预，加强分级管理

脊柱侧弯的干预方法较多，包括体育运动、康复训练、支具干预和手术治疗等；脊柱侧弯如果在早期发现，则可以采用非手术性方式进行干预。体育运动的主要目的是恢复长期以来脊柱两侧肌肉力量的不平衡性。苏州市中小学生脊柱侧弯研究显示，每周三节体育课有利于减少胸腰段脊柱侧弯的发生，减少久坐时间也是脊柱侧弯的保护因素[1]。康复训练需要在专业的治疗师指导下进行。支具干预可以对脊柱的曲度起到固定和矫正的作用，在脊柱曲线变化的进展阶段可以有效防止曲线进展，从而使脊柱受力得到矫正，最大限度地延缓脊柱侧弯的进展，减少手术治疗的可能性。目前临床应用较多的支具主要有 Boston 支具系统和 Cheneau 支具系统[2]。

对于不同级别和不同类型的脊柱侧弯应该采取针对性的干预措施。如果是姿势性脊柱侧弯的儿童，加强体育运动即可起到矫正的作用。对于继发性脊柱侧弯的儿童，原则是先治病后矫正，治疗好原发病后脊柱侧弯的矫正效果才会更持久更彻底；对于特发性脊柱侧弯异常，国际矫形康复治疗协会指南建议 Cobb 角在 11°~20°（包括 20°）时可以选择运动干预，Cobb 角在

---

[1] 海波、沈蕙、刘萌萌等：《苏州市中小学生脊柱侧弯调查》，《预防医学》2021年第9期。

[2] 陈俊泽、廖八根、韩晓峰等：《儿童青少年脊柱侧弯筛查及干预研究进展》，《黑龙江中医药》2021年第2期。

21°~45°（包括45°）时可以选择运动疗法配合支具治疗，Cobb 角>45°时建议采取手术治疗①。

《儿童青少年脊柱弯曲异常防控技术指南》中建议，对脊柱正常者，应积极开展护脊运动，以锻炼脊柱核心肌群，并且针对目前儿童的学习和生活特点，可适当增加颈胸腰背肌的锻炼、放松及牵伸动作；对姿态异常的儿童，建议改变不良姿态和高危行为（如长期偏侧运动），并在护脊运动的基础上，指导校医、老师或家长对其脊柱情况进行长期监测（每个月可拍摄背部外观照片进行躯干异常体征对照，加重者及时复诊），必要时可在专业医护人员的指导下利用一些支具维持正常姿态；对筛查结果为疑似脊柱弯曲异常的儿童，正确指引至专业医疗机构进行进一步确诊和治疗，按照严重程度、变化风险、病理生理等情况，选择合适的治疗方案，遵医嘱定期复诊，及时调整治疗方案②。

二　问题和挑战

（一）儿童脊柱健康亟须受到关注

中小学生脊柱侧弯存在很多争论和未解决的问题，例如，尚无经过验证的方法或测试表明确切的脊柱侧弯致病因素和进展风险因素；中小学生和家长对脊柱侧弯认识不足，没有脊柱健康的意识；既往脊柱侧弯筛查缺少统一的规范化流程；最重要的是，由于技术限制，各地医疗水平存在差异，都大大提高了脊柱侧弯的治疗难度。然而，随着医学的进步和脊柱矫正技术的发展，通过早发现、早确诊、早干预，多数脊柱侧弯儿童可通过前期的科学干

① Negrini S., Donzelli S., Aulisa A. G., et. al., 2016 SOSORT Guidelines: Orthopaedic and Rehabilitation Treatment of Idiopathic Scoliosis During Growth. [J] *Scoliosis Spinal Disord*, 2018, 13: 3.

② 马军:《〈儿童青少年脊柱弯曲异常防控技术指南〉解读》,《中国学校卫生》2022 年 2 月 8 日。

预，获得和正常人功能水平一样的脊柱。因此，针对脊柱侧弯及其并发症，做到防患于未然十分必要。

教育部于2021年2月1日在回答两会提案时明确提出，儿童青少年的常规体检项目应该纳入脊柱弯曲异常，及时发现、及早采取措施控制其发展，并积极进行科普教育，提高少儿和家长对脊柱侧弯的知晓率。教育部在《中小学健康教育指导纲要》中明确指出，学校要通过多种形式向学生宣传普及正确的坐立行姿势及读写姿势。为更好地开展儿童青少年脊柱弯曲异常防控工作，2021年11月2日，由国家卫生健康委组织专家编写的《儿童青少年脊柱弯曲异常防控技术指南》出台①，以指导规范、科学地开展儿童青少年脊柱弯曲异常流行病学调查、筛查及防控工作。该指南提出，要形成涵盖学校、家庭、社会、医疗卫生机构、政府部门的联防联控机制，创建专门的脊柱弯曲异常防控平台，维护脊柱健康友好环境，整合科普宣教、就诊咨询等信息资源，提供科学、合理的脊柱健康科普及防控信息，实现优质资源共享，确保脊柱弯曲异常三级防控措施落实到位。

（二）疫情防控常态化对儿童脊柱健康提出新挑战

2020年，新型冠状病毒肺炎疫情突袭而至，影响了公众平稳的生活。为了能够有效地切断病毒的传播途径，保护公众健康，国务院发布《关于做好儿童和孕产妇新冠肺炎疫情防控工作的通知》②，要求儿童和孕产妇在新冠肺炎疫情流行期间要做好自我防护措施，非必要不外出，不到人群密集和空气流动性差的公共场所。线上学习、居家隔离等防疫举措的严格执行大大缩小了儿童的活动空间，打破了学校、家庭、社区、同伴与儿童多方互动的传统模式。缺少身体活动、久坐以及在线学习的教育方式在一定程度上影

---

① 马军：《〈儿童青少年脊柱弯曲异常防控技术指南〉解读》，《中国学校卫生》2022年2月8日。

② 国家卫生健康委员会：《关于做好儿童和孕产妇新型冠状病毒感染的肺炎疫情防控工作的通知》，（2020-02-02）〔2022-02-28〕. http：//www. nhc. gov. cn/xcs/zhengcwj/202002/de2d62a5711c41f9b2c4b6f4d1f2136. shtml。

响了中小学生脊柱健康。

既往研究发现，体力活动与健康水平密切相关，而久坐会促进脊柱侧弯的发展①。研究表明久坐行为是危害身体健康的高危因素，且这种因素独立于身体活动水平，换言之，即使儿童身体活动水平和活动量达标，每天有久坐行为依然会对其健康产生不利影响，更会影响到脊柱健康。在疫情流行时期，久居家中的儿童要常常进行线上学习，不仅久坐时间增长，还会出现活动量不足的情况，这很容易危害儿童脊柱健康。研究报告显示，疫情发生后儿童每天的运动时间与之前相比平均缩短了 0.35 小时，每周的运动时间平均缩短了 1.29 小时；每天的静坐总时间平均增加了 0.38 小时；儿童夜间睡眠持续时间不足 10 小时的比例达到了 77.0%②。

因此，对儿童家长要进行科学的指导，使其合理保障居家儿童的运动保健，保证儿童充足的身体活动，促进其建立健康的生活方式，不仅会增加儿童身体的免疫能力，抵御病毒侵袭，对保障儿童脊柱健康也具有重要的意义。

（三）"双减"政策助力构建良好的教育学习环境

2020 年 8 月 31 日，国家体育总局和教育部联合印发的《体育总局教育部关于印发深化体教融合促进青少年健康发展意见的通知》出台。该通知指出，要加强学校体育管理工作，初、高中学业水平考试应该涵盖体育科目。此外，国家还颁布了多项减负政策，例如《关于进一步减轻义务教育阶段学生作业负担和校外培训负担的意见》于 2021 年 7 月出台，其是党中央站在实现中华民族伟大复兴的战略高度，旨在系统治理教育生态，使义务教育阶段学生的作业和校外培训负担得以减轻，促进儿童全面健康成长，推

---

① Chopra S., Larson A., Kaufman K., et. al. Accelerometer Based Assessment of Daily Physical Activity and Sedentary Time in Adolescents with Idiopathic Scoliosis [J]. *PloS One*, 2020, 15 (9): e0238181.

② 刘瑛、刘翠、宁静等：《COVID-19 疫情期间居家限制对学龄前超重/肥胖儿童生活方式的影响》，《广东医学》2020 年第 16 期。

动实现立德树人教育目标的重要决策部署。而"双减"政策的落地恰恰为儿童脊柱侧弯防治工作拓展了良好的空间。

"双减"政策的第一阶段是要减少作业量，让儿童书包的重量逐渐减轻；此外还要提高课堂效率，提高教学质量，避免重复机械的课外作业。"双减"政策落地，学生能够在有限的时间内保证学习和体育锻炼的时间平衡，给体育家庭作业的落实创造了客观条件。这些举措可以减少儿童不良坐姿的保持时间，同时也避免了过重的书包给儿童带来的身心压力。"双减"政策鼓励儿童从事力所能及的家务劳动，开展适宜的体育锻炼，适当活动脊柱，开展阅读和文艺活动，这些措施对儿童脊柱健康保护具有重大意义。

信息化时代要求青少年的体育发展事业也与时俱进，完善教育事业与信息化技术的深度融合，例如建立学生数字体育平台，构建起基于大数据分析的体育活动监测和推广系统，并适当通过奖惩机制建立学校"体育小明星"荣誉系统等，加强对学生参与体育活动的鼓励机制。例如基于手机 App 软件即时监测的大数据信息，老师能知道学生的课外活动情况，针对每日学生课外活动情况等打卡数据进行排名，可对排名较前的同学给予一定小礼物奖励，进而鼓励学生广泛参加课外体育锻炼活动。同时，学校要充分考虑到学生个人身体状况、家庭情况、生活环境情况等，通过合理布置体育家庭作业的方式让学生们认识到参与体育活动的必要性。只有落实了上述具体措施，才能实现鼓励学生们多参与课外活动的目的。

三　展望和建议

（一）提高主体意识，培养健康生活习惯

保护儿童脊柱健康，其自身的行动是基础。首先，儿童应该认识到脊柱健康对于自身成长的重要性，积极学习护脊知识。其次，儿童应该关注自身脊柱健康，如果出现腰背酸痛的情况应该及时告知家长和老师。此外，针对脊柱侧弯的危险因素，儿童应该注意养成良好的生活习惯。积极参与体育运

动有助于增强肌肉力量。《中国儿童青少年身体活动指南》① 建议 6~17 岁儿童青少年每天进行至少累计 60 分钟的中高强度身体活动，每周至少有 3 天时间进行高强度身体活动或增强肌肉力量、骨骼健康的抗阻活动。促进体育活动劳动化，保证中小学生每周课外活动时间和家庭生活中的劳动时间，小学一、二年级参加劳动的时间不低于每周 2 小时，其他年级不低于每周 3 小时。保持正确的坐姿可以防止脊柱异常弯曲，做作业时应该做到"一尺一拳一寸"，即眼睛与书本相距约一尺，身体与书桌相距约一拳，握笔手指与笔尖相距约一寸。良好的饮食行为是保证身体均衡发育的前提，儿童在日常生活中要注意蛋白质摄入充足，蔬菜水果摄入均衡。《中国居民膳食指南（2016）》② 中建议儿童青少年每天应当摄入 4~5 份蔬菜、3~4 份水果、2~3 份禽肉蛋水产品类、2~3 份大豆坚果奶类。

（二）促进家校联动，将护脊行动落到实处

保护儿童脊柱健康需要学校和家庭携手努力，落实监督及引导的责任。首先，学校应设计并开展儿童护脊课程和特色活动，提升师生健康素养，提高大家的护脊意识。其次，保证体育课和课间活动按要求开展；认真落实国家体育与健康课程标准，小学一二年级须安排每周 4 课时，三至六年级以及初中须安排每周 3 课时，高中阶段须安排每周 2 课时；小学阶段还应额外安排每天 30 分钟大课间锻炼活动③；在大课间，教师应积极组织学生开展"护脊操"活动，由专业的带教老师带领学生进行肩颈腰背部以及四肢关节的放松和锻炼，科学正确地保护脊柱，可将"护脊操"列入班级考核指标中；有条件的学校可以为学生添置有利于脊柱锻炼的运动器械。学校应做好

① 张云婷、马生霞、陈畅等：《中国儿童青少年身体活动指南》，《中国循证儿科杂志》2017年第 6 期。

② 中国营养学会：《〈中国居民膳食指南（2016）〉核心推荐》，（2016-05-12）［2022-02-28］. http://dg.cnsoc.org/article/04/8a2389fd5520b4f30155be01beb82724.html。

③ 规划发展与信息化司：《健康中国行动（2019—2030 年）》，（2019-07-15）［2022-02-28］. http://www.nhc.gov.cn/guihuaxxs/s3585u/201907/e9275fb95d5b4295be8308415d4cd1b2.shtml。

教室硬件设施建设，确保教室采光、照明等符合国家标准，并定期依据学生身高调换座位及调整课桌椅高度。班级教师尤其是班主任，要做好学生学习姿势的监督工作，平时关注学生脊柱健康，如果发现学生存在脊柱健康问题应该及时通知家长。此外，学校应当为减轻儿童学业负担而努力，依据国家课程方案及标准安排教学活动，控制学生背包重量；教学和布置作业时尽量摆脱电子产品，控制电子产品的使用时间在教学总时长的30%以内。最后，学校应充分利用家长会、微信、新媒体等多种途径，对家长开展护脊知识和技能的培训与宣传，强化家庭护脊责任，推进家庭健康管理。

在校外，家长应与学校联合营造良好的护脊环境。首先，家长应当注意自身的言行举止，给儿童做好模范带头作用，积极带领儿童进行户外运动并给予积极的指导。父母的态度和行为会影响儿童的行为，有研究显示父母的鼓励和支持会增加儿童的身体活动，而父母减少久坐时间时儿童的久坐时间也会随之减少[1]。其次，家长应该起到监督的作用。帮助儿童控制每天的视屏久坐时间，监督他们每天完成应有的运动，督促儿童养成正确的坐姿和站姿；若出现不良坐姿和站姿，家长应及时纠正并给予教导。此外，家长是儿童饮食最重要的引导者，家长应该学习掌握相应的营养知识，合理搭配膳食，保证儿童充足的营养摄入，促进脊柱的健康发育。对于一些生活学习用品，家长应该帮助儿童进行选择，例如帮助孩子正确选择和使用背包，根据国家标准，儿童建议使用双肩式背包，保障双肩包两边重量尽量相等[2]；并为他们选择适当高度的学习桌椅等等。

（三）定期开展筛查，建立脊柱健康档案

学校的筛查对于早期发现儿童脊柱弯曲异常具有重要意义[3]。《中小学

---

[1] Xu H., Wen L. M., Rissel C., Associations of Parental Influences with Physical Activity and Screen Time Among Young Children: A Systematic Review [J]. *J Obes*, 2015, 2015: 546925.

[2] 中华人民共和国国家卫生健康委员会：《中小学生书包卫生要求（WS/T 585—2018）》2018年5月23日。

[3] Altaf F., Drinkwater J., Phan K., et. al., Systematic Review of School Scoliosis Screening [J]. *Spine Deform*, 2017, 5 (5): 303-309.

生健康体检管理办法（2021 年版）》① 中明确要求，中小学生应当每年组织 1 次包括脊柱弯曲异常在内的在校学生健康体检。《儿童青少年脊柱弯曲异常防控技术指南》中也建议每学年或新生入学体检内容覆盖脊柱弯曲异常筛查项目，落实儿童脊柱健康监测工作。在脊柱弯曲异常患病率较高的地区开展常规脊柱弯曲异常筛查，由专业人员负责筛查。

儿童处于生长发育阶段，脊柱的生长处于变化时期，脊柱侧弯在儿童的不同阶段表现出不同的特点，例如 4~9 岁儿童的脊柱侧弯称为少儿型脊柱侧弯，发生部位主要在第 7 颈椎和第 1 胸椎之间，弯曲角度较小；10~18 岁儿童发生的脊柱侧弯称为青少年型脊柱侧弯，发生部位主要在第 1 胸椎和第 12 胸椎之间，弯曲角度较大②。此外，由于个体生物学差异以及营养状况的不同，同一类型的脊柱侧弯在不同个体中存在不同的进展情况。儿童脊柱侧弯的不同进展阶段和不同发生部位需要针对性的干预措施，所以了解其脊柱曲度的动态变化十分重要。在学生年度体检表中加入脊柱健康监测内容，规范记录儿童青少年的脊柱筛查内容，做到每个学生都有固定的脊柱健康档案，如有条件则可以建立电子档案。"一人一档"有利于动态观察儿童不同阶段脊柱弯曲异常的进展和变化情况，有利于制定针对性的干预措施，能够促进脊柱曲度恢复正常或是延缓脊柱弯曲异常状态的进展；为分析儿童脊柱弯曲异常的一般发展趋势创造条件，为采取防控措施提供理论依据。

（四）全社会共同参与，建设良好护脊环境

医疗卫生机构应该发挥专业优势，成为守护儿童脊柱健康的领头人。首先，医疗卫生机构需要加强能力建设，培养儿童脊柱健康医疗卫生技术人

① 医政医管局：《关于印发中小学生健康体检管理办法（2021 年版）的通知》，（2021－10－19）［2022－02－28］. http：//www.nhc.gov.cn/yzygj/s7659/202110/331a6dbacf244f7eac9dabcf758f387a. shtml.

② Negrlni S.，Donzelli S.，Aulisa A. G.，et. al.，2016 SOSORT Guidelines：Orthopaedic and Rehabilitation Treatment of Idiopathic Scoliosis During Growth ［J］Scoliosis Spinal Disord，2018，13：3.

员。其次，按照现有指南及标准，定期开展儿童脊柱弯曲异常的筛查工作，使筛查制度落实为实际行动。此外，医疗卫生机构可以利用公共平台，制作科普视频、图文，向大众推广脊柱弯曲异常的自我筛查方法，增强和提高家庭、学校甚至整个社会的脊柱健康意识和自我检测能力，提高脊柱弯曲异常筛查的覆盖率；组织专家进校园和社区宣讲，普及姿势不良的原因、危害及预防措施等知识。

社会媒体应该起到引导作用。加强科普宣教力度，创建支持性的社会环境，引导社会大众重视脊柱健康问题。同时，对于信息的真伪应该进行甄别，避免宣传虚假的科普知识误导大众。

B.9
2020年中国儿童伤害状况报告

段蕾蕾　叶鹏鹏　汪媛　邓晓　耳玉亮　金叶*

摘　要： 伤害是儿童健康成长过程中的重要威胁，已成为国际广泛关注的
公共卫生问题。2011年，我国政府在《中国儿童发展纲要
（2011—2020年）》中首次明确提出减少儿童伤害所致死亡和残
疾的目标。该政策颁布实施以来，截至2020年，儿童伤害问题
已得到各级政府高度重视，大众主动预防儿童伤害的意识也明显
提升，有效降低了儿童伤害总死亡率，推动了各地儿童伤害防控
工作的开展，加强了相关人才队伍的培养和建设，为进一步完善
我国儿童伤害防控工作网络奠定了良好基础。2020年全国伤害
监测系统儿童伤害门/急诊数据和同期全国死因监测儿童伤害死
亡数据显示，我国儿童伤害发生和死亡状况仍有较大改善空间，
需继续通过建立健全数据监测网络、积极建设儿童友好环境、大
力推进伤害防控教育、巩固多部门合作机制等策略将儿童伤害防
控重心从降低死亡前移至预防发生，这样才能更好地保障我国儿
童健康成长。

---

* 段蕾蕾，中国疾病预防控制中心慢性非传染性疾病预防控制中心伤害防控与心理健康室主
任、研究员，研究方向为伤害预防、疾病负担评价等；叶鹏鹏，中国疾病预防控制中心慢
性非传染性疾病预防控制中心伤害防控与心理健康室副研究员，研究方向为伤害监测、疾
病负担评价等；汪媛，中国疾病预防控制中心慢性非传染性疾病预防控制中心伤害防控与
心理健康室研究员，研究方向为伤害监测、伤害数据收集与利用等；邓晓，中国疾病预防
控制中心慢性非传染性疾病预防控制中心伤害防控与心理健康室副主任、副研究员，研究
方向为道路交通伤害预防、儿童伤害预防等；耳玉亮，中国疾病预防控制中心慢性非传染
性疾病预防控制中心伤害防控与心理健康室副研究员，研究方向为儿童伤害预防控制等；
金叶，中国疾病预防控制中心慢性非传染性疾病预防控制中心伤害防控与心理健康室助理
研究员，研究方向为道路交通伤害预防、儿童溺水预防等。

关键词： 儿童发展 儿童健康 儿童伤害 伤害防控

伤害作为儿童健康成长过程中的重要威胁，造成全世界每年约95万名儿童（18岁以下的年轻人）死亡，其中90%是非故意伤害引起的。95%以上的儿童伤害死亡发生在中低收入国家，而发达国家的儿童死亡率虽然低但伤害仍然是主要致死原因，约占儿童死亡原因的40%[1]。在西太平洋地区，溺水和道路交通事故是5~14岁儿童第一位和第二位死因，其造成的死亡人数超过了因其他感染性疾病、白血病、先天性心脏病、下呼吸道感染、其他恶性肿瘤、癫痫等致死人数的总和[2]。因此，儿童伤害已成为广受关注的重要公共卫生问题。发达国家对儿童伤害预防和控制工作非常重视和支持。联合国的多个机构和发展规划中将儿童伤害设定为伤害预防控制的优先领域，明确提出了开展儿童伤害预防工作的要求和目标。2011年，我国政府颁布了《中国儿童发展纲要（2011—2020年）》（以下简称《纲要》），其中首次明确提出减少儿童伤害所致死亡和残疾的目标："减少儿童伤害所致死亡和残疾。18岁以下儿童伤害死亡率以2010年为基数下降1/6。"截至2020年，国家统计局终期统计监测报告数据显示，《纲要》实施以来，儿童伤害问题得到高度重视，儿童伤害预防工作网络不断完善，主动预防儿童伤害的意识明显提升，儿童伤害死亡率大幅下降。18岁以下儿童伤害死亡率从2010年的22.41/10万下降至2020年的11.06/10万，下降50.6%，大幅超过《纲要》"下降1/6"的目标[3][4]。

随着《纲要》把儿童伤害防控纳入儿童发展总体规划中，儿童伤害防控领域得到了政府和全社会的高度关注，有效推动了全国和各省（自治区、

---

① World Report on Child Injury Prevention，Geneva：World Health Organization，2008.

② World Report on Child Injury Prevention，Geneva：World Health Organization，2008.

③ 国家统计局：《〈中国妇女发展纲要（2011—2020年）〉终期统计监测报告》，2021。

④ 叶鹏鹏、金叶、段蕾蕾：《不同儿童发展纲要时期下中国儿童伤害死亡率变化趋势》，《中华流行病学杂志》2019年第11期。

直辖市）儿童伤害防控工作，加强了相关人才队伍建设，为完善防控策略措施奠定了良好基础①。在取得儿童伤害死亡大幅下降成就的基础上，有必要将儿童伤害防控重心从降低死亡前移至预防发生，这样可以更好地保障儿童健康成长②。因此，本报告基于 2020 年全国伤害监测系统收集的儿童伤害门/急诊数据，对儿童伤害发生特征进行了全面系统的分析，同时也基于同期全国死因监测系统数据，展示了不同性别、年龄组、城乡和地域儿童伤害死亡特征，为推进儿童伤害防控工作、制定科学有效的防控策略提供翔实的数据支持和科学证据。

一 2020年全国门急诊儿童伤害发生情况

（一）全国伤害监测系统概况

收集伤害基础性信息是伤害预防与控制的基础，持续、稳定、良好运转的伤害监测系统是收集伤害基础性信息的最佳途径。建立全国伤害监测系统是我国伤害信息收集领域的一项开创性工作。2003～2005 年，中国疾病预防控制中心慢性非传染性疾病预防控制中心以世界卫生组织总部与美国 CDC 联合出版的《伤害监测指南》为指导，借鉴发达国家伤害监测系统的构建经验，采用文献回归、专家咨询和可行性研究等方法，研究并构建了以医疗卫生机构为基础的伤害监测内容和监测指标体系，搭建了多层次的监测信息管理平台和数据质量控制体系，运用多阶段分层概率抽样方法确定了监测医疗卫生机构，并通过数据模拟研究明确了适用于不同等级、门/急诊规模的医疗卫生机构监测信息漏报估算方法，建成了全国首个以医疗卫生机构为基础的伤害监测体系。鉴于伤害监测

---

① 叶鹏鹏、金叶、耳玉亮等：《中国 31 个省级儿童发展纲要中非故意伤害防控目标与策略的比较分析》，《中华流行病学杂志》2021 年第 8 期。
② 叶鹏鹏、金叶、耳玉亮等：《中国 31 个省级儿童发展纲要中非故意伤害防控目标与策略的比较分析》，《中华流行病学杂志》2021 年第 8 期。

试点工作取得的成功经验及伤害相关信息收集工作的紧迫性，卫生部于2005 年 8 月下发了《卫生部办公厅关于开展全国伤害监测工作的通知》，明确了全国伤害监测系统的主要目的、工作方法、管理模式和各级职责。全国伤害监测工作于 2006 年 1 月在全国 36 个省、自治区、直辖市、计划单列市（不包括港澳台地区）等 43 个县（市、区）的 126 家监测医疗卫生机构全面展开。2015 年 7 月，为进一步拓展和完善全国伤害监测系统，全国伤害监测系统监测点（县/区）扩增至 84 个、监测医疗卫生机构增至 252 家。2019 年 5 月，国家卫生健康委疾病预防控制局印发《重大疾病与健康危害因素监测项目（疾控部分）工作方案》，全国伤害监测系统监测点（县/区）扩增至 100 个、监测医疗卫生机构增至 300 家，初步具备对全国医疗卫生机构的代表性[①]。

（二）全国伤害监测系统的对象、方法与定义

全国伤害监测系统收集的病例对象为在全国伤害监测医疗卫生机构的门/急诊室就诊，并诊断为伤害的 18 岁以下患者，因同一次伤害在监测医疗卫生机构复诊的病例不重复计入[②]，时间范围为 2020 年 1 月 1 日至 2020 年 12 月 31 日。本报告为充分利用全国伤害监测系统收集的伤害病例信息，部分病例的某些变量存在缺失值，后续多变量的交叉分析汇总与单变量的总和存在不一致情况。变量缺失值情况具体如下：有性别缺失的病例数为 10，伤害严重程度缺失为 298，城乡缺失为 24，东中西缺失为 247，发生星期缺失为 1，发生 24 小时缺失为 568。全国伤害监测系统采用医疗卫生机构急诊室和伤害相关门诊的医护人员填报统一制定的全国伤害监测报告卡，经由各级疾病预防控制机构逐级上报的方式，收集当地监测医疗卫生机构门/急诊就诊伤害首诊病例的相关信息。本报告采用《联合国儿童权利公约》，将儿

[①] 中国疾病预防控制中心慢性非传染性疾病预防控制中心：《全国伤害监测数据集（2019）》，人民卫生电子音像出版社，2021。

[②] 中国疾病预防控制中心慢性非传染性疾病预防控制中心：《全国伤害监测数据集（2019）》，人民卫生电子音像出版社，2021。

童定义为未满18岁的人群①。本报告采用世界卫生组织关于伤害的定义，即由机械能、热能、电能、化学能以及电离辐射等物质以超过机体耐受总程度的量或速率急性作用于机体所导致的损伤。在某些情况（例如溺水和冻伤）下，伤害是氧气或热能等生命基本物质的急性缺乏所导致②。

（三）2020年全国门/急诊儿童伤害病例人口学特征

1. 总体情况

2020年，全国伤害监测系统共收集儿童伤害病例305012例，其中男童有192415例，占病例总数的63.08%；女童有112587例，占总数的36.92%。各年龄组中，1岁以下年龄组的病例有4319例，占病例总数的1.42%，1~4岁年龄组有102366例，占总数的33.56%，5~9岁年龄组有93340例，占总数的30.60%，10~14岁年龄组有65846例，占总数的21.59%，15~17岁年龄组有39141例，占总数的12.83%。不同年龄组中，均是男童病例数量多于女童。不同性别组中，男童和女童病例的年龄集中在1~4岁和5~9岁，其中男童病例分别为60806例（占该人群病例总数的31.60%）和58249（30.27%），女童病例分别为41553例（占该人群病例总数的36.91%）和35089例（31.16%）。所有儿童病例中，学龄前儿童有106459例，占病例总数的34.90%，在校学生有146989例，占病例总数的48.19%，其他职业人群为51564例，占总数的16.91%。所有儿童伤害病例中，伤害意图以非故意伤害为主，有295769例，占病例总数的96.97%。伤害严重程度以轻度为主，有257845例，占病例总数的84.54%。伤害结局以处理后离院为主，有282715例，占病例总数的92.69%。

2. 城乡分布

城乡地区中，发生在城市地区的病例有219382例，占病例总数的71.93%；农村地区的有85606例，占总数的28.07%。城市和农村的病例均

---

① United Nations International Children's Emergency Fund. *Convention on the Rights of the Child* [M]. Geneva：Unicef, 1989.
② 李立明：《公共卫生与预防医学导论》，人民卫生出版社，2017。

以男童为主。发生在城市地区的男童病例有 136746 例，占城市地区病例总数的 62.33%，女童病例有 82626 例，占总数的 37.66%。发生在农村地区的男童病例有 55658 例，占农村地区病例总数的 65.02%，女童病例有 29948 例，占总数的 34.98%。发生在城市和农村地区的病例均集中在 1~4 岁年龄组和 5~9 岁年龄组。发生在城市地区的病例中，1 岁以下年龄组有 3592 例，占城市地区病例总数的 1.64%，1~4 岁年龄组有 75190 例，占病例总数的 34.27%，5~9 岁年龄组有 67644 例，占病例总数的 30.83%，10~14 岁年龄组有 46125 例，占病例总数的 21.02%，15~17 岁年龄组有 26831 例，占病例总数的 12.23%。发生在农村地区的病例中，1 岁以下年龄组有 727 例，占农村地区病例总数的 0.85%，1~4 岁年龄组有 27168 例，占病例总数的 31.74%，5~9 岁年龄组有 25690 例，占病例总数的 30.01%，10~14 岁年龄组有 19716 例，占病例总数的 23.03%，15~17 岁年龄组有 12305 例，占病例总数的 14.37%。

3. 地域分布

东中西地区中，发生在东部地区的病例有 183104 例，占病例总数的 60.03%，中部地区有 34733 例，占总数的 11.39%，西部地区有 86928 例，占总数的 28.50%。东中西部地区的病例均以男童为主。发生在东部地区的男童病例有 114532 例，占东部地区病例总数的 62.55%，女童病例有 68562 例，占病例总数的 37.44%。发生在中部地区的男童病例有 22420 例，占中部地区病例总数的 64.55%，女童病例有 12313 例，占病例总数的 35.45%。发生在西部地区的男童病例有 55304 例，占西部地区病例总数的 63.62%，女童病例有 31624 例，占病例总数的 36.38%。发生在东、中、西部地区的病例年龄均集中在 1~4 岁年龄组和 5~9 岁年龄组。东部地区儿童病例中，1 岁以下年龄组有 2772 例，占东部地区病例总数的 1.51%，1~4 岁年龄组有 63299 例，占病例总数的 34.57%，5~9 岁年龄组有 57348 例，占病例总数的 31.32%，10~14 岁年龄组有 38131 例，占病例总数的 20.82%，15~17 岁年龄组有 21554 例，占病例总数的 11.77%。中部地区儿童病例中，1 岁以下年龄组有 260 例，占东部地区病例总数的 0.75%，1~4 岁年龄组有 10525

例，占病例总数的 30.30%，5~9 岁年龄组有 10128 例，占病例总数的 29.16%，10~14 岁年龄组有 8176 例，占病例总数的 23.54%，15~17 岁年龄组有 5644 例，占病例总数的 16.25%。西部地区儿童病例中，1 岁以下年龄组有 1286 例，占西部地区病例总数的 1.48%，1~4 岁年龄组有 28452 例，占病例总数的 32.73%，5~9 岁年龄组有 25793 例，占病例总数的 29.67%，10~14 岁年龄组有 19497 例，占病例总数的 22.43%，15~17 岁年龄组有 11900 例，占病例总数的 13.69%。

（四）2020年全国门急诊儿童伤害病例事件特征

1. 伤害发生时间

2020 年，儿童伤害病例平均每月有 25418 例。1~2 月病例数呈下降趋势，2 月达到全年最低，有 11273 例，占全年病例总数的 3.70%。3~5 月病例数呈上升趋势，5 月病例数达到全年最高，有 31026 例，占病例总数的 10.17%，6~12 月呈略微下降趋势（见图 1）。不同性别的病例数全年变化趋势相似，1~2 月男童和女童病例数均呈下降趋势，2 月达到全年最低，其中男童病例有 6744 例，占男童全年病例总数的 3.50%，女童有 4529 例，占

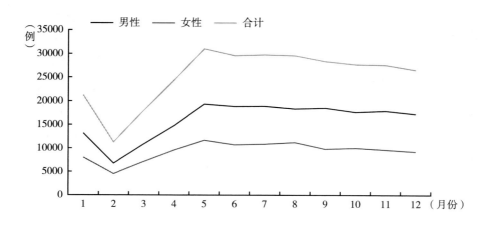

图 1　2020 年全国伤害监测系统不同性别儿童伤害病例发生月份分布

女童全年病例总数的4.02%。3~5月男童和女童病例数均呈上升趋势，男童和女童均于5月达到全年最高，其中男童病例有19342例，占男童病例总数的10.05%，女童有11684例，占女童病例总数的10.38%，6~12月男童和女童病例数均呈略微下降趋势。不同年龄组的病例数量全年变化趋势有所不同。1岁以下年龄组，2月病例数最低，有189例，占该组人群全年病例总数的4.38%，3~6月呈上升趋势，6月病例数量最多，有487例，占病例总数的11.28%，7~12月呈略微下降趋势；1~4岁年龄组与1岁以下年龄组变化趋势相似，2月病例数最低，有4979例，占该组人群全年病例总数的4.86%，5月病例数最高，有10581例，占病例总数的10.33%；5~9岁年龄组与前两组变化趋势有所差异，2月病例数最低，有3427例，占该组人群全年病例总数的3.67%，3~5月呈现上升趋势，5~8月则处于平稳波动，占病例总数的比例平均约为10%，9~12月呈现略微下降趋势；10~14岁年龄组全年病例数最低的月份依然为2月，有1774例，占该组人群全年病例总数的2.69%，3~5月呈现上升趋势，6~12月则处于平稳波动，未呈现下降趋势，占病例总数的比例平均约为10%；15~17岁年龄组全年病例数变化趋势与10~14岁组相近，2月病例数最低，有904例，占该组人群全年病例总数的2.31%，6~12月为全年病例数最高时期，占该组人群全年病例总数的比例平均约为10%（见图2）。

2020年，儿童伤害病例数量在一周中的分布有差异，星期一至星期日平均每天发生43573例。星期一和星期二的病例数量略少于其他时间，星期四的病例数量相对其他时间最多，有44820例，占病例总数的14.69%。星期六和星期日的病例数量略有下降。不同性别的病例在一周中的分布情况差异较大，对于男童病例，星期一数量最少，有26536例，占该性别人群全年病例总数的13.79%，星期二至星期四呈现上升趋势，星期四病例数量最多，有28612例，占病例总数的14.87%，随后呈现下降趋势至星期日；对于女童病例，星期三数量最少，有15627例，占该性别人群全年病例总数的13.88%，随后呈现上升趋势直至星期日病例数量最多，有16938例，占病例总数的15.04%（见图3）。

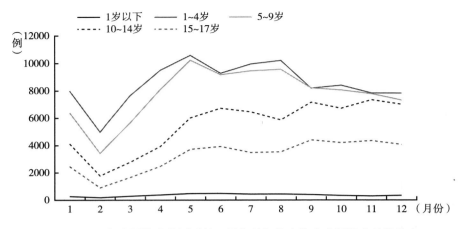

图2 2020年全国伤害监测系统不同年龄组儿童伤害病例发生月份分布

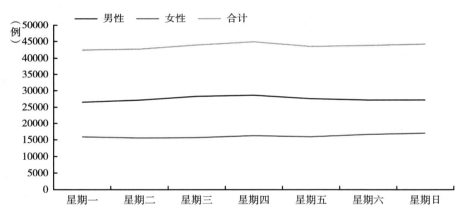

图3 2020年全国伤害监测系统不同性别儿童伤害病例发生星期分布

不同年龄组的病例数量在一周中的分布差异较大。1岁以下年龄组的病例数量在一周中变化幅度较小，星期五的病例数量相对最少，有567例，占该年龄组人群全年病例总数的13.13%，星期日的病例数量最多，有653例，占病例总数的15.12%；1~4岁年龄组的病例数量在工作日期间较少，平均约为14288例，占该年龄组人群全年病例总数的14%，休息日的病例数量明显增加，分别为15500例和15428例，分别占病例总数的15.14%和

15.07%；5~9岁年龄组的病例数量最少发生在星期一，有12712例，占该年龄组人群全年病例总数的13.62%，随后病例数量呈现上升趋势直至星期日，病例数量最多有13999例，占病例总数的15.00%；10~14岁年龄组在工作日的病例数量平均为9711例，其中星期四病例数量最多为10375例，占该年龄组人群全年病例总数的15.76%，休息日的病例数量明显少于工作日，分别为8520例和8772例，占病例总数的12.94%和13.32%；15~17岁年龄组病例数量在一周中的变化趋势与上一组类似，工作日病例数量多于休息日（见图4）。

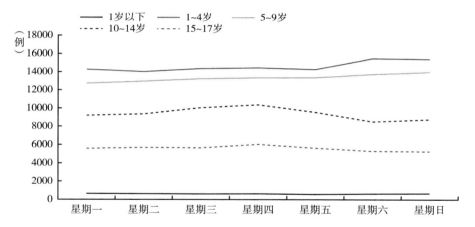

图4 2020年全国伤害监测系统不同年龄组儿童伤害病例发生星期分布

2020年，儿童伤害病例在一天中的1时至6时的数量最少，占全天病例总数的比重均低于1%，随后呈现上升趋势直至12时，达到全天最大值，有27859例，占全天病例总数的9.13%。随后病例数量快速波动变化至20时，并进一步快速下降至23时，有4087例，占病例总数的1.34%。不同性别的病例在一天中的分布情况相似。男童和女童在1时至6时，病例数最少，占全天各人群全天病例总数的比重均低于1%，随后呈现上升趋势直至12时，达到全天最大值，男童有17722例，占男童全天病例总数的9.21%，女童有10137例，占女童全天病例总数的9.00%。随后男童和女童病例数量快速波动变化

至 20 时，并进一步快速下降至 23 时，达到全天最低值，分别有 2552 例和 1535 例，占各人群全天病例总数的比例为 1.33% 和 1.36%（见图 5）。

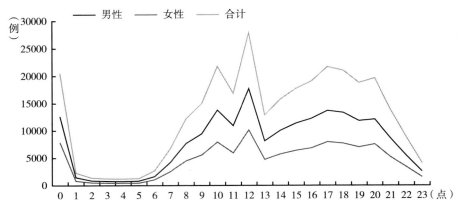

图 5　2020 年全国伤害监测系统不同性别儿童伤害病例发生 24 小时分布

不同年龄组的病例在一天中的分布情况差异较大。1 岁以下年龄组人群全天病例数量最大值发生在 0 时，有 495 例，占该人群全天病例总数的 11.46%，此后迅速下降至 5 时后又上升至 12 时，有 348 例，占该人群全天病例总数的 8.06%，随后呈现下降趋势；1～4 岁年龄组从 0 时开始快速下降至 7 时，其间 3～5 时为全天病例数最小值，平均为 390 例，占该人群全天病例总数的 0.38%，随后迅速上升至 12 时，到达全天病例数最大值，有 10931 例，占全天病例总数的 10.68%，此后快速下降至 13 时，后又缓慢上升至 20 时，最后再次呈现快速下降趋势；5～9 岁年龄组病例在一天中的变化趋势与 1～4 岁组类似，从 0 时快速下降至 6 时，全天病例最小值出现在 3 时，有 281 例，占该组人群全天病例总数的 0.30%，随后快速上升至 12 时，有 7771 例，占全天病例总数的 8.33%，此后呈现总体下降趋势；10～14 岁年龄组病例数量全天变化趋势与前两组类似，2～5 时为全天最小值，平均有 224 例，占该组人群全天病例总数的 0.34%，最大值在 12 时，有 5456 例，占全天病例总数的 8.29%；15～17 岁年龄组病例数量全天变化趋势与前三组略有差异，全天最小值出现在 4 时，有 225 例，占该组人群全天病例总数的 0.57%，最大值出现在 12 时，有 3353 例，占全天病例总数的 8.57%（见图 6）。

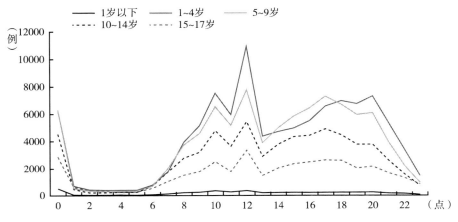

图 6　2020 年全国伤害监测系统不同年龄组儿童伤害病例发生 24 小时分布

2. 伤害发生原因

2020 年，儿童伤害病例的首位发生原因为跌倒/坠落，有 151874 例，占病例总数的 49.79%，其次为动物伤（57399 例，占 18.82%）、钝器伤（29866 例，占 9.79%）、刀/锐器伤（19110 例，占 6.27%）、道路交通伤害（18506 例，占 6.07%）和烧烫伤（9861 例，占 3.23%）。不同性别组中，男童伤害病例的前六位发生原因与总人群一致，分别为跌倒/坠落（99903 例，占该人群病例总数的 51.92%）、动物伤（31090 例，占 16.16%）、钝器伤（20706 例，占 10.76%）、刀/锐器伤（12464 例，占 6.48%）、道路交通伤害（11592 例，占 6.02%）和烧烫伤（5691 例，占 2.96%）；女童伤害病例的前六位原因与总人群基本一致，分别为跌倒/坠落（51968 例，占该人群病例总数的 46.16%）、动物伤（26308 例，占 23.37%）、钝器伤（9159 例，占 8.14%）、道路交通伤害（6913 例，占 6.14%）、刀/锐器伤（6643 例，占 5.90%）和烧烫伤（4170 例，占 3.70%）（见图 7）。

不同年龄组病例的前六位发生原因类型均一致，但顺位有所差异，1 岁以下年龄组的前六位发生原因分别为跌倒/坠落（2700 例，占该组人群病例

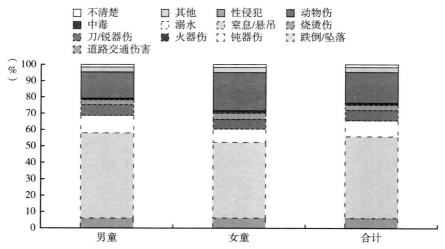

图 7　2020 年全国伤害监测系统不同性别儿童伤害病例发生原因构成

总数的 62.51%)、烧烫伤（916 例，占 21.21%)、钝器伤（333 例，占
7.71%)、动物伤（198 例，占 4.58%)、刀/锐器伤（130 例，占 3.01%)
和道路交通伤害（90 例，占 2.08%)；1~4 岁年龄组的前六位发生原因分别
为跌倒/坠落（55011 例，占该组人群病例总数的 53.74%)、动物伤（15291
例，占 14.94%)、钝器伤（8987 例，占 8.78%)、烧烫伤（6203 例，占
6.06%)、刀/锐器伤（4999 例，占 4.88%) 和道路交通伤害（3974 例，占
3.88%)；5~9 岁年龄组的前六位发生原因分别为跌倒/坠落（45182 例，占
该组人群病例总数的 48.41%)、动物伤（22724 例，占 24.35%)、钝器伤
（8338 例，占 8.93%)、刀/锐器伤（5733 例，占 6.14%)、道路交通伤害
（5351 例，占 5.73%) 和烧烫伤（1853 例，占 1.99%)；10~14 岁年龄组的
前六位发生原因分别为跌倒/坠落（31397 例，占该组人群病例总数的
47.68%)、动物伤（13820 例，占 20.99%)、钝器伤（7043 例，占
10.70%)、刀/锐器伤（4519 例，占 6.86%)、道路交通伤害（4938 例，占
7.50%) 和烧烫伤（807 例，占 1.23%)；15~17 岁年龄组的前六位发生原
因分别为跌倒/坠落（17584 例，占该组人群病例总数的 44.92%)、动物伤
（5366 例，占 13.71%)、钝器伤（5165 例，占 13.20%)、道路交通伤害

（4153 例，占 10.61%）、刀/锐器伤（3729 例，占 9.53%）和烧烫伤（582例，占 1.49%）（见图 8）。

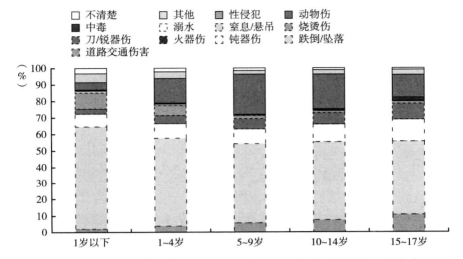

图 8 2020 年全国伤害监测系统不同年龄组儿童伤害病例发生原因构成

城乡地区儿童伤害病例的前六位发生原因有所差异。城市地区儿童伤害病例的前六位发生原因分别为跌倒/坠落（102788 例，占该人群病例总数的 46.85%）、动物伤（46186 例，占 21.05%）、钝器伤（22455 例，占 10.24%）、刀/锐器伤（13954 例，占 6.36%）、道路交通伤害（11400 例，占 5.20%）和烧烫伤（8527 例，占 3.89%）。农村地区儿童伤害病例的前六位发生原因分别为跌倒/坠落（49066 例，占该人群病例总数的 57.32%）、动物伤（11213 例，占 13.10%）、钝器伤（7408 例，占 8.65%）、道路交通伤害（7106 例，占 8.30%）、刀/锐器伤（5155 例，占 6.02%）和烧烫伤（1334 例，占 1.56%）（见图 9）。

东中西部地区中，东部地区儿童伤害病例的前六位发生原因分别为跌倒/坠落（86396 例，占该人群病例总数的 47.18%）、动物伤（37110 例，占 20.27%）、钝器伤（18932 例，占 10.34%）、刀/锐器伤（12864 例，占 7.03%）、道路交通伤害（9724 例，占 5.31%）和烧烫伤（7126 例，占 3.89%）。中部地区儿童伤害病例的前六位发生原因分别为跌倒/坠落

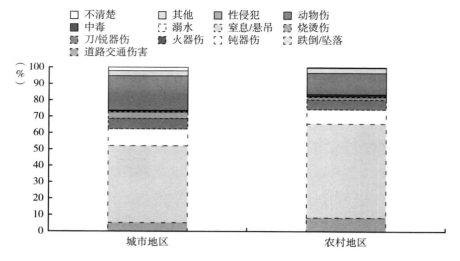

图9 2020年全国伤害监测系统城市农村地区儿童伤害病例发生原因构成

（20207例，占该人群病例总数的58.18%）、钝器伤（3398例，占9.78%）、道路交通伤害（3343例，占9.62%）、动物伤（2910例，占8.38%）、刀/锐器伤（2165例，占6.23%）和烧烫伤（267例，占0.77%）。西部地区儿童伤害病例的前六位发生原因分别为跌倒/坠落（45124例，占该组人群病例总数的51.91%）、动物伤（17373例，占19.99%）、钝器伤（7514例，占8.64%）、道路交通伤害（5413例，占6.23%）、刀/锐器伤（4060例，占4.67%）和烧烫伤（2459例，占2.83%）（见图10）。

3. 伤害发生地点

2020年，儿童伤害病例的发生地点主要是在家中，有170315例，占病例总数的55.84%，其次为学校与公共场所（44907例，占14.72%）和公路/街道（36989例，占12.13%）。不同性别伤害病例的主要发生地点一致，均为家中、学校与公共场所和公路/街道，其中男童在上述三个地点发生伤害的病例数量及构成分别为101717例（52.86%）、31627例（16.44%）和23711例（12.32%），女童分别为68592例（60.92%）、13280例（11.80%）和13277例（11.79%）（见图11）。

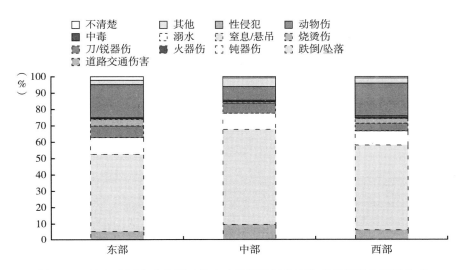

图 10　2020 年全国伤害监测系统东中西部地区儿童伤害病例发生原因构成

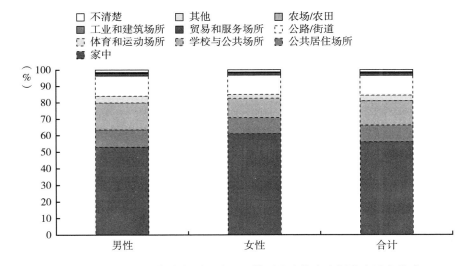

图 11　2020 年全国伤害监测系统不同性别儿童伤害病例发生地点构成

　　不同年龄组伤害病例的主要发生地点有所差异。1 岁以下年龄组和 1~4 岁年龄组的伤害均主要发生在家中，分别为 3571 例（占该组人群病例总数的 82.68%）和 77416 例（75.63%）；5~9 岁年龄组的伤害主要发生在家中

（51842 例，占该组人群病例总数的 55.54%）、学校与公共场所（13314 例，占 14.26%）和公共居住场所（11318 例，占 12.13%）；10~14 岁年龄组的伤害主要发生在家中（25844 例，占该组人群病例总数的 39.25%）、学校与公共场所（16942 例，占 25.73%）和公路/街道（10327 例，占 15.68%）；15~17 岁年龄组的伤害主要发生在家中（11642 例，占 29.74%）、学校与公共场所（10500 例，占 26.83%）和公路/街道（7833 例，占 20.01%）（见图 12）。

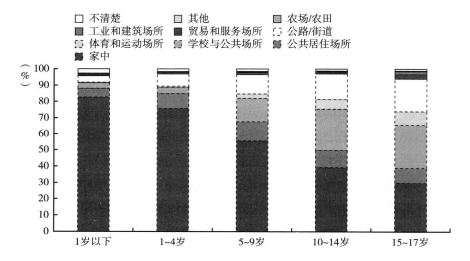

图 12　2020 年全国伤害监测系统不同年龄组儿童伤害病例发生地点构成

城市地区和农村地区儿童伤害病例的主要发生地点一致，均为家中、学校与公共场所和公路/街道，其中城市地区儿童在上述三地发生的伤害病例数量及构成分别为 124810 例（占该人群病例总数的 56.89%）、29424 例（13.41%）和 24844 例（11.32%），农村地区儿童伤害病例分别为 45490 例（占该人群病例总数的 53.14%）、15476 例（18.08%）和 12144 例（14.19%）（见图 13）。东中西部地区儿童伤害病例的主要发生地点有所差异。东部地区儿童伤害病例主要发生在家中（110321 例，占该人群病例总数的 60.25%）、学校与公共场所（20687 例，占 11.30%）和公共居住场所（20508 例，占 11.20%）。中部地区儿童伤害病例主要发生在家中（14917

例，占该人群病例总数的 42.95%）、学校与公共场所（8055 例，占 23.19%）和公路/街道（6490 例，占 18.69%）。西部地区儿童伤害病例主要发生在家中（44979 例，占该人群病例总数的 51.74%）、学校与公共场所（16117 例，占 18.54%）和公路/街道（12070 例，占 13.89%）（见图 14）。

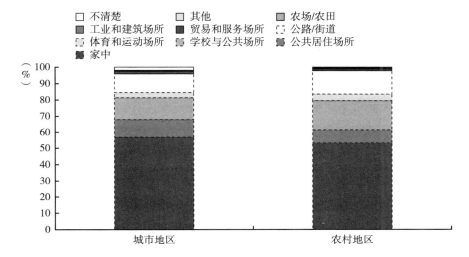

图 13　2020 年全国伤害监测系统城市农村地区儿童伤害病例发生地点构成

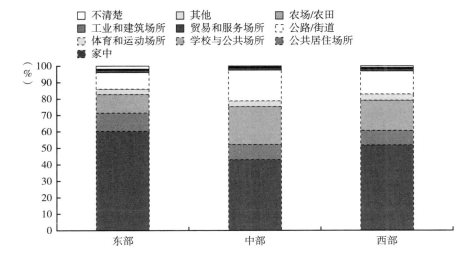

图 14　2020 年全国伤害监测系统东中部地区儿童伤害病例发生地点构成

不同伤害发生原因中，除道路交通伤害全部发生在公路/街道，其余常见伤害原因的主要发生地点均为家中，其中跌倒/坠落有77703例（占该伤害发生原因病例总数的51.16%）、动物伤45970例（占80.09%）、钝器伤（13388例，占44.83%）、刀/锐器伤（13427例，占70.26%）和烧烫伤（9035例，占91.62%）。

4. 伤害发生时活动

2020年，儿童伤害病例的发生时的活动主要是休闲活动，有172396例，占病例总数的56.52%，其次为生命活动（42693例，占14.00%）和步行（23122例，占7.58%）。不同性别发生伤害时从事的主要活动一致，均为休闲活动、生命活动和步行，其中男童发生伤害时有上述三项活动的病例数量及构成分别为106564例（55.38%）、26056例（13.54%）和14656例（7.62%），女童分别为65827例（58.47%）、16634例（14.77%）和8466例（7.52%）（见图15）。

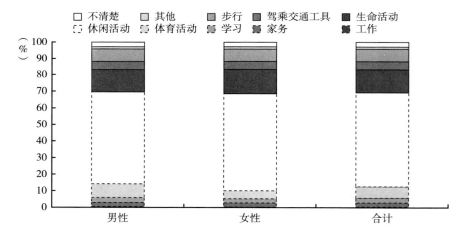

图15 2020年全国伤害监测系统不同性别儿童伤害病例发生时活动构成

不同年龄组发生伤害时从事的主要活动有所差异。1岁以下、1~4岁和5~9岁年龄组发生伤害时从事的主要活动一致，均为休闲活动、生命活动和步行。其中1岁以下年龄组发生伤害时有上述三项活动的病例数量及构成分别为 2347 例（占该组人群病例总数的 54.34%）、1456 例（33.71%）和 99 例（2.29%），1～4 岁年龄组分别为 66075 例（64.55%）、19149 例（18.71%）和 6913 例（6.75%），5～9 岁年龄组分别为 56808 例（60.86%）、11575 例（12.40%）和 7300 例（7.82%）；10～14 岁年龄组发生伤害时的主要活动为休闲活动（31787 例，占该组人群病例总数的 48.27%）、体育活动（8518 例，占 12.94%）和生命活动（6731 例，占 10.22%）；15～17 岁组人群发生伤害时的主要活动为休闲活动（15379 例，占该组人群病例总数的 39.29%）、体育活动（6419 例，占 16.40%）和驾乘交通工具（4375 例，占 11.18%）（见图 16）。

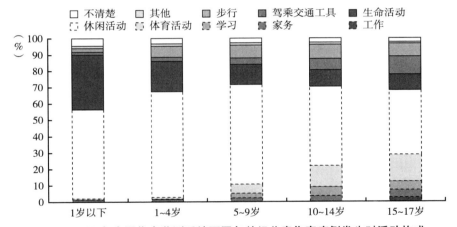

图 16　2020 年全国伤害监测系统不同年龄组儿童伤害病例发生时活动构成

城市地区和农村地区儿童伤害病例的发生时活动一致，均为休闲活动、生命活动和步行，其中城市地区儿童发生伤害时有上述三项活动的病例数量及构成分别为 130885 例（占该人群全部病例数量的 59.66%）、30430 例（13.87%）和 14928 例（占 6.80%），农村地区儿童伤害病例分别为 41501 例（占该人群全部病例数量的 48.48%）、12261 例（14.32%）和 8191 例（9.57%）（见图 17）。东中西部地区儿童伤害病例的发生时活动也均以休闲活动、生命活动和步行为主，其中东部地区儿童发生伤害时有上述三项活动的病例数量及构成分别为 119047 例（占该人群全部伤害病例数量的

65.02%）、19944 例（10.89%）和 10084 例（5.51%），中部地区儿童伤害病例分别为 12738 例（占该人群全部伤害病例数量的 36.67%）、7453 例（21.46%）和 3447 例（9.92%），西部地区儿童伤害病例分别为 40502 例（占该人群全部伤害病例数量的 46.59%）、15272 例（17.57%）和 9565（11.00%）（见图 18）。

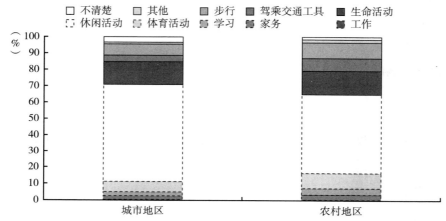

图 17　2020 年全国伤害监测系统城市农村地区儿童伤害病例发生时活动构成

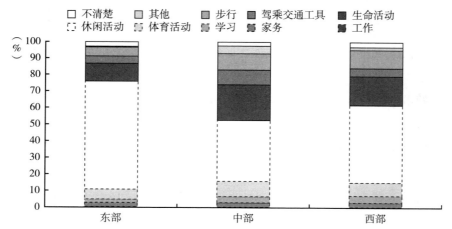

图 18　2020 年全国伤害监测系统东中西部地区儿童伤害病例发生时活动构成

不同伤害发生原因中，除道路交通伤害发生时的活动以驾乘交通工具（12158 例，占该伤害原因病例总数的 65.70%）为主，其余常见伤害原因发生时的活动均以休闲活动为主，其中跌倒/坠落发生时从事休闲活动的病例数量有 86825 例，占病例总数的 57.17%，其次为动物伤（41786 例，占72.80%）、钝器伤（16936 例，占 56.71%）、刀/锐器伤（10571 例，占55.32%）和烧烫伤（6415 例，占 65.05%）。

（五）2020年全国门/急诊儿童伤害病例临床特征

1. 伤害性质

2020 年，儿童伤害病例的性质以挫伤/擦伤和锐器伤/咬伤/开放伤两类为主，分别有 121528 例（占病例总数的 39.84%）和 101108 例（占33.15%），其次为扭伤/拉伤（31538 例，占 10.34%）、骨折（21562 例，占 7.07%）、烧烫伤（9949 例，占 3.26%）、脑震荡/脑挫裂伤（6509 例，占 2.13%）和内脏器官伤（3590 例，占 1.18%）。不同性别人群的主要伤害性质一致。男童伤害病例分别为挫伤/擦伤（80151 例，占该人群病例总数的 41.66%）、锐器伤/咬伤/开放伤（60703 例，占 31.55%）、扭伤/拉伤（19339 例，占 10.05%）、骨折（14714 例，占 7.65%）、烧烫伤（5754 例，占 2.99%）、脑震荡/脑挫裂伤（4317 例，占 2.24%）和内脏器官伤（2016例，占 1.05%）。女童伤害病例分别为挫伤/擦伤（41374 例，占该人群病例总数的 36.75%）、锐器伤/咬伤/开放伤（40399 例，占 35.88%）、扭伤/拉伤（12198 例，占 10.83%）、骨折（6848 例，占 6.08%）、烧烫伤（4195例，占 3.73%）、脑震荡/脑挫裂伤（2191 例，占 1.95%）和内脏器官伤（1574 例，占 1.40%）（见图 19）。

不同年龄组人群的伤害性质前三位均是挫伤/擦伤、锐器伤/咬伤/开放伤和扭伤/拉伤，其中 1 岁以下年龄组分别为 2134 例（占该组人群病例总数的 49.41%）、492 例（11.39%）和 464 例（10.74%），1～4 岁年龄组分别为 41532 例（40.57%）、32703 例（31.95%）和 8984 例（8.78%），5～9岁年龄组分别为 36603 例（39.21%）、36182 例（38.76%）和 7060 例

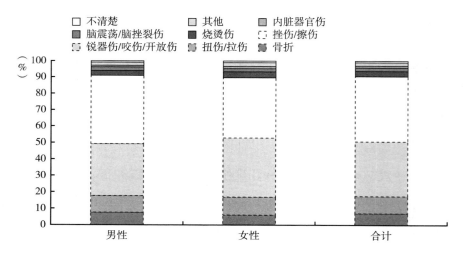

图19 2020年全国伤害监测系统不同性别儿童伤害病例受伤性质构成

（7.56%），10～14岁年龄组分别为25650例（38.95%）、20960例（31.83%）和8491例（12.90%），15～17岁年龄组分别为15609例（39.88%）、10771例（27.52%）和6539例（16.71%）。各年龄组第四位伤害性质有所差异。1岁以下和1～4岁年龄组是烧烫伤，分别为410例和6232例，各占相应组别人群病例总数的9.49%和6.09%，5～9岁、10～14岁和15～17岁年龄组则是骨折，分别为6704例（7.18%）、6443例（9.78%）和3090例（7.89%）（见图20）。

城市地区和农村地区儿童伤害病例的主要性质一致，均以挫伤/擦伤、锐器伤/咬伤/开放伤、扭伤/拉伤和骨折为主，其中城市地区儿童有上述四类伤害性质的病例数量及构成分别为80591例（占该人群病例总数的36.74%）、78021例（35.56%）、22772例（10.38%）和15008例（6.84%），农村地区儿童伤害病例分别有40932例（占该人群病例总数的47.81%）、23082例（26.96%）、8762例（10.24%）和6550例（7.65%）（见图21）。

东中西部地区儿童伤害病例的主要性质一致，均以挫伤/擦伤、锐器伤/咬伤/开放伤、扭伤/拉伤和骨折为主，其中东部地区儿童有上述四类伤害性

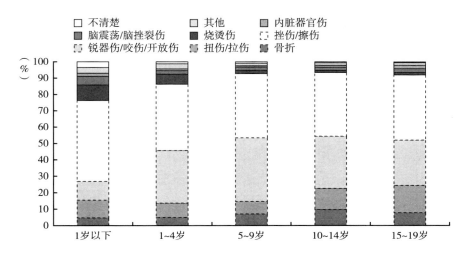

图 20　2020 年全国伤害监测系统不同年龄组儿童伤害病例受伤性质构成

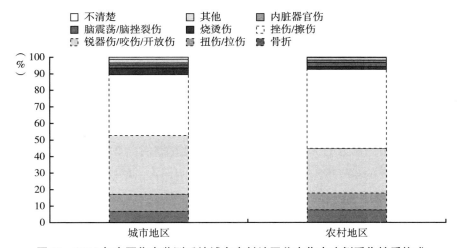

图 21　2020 年全国伤害监测系统城市农村地区儿童伤害病例受伤性质构成

质的病例数量及构成分别为 72335 例（占该人群病例总数的 39.50%）、
64451 例（35.20%）、18575 例（10.14%）和 11007 例（6.01%），中部地
区儿童伤害病例分别有 16300 例（占该人群病例总数的 46.93%）、8057 例
（23.20%）、4975 例（14.32%）和 2779 例（8.00%），西部地区儿童伤害

病例分别有 32773 例（占该人群病例总数的 37.70%）、28557 例（32.85%）、7957 例（9.15%）和 7746 例（8.91%）（见图 22）。

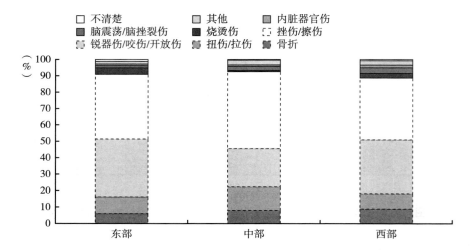

图 22　2020 年全国伤害监测系统东中西部地区儿童伤害病例受伤性质构成

不同伤害发生原因中，跌倒/坠落的伤害性质主要是挫伤/擦伤（79279例，占该伤害原因病例总数的 52.20%），其次是扭伤/拉伤（25520 例，占16.80%）、开放伤（23025 例，占 15.16%）和骨折（17420 例，占11.47%）；动物伤的伤害性质以锐器伤/咬伤/开放伤为主，有 55049 例，占该伤害原因病例总数的 95.91%；钝器伤以挫伤/擦伤（20116 例，占该伤害原因病例总数的 67.35%）和开放伤（4614 例，占 15.45%）为主；刀/锐器伤以锐器伤/开放伤为主，有 16184 例，占该伤害原因病例总数的84.69%；道路交通伤害的伤害性质以挫伤/擦伤为主，有 12626 例，占该伤害原因病例总数的 68.23%；烧烫伤的伤害性质绝大部分是烧烫伤（9689例，占该伤害原因病例总数的 98.26%），其余伤害性质多因烧烫伤发生过程中其他二次伤害造成。

2. 伤害部位

2020 年，儿童伤害病例的受伤部位主要为头部、上肢和下肢，分别有105963 例（占病例总数的 34.74%）、100112 例（32.82%）和 63657 例

（20.87%）。不同性别人群的主要受伤部位一致，均是头部、上肢和下肢。男童受伤部位为头部、上肢和下肢的伤害病例分别有69906例（占该人群病例总数的36.33%）、60261例（31.32%）和下肢39498例（20.53%），女童则分别有36057例（占该人群病例总数的32.03%）、39848例（35.39%）和24158例（21.46%）（见图23）。

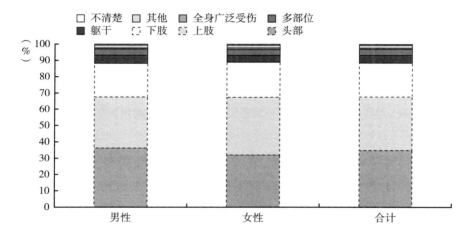

图23 2020年全国伤害监测系统不同性别儿童伤害病例受伤部位构成

不同年龄组人群的主要受伤部位类型一致，但顺位有所差异。其中1岁以下年龄组的受伤部位前两位是头部（2436例，占该人群病例总数的56.40%）和上肢（1097例，占25.40%），1~4岁年龄组的受伤部位前三位是头部（47945例，占该人群病例总数的46.84%）、上肢（32236例，占31.49%）和下肢（12010例，占11.73%），5~9岁年龄组的受伤部位前三位也是头部（33031例，占该人群病例总数的35.39%）、上肢（30460例，占32.63%）和下肢（19826例，占21.24%），10~14岁年龄组的主要受伤部位则是上肢（24016例，占该人群病例总数的36.47%）、下肢（19007例，占28.87%）和头部（14473例，占21.98%），15~17岁年龄组的主要受伤部位是下肢（12527例，占该人群病例总数的32.00%）、上肢（12303例，占31.43%）和头部（8078例，占20.64%）（见图24）。

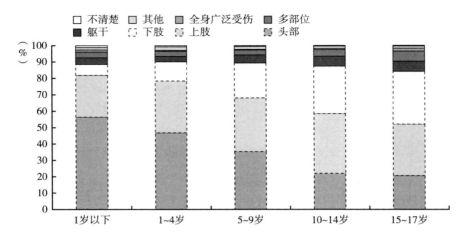

图24 2020年全国伤害监测系统不同年龄组儿童伤害病例受伤部位构成

城市地区和农村地区儿童伤害病例的主要受伤部位类型一致，但顺位有所差异。城市地区儿童的受伤部位主要是上肢，有75582例，占该人群病例总数的34.45%，其次是头部（74280例，占33.85）和下肢（44847例，占20.44%）。农村地区儿童的受伤部位主要是头部，有31683例，占该人群病例总数的37.01%，其次是上肢（24527例，占28.65%）和下肢（18805例，占21.97%）（见图25）。东中西部地区儿童的主要受伤部位类型一致，但顺位有所差异。

东部地区儿童的主要受伤部位是上肢，有63874例，占该人群病例总数的34.88%，其次是头部（61428例，占33.55%）和下肢（38072例，占20.79%）。中部地区和西部地区儿童的主要受伤部位均是头部，分别有12469例和31972例，各占中部和西部地区病例总数的35.90%和36.78%，其次是上肢，分别有10393例和25754例，各占相应地区病例总数的29.92%和29.63%，下肢则分别有7985例和17553例，各占相应地区病例总数的22.99%和20.19%（见图26）。

不同伤害发生原因中，跌倒/坠落的主要伤害部位是头部（68983例，占该伤害原因病例总数的45.42%），其次是上肢（36594例，占24.09%）

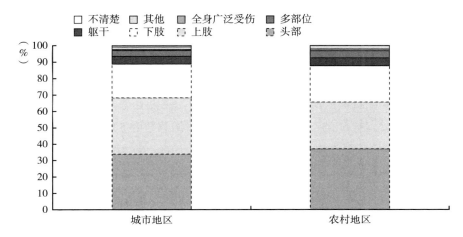

图 25　2020 年全国伤害监测系统城市农村地区儿童伤害病例受伤部位构成

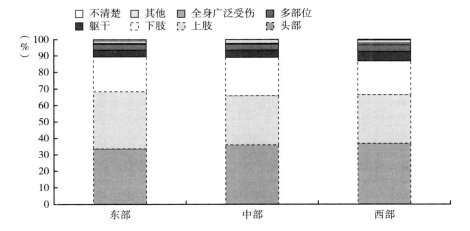

图 26　2020 年全国伤害监测系统东中西部地区儿童伤害病例受伤部位构成

和下肢（32710 例，占 21.54%）；动物伤的主要伤害部位是上肢（35923
例，占该伤害原因病例总数的 62.58%）和下肢（14118 例，占 24.60%）；
钝器伤以头部（13890 例，占该伤害原因病例总数的 46.51%）和上肢
（8313 例，占 27.83%）为主；刀/锐器伤以上肢（10198 例，占该伤害原因
病例总数的 53.36%）和头部（4657 例，占 24.37%）为主；道路交通伤害

的主要受伤部位是下肢（5744 例，占该伤害原因病例总数的 31.04%）、头部（5663 例，占 30.60%）和多部位（2856 例，占 15.43%）；烧烫伤的主要受伤部位是上肢（3634 例，占该伤害原因病例总数的 36.85%）和下肢（2731 例，占 27.69%）。

不同伤害性质中，伤害性质以挫伤/擦伤为主的伤害病例中，受伤部位最多的是头部，有 60937 例，占该伤害性质病例总数的 50.14%；锐器伤/咬伤/开放伤的伤害病例中，受伤部位最多的是上肢，有 46975 例，占该伤害性质病例总数的 46.46%；扭伤/拉伤的伤害病例中，受伤部位主要是下肢（15196 例，占该伤害性质病例总数的 48.18%）和下肢（12454 例，占39.49%）；骨折的伤害病例中，受伤部位主要是上肢（13434 例，占该伤害性质病例总数的 62.30%）和下肢（4721 例，占 21.90%）；烧烫伤的伤害病例中，受伤部位主要是上肢（3645 例，占该伤害性质病例总数的36.64%）和下肢（2731 例，占 27.45%）。

3. 伤害累及系统

2020 年，儿童伤害病例的累及系统主要为运动系统，有 167571 例，占病例总数的 54.94%，其次为中枢神经系统（47624 例，占 15.61%）。不同性别人群的主要累及部位均一致，均是运动系统和中枢神经系统，其中男童病例分别为 103503 例（占该人群病例总数的 53.79%）和 31517 例（16.38%），女童病例分别为 64068 例（占该人群病例总数的 56.91%）和16107 例（14.31%）（见图 27）。

不同年龄组人群的主要累及系统一致，均为运动系统和中枢神经系统。其中 1 岁以下年龄组分别为 1572 例（占该组人群病例总数的36.40%）和 1273 例（29.47%），1~4 岁年龄组分别为 47970 例（占该组人群病例总数的 46.86%）和 19707 例（19.25%），5~9 岁年龄组分别为50665 例（占该组人群病例总数的 54.28%）和 14914 例（15.98%），10~14 岁年龄组分别为 42297 例（占该组人群病例总数的 64.24%）和 7349 例（11.16%），15~17 岁年龄组分别为 25067 例（占该人群病例总数的64.04%）和 4381 例（11.19%）（见图 28）。

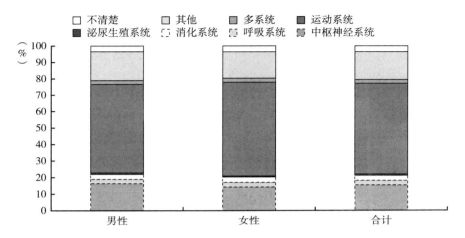

图27　2020年全国伤害监测系统不同性别儿童伤害病例受伤累及系统构成

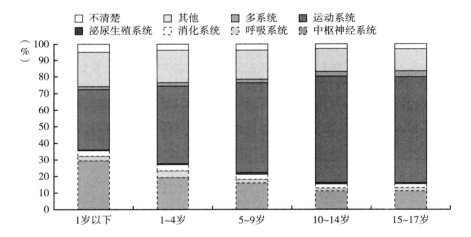

图28　2020年全国伤害监测系统不同年龄组儿童伤害病例受伤累及系统构成

城市地区和农村地区儿童伤害病例的主要累及系统一致，均为运动系统和中枢神经系统，其中城市地区儿童病例分别为124276例（占该人群病例总数的56.64%）和32672例（14.89%），农村地区儿童病例分别为43295例（占该人群病例总数的50.57%）和14952例（17.47%）（见图29）。东中西部地区儿童伤害病例的主要累及系统也以运动系统和中枢神经系统为主，

其中东部地区儿童病例分别为 110576 例（占该人群病例总数的 60.39%）和
22750 例（12.42%），中部地区儿童病例分别为 16145 例（占该人群病例总数
的 46.48%）和 6126 例（17.64%），西部地区儿童病例分别为 40850 例（占该
人群病例总数的 46.99%）和 18682 例（21.49%）（见图 30）。

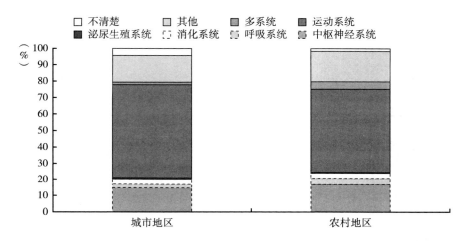

图 29　2020 年全国伤害监测系统城市农村地区儿童伤害病例受伤累及系统构成

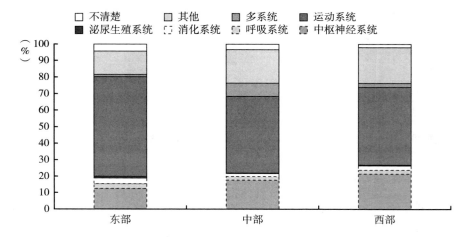

图 30　2020 年全国伤害监测系统东中西部地区儿童伤害病例受伤累及系统构成

不同伤害发生原因中，跌倒/坠落的主要累及系统是运动系统（78755例，占该伤害原因病例总数的51.86%）和中枢神经系统（32226例，占21.22%）；动物伤的主要累及系统是运动系统（42573例，占该伤害原因病例总数的74.17%）；钝器伤的主要累及系统是运动系统（13000例，占该伤害原因病例总数的43.53%）和中枢神经系统（5937例，占19.88%）；刀/锐器伤的主要累及系统是运动系统（11719例，占该伤害原因病例总数的61.32%）；道路交通伤害的主要累及系统是运动系统（10180例，占该伤害原因病例总数的55.01%）和中枢神经系统（3584例，占19.37%）；烧烫伤的主要累及系统是运动系统（6697例，占该伤害原因病例总数的67.91%）。

不同伤害性质中，伤害性质以挫伤/擦伤为主的伤害病例中，累及系统最多的是运动系统（51202例，占该伤害性质病例总数的42.13%）；锐器伤/咬伤/开放伤的伤害病例中，累及系统最多的也是运动系统（60410例，占该伤害性质病例总数的59.75%）；扭伤/拉伤的伤害病例中，累及系统最多的是运动系统（28232例，占该伤害性质病例总数的89.52%）；骨折的伤害病例中，累及系统最多的是运动系统（19034例，占该伤害性质病例总数的88.28%）；烧烫伤的伤害病例中，累及系统最多的是运动系统（6748例，占该伤害性质病例总数的67.83%）。

二 2020年全国儿童伤害死亡情况

（一）全国死因监测系统概况

1978年，北京市东城区、通县（今通州区）试建了综合疾病监测点。而后监测点数目不断增多，到1989年时增加到71个，遍布29个省（自治区、直辖市），正式形成了全国疾病监测系统。1990年，在世界银行项目和卫生部（现国家卫生健康委员会）的支持下，中国预防医学科学院在原有监测系统的基础上，根据多阶段分层整群随机抽样的原则在全国31个省（自治区、直辖市）选择有代表性的疾病监测点组建监测系统，形成了由

145 个疾病监测点组成的新疾病监测系统，常规收集出生、人口和死亡资料，共覆盖 1000 万监测人口（约占全国总人口的 1%）。2003 年疾病监测系统进行了调整，调整后的全国疾病监测系统包括全国 31 个省（自治区、直辖市）的 161 个监测点，监测人口达 7700 多万，约占全国人口的 6%。该系统根据分层整群随机抽样的原则建立，其监测结果基本可代表全国人口的情况。2013 年，国家卫生健康委牵头将原死因统计系统、全国疾病监测系统等死因报告系统进行整合和扩展，建立了具有省级代表性的全国死因监测系统。整合后，监测点个数扩大到 605 个，监测人口超过 3 亿，大约覆盖全国人口的 24%，具有良好的省级代表性①。

（二）全国死因监测系统的对象、方法与定义

全国死因监测系统的死亡登记对象是发生在各辖区内的所有死亡个案，包括户籍和非户籍中国居民，以及港、澳、台同胞和外籍公民。各级各类医疗卫生机构均为死因信息报告的责任单位，其中具有执业医师资格的医疗卫生人员方可填报《死亡医学证明书》。在各级各类医疗机构发生的死亡个案（包括到达医院时已死亡、院前急救过程中死亡、院内诊疗过程中死亡），由诊治医生做出诊断并逐项填写《死亡医学证明书》。在家中或其他场所死亡者，由所在地的村医（社区医生），将死亡信息定期报告至乡镇卫生院（社区卫生服务中心）；乡镇卫生院（社区卫生服务中心）的防保医生根据死者家属或其他知情人提供的死者生前病史、体征和（或）医学诊断，对其死因进行推断，填写《死亡医学证明书》。凡需公安司法部门介入的死亡个案，由公安司法部门判定死亡性质并出具死亡证明，辖区乡镇卫生院（社区卫生服务中心）负责该地区地段预防保健工作的医生根据死亡证明填报《死亡医学证明书》。全国死因监测系统所有死亡个案均通过中国疾病预防控制中心的死因登记报告信息系统进行网络报告，中国疾病预防控制中心

---

① 国家卫生健康委统计信息中心、中国疾病预防控制中心慢性非传染性疾病预防控制中心：《中国死因监测数据集 2020》，中国科技出版社，2022。

对各省上报的数据进行审核，针对发现的问题进行核实和修正。死亡率为死亡数占人口数的比重。在性别死亡率、年龄别死亡率中，相应的死亡数分别为某性别死亡数、某年龄组死亡数，相应的人口数分别为某性别人口数、某年龄组人口数。在死因别死亡率中，相应的死亡数为因某类死因死亡数，人口数与计算死亡率时的人口数相同[①]。

（三）2020年全国儿童伤害死亡病例人口学特征

1. 总体情况

2020年全国18岁以下儿童伤害粗死亡率为11.06/10万。不同性别中，男童伤害粗死亡率为13.28/10万，女童伤害粗死亡率为8.49/10万。不同年龄段中，1岁以下组粗死亡率为17.48/10万，1~4岁组为12.47/10万，5~9岁组为7.22/10万，10~14岁组为10.73/10万，15~17岁组为14.23/10万。各年龄组中，男童粗死亡率均高于女童。

2. 城乡分布

2020年，城市地区儿童伤害粗死亡率为9.39/10万，其中男童为11.11/10万，女童为7.43/10万，1岁以下年龄组为13.06/10万，1~4岁年龄组为10.28/10万，5~9岁年龄组为6.30/10万，10~14岁年龄组为9.56/10万，15~17岁年龄组为11.66/10万。城市地区中，各年龄组的男童伤害粗死亡率均高于女童。农村地区儿童伤害粗死亡率为11.77/10万，其中男童为14.20/10万，女童为8.94/10万，1岁以下年龄组为19.76/10万，1~4岁年龄组为13.42/10万，5~9岁年龄组为7.60/10万，10~14岁年龄组为11.21/10万，15~17岁年龄组为15.36/10万。农村地区中，各年龄组的男童伤害粗死亡率均高于女童。对于同一性别和年龄组人群，均是农村地区儿童伤害粗死亡率高于城市地区儿童（见表1）。

---

① 国家卫生健康委统计信息中心、中国疾病预防控制中心慢性非传染性疾病预防控制中心：《中国死因监测数据集2020》，中国科技出版社，2022。

表 1　2020 年全国城乡不同性别、年龄别儿童伤害粗死亡率（1/10 万）

类别		年龄组（岁）					
		1 岁以下	1~4	5~9	10~14	15~17	合计
城市	男童	16.02	11.94	7.60	10.96	14.26	11.11
	女童	9.85	8.44	4.81	7.92	8.61	7.43
	小计	13.06	10.28	6.30	9.56	11.66	9.39
农村	男童	22.43	15.97	8.89	13.29	20.38	14.20
	女童	16.82	10.51	6.09	8.75	9.44	8.94
	小计	19.76	13.42	7.60	11.21	15.36	11.77
合计	男童	20.25	14.76	8.51	12.61	18.52	13.28
	女童	14.43	9.88	5.71	8.50	9.19	8.49
	小计	17.48	12.47	7.22	10.73	14.23	11.06

3. 地域分布

2020 年，东部地区儿童伤害粗死亡率为 8.27/10 万，其中男童为 9.68/10 万，女童为 6.64/10 万，1 岁以下年龄组为 13.29/10 万，1~4 岁年龄组为 7.91/10 万，5~9 岁年龄组为 5.00/10 万，10~14 岁年龄组为 9.00/10 万，15~17 岁年龄组为 11.71/10 万。东部地区中，各年龄组的男童伤害粗死亡率均高于女童。中部地区儿童伤害粗死亡率为 10.89/10 万，其中男童为 13.16/10 万，女童为 8.16/10 万，1 岁以下年龄组为 17.89/10 万，1~4 岁年龄组为 12.65/10 万，5~9 岁年龄组为 6.82/10 万，10~14 岁年龄组为 10.43/10 万，15~17 岁年龄组为 14.67/10 万。中部地区中，各年龄组的男童伤害粗死亡率均高于女童。西部地区儿童伤害粗死亡率为 14.64/10 万，其中男童为 17.84/10 万，女童为 11.06/10 万，1 岁以下年龄组为 22.48/10 万，1~4 岁年龄组为 18.40/10 万，5~9 岁年龄组为 10.51/10 万，10~14 岁年龄组为 13.07/10 万，15~17 岁年龄组为 16.35/10 万。西部地区中，各年龄组的男童伤害粗死亡率均高于女童。对于同一性别和年龄组人群，均是西部地区儿童伤害粗死亡率高于中部地区，中部地区儿童伤害粗死亡率高于东部地区（见表 2）。

表2 2020年全国东中西部地区不同性别、年龄别儿童伤害粗死亡率（1/10万）

类别		年龄组（岁）					
		1岁以下	1~4	5~9	10~14	15~17	合计
东部	男童	15.66	9.20	5.76	10.18	14.62	9.68
	女童	10.73	6.47	4.12	7.61	8.27	6.64
	小计	13.29	7.91	5.00	9.00	11.71	8.27
中部	男童	19.43	15.14	7.97	12.33	19.89	13.16
	女童	16.13	9.73	5.44	8.09	8.37	8.16
	小计	17.89	12.65	6.82	10.43	14.67	10.89
西部	男童	27.29	21.85	12.72	15.80	21.15	17.84
	女童	17.35	14.61	8.02	9.97	10.91	11.06
	小计	22.48	18.40	10.51	13.07	16.35	14.64
合计	男童	20.25	14.76	8.51	12.61	18.52	13.28
	女童	14.43	9.88	5.71	8.50	9.19	8.49
	小计	17.48	12.47	7.22	10.73	14.23	11.06

注：东部地区：北京市、天津市、河北省、辽宁省、上海市、江苏省、浙江省、福建省、山东省、广东省、海南省；中部地区：山西省、吉林省、黑龙江省、安徽省、江西省、河南省、湖北省、湖南省；西部地区：内蒙古自治区、广西壮族自治区、重庆市、四川省、贵州省、云南省、西藏自治区、陕西省、甘肃省、青海省、宁夏回族自治区、新疆维吾尔自治区。

（四）2020年全国儿童伤害死因特征

2020年，全国儿童非故意伤害粗死亡率为9.69/10万，首位死因为溺水（3.38/10万），其次依次为道路交通伤害（2.70/10万）、跌倒/坠落（1.42/10万）、中毒（0.35/10万）和火灾（0.13/10万）等。全国儿童故意伤害粗死亡率为1.18/10万，主要为自杀及后遗症（0.97/10万）。不同年龄组人群的主要伤害死因有所差异。1岁以下年龄组的主要伤害死因归为其他类型（13.60/10万）；1~4岁和5~9岁年龄组的主要伤害死因均为溺水，粗死亡率分别为4.60/10万和2.66/10万，其次均为道路交通伤害，粗死亡率分别为3.25/10万和2.29/10万，第三位为跌倒/坠落，粗死亡率分别为1.94/10万和0.81/10万；10~14岁年龄组主要伤害死因为溺水，粗死亡率分别为3.54/10万，其次为道路交通伤害，粗死亡率为2.29/10万，第三位为自杀及其后遗症，粗死亡率为1.71/10万；15~17岁年龄组的主要伤

害死因为道路交通伤害（4.00/10万），其次为溺水（3.52/10万）和自杀及其后遗症（3.17/10万）（见表3）。

表3　2020年全国儿童各类伤害年龄别粗死亡率（1/10万）

伤害类型	年龄段（岁）					
	1岁以下	1~4岁	5~9岁	10~14岁	15~17岁	合计
非故意伤害	16.79	12.08	6.86	8.59	10.63	9.69
道路交通伤害	0.89	3.25	2.29	2.29	4.00	2.70
中毒	0.48	0.37	0.23	0.36	0.46	0.35
跌倒/坠落	1.10	1.94	0.81	1.55	1.61	1.42
火灾	0.07	0.14	0.11	0.17	0.11	0.13
溺水	0.65	4.60	2.66	3.54	3.52	3.38
其他	13.60	1.78	0.76	0.69	0.93	1.70
故意伤害	0.48	0.20	0.24	1.86	3.37	1.18
自杀及其后遗症	0.00	0.00	0.04	1.71	3.17	0.97
他杀及其后遗症	0.48	0.20	0.20	0.15	0.20	0.20
战争	0.00	0.00	0.00	0.00	0.00	0.00
其他	0.00	0.00	0.00	0.00	0.00	0.00

注：其他非故意伤害的原因包括：暴露于无生命机械性力量下、其他对呼吸的意外威胁、暴露于其他和未特指的人为环境因素下、接触热和烫的物质、操劳过度、旅行和贫困、暴露于未特指的因素下、药物过敏、手术和医疗作为外因的后遗症、外因的后遗症导致的疾病和死亡。其他故意伤害的原因为依法处置。

三　主要发现及建议

（一）主要发现

全国伤害监测系统数据显示，2020年全国门急诊儿童伤害发生情况的特点如下：（1）不同年龄段、城乡和东中西部的儿童伤害病例均以男童为主；不同性别、城乡和东中西的儿童伤害病例年龄多集中在1~9岁；城市地区儿童伤害病例数量多于农村地区；东部地区多于中西部地区；伤害意图以非故意为主；严重程度多为轻度；结局以处理后离院为主。（2）所有儿童伤害病例的发生时间多集中在每年五月、每周周四和每天 12 时。不同性别伤害发生时间趋势较为一致，其中男童伤害病例多集中在每年五月、每周周四和每天 12 时，女童则集中在每年五月、每周周日和每天 12 时。不同年龄组伤害发生时间有所差异，其中 1 岁以下年龄组多集中在每年六月、每周周日和每天 0 时；1~4 岁年龄组多集中在每年五月、每周休息日和每天 12 时；5~9 岁年龄组多集中在每年五至八月、每周周日和每天 12 时；10~14 岁年龄组多集中在每年六至十二月、每周周四和每天 12 时；15~17 岁年龄组多集中在每年六至十二月、每周周四和每天 12 时。（3）不同性别儿童伤害病例的发生原因一致，主要为跌倒/坠落，其次为动物伤、钝器伤、刀/锐器伤、道路交通伤害和烧烫伤。不同年龄组、城乡和东中西地区儿童伤害病例的前六位发生原因类型均一致，但顺位有所差异。随着年龄增加，高年龄组儿童发生跌倒/坠落的比例逐渐降低，道路交通伤害的比例则增加。（4）不同性别儿童伤害病例的发生地点一致，主要为家中，其次为学校与公共场所和公路/街道。城乡地区儿童伤害病例的主要发生地点一致，均为家中、学校与公共场所和公路/街道。东中西部地区儿童伤害病例的主要发生地点有所差异。随着年龄增加，高年龄组儿童发生在学校与公共场所和公路/街道的伤害比例增加。（5）不同性别儿童伤害病例发生时的活动一致，主要是休闲活动，其次为生命活动和步行。城乡和东中西部地区儿童伤害病例发生时的活动一致，均为休闲活动、生命活动和步行。不同年龄组发生伤害时从事的主要活动有所差异。随着年龄增加，高年龄组儿童在从事体育活动和驾乘交通工具时发生伤害的比例增加。（6）不同性别儿童伤害病例的性质以挫伤/擦伤和锐器伤/咬伤/开放伤两类为主，其次为扭伤/拉伤、骨折、烧烫伤、脑震荡/脑挫裂伤和内脏器官伤。不同年龄组、城乡和东中西部地区儿童伤害病例的伤害性质前三位均是挫伤/擦伤、锐器伤/咬伤/开放伤和扭伤/拉伤。各年龄组第四位伤害性质有所差异，1 岁以下和 1~4 岁年龄组是烧烫伤，5~9 岁、10~14 岁和 15~17 岁年龄组则是骨折。（7）不同性别儿童伤害病例的受伤部位主要为头部、上肢和下肢。不同年龄组、城乡和东中西部地区儿童伤害病例的主要受伤部位类型一致，但顺位有所差异。随着年

龄增加，儿童伤害病例的主要受伤部位从头部转变为四肢。（8）不同性别、年龄组、城乡、东中西地区儿童伤害病例的累及系统均以运动系统和中枢神经系统为主。

全国死因监测系统数据显示，2020年全国儿童伤害死亡的特点如下：（1）不同性别、年龄组、城乡和东中西部地区的男童伤害粗死亡率均高于女童。对于同一性别和年龄组人群，均是农村地区儿童伤害粗死亡率高于城市地区儿童。对于同一性别和年龄组人群，均是西部地区儿童伤害粗死亡率高于中部地区，中部地区儿童伤害粗死亡率高于东部地区。（2）全国儿童非故意伤害粗死亡率高于故意伤害，非故意伤害以溺水、道路交通伤害、跌倒、中毒和火灾为主，故意伤害以自杀及后遗症为主。（3）不同年龄组人群的主要伤害死因有所差异，1岁以下年龄组的主要伤害死因归为其他类型，1~4岁和5~9岁年龄组的主要死因为溺水、道路交通伤害和跌倒/坠落，10~14岁年龄组主要死因为溺水、道路交通伤害和自杀及其后遗症，15~17岁年龄组的主要死因为道路交通伤害、溺水和自杀及其后遗症。

（二）建议

1. 识别高危人群及因素，制定针对性干预策略

本报告数据分析结果显示，西部农村地区1~9岁男童是伤害发生的高危人群，1岁以下男童是伤害死亡的高危人群。不同性别、年龄、城乡和东中西部地区的儿童伤害发生时间、原因、活动以及死亡原因有所差异。相关地区应根据实际工作基础和资源条件，对高危人群及相关因素制定针对性的干预策略，尤其关注溺水、道路交通伤害、跌倒/坠落、动物伤、烧烫伤等类型。

2. 开展环境危险因素排查，建设儿童友好环境

本报告数据分析还显示，伤害发生地点以家中和学校与公共场所为主，提示应将家庭作为学龄前儿童伤害防控的主要场所，将家庭和幼儿园/学校作为学龄儿童伤害防控的主要场所，指导并督促监护人或相关责任人对儿童日常生活、学习场所中潜在的伤害危险因素进行定期排查和改善，同时应积极探索家庭、学校、社区三位一体的儿童伤害综合防控机制。

3. 开展伤害防控教育，提高伤害后急救自救能力

本报告数据分析还显示，伤害发生时活动以休闲活动、生命活动和步行为主，随着年龄增加，体育活动和驾乘交通工具时发生伤害的比例也逐渐增加，提示应开展基于儿童不同活动场景的伤害防控健康教育。伤害性质以挫伤/擦伤、锐器伤/咬伤/开放伤和扭伤/拉伤为主，受伤部位主要是头部、上肢和下肢，累及运动系统和中枢神经系统，提示应普及常见伤害性质及部位的紧急处理方法，例如创面的清理、止血和包扎等，以提高儿童及看护人的现场自救技能。

4. 建立多部门合作机制，共同开展儿童伤害预防

儿童伤害是内外多种因素共同作用的结果。多部门合作开展伤害预防是公认有效的伤害预防策略。应建立国家和区域多部门合作协调机制，积极响应《中国儿童发展纲要（2021—2030年）》中"儿童与安全"领域的主要目标，落实相关策略措施，将儿童健康相关组织和团体紧密联合起来共同推进儿童伤害防控工作，大力推广儿童友好环境建设，为减少儿童伤害造成的疾病和经济负担创建全社会支持性环境。同时，应在伤害诊治、残疾康复等方面增加医疗卫生资源投入，通过政府引导、社会支持和企业参与的模式，鼓励保险行业积极参与儿童伤害保险机制的构建和运作，为建立儿童健康服务长效保障机制奠定基础。

B.10
儿童用品质量安全分析报告

王 琰　袁北哲　郑杰昌　莫英俊　徐思红　丁 洁*

摘　要： 近年来，儿童用品质量安全日益受到国家和全社会的广泛关注。为保障我国儿童安全健康成长，减少缺陷儿童用品导致的伤害，我国不断加强儿童用品质量安全监管力度。缺陷产品召回作为产品安全监管制度之一，在维护消费者权益、保护儿童安全方面发挥了积极重要作用。本报告将从儿童用品的分类、质量安全监管现状、相关法律法规和标准、国内外召回情况、常见安全问题及重点案例、安全提示及宣传教育等方面做出深入的分析和阐述，同时指出儿童用品质量安全在法律监管、技术标准、企业和消费者观念意识等方面面临的问题，并针对性地提出了完善法律法规和标准、建立联合监管工作机制、加强召回管理推进安全质量提升、加强社会共治和宣传教育等对策和建议。

关键词： 儿童用品　质量安全　召回　缺陷　伤害

* 王琰，工学博士，中国标准化研究院产品安全研究所（国家市场监督管理总局缺陷产品管理中心，下同）所长，正高级工程师，主要研究方向为产品安全与召回、产品质量担保等；袁北哲，中国标准化研究院产品安全研究所消费品部工程师，研究方向为消费品安全与召回、缺陷调查；郑杰昌，中国标准化研究院产品安全研究所消费品部副主任，工程师，研究方向为消费品安全与召回、缺陷调查、风险评估；莫英俊，中国标准化研究院产品安全研究所消费品部工程师，研究方向为消费品安全与召回、缺陷调查；徐思红，中国标准化研究院产品安全研究所数据分析工程师，研究方向为缺陷信息、舆情信息、缺陷产品召回信息等综合数据分析；丁洁，中国标准化研究院产品安全研究所伤害监测部副主任，助理研究员，研究方向为产品伤害监测与风险评估。

一 儿童用品概述

广大儿童的健康成长，离不开安全的社会环境，儿童用品的质量安全也是其中一项重要因素。我国政府对儿童用品质量安全一向十分重视，持续将其作为我国消费品安全监管的重点之一。

（一）儿童用品定义

根据《玩具及儿童用品术语和定义》，儿童用品是指设计或预定专供14岁以下儿童使用、玩耍、穿戴等的所有产品及材料，包括但不限于学生用品、婴幼儿护理用品、儿童服装、儿童鞋、儿童家具、儿童安全护具、童车、玩具和儿童首饰等[①]。

（二）儿童用品分类

儿童用品种类繁多，分布范围广泛。依据产品类别、特征划分，可大致分为儿童玩具、儿童文具、儿童家具、儿童饰品、儿童纺织品、儿童服装、儿童鞋类、儿童用皮革、儿童用塑料制品、儿童用纸制品、儿童游艺设施及其他儿童用品等12项大类，90项小类[②]（见表1）。

表1 儿童用品分类

一级	二级（12类）	三级（90类）
儿童用品	儿童玩具	电玩具、塑胶玩具、金属玩具、木制玩具、弹射玩具、娃娃玩具、填充玩具、童车类、其他儿童玩具（9类）
	儿童文具	儿童美术用品、儿童书写笔、儿童记号笔、儿童文具盒、儿童橡皮擦、儿童修正制品、儿童胶水制品、儿童纺织类文具、儿童绘图类文具、儿童卷削类文具、儿童本册、儿童书包、其他儿童文具（13类）

① 《玩具及儿童用品术语和定义》20180880-T-607。
② 宋黎、姜肇财、费凡、孙宁：《我国消费品召回数据分析之儿童用品篇》，《标准科学》2019年第11期。

一级	二级（12类）	三级（90类）
儿童用品	儿童家具	儿童椅、儿童高椅、儿童柜、儿童床、童床、婴儿围栏、儿童书桌、儿童高桌台、婴儿换洗台、其他儿童家具（10类）
	儿童饰品	儿童发饰、儿童耳饰、儿童颈饰、儿童手饰、儿童足饰、儿童铃镯、儿童服装用饰品、宗教性的或其他勋章、奖牌及徽章，其他儿童饰品（9类）
	儿童纺织品	儿童床上用品、儿童用毛巾类、儿童背带、儿童用纺织类箱包、其他儿童纺织品（5类）
	儿童服装	婴幼儿服装、小童服装（2～4岁）、中童服装（5～8岁）、大童服装（9～12岁）、学生校服、其他儿童服装（6类）
	儿童鞋类	儿童皮鞋、儿童凉鞋、儿童运动鞋、儿童胶鞋、儿童布面鞋、其他儿童鞋类（6类）
	儿童用皮革	儿童用皮革箱包、皮革服装、毛皮服装、毛革服装、皮革毛皮手套、皮革毛皮帽子及围巾、其他儿童用皮革（7类）
	儿童用塑料制品	塑料奶瓶、塑料水杯及水壶、塑料儿童餐具、喂养辅助用品、安抚类用品、塑料儿童洗浴用具、塑料儿童马桶与坐便器、保温保鲜用具、防蚊驱蚊用品、儿童医护用品、儿童用塑料箱包、其他儿童用塑料制品（12类）
	儿童用纸制品	儿童纸尿裤、湿巾、纸巾纸、卫生纸、纸质读物、其他儿童用纸制品（6类）
	儿童游艺设施	家用有动力类儿童游艺设施、家用无动力类儿童游艺设施、其他家用儿童游艺设施（3类）
	其他儿童用品	儿童校园体育器材、儿童康体器材器械、儿童竞赛项目用品、儿童运动护具（4类）

（三）儿童用品安全标准

为促进儿童用品质量安全水平提升，为儿童提供基本的安全保障，我国针对儿童用品构建了比较完善的安全标准体系，对儿童的穿、用、住、行等各个方面均进行了规范，涵盖了童装、童鞋、童车、儿童家具、儿童玩具、儿童学生用品等多类产品①。我国现行儿童用品相关安全标准目录见表2。

---

① 《质检总局：40项儿童用品国家标准保障儿童安全》，《玩具世界》2013年第6期。

表2　儿童用品安全标准目录

分类	序号	标准号	标准名称
儿童玩具	1	GB 6675.1-2014	玩具安全　第1部分:基本规范
	2	GB 6675.2-2014	玩具安全　第2部分:机械与物理性能
	3	GB 6675.3-2014	玩具安全　第3部分:易燃性能
	4	GB 6675.4-2014	玩具安全　第4部分:特定元素的迁移
	5	GB 6675.11-2014	玩具安全　第11部分:家用秋千、滑梯及类似用途室内、室外活动玩具
	6	GB 6675.12-2014	玩具安全　第12部分:玩具滑板车
	7	GB 6675.13-2014	玩具安全　第13部分:除实验玩具外的化学套装玩具
	8	GB 6675.14-2014	玩具安全　第14部分:指画颜料技术要求及测试方法
	9	GB 26387-2011	玩具安全　化学及类似活动的实验玩具
	10	GB 19865-2005	电玩具的安全
	11	GB 14746-2006	儿童自行车安全要求
	12	GB 14747-2006	儿童三轮车安全要求
	13	GB 14748-2006	儿童推车安全要求
	14	GB 14749-2006	婴儿学步车安全要求
	15	QB/T 1557-1992	充气水上玩具安全技术要求
	16	GB/T 26710-2011	玩具安全　年龄警告图标
	17	GB/T 28022-2011	玩具适用年龄判定指南
	18	GB/T 32441-2015	电动童车通用技术条件
	19	GB/T 22788-2016	玩具及儿童用品材料中总铅含量的测定
	20	GB/T 37647-2019	玩具及儿童用品　特定元素的迁移试验通则
	21	GB/T 38423-2019	玩具中特定元素总含量的测定
	22	GB/T 40182-2021	玩具中塑化材料及可放入口中产品的判定指南
	23	GB/T 28022-2021	玩具适用年龄判定指南
	24	GB/T 34451-2017	玩具产品质量可追溯性管理要求及指南
	25	GB/T 30400-2013	玩具填充物安全和卫生要求
	26	GB/T 29777-2013	玩具镀层技术条件
	27	GB/T 28495-2012	竹木玩具通用技术条件
	28	GB/T 9832-2007	毛绒、布制玩具
	29	GB/T 5296.5-2006	消费品使用说明　第5部分:玩具
儿童文具	30	GB 21027-2020	学生用品的安全通用要求
	31	GB 8771-2007	铅笔涂层中可溶性元素最大限量
	32	GB/T 37651-2019	文具用品　安全标志
	33	GB/T 35600-2017	文具用品术语及分类

续表

分类	序号	标准号	标准名称
儿童文具	34	QB/T 1336-2020	蜡笔
	35	QB/T 2586-2014	油画棒
	36	QB/T 2655-2020	修正液
儿童服装	37	GB 31701-2015	婴幼儿及儿童纺织产品安全技术规范
	38	GB/T 39508-2020	针织婴幼儿及儿童服装
	39	GB/T 1335.3-2009	服装号型 儿童
	40	GB/T 22702-2019	儿童上衣拉带安全规格
	41	GB/T 22704-2019	提高机械安全性的儿童服装设计和生产实施规范
	42	GB/T 23155-2008	进出口儿童服装绳带安全要求及测试方法
	43	GB/T 31900-2015	机织儿童服装
	44	GB/T 33271-2016	机织婴幼儿服装
	45	GB/T 23328-2009	机织学生服
	46	GB/T 22854-2009	针织学生服
	47	GB/T 22705-2019	童装绳索和拉带安全要求
	48	GB/T 22702-2019	童装绳索和拉带测量方法
儿童饰品	49	GB 28480-2012	饰品 有害元素限量的规定
	50	GB/T 31912-2015	饰品 标识
	51	GB/T 36927-2018	儿童饰品判定指南
	52	QB/T 1689-2006	贵金属饰品术语
儿童用塑料制品	53	GB 28477-2012	儿童伞安全技术要求
	54	GB 28482-2012	婴幼儿安抚奶嘴安全要求
	55	GB 38995-2020	婴幼儿用奶瓶和奶嘴
	56	GB 30002-2013	儿童牙刷
	57	GB/T 32232-2015	儿童救生衣
儿童鞋类	58	GB 30585-2014	儿童鞋安全技术规范
	59	GB 25036-2010	布面童胶鞋
	60	QB/T 4331-2012	儿童旅游鞋
	61	QB/T 2880-2016	儿童皮鞋
	62	QB/T 4546-2013	儿童皮凉鞋
	63	GB/T 20096-2006	轮滑鞋
儿童家具	64	GB 28007-2011	儿童家具通用技术条件
	65	GB 22793.1-2008	家具 儿童高椅 第1部分:安全要求
	66	GB/T 22793.2-2008	家具 儿童高椅 第2部分:试验方法
	67	GB 29281-2012	游戏围栏及类似用途童床的安全要求

分类	序号	标准号	标准名称
儿童家具	68	GB 30004-2013	婴儿摇篮的安全要求
	69	QB/T 2453.1-1999	家用的童床和折叠小床 第1部分:安全要求
	70	QB/T 2453.2-1999	家用的童床和折叠小床 第2部分:试验方法
儿童游艺设施	71	GB 8408-2018	大型游乐设施安全规范
	72	GB/T 27689-2011	无动力类游乐设施 儿童滑梯
	73	GB/T 28711-2012	无动力类游乐设施 秋千
	74	GB/T 28622-2012	无动力类游乐设施 术语
其他儿童用品	75	GB 7000.4-2007	灯具 第2-10部分:特殊要求 儿童用可移式灯具
	76	GB/T 31179-2014	儿童安全与健康一般指南
	77	GB/T 25163-2010	防止儿童开启包装 可重新盖紧包装的要求与试验方法
	78	GB/T 31180-2014	儿童青少年伤害监测方法
	79	GB/T 20002.1-2008	标准中特定内容的起草 第1部分:儿童安全

资料来源:原国家质检总局儿童用品安全标准目录,已于该基础上更新。

二 儿童用品质量安全监管现状

(一)国内监管现状

我国是儿童用品的产销大国,近年来,儿童用品质量安全问题日益受到国家和全社会的广泛关注。面对层出不穷的儿童用品伤害问题,保护儿童人身健康和安全,刻不容缓。

我国政府对儿童用品的质量安全历来高度重视。国务院《中国儿童发展纲要(2011—2020年)》中提出,要保障儿童用品安全,健全儿童玩具、儿童用品等缺陷产品的召回制度。国务院《质量发展纲要(2011—2020年)》提出,要完善各种监管制度,加强对儿童用品等产品的质量安全监管。2021年9月,国务院印发《中国儿童发展纲要(2021—2030年)》,把"提升儿童用品质量安全水平"作为儿童安全的主要目标之一,提出"预防和减少产品引发的儿童伤害,强化产品质量安全监管"和"持续开展

儿童用品质量安全守护行动，加强对产品造成儿童伤害的信息监测、分析、监督检查和缺陷产品召回工作"，进一步突出了儿童用品质量安全监管及缺陷产品召回工作的重要地位。

历年来，我国不断推进儿童用品相关立法的制定出台。作为一项国际通行的产品安全监管制度，缺陷产品召回已被证明是加强后市场安全监管、保护消费者权益的重要手段之一。该制度的主要内涵是，生产者通过采取有效措施，改进和消除已销售产品中存在的缺陷，降低产品安全风险，保护消费者的人身和财产安全，同时促进产品质量提升。

2007年8月27日，国家质检总局依据《产品质量法》，结合社会实际需要并借鉴国外相关经验，起草发布了《儿童玩具召回管理规定》。这是我国在消费品召回方面的首部专门性立法，对在我国境内生产、销售的儿童玩具产品召回活动进行了规范，为儿童健康和安全提供了一定的制度保障①。

2016年1月1日，《缺陷消费品召回管理办法》的正式实施，标明我国缺陷产品召回制度开始在消费品领域全面建立。《办法》进一步扩大了召回管理的消费品种类，对儿童用品的召回范围也从儿童玩具，增加到儿童文具、儿童家具、儿童服装等十一大类，监管力度更加严格，召回流程也更为规范②。

2019年11月21日，国家市场监督管理总局公布《消费品召回管理暂行规定》（总局令第19号），自2020年1月1日起施行。该《规定》取消了召回的目录制监管，将全部消费品纳入调整范畴，这是我国在消费品召回监管制度基础上的再次创新和升级，切实维护广大消费者的安全健康和合法权益，是当今儿童用品安全监管工作的重要法律法规依据。

（二）国外监管现状

1. 欧盟

欧盟在儿童用品质量安全方面严格遵循《通用产品安全指令》

---

① 王琰等：《2016年缺陷消费品召回技术分析报告》，中国质检出版社，2018。
② 施京京：《守护儿童安全 远离产品伤害 我国2008年至今召回缺陷儿童用品241.11万件》，《中国质量技术监督》2018年第6期。

（GPSD2001/95/EC），该指令是欧盟产品质量安全监管的法律基础，也是制定技术法规和标准的重要指导文件。《指令》规定了产品的安全标准、产品制造商和经销商的责任义务、各成员国监管部门的职能和工作规范以及缺陷产品召回工作的程序要求等内容。

根据《指令》要求，一般通用产品应当依据《指令》提供的标准清单，符合安全标准的产品才能进入市场，其适用范围涵盖了除特别法规定之外的所有日常消费品，包括儿童用品、服装、家具、电器等。此外，欧盟还针对玩具、机械、电器等重点产品制定了相应的安全指令，如《欧盟玩具安全指令》（2009/48/EC），对儿童玩具的物理机械性能和化学元素等方面均做出了严格的安全要求。欧盟产品安全监管体系包括欧盟委员会和成员国两个层级，委员会和各成员国对产品质量安全均有重要的监管职责。

2. 美国

美国消费品安全委员会（CPSC）是由法律授权的独立联邦政府监管机构①，其职能包括日常消费品的质量安全监管、安全标准制定、缺陷产品召回等工作，旨在维护消费者人身安全，避免因消费品导致的机械、化学、触电及起火等各类危险和伤害。CPSC 监管的消费品超过 15000 种，主要包括玩具、儿童用品、家用产品、户外用品、运动娱乐产品和专业产品六大类，其中玩具、婴儿床、服装、家具等涉及儿童安全的产品，更被视为重点监管对象②。

CPSC 在产品质量安全方面有多部法律依据，包括《消费品安全法案》（CPSA）、《易燃纺织品法案》（FFA）、《联邦危险品法案》（FHSA）、《冰箱安全法案》（RSA）等，法律体系中不仅规定了缺陷产品召回的工作程序，对违反召回规定的惩罚措施也十分严厉，大大提高了缺陷产品召回的权威性和震慑力。

2008 年，美国在《消费品安全法案》（CPSA）的基础上进行了重大修订，发布实施《消费品安全改进法案》（CPSIA），进一步强化了 CPSC 的监

---

① 陈学章：《从一般消费品召回透视美国的产品召回制度》，《世界标准化与质量管理》2006年第 7 期。

② 陈学章：《从一般消费品召回透视美国的产品召回制度》，《世界标准化与质量管理》2006年第 7 期。

管职能。改进法案在儿童用品方面也有更为严格的安全规定，要求儿童玩具具有可追溯性，儿童用品要进入美国市场，必须先获得经 CPSC 资质认可的相关检测机构的安全认证，对美国儿童健康安全提供了有力保障。

3. 日本

日本以《消费者保护基本法》为法律依据，建立了消费者保护制度体系①。其中《消费生活用品安全法》专门对消费品制定了相关安全规范，防止造成消费者生命健康损害②。2009 年，日本设立消费者厅，其行政职能是保障维护消费者相关权益，同时成立了"消费者委员会"，作为对消费者安全的监督机构。

日本的法律中并未针对儿童用品制定相应规范。在《食品卫生法》（JFSL）中，对玩具等儿童用品进行了安全技术规范，对于电动、遥控玩具，还应符合《电器用品安全法》和《无线电法》的相关规定，并进行 PSE 安全认证③。

为进一步提高玩具的质量安全水平，日本玩具协会为 14 岁以下儿童玩具用品制定了安全标准④，即《玩具安全标准 ST 2002》，并对符合该标准的玩具加上 ST（安全玩具）标识⑤。该标准经多次修订，目前已更新至 ST 2016 年版。尽管是自愿性标准，但其在日本市场具有比较公认的影响力，大多数玩具产品均通过该认证标识来证明其安全性。

三 儿童用品质量安全和召回现状

（一）舆情分析

1. 舆情信息

国家市场监督管理总局缺陷产品管理中心（以下简称"中心"）以

---

① 周占东：《"消费和谐"理念下的消费者权益保护》，黑龙江大学硕士学位论文，2010。
② 杨虹：《消费者权益保护法律理念与制度构建研究》，黑龙江大学硕士学位论文，2008。
③ 成蹊：《欧美日儿童用品相关法规及标准》，《中国质量》2020 年第 8 期。
④ 原鸣整理《国外儿童用品如何安全把控》，《中国科学报》2015 年 10 月 30 日。
⑤ 刘建峰：《日本 ST MARKS 简介》，《上海标准化》2008 年第 2 期。

"玩具、童车、儿童床、童装、小零件、奶嘴、包装袋、窗帘绳"等关键字开展了伤害舆情监测，共监测到不同平台发布的相关舆情信息8268条。

其中，与玩具相关的信息最多，共有3403条，占总信息的41.16%；其次是儿童床，相关信息有1976条，占23.90%；与小零件相关的信息共有1208条，占14.61%（见图1）。

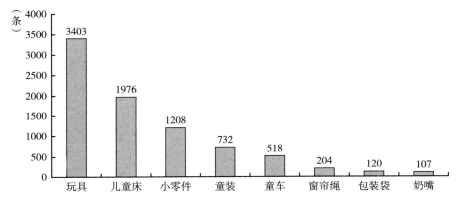

图1 舆情监测产品类别分布情况

资料来源：国家市场监督管理总局缺陷产品管理中心。

从伤害类别来看，窒息是本次舆情监测到最多的伤害形式，与窒息相关的舆情信息有3781条，与误吞相关的信息有1908条；此外，中毒和烧/烫伤分别有1132条和472条（见图2）。

从舆情监测信息来看，玩具、儿童床和小零件是导致儿童受到伤害的主要产品；造成的伤害中，窒息、误吞和中毒是儿童最容易受到的伤害类别。

2. 缺陷线索报告

截至2021年12月31日，中心共接到与儿童用品相关的缺陷线索报告226条。从整体趋势来看，报告数量逐年快速增加，在2021年报告数量达到71条（见图3）。

从涉及各类儿童用品的缺陷线索报告分布情况中可以看出，缺陷报告量最多的产品依次是童车52次（23.01%）、玩具38次（16.81%）和电子电

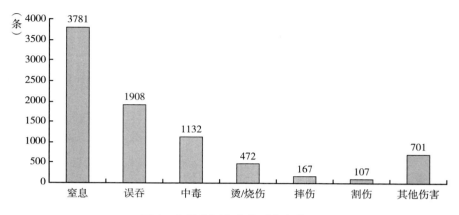

图2 舆情监测伤害类别分布情况

资料来源：国家市场监督管理总局缺陷产品管理中心。

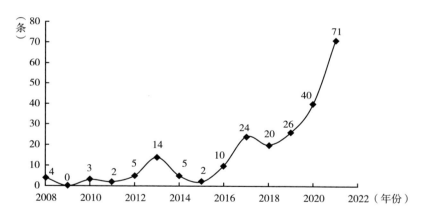

图3 2008~2021年儿童用品缺陷线索报告情况

资料来源：国家市场监督管理总局缺陷产品管理中心。

器36次（15.93%）（见图4）。

相关报告中，共有52起涉及伤害事件（见图5）。其中，最主要的是摔伤伤害，发生19起，占所有伤害事件的36.54%；其次是化学伤害15起，占28.85%，以及割伤伤害11起，占21.15%。

根据伤害涉及的产品种类划分（见图6），导致伤害最多的产品是童车，

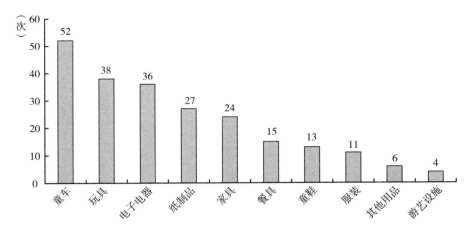

图 4 2021 年各类儿童用品缺陷线索报告分布情况

资料来源：国家市场监督管理总局缺陷产品管理中心。

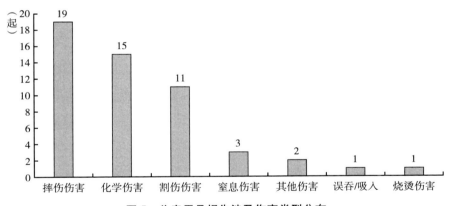

图 5 儿童用品报告涉及伤害类型分布

资料来源：国家市场监督管理总局缺陷产品管理中心。

发生 17 起，占所有伤害事件的 32.69%；其次是纸制品 13 起，占 25.00%；家具和玩具分别各占 6 起，占 11.54%。其中，童车导致的 17 起伤害事故中有 14 起（82.35%）是摔伤伤害，另外 2 起分别是割伤和窒息伤害。纸制品引发的伤害主要是过敏等化学伤害（12 起，92.31%），家具引发的伤害主要是摔伤伤害（4 起，66.67%）。

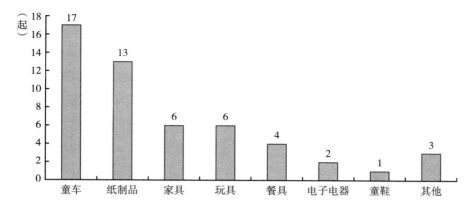

图6 缺陷线索报告涉及伤害儿童用品种类分布

资料来源：国家市场监督管理总局缺陷产品管理中心。

（二）伤害监测情况

中心在17个地市共56家医院开展的伤害监测数据显示，近五年（2017～2021年）共发生因儿童用品导致儿童伤害事件6695起。其中因玩具引起的伤害高达4722起，占70.53%；其次是童车1252起，占18.7%（见图7）。所有伤害中，共有21起重度伤害（0.31%）、505起中度伤害（7.54%）。

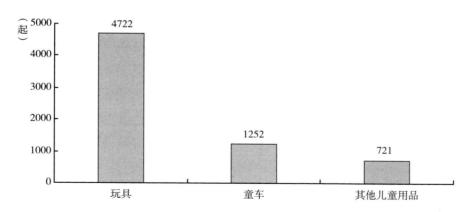

图7 儿童用品导致伤害分类情况

资料来源：国家市场监督管理总局缺陷产品管理中心。

从伤害类型看，钝器伤和跌倒/坠落是最主要伤害形式，主要涉及产品原因为结构不稳定，未做安全固定等（见图8）。

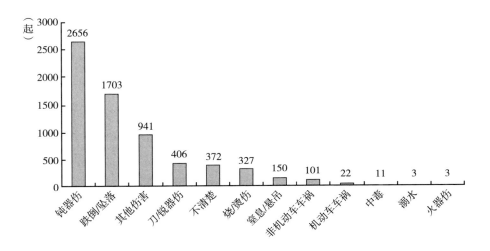

图 8　伤害类型情况

资料来源：国家市场监督管理总局缺陷产品管理中心。

（三）召回情况

1. 国内召回情况

截至 2021 年底，我国累计实施消费品召回 3424 次，涉及数量 8027.06 万件。其中儿童用品累计召回 1458 次，涉及 873.18 万件，分别占消费品召回总次数的 42.58%、总数量的 10.88%。2021 年全年，我国实施消费品召回 549 次，涉及 723.81 万件，其中儿童用品召回 146 次，涉及 202.89 万件，分别占消费品召回次数的 26.59%、数量的 28.03%。由此可见，儿童用品的召回占据消费品召回中相当重要的比例。我国历年来儿童用品召回次数和数量情况分别如图 9、图 10 所示。

图9　2008~2021年儿童用品召回次数情况

资料来源：国家市场监督管理总局缺陷产品管理中心。

图10　2008~2021年儿童用品召回数量情况

资料来源：国家市场监督管理总局缺陷产品管理中心。

从各类儿童用品召回次数和数量的分布情况（见图11~图12）中可以
看出，召回次数最多的依次是儿童玩具（760次）、儿童服装（278次）和
儿童家具（149次），召回数量最多的依次是儿童家具（270.52万件）、儿
童文具（250.02万件）和儿童玩具（217.22万件）。

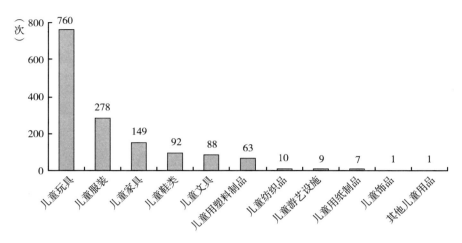

图 11　各类儿童用品召回次数分布情况

资料来源：国家市场监督管理总局缺陷产品管理中心。

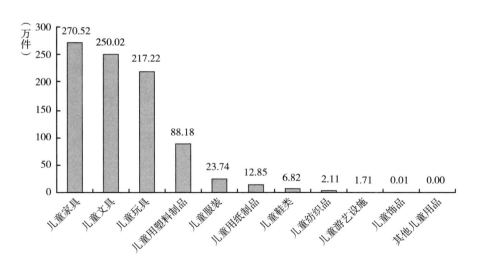

图 12　各类儿童用品召回数量（万件）分布情况

资料来源：国家市场监督管理总局缺陷产品管理中心。

2. 国外召回情况

国外同样十分重视保护儿童安全，将儿童用品的质量安全作为重点监管对象，召回存在缺陷问题的儿童用品也常有发生。据中心统计，近五年（2017~2021 年）来，美国儿童用品共计召回 240 次，涉及 4972.78 万件，主要包括儿童玩具类、儿童服装类、儿童家具类等产品；欧盟儿童用品共召回 4061 次，主要包括儿童玩具类、儿童服装类、儿童餐具类产品；日本儿童用品召回 30 次，涉及 85.34 万件；澳大利亚儿童用品召回 385 次。

（四）儿童用品主要安全隐患

儿童用品中存在诸多安全问题，会对儿童造成不可预见的伤害，威胁儿童的生命健康安全。玩具、童车、儿童家具、儿童服装、儿童文具、儿童鞋类以及儿童用塑料制品等儿童用品，均存在不同程度的安全隐患[①]。

1. 玩具安全隐患

儿童玩具种类繁杂多样，是存在安全隐患最多的儿童用品之一，造成的主要伤害包括机械和化学伤害。其中机械伤害包括摔伤、割伤、夹伤、刺伤、吞咽异物及窒息等。例如，一些尺寸较小的玩具，和易脱落的小零件，被儿童吞入可能会引起窒息危险；弹射类玩具由于动能较大，且弹射物较为尖锐，存在刺伤儿童的风险。而化学伤害方面，喷漆玩具含有的重金属等化学元素超标，不慎放入口中会导致儿童神经系统损伤；毛绒玩具内隐藏的病菌和挥发的甲醛等有害物质，也会引起皮肤过敏、哮喘等疾病，严重影响儿童健康。

2. 童车安全隐患

童车作为儿童乘坐的必备工具，也存在许多安全隐患。制动装置不合格、安全防护不满足要求、车体机械强度不达标等问题，会引起儿童跌落摔伤、夹伤、划伤等伤害。例如，车闸等制动装置不合格或缺少制动装置，在

---

① 《"守护儿童安全 远离产品伤害"——质检总局举办 2017 年儿童用品安全主题宣传周活动》，国家市场监督管理总局缺陷产品管理中心网站，https：//www. dpac. org. cn/ztbd/2017etzt/liuyi1/etwj. html

紧急情况时可能无法及时制动，以致儿童翻车受伤；车体机械强度不达标或动态耐久性不合格，导致在使用过程中车架、手把及连接件出现断裂、变形或解体，无法有效支撑儿童体重，造成儿童跌落摔伤的危险；童车上 5~12 毫米的孔或夹缝以及锐利边缘，也会导致儿童出现手指被夹伤、划伤的危险。

3. 儿童家具安全隐患

儿童家具的主要安全隐患是倾翻、夹伤、窒息等机械伤害，和有害元素含量超标引起的化学伤害。例如，当婴儿床护栏有效高度小于标准规定值600 毫米时，儿童在站立贴近护栏时可能会有跌出的安全隐患；床护栏的间隙不符合标准要求，存在夹伤儿童四肢甚至卡住头部窒息的安全风险；儿童柜如果未能有效固定，当儿童推拉或攀爬时由于柜体稳定性不足，可能发生倾倒并砸伤儿童的危险；家具中甲醛释放量、可迁移元素含量超标，也会对儿童呼吸系统和血液系统造成巨大伤害。

4. 儿童服装安全隐患

儿童服装存在的安全隐患有三类。一是物理性伤害，当服装的绳带过长，在儿童活动时易发生缠绕，可能导致儿童绊倒、摔伤、勒伤、窒息等；儿童服装上的纽扣、饰品等小配件，由于易被拉扯脱落，被吞咽后会造成窒息等危险。二是化学性伤害，当服装的染色牢度不合格，与皮肤接触后容易褪色，染料里存在的可分解芳香胺、挥发的甲醛和析出的重金属离子等有害物质，可能会导致儿童产生过敏、头晕、恶心、咳嗽等不良症状，甚至存在致癌风险。三是烧伤伤害，当面料阻燃性不达标，遇火后极易引燃，存在烧伤的风险。

5. 儿童文具安全隐患

儿童文具的主要安全隐患包括化学伤害和物理伤害。例如，儿童本册存在纸张亮度（白度）过高的问题，由于添加了大量的荧光增白剂，会对儿童眼睛产生刺激，导致视力疲劳；橡皮添加的工业香精中含有甲醛、苯等有害物质，被儿童啃咬入口后，会引起慢性中毒并诱发相关疾病；蜡笔、彩笔和涂改液中的有害化学物质，也会对儿童健康造成伤害；儿童用笔的笔帽未

设计通气孔，或孔尺寸及通气流量未达到标准要求，若不慎将笔帽吸入气管中会造成窒息；文具盒的毛边溢边、尺子的锐角、剪刀的外缘过于锐利，在儿童使用过程中容易发生划伤、割伤的危险。

6. 儿童鞋类安全隐患

儿童鞋类的主要安全隐患是化学伤害。鞋帮、鞋面、鞋底的镉、铅等重金属元素超标，以及邻苯二甲酸酯类增塑剂含量超标，长期穿着可能引起重金属中毒和内分泌系统失调，对儿童智力、神经发育造成严重影响。另外，各类儿童鞋上镶嵌的玻璃珠、亮片、水钻等装饰性小物件以及鞋孔铆钉等金属部件，如果固定不牢导致脱落，儿童误吞后也存在窒息的危险。

7. 儿童用塑料制品安全隐患

儿童用塑料制品的主要安全隐患包括儿童牙刷刷毛问题、安抚奶嘴小零件及绳链问题等。例如儿童牙刷刷毛磨毛不符合标准要求，柔软程度不够，对儿童娇嫩的口腔和牙龈容易造成损伤。安抚奶嘴由于抗扯性能较差，导致容易被儿童咬破，撕裂部分存在被误吞的风险；奶嘴绳链过长，导致窒息风险。同时，还存在化学物质挥发现象，对儿童的健康安全产生不利影响。

（五）安全提示

安全提示是指针对产品可能普遍存在的危险事件或危险情形，通过科学分析评估，以保护消费者为目的，由监管部门或召回技术机构按规定流程向公众发布，能够起到广泛警示作用的信息。

中心在收到消费者缺陷线索报告、产品伤害事故等信息后，组织专家对产品风险进行研判，并基于专家意见决定是否发布安全提示。安全提示从产品概况、常见危险、预防措施等角度，对消费者进行使用教育、风险提示。

针对产品安全和伤害问题进行安全提示，是保障消费者人身财产安全、培养和提高消费者安全意识、以最大范围消除产品伤害问题的重要举措。

中心针对儿童用品发布的安全消费提示见图 13。

图 13　缺陷产品管理中心发布的部分消费提示

资料来源：国家市场监督管理总局缺陷产品管理中心，https：//www.dpac.org.cn/aqjy/。

四　重点儿童用品召回案例

（一）抽屉柜安全问题

2016 年 5 月，一名加利福尼亚的两岁男孩在家中被一个未固定在墙上的抽屉柜压住后死亡。根据 CPSC 统计，该抽屉柜倾倒事故已造成 17 起 10 岁以下儿童伤亡。2016 年 6 月 28 日，生产者在北美地区召回该系列抽屉柜，但并未在中国召回同款抽屉柜。经质检总局约谈后，该企业于 2016 年 7 月 12 日发布公告，召回该系列抽屉柜产品 166.08 万件。召回原因为抽屉柜如果没有被恰当地固定到墙上，可能发生因倾倒而导致儿童死亡或受伤的危险①。

（二）儿童床护栏安全问题

2017 年 9 月，一名家长将其 7 个月大的女婴放在安装有儿童护栏的床

---

①　宋黎、费凡、徐思红等：《我国消费品召回历程及数据观察》，《标准科学》2017 年第
　　11 期。

上，离开约 1 小时后回房发现女婴头部卡在护栏与床垫的夹缝中间，窒息而亡。经调查发现，该护栏产品存在多处缺陷问题，除了护栏与床垫之间存在较大缝隙的安全隐患外，其相邻护栏间的孔和开口也可能夹伤儿童，以及相关标识和使用说明告知不清。该产品生产者于 2018 年 2 月 26 日发布召回公告，召回儿童床护栏 103887 件。随后，质检总局部署全国对普遍存在上述缺陷问题的同类产品开展了行业性缺陷调查，全国共 49 家企业受调查影响，召回相关缺陷产品 247.5 万件。

（三）儿童踏板车安全问题

2018 年 12 月，中心收到消费者关于某品牌踏板车的缺陷线索报告，称该踏板车在滑行过程中会致使儿童摔倒。经市场监管总局对该型号踏板车开展缺陷调查，发现特定情况下，当儿童在踏板车通过较高障碍物时，可能会有前倾摔倒的安全风险。2019 年 10 月 29 日，该产品生产者发布召回公告，召回此前生产的踏板车产品，涉及数量为 64.3 万件。这是国内第一例因前倾摔伤问题引发召回的儿童踏板车。

（四）"溜娃神器"安全问题

2019 年 1 月 14 日，经央视报道，针对近年来很受欢迎的网红产品"溜娃神器"进行检测，共 50 个批次的样品在车辆稳定性等三个项目中的检验合格率全部为零，对儿童的人身安全存在很大风险。市场监管总局针对此类信息开展调查研究发现，"溜娃神器"存在稳定性差、无驻车（刹车）装置、无安全防护装置、没有如实告知消费者安全使用方面的信息等安全问题。通过缺陷调查，促使全国共 7 家企业发布召回公告，涉及产品数量 25.7 万件。

（五）婴儿床安全问题

2019 年 4 月 12 日，CPSC 召回了一款婴儿摇床，涉及数量约 470 万件。

据CPSC官网介绍，该产品从2009年至2019年的十年间，已导致30余名婴儿窒息死亡，堪称"夺命婴儿床"。4月14日，中心通过舆情监测发现该产品在国内市场也有销售。经过技术交流，生产者采取了主动召回措施，涉及数量约1.4万件。召回原因为在该款婴儿摇床未使用安全带的情况下，婴儿翻身俯卧后，可能存在窒息的风险。截至目前，尚未监测到在中国境内发生相关伤害事故。

（六）儿童平衡车（滑步车）安全问题

据人民网报道，2020年3月21日，贵州一名5岁儿童在河边巷道里骑行儿童平衡车时由于失控坠入水中。据消费者反映，由于该平衡车缺少制动系统，遇到紧急情况时有较大安全风险。经市场监管总局调查研究发现，儿童平衡车（滑步车）主要存在车把松动、座杆过长、座杆固定螺丝松脱、儿童可触及部位有锐利边缘、安全警示标识缺失等安全隐患。通过缺陷调查，全国共8家企业发布召回公告，涉及产品31.5万件。

（七）儿童游戏围栏安全问题

2020年10月，中心收到消费者线索报告，反映孩子在使用游戏围栏时受伤。经调查研究发现，该款游戏围栏产品存在围栏安全高度不足、栏板上开口间隙不合理等危险问题。2021年5月12日，该产品生产者召回53.8万件儿童游戏围栏。召回原因为该款儿童游戏围栏存在因设计高度不足等问题，儿童在翻越围栏后，可能导致摔伤的安全隐患。

（八）儿童马桶安全问题

2021年3月，中心收到消费者线索报告，反映孩子在使用儿童坐便器时发生摔伤事件。经市场监管总局调查研究发现，由于坐便器下面的四个支撑脚设计不合理，儿童在使用过程中容易发生倾翻现象。2021年5月12日，该产品生产者召回3.9万件儿童坐便器，召回原因为该款儿童坐便器由于产品构造问题，可能存在儿童前倾摔倒的安全隐患。

五　儿童用品安全宣传教育

儿童用品质量安全问题需要多部门、多手段综合管理，在加强立法和产品安全监管的同时，更要发挥宣传教育的作用。

（一）面向校园儿童的宣传教育

为增强公众儿童用品安全防范意识，广泛宣传儿童用品安全消费知识，市场监管总局联合国务院妇儿工委、全国妇联儿童工作部、卫生计生委、教育部等国务院相关部门以及儿童用品相关行业企业和机构，连续 12 年在六一期间，组织开展"守护儿童安全，远离产品伤害"系列主题宣传教育活动。先后围绕童装、玩具、童车、学生用品、儿童安全座椅等儿童用品，开展安全教育主题活动，宣传儿童用品质量安全知识，避免受到伤害。这些活动在促进儿童安全意识增强、保障儿童健康成长方面取得了很好的社会反响。

（二）面向公众消费者的宣传教育

面向公众消费者开展宣传和教育工作，针对儿童文具、儿童服装、儿童滑板车、婴儿学步车、弹射类玩具、磁铁玩具等系列儿童用品，向公众发布相关安全消费提示，提醒消费者关于产品的常见缺陷和伤害模式，并告知消费者在选购、使用过程中应采取的预防措施，以免受缺陷产品伤害。通过儿童用品安全知识系列动画、专家科普视频、公众号短视频等多渠道新媒体方式，广泛开展内容丰富、形式多样、公众参与度高的宣传教育活动，帮助公众消费者及时了解儿童用品质量安全信息，提升消费者产品安全观念。

（三）面向行业、企业的宣传教育

生产企业作为产品质量安全第一责任人，有义务主动承担质量安全主体责任。企业需要不断增强法律意识，加强自查自律，严格执行儿童用品相关安全标准，从源头上管控产品质量安全。发现产品存在缺陷问题及时履行召回义务，预防和消除缺陷儿童用品可能导致的伤害。市场监管总局通过组织儿童用品相关行业、企业开展座谈会等宣传教育方式，加强企业产品安全主体责任意识，促进企业优化质量管理体系建设，推动行业、企业为儿童用品质量安全水平提升做出积极贡献。

通过多种宣传教育方式，不断增强和提高儿童及其监护人的安全意识和全社会对儿童用品质量安全的重视程度，从而进一步保障儿童健康安全。

六　儿童用品质量安全监管面临的主要问题

（一）法律层级不高，约束力度不够

在产品质量安全的法律法规体系建设方面，国外发达国家和地区普遍比较完善，而我国目前相对较为薄弱。在相关法律文件中，《产品质量法》对产品安全的规定较为笼统，《侵权责任法》对产品召回的规定较为抽象①，而《消费品召回管理暂行规定》为部门规章，尚未形成成熟的法律体系，法律层级不高，其权威性和约束性不够强②，处罚力度偏小，未超过三万元的罚款，对生产者的威慑力不足，消费者合法权益难以得到有效保障。

（二）监管体系不够完善，监管难度较大

行政监管在产品质量安全监管过程中起重要作用。市场准入和审批机制、事中事后监管机制、社会信用体系和激励惩戒机制等产品安全监管制度体系尚不完善，各级行政监管部门的权责划分不够明晰。尤其在产品召回监管方面，生产者主动召回较少，涉嫌隐瞒缺陷、不配合缺陷调查、召回不及

---

① 陈亭君：《浅析缺陷产品召回制度》，《法制与社会》2014年第11期。
② 李相祺、张豪：《中美欧缺陷产品召回制度对比分析》，《中国标准化》2021年第15期。

时等问题较为严重。另外，产品缺陷线索不足，缺陷报告数量较少，也给产品监管造成了困难。

（三）标准和技术层面亟待加强

儿童用品发展速度日新月异，新产品层出不穷，而相关产品质量标准则存在相对滞后的现象。我国强制性标准订立时间较晚，与国际先进水平尚存在一定差距。很多国外法律层面规定的内容在我国仅为标准层面。例如国外对产品追溯、警告标签等要求均在技术法规层面规定，而我国标准在相关层面要求不明确、不够完善。技术机构的支撑能力和建设力度不足，对产品共性安全问题研究不够深入，对促进儿童用品行业整体安全水平提升的力度不足。

（四）生产者和经营者责任主体意识不强

我国作为儿童用品制造大国，市场规模量大面广，生产企业参差不齐，其中绝大多数为中小型企业甚至"作坊"式企业，其生产技术落后，质量观念缺乏，且大量存在模仿、抄袭等现象。某些企业为了追求利润，往往使用成本低廉的劣质材料，或制造工艺无法达标，从而造成产品存在质量安全隐患。儿童用品生产企业是市场的主体，而电商平台作为产品销售量最多的渠道，也有责任有义务保障所售产品的质量安全。电商平台对网售产品的审核管理力度和防范措施不够，存在假冒伪劣、缺少认证标识、产品说明不准确等现象，也会导致存在安全问题的产品流入市场。

（五）监护人的产品质量安全观念不足

儿童在使用产品时缺乏足够的自我保护能力，作为儿童的监护人，家长有责任有义务保障儿童安全。一些家长对儿童用品质量安全观念不足，缺乏对儿童用品质量安全知识的了解，防范意识不强，监护不到位，例如忽略儿童用品上的安全警示标识或使用说明，甚至贪图便宜从非正规渠道购买不合格儿童用品，均会对儿童造成安全隐患。

七 儿童用品质量安全监管的工作建议

为保障儿童用品安全，提升儿童用品质量安全整体水平，需加强质量安全监管尤其是召回监管力度，预防产品引发的儿童伤害，以更好地保护儿童的健康和安全。对于加强儿童用品质量安全监管，我们提出如下工作建议。

（一）进一步完善儿童用品质量安全相关法律、法规和安全标准

高度重视儿童用品安全问题对我国儿童人身安全及社会公共安全造成的危害，加大对于儿童等弱势群体的保护力度，完善儿童用品质量安全相关法律、法规，加大对违法行为的处罚力度，建立强制事故报告制度和儿童用品追溯体系要求，加强事中事后监管要求，提升消费品召回法规层级，推动我国儿童用品安全监管方式同国际接轨，提高监管效能。不断完善儿童用品安全标准体系，积极参与儿童用品相关国际标准制定，促使我国在儿童用品领域成为国际标准引领者。

（二）建立儿童用品安全监管联合工作机制

联合教育、卫生等多部门收集儿童用品事故及伤害信息，及时发现儿童用品质量安全问题，及时采取监管措施，有效保护儿童安全。加强市场监管内部工作协调，充分运用标准、认证认可、监督抽查、风险监测、召回、执法等手段，倒逼生产企业主动提升产品质量，促使我国儿童用品行业进入高质量发展通道，营造安全、放心的市场氛围。针对重点儿童用品，以安全问题为纵贯线，建立全链条监管工作机制，会同相关部门就消费品安全监管工作研究建立信息采集与共享、事故深度调查、风险评估与预警、协作调查等工作模式，加强儿童用品质量安全监管。

（三）加强召回管理，推进儿童用品安全质量提升

加强舆情信息监测、强化缺陷线索采集、加大缺陷调查力度，督促儿童

用品生产企业履行产品安全主体责任。完善企业的产品质量安全管理体系，产品设计时充分考虑质量安全因素，确保投放到市场上的儿童用品是安全的，一旦发现存在缺陷问题，主动采取召回措施，以减少儿童伤亡事故的发生。推进"实施一个召回，提升一个产业"工作模式，深入调查研究相关儿童用品从设计、生产到使用全链条中存在的缺陷及安全隐患，针对伤害后果较为严重的儿童用品，逐一排查梳理，通过"行业安全调查+质量提升"工作方法，全国联动打赢儿童用品质量安全问题歼灭战，通过组织召开质量提升会议、专家技术指导等方式帮扶企业查找并解决产品安全问题，切实促进儿童用品安全质量提升。

（四）建立召回促进标准提升的闭环工作机制

通过伤害事故和缺陷调查发现标准缺失或标准漏洞问题，搭建消费品缺陷调查机构与相关标准技术委员会合作的桥梁，打通消费品召回技术机构和缺陷调查人员参与标准制修订渠道，针对重点儿童用品，建立缺陷分析认定引发标准快速制修订机制，规范儿童用品行业发展，支撑儿童用品安全监管。加大儿童用品召回技术机构建设力度，通过召回等后市场监管手段，不断完善我国儿童用品安全标准，借鉴国际先进经验，建立召回促进标准提升的闭环工作机制。

（五）加强社会共治，持续加强宣传教育

继续加强儿童用品宣传教育工作，创新宣传方式，强化传播力度。通过内容丰富、形式多样、公众参与度高的宣传教育活动方式，打造服务消费者、信息透明公开的召回宣传阵地。加强消费者产品安全知识普及，告知儿童及其监护人相关消费品存在的安全隐患以及防范措施，避免产品伤害，增强消费者产品安全意识。同时，培养消费者维护自身合法权益和公共利益的意识，及时向相关部门提交儿童用品安全问题和缺陷线索报告。

（中心消费品缺陷线索报告网址：https://www.dpac.org.cn/qxts/xxcjyd/）

B.11
我国托育服务体系建设：
现状、问题与建议
——来自托育机构典型调查的发现

佘宇　史毅　白钰*

摘　要： 为深入了解近年来我国托育机构发展现状、面临的问题挑战和希望得到的政策支持，有力推动托育服务体系建设，推进国家相关政策落实，课题组在全国范围内开展了线上问卷调查。结果显示，托育服务发展面临的困难与问题主要包括：多元化的婴幼儿照护服务模式尚未形成，强力有效的政策和部门协同机制有待建立，政策法规和管理流程有待进一步完善，托育机构建设与服务发展能力有待提升。有鉴于此，建议推动地方政府合理设置托育服务发展目标和资源规划策略，在盘活存量的基础上扩大增量，构建适合城乡和区域特点的服务模式；完善家庭政策和科学育儿指导服务，增强家庭照护能力；加快社区托育服务能力建设，通过整体规划优化社区托育点位布局；推动各项政策协同落实，实现托育服务规范、有序、普惠、高质量发展。

关键词： 托育机构　婴幼儿照护　普惠服务　服务模式

---

* 佘宇，国务院发展研究中心社会和文化发展研究部一级调研员、研究员，主要研究方向为教育、儿童发展、社会福利；史毅，中国人口与发展研究中心副研究员，主要研究方向为人口社会学、人口健康；白钰，中央民族大学经济学院副教授、中国兴边富民战略研究院副院长，主要研究方向为农村人力资本和公共物品供给。感谢中央民族大学经济学院硕士研究生王丹、梁怡萱、程怡、叶乃萍、王玥力、乔丽盼的研究助理工作。

伴随经济社会发展形势变化、生育政策调整实施，广大家庭在婴幼儿照料方面的需求日益凸显。调查显示①，我国3岁以下婴幼儿托育服务需求为27.5%，城镇地区和农村地区分别为31.7%和22.0%；分婴幼儿年龄段看，92.9%的需求来自2~3岁婴幼儿家庭。然而，我国3岁以下婴幼儿的入托率仅为5.5%，城镇地区和农村地区分别为6.7%和3.8%，直辖市和副省级城市为6.9%。

解决好家庭婴幼儿照料难题，完善相关配套政策措施，有利于促进儿童健康成长、促进女性就业、支持家庭发展、推动实现适度生育水平，促进人口长期均衡发展和经济社会可持续发展。《中华人民共和国国民经济和社会发展第十四个五年规划和2035年远景目标纲要》明确提出要"发展普惠托育服务体系，健全支持婴幼儿照护服务和早期发展的政策体系"，并将"每千人口拥有4.5个3岁以下婴幼儿托位数"纳入"十四五"时期经济社会发展主要指标。但是，当前我国托育服务需求较高和婴幼儿入托率较低之间矛盾凸显，托位数量增长较快和托位使用率较低之间的矛盾也较为突出，服务价格高也是影响家庭接受托育服务的重要因素，反映出当前我国普惠托育服务有效供给不足的特点。

为深入了解近年来托育机构发展现状、面临的问题挑战和希望得到的政策支持，有力推动托育服务体系建设，推进《国务院办公厅关于促进3岁以下婴幼儿照护服务发展的指导意见》（国办发〔2019〕15号）（以下简称《指导意见》）及配套政策的落实，课题组在全国范围内开展针对托育机构的线上问卷调查，重点为研究托育服务健康发展问题提供基础数据（若无专门说明，文中图、表等数据均来自此次线上问卷调查）。

一 基本情况

（一）调查方法

为系统分析各地托育服务的供给状况和主要特点，进而为促进托育服

---

① 数据来自2019年全国人口与家庭发展监测抽样调查。

务发展提供实证依据和决策参考，课题组采用网络问卷调查方式进行数据资料收集。课题组于 2022 年 1 月下旬至 2 月初以电子问卷调查的形式依托各地托育行业协会、托育头部企业等在全国范围内开展托育服务供需状况调查。

（二）调查内容

本次调查主要侧重两个方面。一是各地区托育机构的发展现状及面临的主要问题，包括幼儿园托班、社会办托育机构、企事业单位办托育点、社区托育中心、家庭托育点、开展托育服务的早教机构等。二是各地区托育机构的政策需求。通过抽取不同类型的托育服务机构，重点了解其基本情况、服务内容、服务形式、服务标准、服务队伍、运行模式和服务质量。

（三）调查样本

截至调查结束，共回收托育服务机构调查有效样本 277 份，覆盖全国 23 个省（区、市）①。分城乡看，城市地区机构占比 86.28%，农村地区机构占比 13.72%；分机构类型看，纯托育机构占 74.01%，幼儿园托班占 17.33%，家庭托育点占 2.53%，企事业单位办托育点占 1.81%，其他类型托育机构约占 4.33%；分举办方式看，民办机构占 78.34%，公办机构占 14.80%，公建民营机构占 4.33%，民办公助机构占 1.81%，单位承办机构占 0.72%；分机构性质看，营利性机构占 65.34%，非营利性机构占 20.94%，事业单位性质机构占 13%，其他类型机构不足 1%；分备案情况看，已在国家备案登记的机构占 61.01%，未完成备案登记的机构占 38.99%②。

---

① 未包括山西、吉林、黑龙江、云南、西藏、青海、宁夏、新疆及香港、澳门、台湾。
② 本次调查为典型性调查，调查方法采用非随机抽样，调查结果主要用于了解各类托育机构的典型性特征，不作总体推论性统计。

二 托育服务供给特点分析

（一）供给水平与服务价格

1. 托育服务供给水平不断提升，供给区域平衡性和供给机构多元化有待提升

2017 年，党的十九大报告明确提出"幼有所育"要不断取得新进展。近年来，我国托育服务事业蓬勃发展，供给水平不断提升。从各年份托育机构成立数量看，如图 1 所示，近年来总体呈现不断上升的趋势，2017 年以前成立的托育机构占 21.45%，2017 年及以后成立的托育机构占 78.55%，其中 2017 年至 2021 年占比分别约为 8.73%、12.00%、18.91%、17.09%、21.82%。

2019 年 4 月，国务院办公厅印发的《指导意见》进一步传递出托育行业发展的积极信号。调查显示，近三年成立的托育机构数量占比较高，为 57.82%。

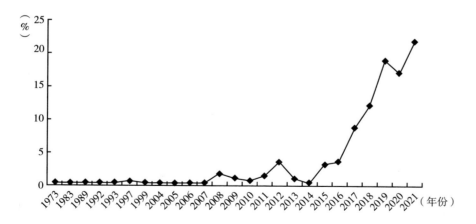

图 1　各年份托育机构成立数量占比

托育服务供给区域主要分布在城市。如图 2 所示，86.28% 为城市，13.72% 为农村。虽然党的十九大以来我国在满足 0~3 岁婴幼儿"幼有所育"服务方面采取了一些措施，也取得了一些成效，但考虑到 62.5% 的新生儿出生在镇和乡村①，农村 3 岁以下婴幼儿照护服务仍相对缺乏。

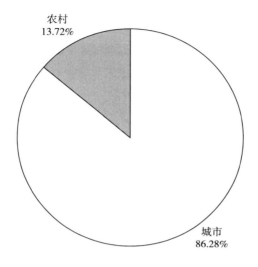

图 2　托育机构所在地区

从托育服务供给机构类型看，如图 3 所示，主要是纯托育机构和幼儿园托班，占比分别为 74.01%、17.33%，多元化多渠道托育服务机构体系建设有待进一步探索。

2. 不同举办方式的托育机构的服务项目价格存在差异

托育服务价格的高低是婴幼儿家庭选择机构的重要指标之一。托育服务收费项目包含全日托、计时托、餐费、保教费（仅针对提供保教服务的幼儿园）等。调查显示，受访托育机构共 277 家。其中，全日托的机构共有256 家，平均价格为 2155.66 元/月；计时托的机构共有 69 家，平均价格为72.84 元/小时；餐费平均价格为 275.77 元/月，幼儿园保教费平均价格为1159.98 元/月（见表 1）。

---

① 来源于第七次全国人口普查数据。2019 年 11 月 11 日至 2020 年 10 月 31 日，我国出生 1200万人，其中城市 450 万，镇 280 万，乡村 470 万。

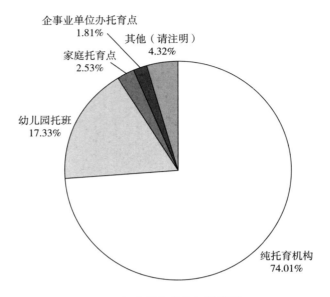

图3　托育服务供给机构类型

表1　托育服务价格

托育服务收费项目	平均价格	含该项目机构数目（家）
全日托(元/月)	2155.66	256
计时托(元/小时)	72.84	69
餐费(元/月)	275.77	277
幼儿园保教费(元/月)	1159.98	46

　　举办方式不同的托育机构的托育服务价格存在差异。调查显示，民办托育机构的全日托、计时托、保教费的价格分别比公办托育机构高64%、8%和201%。具体来说，公办机构含有全日托共30家，平均价格为1360.33元/月，民办机构含有全日托共207家，平均价格为2229.12元/月。此外，公建民营共12家，平均价格为2537.5元/月；民办公助共5家，平均价格为2536元/月；单位承办共2家，平均价格为3240元/月。公办机构含有计时托共3家，平均价格为69.5元/小时。民办机构含有计时托共60家，平均价格为74.96元/小时。此外，公建民营共4家，平均价格为51.25元/小

时，民办公助共 2 家，平均价格为 57.5 元/小时。公办机构共 41 家，餐费平均价格为 391.53 元/月；民办机构共 217 家，餐费平均价格为 261.01 元/月。公办幼儿园共 23 家机构，保教费平均价格为 578.47 元/月；民办幼儿园共 23 家，保教费平均价格为 1741.47 元/月。除餐费外，民办托育机构服务价格均高于公办托育机构（见表 2）。

表 2　不同举办方式托育机构的托育服务价格

托育服务收费项目	公办	民办
全日托(元/月)	1360.33	2229.12
计时托(元/小时)	69.50	74.96
餐费(元/月)	391.53	261.01
幼儿园保教费(元/月)	578.47	1741.47

（二）服务类型与举办方式

1. 公办托育服务供给较弱，民办机构占比超七成

调查显示，托育机构举办方式中，公办机构仅占 14.80%，民办机构占比达 78.34%。从中央文件精神看，在鼓励公办力量发挥作用的同时，也要引导社会力量参与托育服务设施建设和运营，支持企事业单位等社会力量举办托育服务机构，但公建民营、民办公助以及单位承办的供给方式占比较小，合计不足 7%，未来发展空间较大（见图 4）。

通过不同方式举办的托育机构开展普惠托育服务存在较大差异。交叉分析发现，公办机构 75.61% 为普惠性机构，而民办机构中普惠性质机构仅占 32.26%（见图 5）。这表明，为了扩大普惠性托育服务供给，在国家发展改革委、民政部、国家卫生健康委联合印发的《"十四五"积极应对人口老龄化工程和托育建设实施方案》提出的普惠托育服务专项行动中"支持公办机构发展普惠托育服务"的工作取得一定成效，而"支持社会力量发展社区托育服务设施和综合托育服务机构"的工作还需进一步加强。

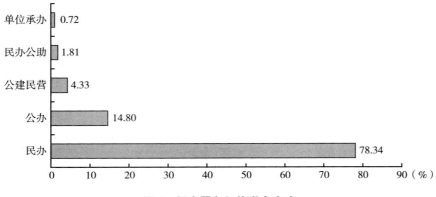

图4　托育服务机构举办方式

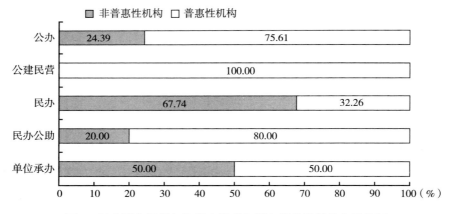

图5　托育服务提供机构举办模式与服务提供性质的交叉分析

2. 营利性机构占比65.34%，非营利性机构占比较低

托育机构的性质方面，调查显示，营利性服务机构占比65.34%，非营利性机构占比20.94%，事业单位占13.00%。这表明，超六成托育服务提供机构以营利为目的，相较而言，非营利性托育机构占比较低（见图6）。

托育机构的性质也受到其举办方式影响。调查显示，公办托育机构中营利性机构仅占2.44%，而民办托育机构中营利性机构占79.26%（见图7）。

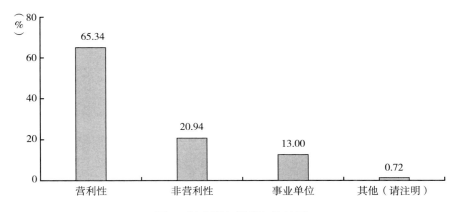

图6 托育服务提供机构性质

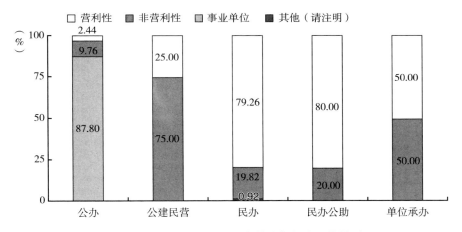

图7 托育服务提供机构举办模式与托育机构性质

（三）服务范围与区位分布

1. 托育机构空间分布较为合理，社区或工作场所举办托育机构比例相对较高

托育机构设置应当综合考虑城乡区域发展特点，根据经济社会发展水平、工作基础和群众需求，科学规划，合理布局。调查显示，托育机构所在

的场所 27.80% 为沿街商铺，15.52% 为企事业单位场地，15.16% 为居民住宅，14.44% 为住宅底商，12.27% 为商业综合体（见图 8）。综合看，托育机构选择居民社区或工作场所作为举办场所的比例相对较高，空间选择需要兼顾家庭和工作的 0~3 岁婴幼儿看护人的需求，并为其提供空间和时间上的便利。

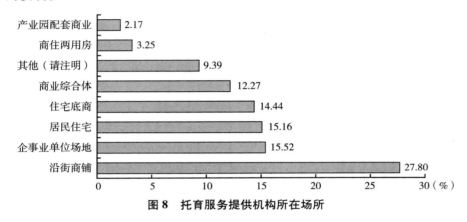

图 8 托育服务提供机构所在场所

2. 托育机构区位选择相对优化，服务半径集中在1.5公里以内

托育机构服务覆盖的送托家庭范围越集中，越有助于提升送托家庭获取服务的便利性和可及性。调查显示，送托家庭居住地与机构的距离在 0.5 公里以内的占 35.24%，0.5~1.5 公里的占 29.16%，1.6~3 公里的占 20.59%，3 公里以上的占 15.01%。这表明，托育机构区位选择相对合理，服务半径大部分集中在 1.5 公里以内（见图 9）。

（四）服务人员与设施配置

1. 托育机构人员配置相对齐全，师幼比高于国家设置标准要求

国家卫生健康委印发的《托育机构设置标准（试行）》提出，托育机构应当根据场地条件，合理确定收托婴幼儿规模，并配置综合管理、保育照护、卫生保健、安全保卫等工作人员。调查显示，含有管理人员机构占 96.5%，含有保育人员机构占 97.1%，含有保健人员机构占 91.2%，含有安

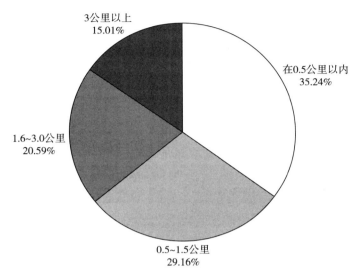

图9　送托家庭居住地距托育机构距离范围

保人员机构占 72.4%，含有餐饮人员机构占 91.4%；含有其他工作人员机构占 39.9%。这表明，托育机构人员配置相对齐全（见表3）。

表3　托育机构工作人员

项目	管理人员	保育人员	保健人员	安保人员	餐饮人员	其他工作人员
含有0位的机构数目（家）	6	5	14	40	14	22
占比（%）	3.5	2.9	8.8	27.6	8.6	61.1
含有1位及以上的机构数目（家）	166	167	145	105	149	15
占比（%）	96.5	97.1	91.2	72.4	91.4	39.9

托育机构一般设置乳儿班（6~12个月，10人以下）、托小班（13~24个月，15人以下）、托大班（25~36个月，20人以下）三种班型。18个月以上的婴幼儿可混合编班，每个班不超过18人。《托育机构设置标准（试行）》提出，托育机构应合理配备保育人员，与婴幼儿的比例应当不低于以下标准：乳儿班1：3（0.33），托小班1：5（0.20），托大班1：7（0.14）。调查数据如表4所示，2019年、2020年、2021年这三年，托育机

263

构的师幼比均高于国家设置各类班级的标准要求。以 2021 年为例：托育机构乳儿班保育人员与婴幼儿的比例为 0.61，高于国家规定的师幼比 0.33。同样，托小班的师幼比为 0.29，高于国家规定的师幼比 0.20；托大班的师幼比为 0.22，高于国家规定的师幼比 0.14。

表 4　托育机构保育人员与婴幼儿的比例

班型	师幼比国家标准	2019 年		2020 年		2021 年	
		实际在托人数(人/班)	师幼比	实际在托人数(人/班)	师幼比	实际在托人数(人/班)	师幼比
6~12 个月（乳儿班）	0.33	0.31	0.94	0.38	0.95	0.59	0.61
13~24 个月（托小班）	0.20	3.57	0.40	4.57	0.40	6.17	0.29
25~36 个月（托大班）	0.14	10.35	0.26	12.53	0.28	16.04	0.22

注：实际在托人数指某类班型的在托婴幼儿数量与该类班型班级数量的比，单位为"人/班"。

2. 多数托育机构内部功能空间完整性较强，超三成机构缺少独立户外场地

为保障 0~3 岁婴幼儿的安全、健康、快乐成长，托育机构需要建设适用、安全、卫生、经济、美观的生活空间环境。调查显示，大部分托育机构配备有用餐区、睡眠区、盥洗室、活动室、储物区、保健室、办公室、厨房、配餐间、库房、消毒间、哺乳/喂奶室、配乳室，内部功能空间完整性较强，为不同年龄段的婴幼儿提供丰富多彩的服务功能空间（见图 10）。

超三成的托育机构缺少独立户外场地，自有独立室外活动场地建设还需进一步加强。为了让婴幼儿开展有益身心健康的户外活动，提高其运动能力，增强身体灵活性和动作协调性，托育机构应当设有室外活动场地，配备适宜的游戏设施，且有相应的安全防护设施，在保障安全的前提下，可利用附近的公共场地和设施。调查显示，62.82% 的托育机构拥有独立的户外场地，28.16% 的是利用附近的公共场地，9.02% 没有户外活动场地（见图 11）。

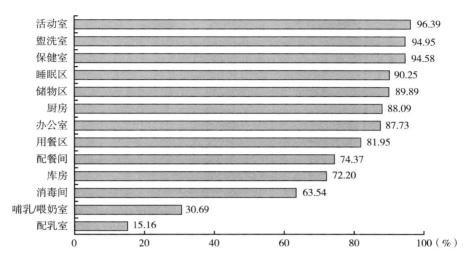

图10　托育机构配备场所情况

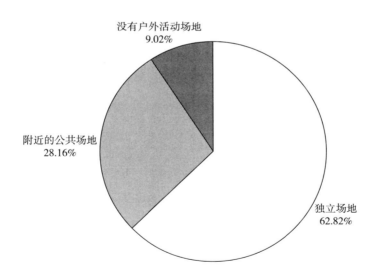

图11　托育机构户外场地情况

不同举办方式的托育机构的户外场地情况具有差异，绝大部分公办机构拥有独立的户外场地，不足六成民办机构拥有独立户外场地。调查发

现，提供托育服务的公办机构中97.56%拥有独立的户外场地，2.44%利用附近的公共场地；而民办机构中57.14%拥有独立的户外场地，34.56%利用附近的公共场地，8.30%没有户外活动场地。为了让婴幼儿顺利开展户外活动，超三成的民办机构会利用举办场所附近的公共场地和设施（见图12）。

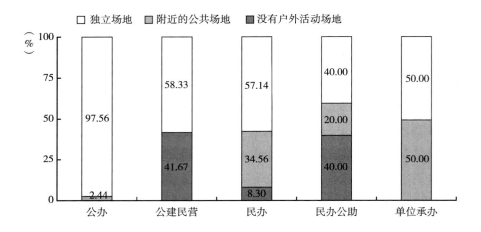

图12　托育机构举办方式与户外场地情况

3. 保育员资格认证尚未普及，托育保教人员多数持幼儿教师资格证

托育机构保育人员负责婴幼儿日常生活照料，安排游戏活动，对促进婴幼儿身心健康、养成良好行为习惯具有重要作用。因此，保育人员具有婴幼儿照护经验或相关专业背景，受过婴幼儿保育相关培训和心理健康知识培训，并拥有符合国家和地方相关规定要求的资格条件就显得尤为重要。调查显示，托育机构保教人员拥有育婴员/师、保育员/师证人数占比仅为10.67%，保育员资格认证尚未普及；而拥有幼儿教师资格证人数占比为12.67%，相较而言，托育保教人员更多的是持有幼儿教师资格证（见表5）。

表5　托育机构保教人员基本情况

项目	平均人数	男性人数	拥有育婴员/师/保育员/师证人数	拥有幼儿教师资格证人数	大专及以上学历人数	35 岁及以下人数
保教人员（全职，含教师）（人）	54.17	1.61	5.78	6.85	7.14	6.82
在总人数中占比（%）	100	2.97	10.67	12.67	13.18	12.59

4. 机构人员流动性大，难以有效支持良性的师资培训和队伍稳定需求

稳定而有凝聚力的人员队伍有助于托育机构通过集中培训、在线学习等方式，不断提高人员的专业能力、法治意识、职业道德和心理健康水平，进而提升托育机构服务水平。调查显示，近一年来员工流动（离职）情况为：离职率 10% 以下的机构占比 34.66%，离职率 10%～30% 的机构占比 38.27%，离职率 31%～50% 的机构占比 16.25%，离职率 50% 以上的机构占比 10.82%（见图13）。综合来看，超六成的托育机构的员工离职率在 10% 以上，托育机构人员流动性较大，不利于保持队伍稳定性和凝聚力，对师资培训和托育服务质量产生不利影响。

人员流动性大可能与托育机构人员薪酬普遍偏低、工资待遇与养老保险的稳定性低相关。调查显示，保教人员平均月工资（税前月收入，含五险一金）为 3818 元，最少为 1800 元，最高为 6700 元。营利性托育机构该指标数额上略高于非营利性托育机构，但无统计显著差异（见表6）。这一工资水平低于中小学教师平均月收入（4325 元）[1]、在编幼儿园教师平均月收入（6495 元）[2] 和 2019 年幼儿教师平均福利[3]（4334 元）[4]。

---

[1] 李广、柳海民等：《中国教师发展报告 2019：中小学教师队伍建设的成就、挑战与举措》，科学出版社，2020。

[2] 《刘焱委员：呼吁尽快解决公办幼儿园教师缺编问题》，《人民教育》2022 年 3 月 9 日，https://mp.weixin.qq.com/s/6OHWZcY-03fqf-EwhNCE6A。

[3] 教师包含了所有幼儿园教职工以及各类临聘人员，福利包含了薪资及缴纳的社会保险总额。

[4] 卢娅柠、闵慧祖、王海英：《拉大还是缩小：城乡幼儿教师工资待遇现状分析——基于全国 32173 份问卷的调查》，《早期教育：教科研版》2021 年第 4 期。

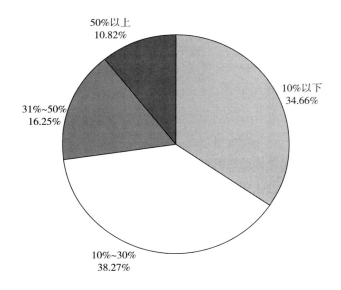

图 13　托育机构近一年来员工流动（离职）情况

表 6　托育机构保教人员平均月工资

单位：元

托育机构	均值	最小值	最大值	方差
全样本	3818	1800	6700	1094
营利性机构	3830	1800	6600	1067
非营利性机构	3780	2000	6700	1185

注：税前月收入，含五险一金。

　　托育机构的举办方式对其人员流动性也有影响。调查显示，公办托育机构的员工离职率在 10% 以下的占 68.29%，离职率在 50% 以上的占比仅有 4.88%；但民办托育机构的员工离职率在 10% 以下的占比仅有 29.03%，离职率在 50.00% 以上的占 12.91%。这表明，公办托育机构的工作稳定性相对更强，更加容易保持队伍凝聚力（见图 14）。

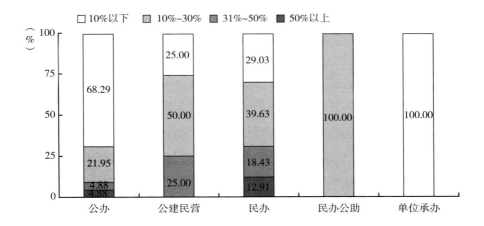

图 14　托育机构性质与近一年员工流动（离职）情况

（五）社会投入状况与预期

1. 托育行业具有前期投入大、回报周期长的特点，部分举办者持观望态度

托育机构开设门槛高，投入大。从前期的物业投入到行政办公和教师工资成本都要花费大量的费用。调查显示，近 35% 的托育机构有贷款需求，且目前没有享受到任何优惠政策。在调查的 277 个样本中，78.34% 的托育机构都属于民办，87.1% 的民办机构以自筹资金的方式运营，获得的贷款资金也仅占 33.18%。而 78.05% 的公办机构都获得了政府的定向资金支持。

投资回收周期方面，如图 15 所示，68.23% 的托育机构表示预期投资回收期会在三到五年之内甚至更长。通过机构类型与投资回收周期的交叉分析可以发现，不管是纯托育机构还是幼儿园托班，64% 以上的机构都表示预期投资回收周期将会在三年以上（见表 7）。

269

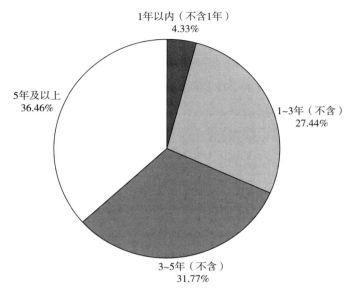

图 15　托育机构投资回收周期（或预周期）

表 7　托育服务供给机构类型与预期投资回收周期

单位：家

机构	1 年以内 （不含 1 年）	1~3 年 （不含）	3~5 年 （不含）	5 年以上	小计
托育机构	4（1.95%）	60（29.27%）	67（32.68%）	74（36.10%）	205（100%）
幼儿园托班	6（12.5%）	11（22.92%）	14（29.17%）	17（35.41%）	48（100%）
家庭托育点	0（0.00%）	3（42.86%）	3（42.86%）	1（14.28%）	7（100%）
企事业单位托育	0（0.00%）	0（0.00%）	3（60%）	2（40%）	5（100%）
其他（请注明）	2（16.67%）	2（16.67%）	1（8.33%）	7（58.33%）	12（100%）

尽管有资金筹措和投资回报的双重压力，超四成举办者仍有扩大规模的打算（见图 16）。

2.新冠肺炎疫情对托育行业冲击较大，多数举办者对托育市场发展仍持乐观态度

2020 年，突如其来的新冠肺炎疫情给我国乃至全球经济带来了巨大影

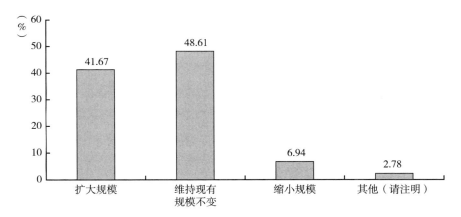

图 16　托育机构未来发展预期

响。托育行业在疫情期间承受了巨大压力。调查显示，托育机构在 2021 年的收入与 2019 年相比显著提高①（见图 17）。

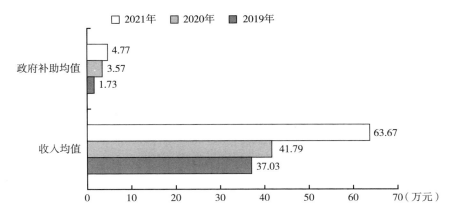

图 17　2019~2021 年机构（仅托育部分）（或运营以来）的收入和政府补贴

① 2019 年政府补助均值低的原因，主要是普惠政策刚刚起步，很多政策难以落地；而 2019 年收入均值低的原因，可能主要与托育机构的形态有关，早期托育机构规模较小，后来新发展的托育机构规模相对更大，因此，收入相对较高。

大多数举办者对托育机构发展前景仍持有信心。仅有9%的机构表示，受到疫情的影响，有营业困难和资金困难，招生也受到影响。如前所述，只有6.94%的托育机构有缩小运营规模的打算。新冠肺炎疫情得到有效防控后，各个行业在政府的引导下有序复工复产。除了民办托育机构和民办幼儿园托班计划在未来几年缩小规模外，其他类型的纯托育机构和幼儿园托班机构都准备在维持现有规模的基础上扩大规模。

3. 管理部门和服务机构的政策认知程度不同，政府与市场的沟通衔接有待加强

为了规范托育行业发展，近几年，相关部门先后印发了《托育机构设置标准（试行）》《托育机构管理规范（试行）》《托儿所、幼儿园建筑设计规范（2019年版）》《托育机构负责人培训大纲（试行）》《托育机构保育人员培训大纲（试行）》等一系列规范性文件。在此次调查中，我们了解到，托育机构对这些规范性文件的了解程度并不充分。90%的机构知道这些规范性文件有利于行业发展，但超过60%的被访机构表示只了解一些或知之甚少。此外，部分机构表示政府对托育机构的支持只针对公办、社区和集团等，对民办机构的扶持力度不够。

三　托育服务发展面临困难与问题

（一）多元化的婴幼儿照护服务模式尚未形成

1. 城市和农村家庭的婴幼儿照护需求强烈，但农村地区的照护服务供给严重不足

家庭是婴幼儿生活的主要空间，也是履行照护服务的主阵地。因3岁以下婴幼儿照料而产生的"工作—家庭"冲突，影响家庭的生育意愿、行为和水平，是我国家庭发展面临的重要问题之一，规范便捷的婴幼儿照护服务已成为迫切的民生需求。

城市和农村家庭的婴幼儿照护需求强烈，但农村地区的照护服务供给严

重不足。如图 18 所示，农村没有设立任何家庭托育点。未来需要重视农村地区托育服务需求，设立不同类型的托育机构。

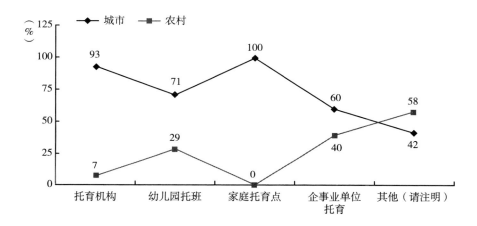

图18 机构类型与机构所在地区类型的交叉分析

2. 良性有序的机构托育服务市场尚未形成

在受访托育机构中，仍存在 38.99% 未进行备案。在未进行备案的机构中有 50.93% 的受访者曾尝试备案，主要由于"未取得消防安全检查合格证明""未取得托幼机构卫生评价报告"最终未能成功备案。

（二）强力有效的政策和部门协同机制有待建立

1. 地方政府对托育服务发展重视程度有待提高，未能有效建立工作协调机制

调查显示，在各种举办方式的托育机构中，用房成本高、员工流动性大和资金短缺成为当前托育服务业的前三项主要制约和风险因素①。公办机构和民办机构又分别面临着不同的发展制约与风险（见表8）。

---

① 用"选项平均综合得分=1/n×Σ 频数×权值"来衡量每个选项的重要程度。本题限选 3 个选项，权值由选项被排列的位置决定，按照第一、第二、第三位置取值 3、2、1。

表8　托育机构发展面临的制约因素和日常运营面临的主要风险因素

机构	发展制约因素 （按严重程度排序）	日常运营面临的主要风险因素 （按重要程度排序）
总体	员工流动性大	用房成本高
	用房成本高	员工流动性大
	资金短缺,融资困难	资金短缺,融资困难
公办	难以取得合法资质	资金短缺,融资困难
	员工流动性大	难以取得合法资质
	资金短缺,融资困难	员工流动性大
民办	资金短缺,融资困难	员工流动性大
	用房成本高	用房成本高
	员工流动性大	行业标准不清

2. 各地对托育服务发展进行积极探索，符合区域特点的托育服务模式逐步建立

普惠性托育机构成为为农村地区提供托育服务的主要力量，非营利性和事业单位占农村多数托育市场份额。调查显示，农村普惠性托育机构占71.05%，高于城市地区的38.08%。这些农村托育机构中44.74%为事业单位，34.21%为非营利性机构。而城市地区82.85%的托育机构为民办机构，72.38%为营利性机构。

托育服务供给形式呈现多样化的特点。受访托育机构提供全日托、半日托、计时托和临时托等服务，满足各种托育需求。当前托育市场主要为托育机构和幼儿园托班两种类型，93.5%的机构招生不限户籍，招生平均年龄最小15个月，最大39月龄。

3. 支持托育服务发展的财税金融政策相对较弱，各项支持政策落实较为困难

调查显示，受访托育机构中，15.52%的建园资金来源为政府定向支持，25.99%为贷款。10.83%的托育机构向金融机构申请过融资或贷款但未能获批。

托育机构税收优惠政策尚待普及。调查显示，18.77%的受访机构完全不了解托育机构税收优惠政策，58.48%了解一些；仅5.42%的受访机构享受到了税收优惠政策，75.81%未能享受到优惠政策。

目前受访托育机构迫切需要"加强宣传，提高送托意愿"和"卫生医疗机构支持协助"，"减税降税、延期缴税"也是民办机构当前的迫切需求之一①（见表9）。

表9 托育机构对支持政策的具体需求

机构性质	公办（按重要程度排序）	民办（按重要程度排序）
具体需求	第一：加强宣传，提高送托意愿	第一：卫生医疗机构支持协助
	第二：卫生医疗机构支持协助	第二：加强宣传，提高送托意愿
	第三：房租减免	第三：减税降税，延期缴税

（三）政策法规和管理流程有待进一步完善

1. 多数托育机构尚未获得全国托育备案登记系统正式备案，机构设置标准和备案要求有待优化

获得正式备案对托育机构来说非常必要，但在这中间，机构设置标准和备案要求也存在一定可优化的空间。调查显示，受访机构中已注册的机构数量为257家（92.78%）。已备案的机构数量为169家（61.01%），未备案的机构数量为108家（38.99%），未备案的机构中，55家（50.93%）进行过申请，53家（49.07%）从未申请，两者数量基本持平。申请未成功的55家机构表示，未成功备案的原因主要有以下几点：未取得消防安全检查合格证明（45.45%）、未取得托幼机构卫生评价报告（41.82%）、未取得食品经营许可证（20.00%）与机构用房不合规（3.64%）等。有部分受访机构指出，现有的备案标准过于严苛，若是按照备案要求，成本将大幅提高，收入无法支撑场地成本，陷入恶性循环。除此之外，也有少量机构表示由于受

---

① 用"选项平均综合得分=1/n×Σ 频数×权值"来衡量每个选项的重要程度。本题限选3个选项，权值由选项被排列的位置决定，按照第一、第二、第三位置取值3、2、1。

到疫情的影响，所以还未成功备案。

2. 托育机构卫生健康相关标准规范不清晰

2019年10月国家卫生健康委印发的《托育机构设置标准（试行）》和《托育机构管理规范（试行）》规定：托育机构应当按照有关托儿所卫生保健规定，切实做好婴幼儿和工作人员的健康管理，做好室内外环境卫生；提供餐饮服务的，应当提交《食品经营许可证》。但是，托育机构厨房设置规范、环境卫生管理、工作人员操作等标准尚不清晰。

调查显示，277家受访机构中配有厨房和配餐间的数量分别为244家（88.09%）和206家（74.37%）。受访机构除去8家不提供餐饮外，剩下的269家机构中有230家（85.50%）采用自行制作的方式提供餐饮服务，36家（13.38%）机构采用中央厨房配送方式，3家（1.12%）机构采用半成品简单加工方式。配有消毒间的机构数量为176家（63.54%）。针对自行制作方式提供餐饮服务的机构，相关管理和检查相对完善；针对采取集中配送方式或半成品加工方式提供餐饮服务的机构，则缺乏食品安全溯源和延伸检查的制度规范。

3. 部分托育机构对服务支持政策缺乏了解

调查显示，对2019年10月国家卫健委印发的《托育机构设置标准（试行）》和《托育机构管理规范（试行）》，115家机构表示非常了解，占比41.52%。对《托儿所、幼儿园建筑设计规范》（2019年版），有90家机构表示非常了解，占比32.49%。对《托育机构保育指导大纲（试行）》，有114家机构表示非常了解，占比41.16%。对《托育机构负责人培训大纲（试行）》和《托育机构保育人员培训大纲（试行）》，有99家机构表示非常了解，占比35.74%。关于以上政策，大部分机构表示仅了解一些，占比接近六成。

在对托育机构的税收优惠政策里，162家（58.48%）机构表示仅了解一些，甚至有52家（18.77%）机构表示完全不了解，对与托育服务相关的政策宣传任重道远。同时，对277家受访机构的调查显示，有210家（75.81%）机构表示自己并未享受到优惠政策。在建园资金来源的调查中，仅有43家（15.52%）属于政府定向支持。

（四）托育机构建设与服务发展能力有待提升

1. 缺乏政策支持，社会力量参与的积极性受限

在问及目前享受了哪些优惠政策时，有75.81%的托育机构表示没有享受任何政策优惠。从这些托育机构的举办方式看，85.24%的民办机构表示没有享受过任何政策优惠，各项税收减免、补贴等政策也主要向公办、公建民营的托育机构倾斜（见表10）。这表明，当前民办托育机构的建设和发展缺乏政府相关政策的有力支持，发展建设迟缓。

表10　托育机构举办方式和所享受政策优惠

单位：家

政策优惠	公办	公建民营	民办	民办公助	单位承办	小计
无	28(13.33%)	2(0.95%)	179(85.24%)	1(0.48%)	0(0.00%)	210(100%)
税收优惠	4(26.67%)	0(0.00%)	10(66.67%)	0(0.00%)	1(6.66%)	15(100%)
建设补贴	8(42.11%)	3(15.79%)	6(31.58%)	1(5.26%)	1(5.26%)	19(100%)
运营补贴	6(42.86%)	1(7.14%)	4(28.57%)	1(7.14%)	2(14.29%)	14(100%)
设备购置补贴	10(71.42%)	2(14.29%)	2(14.29%)	0(0.00%)	0(0.00%)	14(100%)
房租减免	3(13.64%)	8(36.36%)	9(40.91%)	2(9.09%)	0(0.00%)	22(100%)
土地划拨	5(71.42%)	1(14.29%)	1(14.29%)	0(0.00%)	0(0.00%)	7(100%)
贴息贷款	1(100%)	0(0.00%)	0(0.00%)	0(0.00%)	0(0.00%)	1(100%)
培训补助	7(70.00%)	1(10.00%)	2(20.00%)	0(0.00%)	0(0.00%)	10(100%)
招生宣传	4(33.33%)	2(16.67%)	6(50.00%)	0(0.00%)	0(0.00%)	12(100%)
其他(请注明)	1(9.09%)	0(0.00%)	10(90.91%)	0(0.00%)	0(0.00%)	11(100%)

2. 托育机构可用的合规场地缺乏，存在区域间的不平衡问题

托育机构户外用地面积少，空间紧张，甚至有的托育机构没有户外用地，缺乏合规场地。农村地区托育机构拥有独立场地的比例远大于城市地区的托育机构（见表11）。调查显示，托育机构室内建筑面积平均

1154.86 平方米，室外活动场地平均 1166.16 平方米。托育机构所在场所中，沿街商铺占比最大，达到 27.80%，企事业单位场地占 15.52%，居民住宅占 15.16%，住宅底商占 14.44%，商业综合体占 12.27%。户外场地情况中，有独立场地的托育机构占 62.82%，使用附近的公共用地作为托育机构户外用地的占 28.16%，没有户外活动用地的占 9.02%（见表 11）。

表 11　托育机构所在地区类型和户外场地情况

单位：家

地区	独立场地	附近的公共场地	没有户外活动场地	小计
城市	142(59.41%)	75(31.38%)	22(9.21%)	239(100%)
农村	32(84.21%)	3(7.895%)	3(7.895%)	38(100%)

3. 托育机构运营成本高，经营压力大

调查显示，8.66% 的托育机构自建用房，目前房屋市场价约 8543.18 元/米^2，3.25% 为自购用房，目前房屋市场价约 11285.56 元/米^2；45.85% 的租赁商业用房作为机构业务用房，平均租金为 32558.24 元/月；5.42% 的租赁社区公共用房，租金 16162.54 元/月；18.05% 的租赁私人产权用房，租金 25761.64 元/月；5.42% 的租赁国有资产用房，租金 46614.63 元/月；还有 6.14% 是政府配套提供物业，平均价格为 4740.81 元/月；7.22% 是其他，平均价格为 4200 元/月。

在购置的主要设备中，监控报警设备平均 6.04 万元，厨房类设备平均 9.21 万元，教学教具设备平均 28.76 万元，户外活动设备平均 15.07 万元。投资回收周期（或预计周期）中，36.46% 选择"5 年及以上"，31.77% 选择"3~5 年（不含）"，27.44% 选择"1~3 年（不含）"，4.33% 选择"1 年以内（不含 1 年）"。由此可见，托育机构在运营中面临各种成本，经营压力大，投资回收周期也相对较长。

4. 托育从业人员人才培养体系尚不成熟，规范培训机制有待建立

在问及"您对《托育机构负责人培训大纲（试行）》和《托育机构

保育人员培训大纲（试行）》的了解程度？"时，有 61.01% 的托育机构表示了解一些，35.74% 表示非常了解，3.25% 表示完全不了解。这表明，托育从业人员在人才培训的相关知识方面了解程度有待提高。从业人员缺乏获取职业资格培训和技能提升培训信息的渠道和能力，也缺乏对岗位价值和职业身份的认同感，这不利于行业整体服务能力的提升。因此，亟须建立普惠托育服务体系，培育引导婴幼儿发展的专业技能人士，从而帮助婴幼儿发展。

5. 托育机构规范管理的相关知识和能力有待加强

在问及"您对 2019 年 10 月国家卫生健康委印发的《托育机构设置标准（试行）》和《托育机构管理规范（试行）》的了解程度？"时，41.52% 的托育机构表示非常了解，56.32% 的托育机构表示了解一些，表示完全不了解的占 2.17%。这表明，有一半以上的托育机构对管理规范的内容模糊不清，这可能会导致托育机构在运行过程中，不能围绕政策制定相应对策，在配套措施的完善上缺乏指导。

四　推动托育服务高质量发展的思考与建议

3 岁以下婴幼儿的早期发展对于儿童成长和家庭发展具有重要价值，也关系国家和社会的未来命运。有研究表明婴幼儿的大脑发育在 2 岁以前已完成 80%，"生命早期 1000 天"更是被世界卫生组织定义为一个人生长发育的"机遇窗口期"[①]。为多数家庭提供科学育儿指导，为确有困难的家庭提供高质量的托育服务，是当前政府和社会的重要责任。针对当前托育机构发展现状、特点以及困难与问题，建议从以下几个方面进行努力，有力促进我国托育服务高质量发展。

---

① World Health Organization. Essential Nutrition Actions：Improving Maternal，Newborn，Infant and Young Child Health and Nutrition. Geneva：World Health Organization，2013.

（一）推动地方政府合理设置托育服务发展目标和资源规划策略，在盘活存量的基础上扩大增量，构建适合城乡和区域特点的服务模式

第一，积极贯彻落实国家战略，推动实现适度生育水平。增强生育政策包容性，推动生育政策与经济社会政策配套衔接，减轻家庭生育、养育、教育负担，释放生育政策潜力。托育服务工作目前还处于起步阶段，社会责任大、涉及部门广，为有力推动托育服务健康发展，应切实落实《指导意见》，将托育服务发展纳入本地区政府重点工作、民生工程或政府目标绩效考核，制定更加详细的考核细则，做到责任到位、职责明确，任务细化，问责机制完善。

第二，充分考虑城乡差异，积极发展多种形式的托育服务机构。我国托育服务发展的地区性差异明显，尤其是城乡之间的差别较大。不同的经济发展水平、文化背景下，3岁以下婴幼儿家庭对服务的需求也不同，因地制宜构建适合当地特点的婴幼儿照护服务模式，有利于托育服务可持续发展。在地区复杂性、家庭服务需求多元化的背景下，托育服务的载体也应该是多元化的。托育服务的发展不仅仅等同于只由机构提供托育服务，社区型托育服务和家庭式托育服务由于其便利性、灵活性、价格亲民以及更具人文关怀而有其独特的发展空间。因此，建议在构建普惠托育服务体系过程中，更加积极发展多种形式的托育服务机构。加强对家庭照护和社区服务的支持指导，增强家庭科学育儿能力。鼓励有条件的用人单位和社会组织提供普惠托育服务，鼓励有条件的幼儿园发展托幼一体化服务。

第三，做好"四个"资源的统筹运用，在盘活存量的基础上扩大增量。一是统筹运用现有财政资源。参照普惠幼儿园生均补贴的标准，继续为幼儿园托班3岁以下婴幼儿提供财政经费支持。二是统筹运用现有政策资源，加强普惠托育服务专项行动宣传，明确申报要求、流程、时限和补贴方式，广泛动员社会力量参与提供普惠托育服务。三是统筹运用现有服务资源。盘活存量，进一步加大对无证托育机构的规范和引导，为符合条件的托育机构改扩建提供建设资金补贴，推动托育服务资源转化和质量提升。充分利用基层医疗卫生和妇幼保健资源，通过医育结合为托育机构提供业务指导和健康教育，为托育服务发展提供健康支撑。四是统筹运用现有社区资源。以社区为依托，按照"提升增量，挖潜存量、创新形式"的总体思路，自办、合作办、委托办等多元模式并举，"建、收、扩、租"四措并行，新建、改扩建、以租代建、回收闲置空间、盘活因各种原因停办的资源及未充分利用的社区空间，提供与常住人口规模相适应的托育服务及配套安全设施，并充分考虑进城务工人员随迁婴幼儿的需求。

（二）完善家庭政策和科学育儿指导服务，增强家庭照护能力

第一，发挥政府的主导作用，通过制定家庭政策来满足婴幼儿家庭的需求。家庭支持政策是政府和社会向家庭提供的政策、资金和服务支持，为家庭育儿提供支持，建立儿童发展与教育的长效机制。应积极开展婴幼儿照护知识入户指导，普及科学喂养、营养指导、生长发育监测、早期教育、家长课堂等服务和科普教育活动。支持优质机构、行业协会开发公益课程，利用互联网平台等免费开放，依托居委会、村委会等基层力量提供科学育儿家庭指导服务，帮助家庭成员提高照护能力。建立常态化指导监督机制，加强政策宣传引导，强化家庭监护婴幼儿的主体责任。此外，还可借鉴西方经验，向家庭提供儿童照顾津贴，使父母在幼儿照顾方面有更多的选择。政府可按幼儿家庭收入情况，向幼儿家长发放儿童照顾津贴，或发放服务券，幼儿及其家长可在政府所划定的机构内使用服务券享受相关服务。

第二，加紧研究并尽快出台家庭托育点管理办法，探索推进家庭托育服务发展。0~1岁婴幼儿更适宜以居家养育和入户照料为主，以育儿嫂、社区体验等多种方式作为补充。1~2岁婴幼儿更适宜以居家养育（结合托育）、社区体验为主。在享受家人照料的同时，开始进行初步的社交体验。当前家庭式托育服务因其独特的优势而越来越受到家长的关注，但其也有一些明显的不足，包括从业者专业能力的不确定、监督制度不易进入、缺乏持续性的培训等，这些都是影响托育服务质量的重要因素。此外，家庭式托育由于从业门槛较低，很多从业者没有登记注册而是私自经营，缺乏行业规范

和政府的监管。

因此，发展家庭式托育服务，首先要建立相关规范化标准。目前政府对家庭式托育的管理、指导和评价缺乏可以参照的标准，卫生健康、教育等部门应牵头制定家庭式托育服务的相关法律法规，明确规定托育服务对象、服务内容、人员配备、设施配置、卫生、安全等一系列规范标准。同时，政府要通过执业登记制度、服务许可审核、质量认证等不同层次的管理策略，将家庭式托育服务纳入政府的监督机制之中。再由政府牵头成立家庭式托育专业委员会，定期或不定期对家庭式托育点巡视，一旦发现问题，立即责令修整或者取消资格。其次，推进家庭式托育从业人员职业认证制度，加强技能培训，使之职业化。从业者不仅要具有一定的照料孩子的专业知识，还需要有一定的早期智能开发、潜能开发的经验。相关行政部门应重视对家庭式托育从业人员的技能培训，经过系统而科学的技能培训，提升家长对相关从业人员的信心。同时，对于符合规范化运营、考核合格的托育机构，政府可以相应对其提供一些补贴以及贷款、减税等方面的支持，降低其运营成本。

（三）加快社区托育服务能力建设，通过整体规划优化社区托育点位布局

首先，托育机构是社区服务基础设施建设重要组成部分，应明确将托育机构建设纳入新建小区规划，做到与其他建设设施同步规划。完善社区托育服务指标体系建设，建立社区托育服务点设置标准、安全标准，从业人员资质、照护服务工作标准，设立社区婴幼儿照护指导率、婴幼儿照护服务社区覆盖率、婴幼儿健康管理率等工作考核指标。

其次，增加社区托育照护服务点，构建15分钟婴幼儿照护服务圈体系，使社区成为直接提供托育服务的前沿阵地，满足家庭"就近托""临时托"的需求。鼓励和支持企事业（机关）单位、街道社区、园区等提供场地或经费支持，与第三方专业组织合作，提供公益性、福利性、普惠型的全日托、半日托、临时托等服务。将照护服务工作融入社区日常管理服务中，推

进医幼结合，鼓励社区卫生服务中心和社区托育服务点签约服务，提高托育服务点的医疗应急处理能力。

最后，充分利用现有托育资源（包括社区托育服务中心、各种早教和幼教机构等）和已有社区公共服务资源（如社区文化活动中心、社区家庭精神文明建设指导中心等），在所提供的为民服务项目中增设托育服务内容。要充分利用和发挥社区优势，充分调动社会多方面的力量，尽可能利用社区资源开展3岁以下婴幼儿活动，努力实现社区服务社会化。

（四）推动各项政策协同落实，实现托育服务规范、有序、普惠、高质量发展

第一，尽快建立和完善托育机构监管的法律法规，推动托育机构监管工作规范。我国东、中、西部地区存在较大差距，同一地区内部的城乡之间也存在较大不同，同一城区内部的新旧居住区之间的设施用地状况也存在不同特点，对各地制定和完善法律法规提出了更高要求，建议在包容机构设施差异性的前提下建立安全监管底线，统一服务质量的监督管理要求。托育服务行业中机构类型众多、条件差别大，通过有效监督引导机构按照标准规范执业，避免出现安全事故问题迫在眉睫。应抓紧建立托育服务行业的监管体系、完善相关法律法规，明确部门监管职能，将托育服务监管纳入卫生监督职责范围，赋予相应执法权，解决当前监管无法可依的情况，促进行业健康发展。

第二，坚持全社会共同参与的机构托育发展路径，进一步扩大普惠性托育机构覆盖面，改善和优化托育机构类型结构。促进托育机构的发展不再单纯是政府部门的责任，而需要通过全社会共同参与，探索政府购买托育服务的合作模式，扩大普惠性机构的覆盖面。鼓励建设公办托育机构，给予政策优惠；推动建设公办民营、民办公助等多种形式的托育机构，政府通过出资、出土地、出房屋等创办托育机构，交由有资质、口碑好的社会机构经营管理，政府进行有效监管。鼓励社会力量和民间资本按照非营利原则投资托育事业。以托位数或实际在托时间，给予一定标准的补贴，并限定普惠性托育机构收费标准。应给予非营利性民办托育机构在人员经费或从业人员继续

教育方面享有公共财政补贴的权利。针对部分托育机构的商业用水、用电、用气等，可考虑按照居民用水、用电价格执行。明确税收、金融等具体优惠政策，使政策执行更加具有可操作性。

第三，鼓励有条件的幼儿园向下延伸提供托育服务，加强卫生健康部门与教育部门之间的沟通及互认机制。由于公办托育机构建设受到编制的严格限制，从目前看，通过幼儿园下沉做托育，实现托幼服务资源、场地共享、师资人员融通的托幼一体化是托育服务发展的一种较为可行的模式。由于幼儿园已经有完备的资格，建议幼儿园开展托育服务时不必再做重复注册，只要有教育部门审批证明就可以注册通过，当前在汕头、大连等城市已经实施此类政策，对有效增加托育服务供给起到了积极作用。因此，要加强卫生健康、教育、民政、编办、市场监督管理等部门之间的沟通协调，落实备案登记管理办法中关于不同性质托育机构在不同部门申报登记的有关要求。

第四，加强托育人才培养及培训，推动托育从业人员资格认定。针对各地区托育人才不足的现状，首先要根据教育部专业调整相关要求，大力扶持开放大学、职业院校、高等院校等增设0~3岁婴幼儿照护相关专业，系统培养托育人才，有条件的托育机构为学生提供实习基地。其次，要将托育从业人员培训纳入急需紧缺的职业培训目录和政府补贴的职业培训目录中，充分发挥行业协会、有资质的社会培训机构等开展托育从业人员培训，形成"学历教育+培训"的托育人才培育及供给体系。建立在职培训机制，对在职的托育从业人员，有计划组织旨在全面提升业务素质和学历层次的脱产进修。

第五，推动托育从业人员资格认定，建立完善保育师职业资格认证标准，畅通职称、职务晋升渠道及路径，增强托育从业人员的职业归属感、职业认可。通过提高工资待遇和增加补贴等多种方式，提高对从业人员的吸引力，减少人员流失，保证服务人员梯队的稳定性。需要指出的是，托育服务虽然城乡有别、需求存在差异，但信任和安全上的要求是一致的。因此，在构建多样化、多层次托育服务体系过程中，加快制定人员、卫生、营养、健康等方面的服务标准也很重要，只有明确了服务标准和服务内容，从业人员的待遇也才能更加稳定和有保障。

B.12
我国儿童网络使用状况及防沉迷调查报告

田丰　王璐*

摘　要： 儿童作为互联网时代的原住民，网络已成为他们生活的重要组成部分，互联网在给儿童生活提供便利的同时也带来了风险。本研究通过对覆盖全国的儿童及其家长的抽样调查描述当代儿童网络使用的基本情况，包括主要活动、时长及态度看法等；同时探讨了可能影响儿童网络沉迷倾向的因素，包括学业压力、家庭关系、父母监护、学校教育等。最后从国家、企业、学校、家校协同治理的角度提出防范儿童沉迷网络并积极引导儿童健康上网的建议。

关键词： 儿童　网络使用　网络游戏成瘾　网络防沉迷

全国未成年人互联网使用情况调查数据显示，我国未成年网民规模连续两年保持增长，2020年达到1.83亿人，互联网普及率为94.9%，较2019年（93.1%）提升1.8个百分点。儿童作为我国互联网用户中最年轻的群体，身心发展尚未健全，具有好奇心重、求知欲强的特点。面对复杂的网络环境，他们很难完全靠自身抵御网络诱惑。如果儿童过于依赖互联网，易导致儿童沉迷网络逐渐忽略学习，与现实生活中的人际关系疏离，甚至完全沉浸在网络虚拟世界之中，影响他们身心健康成长。基于儿童群体的特殊性，以及儿童健康成长对家庭和谐、社会发展的重要意义，防范儿童网络沉迷需

---

* 田丰，中国社会科学院社会发展战略研究院研究员，研究方向为青年与网络；王璐，中国社会科学院大学博士研究生，研究方向为青年与网络。

要国家、企业、学校、家庭等社会各界的关注。了解儿童网络使用的基本现状，厘清儿童沉迷网络的情况，并积极寻求干预和防治方法，具有非常重要的现实意义。

本报告使用的数据是中国社会科学院和共青团中央维护青少年权益部共同发起的 2021 年互联网时代青少年发展调查，覆盖 31 个省、自治区和直辖市，调查采用整群抽样的方法，第一阶段按照行政区划分成 31 层；第二阶段每省份抽取 3~4 个地级市；第三阶段在抽中的地级市中选择 4 所学校，包括两所小学、一所初中和一所高中或职高与中专。抽中的学校每个年级随机抽取一个班做全员问卷调查。最终，共收集儿童样本 11261 个。

一　儿童网络使用状况

未成年儿童是数字时代的原住民，关注儿童网络生活能够全面把握儿童网络使用现状及对网络的依赖情况，进而可以对数字时代下儿童的学习与生活进行引导，发挥互联网对儿童发展的正向作用。调研结果发现，手机是儿童上网的主要工具，拓展知识与辅助学习为儿童上网的主要目的。基于人口特征比较分析，男生比女生更爱玩手机游戏，且时间比女生长；农村儿童总体上网时间及各类网娱时间均显著超过城市儿童，同时农村儿童更爱刷短视频；每个学习阶段的儿童均经常观看短视频；高中及以上阶段的儿童网上娱乐时间相对较长。

（一）儿童使用网络的主要工具和目的

1. 手机已成为儿童上网的主要工具

随着科技的发展，智能手机已经融入人们生活的方方面面，由于其具有小巧便携、操作简单、功能齐全等特点，逐渐代替传统台式电脑成为儿童上网设备的第一选择，如图 1 所示，在经常使用的上网工具中，使用手机上网的儿童占比最高，比例为 78.57%，其次是平板电脑，占比为 31.11%，使用其他上网设备，如电脑（含笔记本电脑）、电视上网的儿童占比不到 30%。

从上网工具的所属情况看，超一半的儿童使用的上网工具是父母的，超四成（41.44%）的儿童拥有自己专属的上网设备，如智能手机、平板电脑等，这一数据反映出我国超四成儿童上网更加方便（见图 2）。

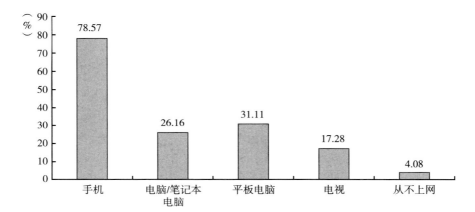

图 1　我国儿童上网经常使用的工具类型

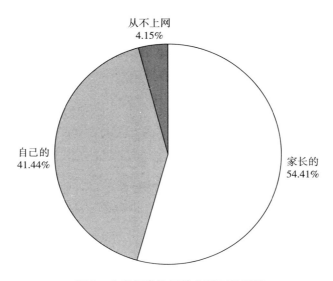

图 2　儿童经常使用的上网工具所属

2. 拓展知识与辅助学习是儿童上网的主要目的

图3展示了我国儿童上网的主要动机，拓宽视野、了解世界，获取信息和帮助学习是当前儿童上网的主要原因，三者占比均接近60%；其次是娱乐放松，占比为39.14%；通过网络认识朋友在儿童上网动机中占比最低，比例为21.96%。数据表明利用网络补充知识、完成学习任务是我国儿童上网的主要目的。

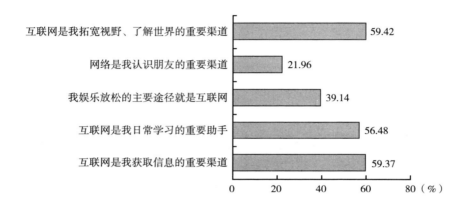

图3　我国儿童使用互联网的目的

（二）儿童使用网络的主要内容

1. 儿童网上活动以学习和放松娱乐为主

调研发现，我国儿童网上活动包括知识学习、放松娱乐、社交、技能创作四大类型。根据图4可以清楚地看到，学习和娱乐是儿童上网的主要活动。具体来说，使用网络收发学校通知、作业等的比例最高，占比为36.53%，这反映出互联网正逐渐渗透到儿童的日常学习中；其次是听音乐，有28.40%的儿童经常上网听歌，表明在线听音乐可能是儿童利用网络进行自我放松的主要方式。此外，网上学习、搜索信息、看短视频的占比均超过20%，进一步说明互联网已经成为辅助儿童学习与生活的重要工具。

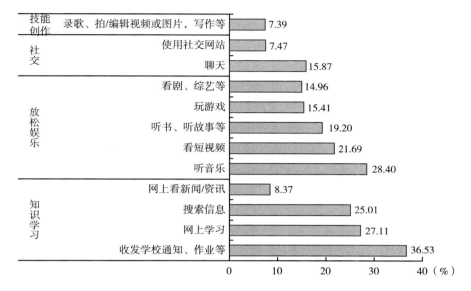

图 4 我国儿童上网的主要活动

2. 男生爱玩手机游戏，农村儿童爱刷短视频

分性别看儿童经常进行的网上娱乐活动，男生（23.12%）比女生（8.26%）更爱玩手机游戏，女生（17.89%）则更倾向于看电视剧、综艺等电视节目。在网络娱乐方面，男生和女生喜好呈现出性别差异（见图5）。

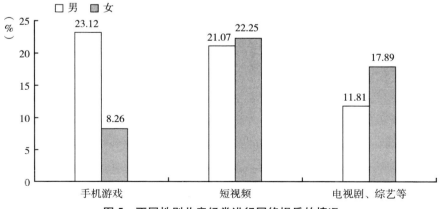

图 5 不同性别儿童经常进行网络娱乐的情况

从城乡儿童娱乐方式看，手机游戏，短视频，电视剧、综艺等电视节目三类娱乐方式中，农村儿童更偏爱观看短视频，经常刷短视频的农村儿童比重（27.33%）比城市儿童（20.32%）高出7.01个百分点；经常看电视剧、综艺等电视节目的农村儿童比重也略高于城市儿童，两者相差4.18个百分点；经常玩手机游戏的城乡儿童比重基本持平（见图6）。

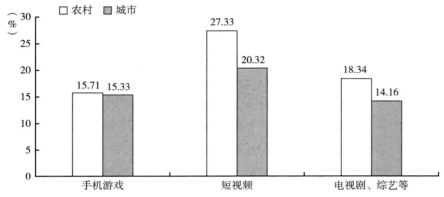

图6　城乡儿童经常进行网络娱乐的情况

3. 各学习阶段儿童均经常看短视频进行娱乐

从不同学习阶段的儿童网上娱乐方式看，短视频是小学低年级学生、小学高年级学生、初中生和高中生的主要娱乐方式。同玩手机游戏、看电视剧与综艺等相比，各个学习阶段观看短视频的儿童占比均最高，如图7所示，

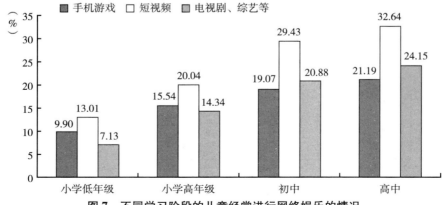

图7　不同学习阶段的儿童经常进行网络娱乐的情况

四个学习阶段的儿童经常刷短视频的比例依次为 13.01%、20.04%、29.43%和32.64%。

（三）儿童使用网络时长

1. 农村儿童比城市儿童上网时间长，不同性别儿童无显著差异

图 8 展示了不同性别的儿童平均每天上网超 1 小时的情况，很明显，周一至周五，男生和女生上网超 1 小时的比例远低于周末。具体来说，周一至周五，男生和女生每天使用网络超 1 小时的比例均低于20%，其中男生占比（18.33%）略高于女生（16.95%），但总体差异不大；周末男生和女生上网时间超 1 小时的比例均增长到50%以上。这可能由于周一至周五儿童主要时间在学校上课，而周末放假在家，有条件使用手机或电脑上网。

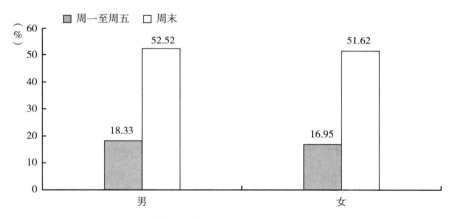

图8　不同性别儿童平均每天上网超1小时的情况

从城乡儿童上网时长来看，农村儿童每天上网时间超 1 小时的占比高于城市儿童，如图9所示，周一至周五，农村儿童上网时间超过 1 小时的比例为 19.19%，城市儿童为 17.24%，两者相差 1.95 个百分点；周末，农村儿童使用网络超 1 小时的占比（57.53%）显著高于城市儿童（50.74%），两者相差 6.79 个百分点。这可能由于农村休闲设施不如城市完善，农村儿童

娱乐放松选择较为单一，因此周末更多儿童选择在家玩手机/电脑。当然，缺少家庭监管可能也是重要原因之一。

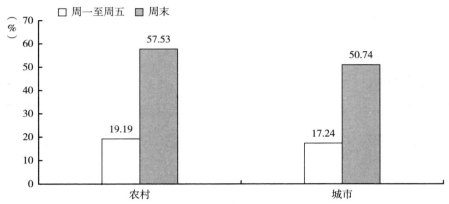

图9　城乡儿童平均每天上网超 1 小时的情况

2. 男生玩手游时长超女生，农村儿童各类网娱时间均超城市儿童

图 10、图 11 分别展示了不同性别的儿童每天玩手机游戏，刷短视频，看电视剧、综艺等电视节目三类网络娱乐活动超 2 小时的情况。周一至周五，男生比女生玩手游超 2 小时的比例高 2.19 个百分点，周末，男生玩手机游戏超 2 小时的比例（12.40%）显著提高，比女生（5.20%）高 7.20 个百分点，其余网娱时长性别差异不明显。

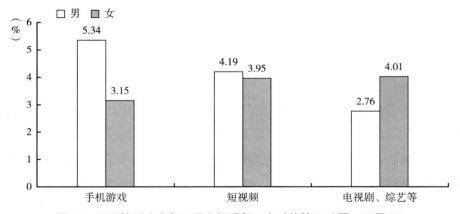

图 10　不同性别儿童每天网上娱乐超 2 小时的情况（周一至周五）

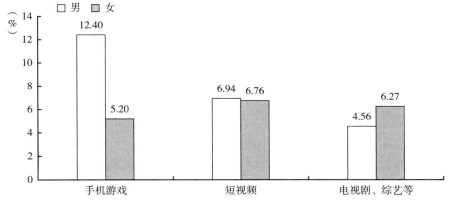

图 11　不同性别儿童每天网上娱乐超 2 小时的情况（周末）

图 12、图 13 从城乡视角展示了儿童每天花费 2 小时以上的网络娱乐情况，在手机游戏，短视频，电视剧、综艺等电视节目娱乐项目中，农村儿童每天使用超 2 小时的比例均显著高于城市儿童。例如，周一至周五，农村儿童每天玩手机游戏，刷短视频，看电视剧、综艺等电视节目超 2 小时的占比均在 6% 左右，而城市儿童的比例均低于 4%；周末，农村儿童每天玩手机游戏，刷短视频，看电视剧、综艺等电视节目超 2 小时的比例较周一至周五提升，占比分别为 12.21%、11.24%、8.02%，而城市儿童三项娱乐活动的比例依次是 7.82%、5.79%、4.83%，比例均明显低于前者。

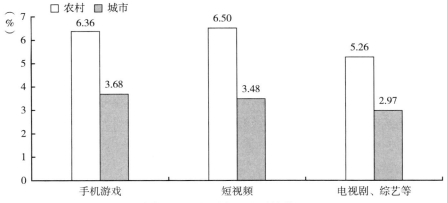

图 12　城乡儿童每天网上娱乐超 2 小时的情况（周一至周五）

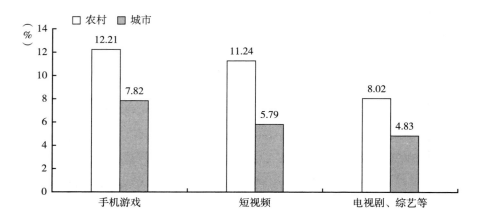

图 13 城乡儿童每天网上娱乐超 2 小时的情况（周末）

3. 高中阶段的儿童网上娱乐时间相对较长

调查结果显示，不同学习阶段的儿童每天网上娱乐时间呈现显著差异。总体上呈教育阶段越高，网娱时间越长的特征，例如，在周一至周五，小学低年级学生、小学高年级学生、初中生和高中生每天平均上网超 1 小时的比例依次为 11.63%、18.35%、21.28% 和 22.86%，比例依次增高，高中生和小学低年级学生两者相差 11.23 个百分点；在周末，各个学习阶段儿童上网时间均显著增加，其中，儿童每天平均上网超 1 小时的占比也随年级的提高而增加，高中生所占比例最高，达 78.07%，远高于小学低年级学生（34.88%）。总的来说，高年级儿童上网时长普遍高于低年级儿童（见图 14）。

从不同网络娱乐活动花费的时间看，在手机游戏，短视频，电视剧、综艺等三项主要网络娱乐活动中，各个学习阶段的儿童平均每天花费超 2 小时的活动占比最高的是手机游戏和短视频（周一至周五高中生为短视频和电视剧、综艺等）；进一步比较，高年级儿童网上娱乐时长超 2 小时的占比整体高于低年级学生（见图 15、图 16）。

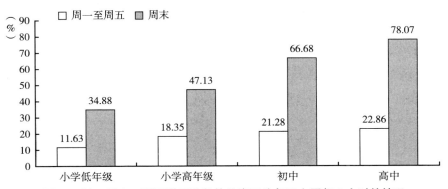

图 14　近 1 月内，不同学习阶段的儿童平均每天上网超 1 小时的情况

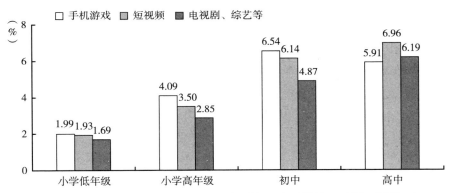

图 15　不同学习阶段的儿童每天网上娱乐超 2 小时的情况（周一至周五）

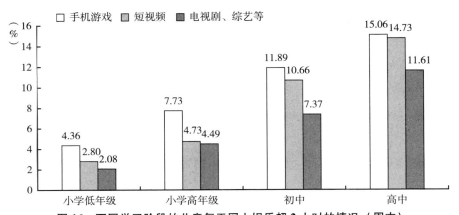

图 16　不同学习阶段的儿童每天网上娱乐超 2 小时的情况（周末）

二　家长眼中的儿童网络使用

家长作为儿童成长过程中的重要监护人，其对孩子使用网络的态度和看法直接影响到儿童的网络使用行为。调研结果发现：超一半家长将互联网看作辅助儿童学习知识的重要渠道；近四成家长认为网络有助于改善孩子心情，但也会对学习和健康产生负面影响。进一步分析，城市家长、较高学历家长与非重点学校家长网游反对声更强。在上网监护方面，绝大部分家长严格把控儿童上网时间，近六成家长未采取"青少年模式"保护措施。

（一）家长对儿童使用互联网的看法

1. 超一半家长认为互联网是辅助儿童学习知识的重要渠道

图 17 展示了家长眼中互联网的主要作用，认可度最高的三个作用分别是"获取信息的重要渠道"、"日常学习的重要助手"和"拓宽视野、了解世界的重要渠道"，三者所占比例依次为 59.56%、52.84% 和 51.73%，这主要是由于网络具有资源丰富、无时空限制等特性，在辅助孩子学习方面提供了极大的便利。此外，有小部分家长将互联网视为孩子娱乐放松的主要途径、社交的重要渠道，两者占比分别是 25.77%、16.53%。

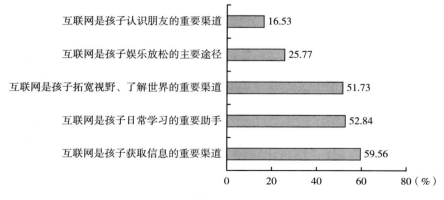

图 17　家长对互联网的看法

2. 四成左右家长认为网络改善了孩子的心情，但影响了学习和健康

在家长眼中，互联网是把双刃剑，38.8%的家长认为上网可以在孩子心情不好时起到调节心情的作用；另一方面，因为上网，孩子的学习和身体健康也受到了负面影响，两者所占比例分别是 39.5% 和 41.5%，数据反映出如何权衡儿童使用互联网的利与弊是家长监护孩子健康成长过程中的重要课题（见图 18）。

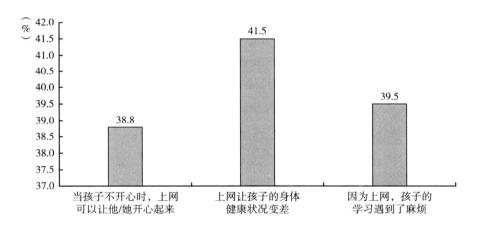

图 18　家长眼中互联网对儿童的影响

（二）家长对儿童玩网络游戏的态度

1. 大部分家长反对儿童玩网络游戏，没玩过网游的家长更甚

从整体看，大部分（75.77%）家长对儿童玩网络游戏持否定态度，仅有两成左右的家长持中立态度，支持儿童玩网游的家长占比很低，比例仅为 1.31%。结合家长眼中网游对儿童的影响来看，虽然部分家长不否认网游的积极作用，但由于网游对儿童的负面影响大于正面影响，因此大部分家长总体上比较反对儿童玩网络游戏（见图 19）。

从家长玩游戏情况看，家长是否玩游戏对孩子玩网游的态度具有显著影响，如图 20 所示，在反对儿童玩网络游戏的家长中，玩过网络游戏的家长

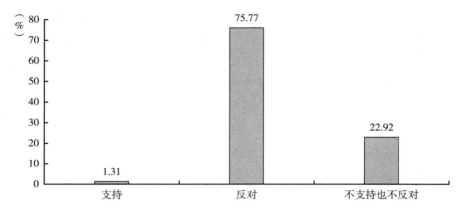

图19 家长对儿童玩网络游戏的态度

占比为70.27%，从未玩过网络游戏的家长占比是79.19%，前者比后者低8.92个百分点，从侧面反映出，玩过网游的家长对网游的接受程度更高，这可能由于玩过网游的家长更能理解网游对玩家的吸引力，能够切身体会孩子喜欢玩网络游戏的原因。

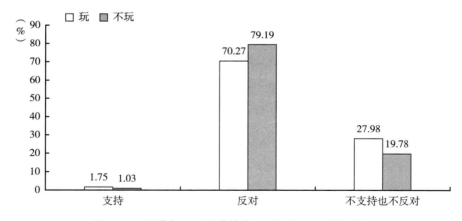

图20 玩网游与不玩网游的家长对儿童玩网游的态度

2. 城市家长、较高学历家长与非重点学校家长网游反对声更强

从城乡层面看，城市家长比农村家长更加反对儿童玩网络游戏，如图21所示，反对儿童玩网游的城市家长占比为77.12%，农村家长占比为

70.10%，两者相差 7.02 个百分点；持中立态度的农村家长比例高于城市家长，二者相差 6.59 个百分点。数据表明家长对儿童玩网游的态度呈现出城乡差异。

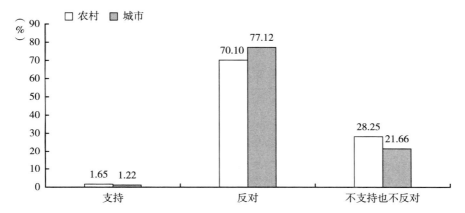

图 21　城乡家长对儿童玩网络游戏的态度

从家长学历方面看，同较低学历家长相比，整体上拥有较高学历的家长更加反对儿童玩网游，根据图 22 可以看到，高中及以下学历的家长反对儿童玩网游的比例是 74.28%，而持有大学专科、大学本科学历以及硕士及以上学历的家长占比均高于 77%。

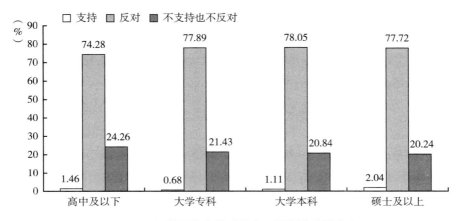

图 22　不同学历的家长对儿童玩网络游戏的态度

从学校层次来看，反对儿童玩网络游戏的非重点学校家长占比为78.05%，重点学校家长的占比是69.70%，前者高于后者，表明非重点学校家长更加抵制儿童玩网络游戏。重点学校的家长较非重点学校家长而言，对于儿童玩网游的态度更加倾向中立（见图23）。

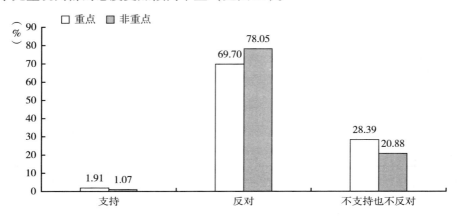

图23　重点与非重点学校家长对儿童玩网游的态度

3. 多数家长认为网游影响了孩子学习，但不否定网游的积极作用

调查数据显示，大部分家长认为网游对儿童的负面影响较强，例如，54.93%的家长认为网游耽误了孩子的学习，在众多影响中，认可度最高；其次是孩子无法控制自己少玩网络游戏，比例为42.75%；还有近30%的儿童因网游而影响了吃饭或睡觉时间。然而，部分家长也认可网游的积极影响，例如31.68%的家长认为网游可以让孩子心情愉悦，27.47%的家长认为网游可以帮助孩子减小压力（见图24）。

（三）家长对儿童使用互联网的基本保护措施

1. 近六成家长未采取"青少年模式"保护措施

"青少年模式"是各大娱乐 App 防止儿童青少年沉迷网络的保护措施，设置"青少年模式"后，娱乐 App 不仅会对使用时间进行控制，还会对内容进行有选择的推送，以防止不适当的内容影响儿童青少年的身心健康。调查数据显示，41.48%的家长曾设置"青少年模式"；近六成的家长没有设

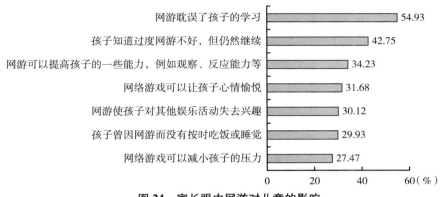

图 24　家长眼中网游对儿童的影响

置"青少年模式"，其中 9.73% 的家长甚至从未听说过"青少年模式"。数据反映出当前我国大部分家长并未采取这一措施加强对儿童使用网络的保护（见图 25）。

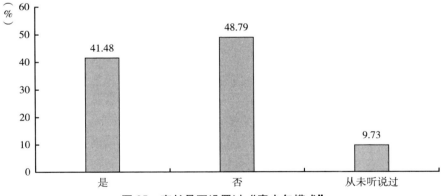

图 25　家长是否设置过"青少年模式"

2. 绝大部分家长严格把控儿童上网时间

图 26 展示了家长对儿童上网时间的监管情况，84.59% 的家长严格监督儿童上网时间，只有 14.79% 的家长管得较松，0.62% 的家长对孩子上网时间采取放任态度，完全不管。与"青少年模式"设置情况相比较，我国大部分家长对儿童上网的监督与保护主要体现在对使用时间而非内容的严格管控上。

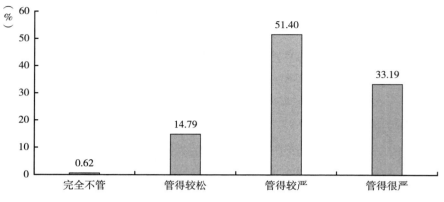

图26　家长对儿童上网时间监管情况

三　儿童网游成瘾与网络沉迷状况

调研发现，过度沉迷网络游戏对儿童学习生活和家庭生活产生一定程度的负面影响，有网游成瘾倾向的儿童学习成绩较多处于较差水平。进一步分析，男生比女生更易成为"网瘾少年"，农村儿童比城市儿童网游成瘾倾向更强，家长学历低的孩子有网游成瘾倾向的比例高于家长学历高的孩子。在影响因素方面，较低的生活水平、过大的学习压力可能会导致儿童沉迷网络尤其是网络游戏；而良好的亲子关系、和谐的父母关系、父母的严格监管和学校的防沉迷教育能够对预防儿童网络沉迷发挥积极作用。

（一）网络沉迷倾向及网游成瘾倾向的测量

"沉迷"一般指对某种物质、习惯或行为具有强迫性的、不受控制的依赖，并且一旦中断就会产生严重的情感、精神或心理反应。网络沉迷表现为过度或无节制地投入网络使用，对网络使用有强烈的渴求，以及由于某些网络使用行为带来的损伤和痛苦[1]。网络沉迷的典型特征包括凸显性、耐受

---

[1]　蒋俏蕾：《论青少年网络沉迷的特征与应对》，《网络传播》2019 年第 4 期。

性、强迫性上网/戒断症状、心境改变、社交抚慰、消极后果①。根据网络沉迷的典型特征,本研究从 6 个维度中各选 1~2 项指标进行测量,包括一旦上网,我就不会再去想其他的事情了;比起以前,我必须花更多的时间上网才能感到满足;如果不能上网,我会感到很失落;因为上网的关系,我和家人的交流减少了;当我不开心时,上网可以让我开心起来;上网让我的身体健康状况变差;因为上网,我的学习成绩下降了等 7 项测量指标。由于 7 项指标没有完全契合网络沉迷的典型特征,并且没有科学严格、全面地设计网络沉迷测量方案,因此本量表仅能算是关于儿童网络沉迷倾向性的测量。通过统计分析,该量表具有较高的信度和效度,可以用来测量我国儿童网络沉迷倾向。在本研究中,网络沉迷倾向量表每项指标均由"很不符合"、"不太符合"、"比较符合"和"非常符合"四个选项组成,分值为 1~4 分。网络沉迷倾向最终得分为 7 项指标加总,分值范围是 7~28 分,平均分为 13.07,分值越高表示网络沉迷倾向越强。

在我国,网络沉迷与游戏成瘾紧密相关,网络防沉迷一般指防止网络游戏沉迷,网游成瘾是沉迷网络的重要表现。根据《国际疾病分类》关于"游戏成瘾"设立的游戏成瘾诊断量表,9 项症状中满足 5 项,且相关症状持续至少 12 个月可确诊为游戏障碍疾病。由于本研究无法测量"游戏成瘾"症状的持续时间,因此本研究中的量表主要反映的是我国儿童网游成瘾倾向,被调查儿童只要满足 5 条标准则可以认为是儿童具有网游成瘾倾向,其余则表示无网游成瘾倾向。需要强调的是,本研究的测量并不是真正的成瘾,仅仅代表一种倾向。本部分主要从网游成瘾倾向和网络沉迷倾向两个角度共同分析儿童依赖网络的负面影响及不同类型儿童的网络依赖状况,并探讨可能造成儿童过度沉迷网游或网络的因素。

(二)网络游戏对儿童日常生活产生的负面影响

图 27 比较了网游对具有网游成瘾倾向儿童和不具有网游成瘾倾向儿童

---

① 雷雳、杨洋:《青少年病理性互联网使用量表的编制与验证》,《心理学报》2007 年第 4 期。

造成的负面影响状况。显然，具有网游成瘾倾向的儿童因为玩网络游戏而耽误了学习、耽误了吃饭睡觉时间、导致亲子关系变差、导致健康变差的占比均显著高于无网游成瘾倾向的儿童，具体来说，具有网游成瘾倾向的儿童在前述4项负面影响的比例均高于55%，而无网游成瘾倾向儿童的占比均不足30%。表明玩网络游戏尤其是过度沉迷网络游戏对儿童学习生活和家庭生活造成了一定程度的负面影响。

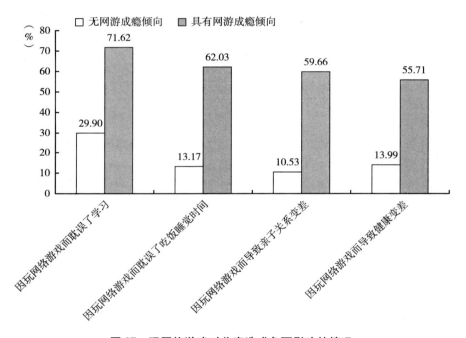

图27 玩网络游戏对儿童造成负面影响的情况

表1展示了网络沉迷倾向程度不同的儿童受到网络游戏负面影响的情况，与认为网游对学习、吃饭睡觉时间、亲子关系和身体健康没有影响的儿童相比，认为玩网络游戏耽误了自身学习、耽误了吃饭睡觉时间、导致亲子关系变差和导致身体健康变差的儿童网络沉迷倾向平均得分较高，其中，玩网络游戏对儿童吃饭睡觉时间和亲子关系的影响最大，非常符合前述两种情况的儿童均值分别为19.89分和19.39分。数据反映

出玩网络游戏与儿童网络沉迷存在一定关联，网游可能导致儿童沉迷网络。

表 1　网游的负面影响与儿童网络沉迷倾向

单位：分

项目	完全不符合	不太符合	比较符合	非常符合
因玩网络游戏而耽误了学习	10.27	13.72	15.41	15.50
因玩网络游戏而耽误了吃饭睡觉时间	10.90	14.89	17.30	19.89
因玩网络游戏而导致亲子关系变差	10.88	14.89	17.75	19.39
因玩网络游戏而导致健康变差	10.77	14.80	17.32	17.69

（三）不同人口学特征下的儿童网络成瘾倾向和网络沉迷倾向

1. 男生比女生更易成为"网瘾少年"，农村儿童比城市儿童网游成瘾倾向更大

图 28 和图 29 展示了具有网络游戏成瘾倾向儿童的性别差异和城乡差异。从性别方面看，男生具有网络游戏成瘾倾向的比例为 12.31%，女生为 5.83%，前者比后者高 6.48 个百分点，表明男生比女生更爱玩网络游戏，成瘾可能性更大；从居住地来看，居住在农村的儿童具有网络游戏成瘾倾向的占比（11.05%）略高于城市儿童（8.94%）。

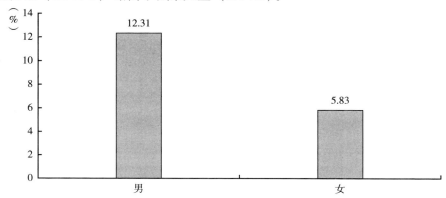

图 28　具有网络游戏成瘾倾向儿童的性别差异

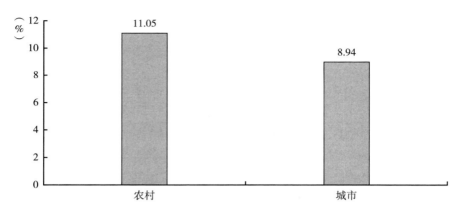

图 29　具有网络游戏成瘾倾向儿童的城乡差异

　　表 2 展现了不同性别和居住地儿童具有网络沉迷倾向的状况，在全国被调查的儿童中，男生网络沉迷倾向平均得分为 13.45，女生为 12.70，男生略高于女生；农村儿童网络沉迷倾向平均得分为 13.94，略高于城市儿童（12.86）。

表 2　不同性别儿童网络沉迷倾向状况

单位：分

类别	项目	均值
性别	男	13.45
	女	12.70
居住地	农村	13.94
	城市	12.86

　　2. 家长（父亲）学历与儿童网游成瘾倾向和网络沉迷倾向成反比

　　从家长（父亲）学历来看，在全国被调查儿童中，具有网络游戏成瘾倾向的儿童比例与家长（父亲）的学历水平成反比，也就是说家长（父亲）学历越高，具有网络游戏成瘾倾向的儿童比例越低，如图 30 所示，家长（父亲）的学历为高中及以下、大学专科、大学本科、硕士及以上的儿童具有网络游戏成瘾倾向的占比分别为 10.27%、8.36%、8.09% 和 5.76%，比例依次降低，数据反映出家长（父亲）学历高低会从侧面影响孩子的网络游戏成瘾倾向。

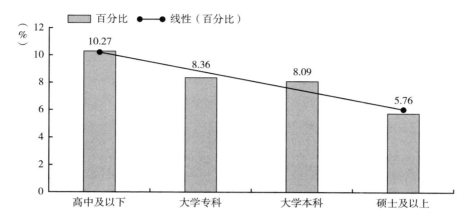

图30 不同学历家长（父亲）的孩子具有网游成瘾倾向的情况

同样地，从表3可知，家长（父亲）学历水平越低，儿童网络沉迷倾向平均得分越高，家长（父亲）拥有高中及以下、大学专科、大学本科和硕士及以上学历的儿童网络沉迷倾向平均得分由高到低依次为13.48、12.80、12.36、11.94。

表3 家长（父亲）学历与儿童网络沉迷倾向

单位：分

学历水平	均值
高中及以下	13.48
大学专科	12.80
大学本科	12.36
硕士及以上	11.94

3. 生活水平较低的儿童网络致瘾风险高于生活水平较高的儿童

家庭生活水平是影响儿童成长与发展的重要条件，随着互联网日益融入儿童的日常生活，家庭生活水平也直接或间接地作用于儿童互联网的使用情况。调研发现，在具有网络游戏成瘾倾向的儿童中，其家庭生活水平由低到高的比例依次为17.72%、14.72%、8.98%、7.06%和5.35%，比例依次降低，家庭生活水平与儿童网络游戏成瘾倾向成反比，表明家庭生活水平越低，儿童越容易沉迷网络游戏，而家庭生活水平高的儿童沉迷网络游戏的概率较低。同样地，儿童网络沉迷倾向的调查结果显示，儿童网络沉迷倾向平均得分随家庭生活水平的提高而降低，家庭生活处于较低水平的儿童沉迷网络的可能性更大（见图31和表4）。

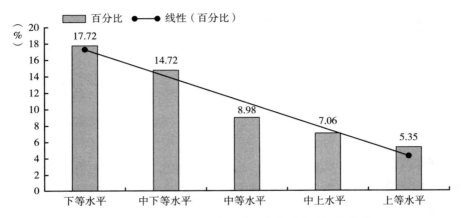

图31 不同生活水平下儿童具有网络游戏成瘾倾向的情况

表4 家庭生活水平与儿童网络沉迷倾向

单位：分

家庭生活水平	均值
下等水平	14.82
中下等水平	14.69
中等水平	13.17
中上水平	12.10
上等水平	11.16

（四）不同学习状态下儿童的网游成瘾倾向和网络沉迷倾向

1. 具有网游成瘾倾向的儿童学习成绩较多处于较差水平

图32展示了具有网游成瘾倾向的儿童学习成绩分布情况。在很好、中等偏上、中等、中等偏下、不好五个等级中，具有网游成瘾倾向的儿童成绩

较多分布于成绩不好这一梯队，所占比例随成绩水平的提高而降低，例如具有网游成瘾倾向儿童的成绩处于很好水平的比例仅为 6.13%，比例最低，而处在不好水平的儿童占比为 19.68%，占比最高，因此数据表明过度玩网络游戏对儿童的学习成绩有负面影响。

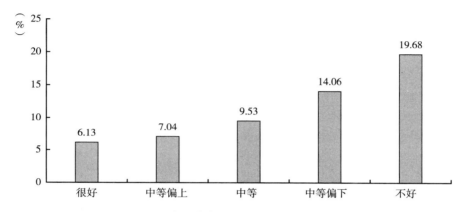

图 32　具有网游成瘾倾向儿童学习成绩情况

从网络沉迷情况来看，在被调查儿童中，网络沉迷倾向的平均得分随成绩水平的下降而增加，例如成绩处在很好、中等偏上、中等、中等偏下和不好 5 个等级的儿童网络沉迷倾向平均得分依次为 11.68、12.71、13.33、14.15 和 14.91，数据反映出成绩较差的儿童网络沉迷倾向比成绩较好的儿童大，因此防范儿童过度网络沉迷对于儿童学习成绩具有重要影响（见表 5）。

表 5　不同学习成绩的儿童网络沉迷倾向

学习成绩	均值
很好	11.68
中等偏上	12.71
中等	13.33
中等偏下	14.15
不好	14.91

2. 过大的学习压力或是导致儿童沉迷网络的重要因素

根据数据分析结果，儿童学习状况与网络沉迷的关系主要体现在两个方面：一是网游成瘾或网络沉迷对儿童学习成绩有负面影响，二是学习压力非常大的儿童更易沉迷网络。例如，在有网游成瘾倾向的儿童中，压力非常大的儿童占比最高，比例为15.04%；在所有被调查儿童中，学习压力非常大的儿童网络沉迷倾向平均得分最高，分数为13.97（见图33和表6）。这可能是由于学习压力较大的儿童需要借助网络来释放压力，但是如果没有控制好网络使用的"度"，儿童互联网使用就容易滑向"病理性使用"一端，对儿童健康发展产生不良后果，因此预防我国儿童网络沉迷具有重要意义。

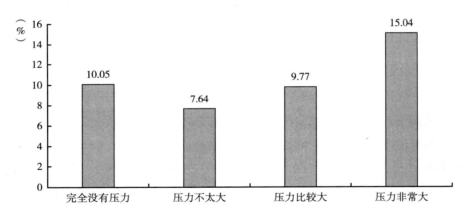

图33　学习压力不同的儿童具有网游成瘾倾向情况

表6　不同学习压力下儿童的网络沉迷倾向

单位：分

学习压力	均值
完全没有压力	11.80
压力不太大	12.69
压力比较大	13.54
压力非常大	13.97

（五）不同家庭关系下儿童的网游成瘾和网络沉迷倾向

1. 良好的亲子关系对防范儿童网游成瘾具有积极作用

家庭是儿童进行社会化的重要场所也是第一场所，父母作为儿童发展道路上的监护人，亲子关系的好坏在家长引导儿童成长的过程中发挥着重要作用。例如，儿童网络成瘾倾向的调查结果显示，在具有网络成瘾倾向的儿童中，亲子关系非常亲近和比较亲近的儿童占比明显低于亲子关系非常不亲近和不太亲近的儿童，前者比例分别为 6.26% 和 12.30%，后者比例分别为 15.60% 和 17.67%，从侧面反映出，良好亲子关系有利于降低儿童网络沉迷的风险（见图 34）。

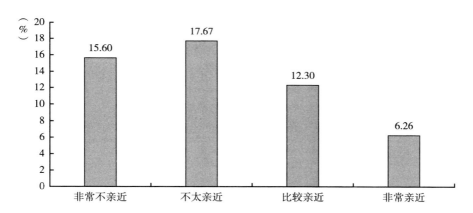

图34 不同亲子关系下儿童具有网游成瘾倾向的情况

2. 和谐的父母关系有助于预防儿童沉迷网络

良好的父母关系是孩子建立安全感的前提，儿童如果长期生活在不和睦的家庭中，会缺乏安全感和归属感。安全感和归属感是儿童成长过程中的基本情感需求，这些情感需求如果无法在家庭中满足，儿童容易通过其他方式来填补情感缺失，沉迷网络世界就是可能的方式之一。根据数据分析结果，在具有网游成瘾倾向的儿童中，父母关系较差的儿童所占比例（13.92%）高于父母关系很好的比例（8.18%）；在具有网络沉迷倾向的

儿童中，父母关系较差的儿童网络沉迷倾向平均得分（14.42）也高于父
母关系很好的儿童（12.89），说明父母关系的好坏对儿童沉迷网络有显著
影响（见图35和表7）。

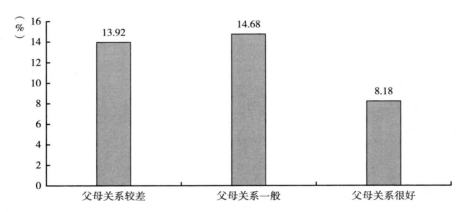

图35　不同父母关系下儿童具有网游成瘾倾向的情况

表7　不同父母关系下儿童的网络沉迷倾向

单位：分

父母关系	均值
较差	14.42
一般	13.76
很好	12.89

（六）家校监督保护下儿童的网络成瘾倾向和网络沉迷倾向

1. 父母的严厉监管能够有效预防儿童网络沉迷

由于儿童尚未成年，其身心发展仍不健全，自我保护能力较低，家长的
监管和保护对儿童健康成长发挥着至关重要的作用。调研结果发现，在儿童
使用网络过程中，多数具有网游成瘾倾向儿童的家长往往疏于监管或监管不
严，如图36所示，"完全不管"和"管得较松"的家长占比分别为26.47%

和 14.26%，相比较，在家长很严的监管下，具有网游成瘾倾向的儿童占比大大降低，比例仅为 7.66%，占比最低。类似地，表 8 进一步证明，父母管教的严格程度与儿童沉迷网络情况成反比，父母管教越严，儿童网络沉迷倾向平均得分越低，儿童越不倾向网络沉迷。由此，可以说明父母的管教对防范儿童网络沉迷具有积极影响，儿童使用网络需要在家长的监护下进行，如果放任不管，会加大儿童沉迷网络的风险。

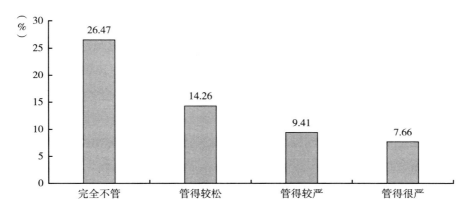

图 36 父母管教严厉程度不同的儿童具有网游成瘾倾向的情况

表 8 不同父母管教情况下儿童的网络沉迷倾向

单位：分

管教情况	均值
完全不管	14.21
管得较松	13.74
管得较严	13.32
管得很严	12.50

2. 学校网络防沉迷教育对儿童网络使用具有积极影响

除家庭外，学校是儿童生活成长的第二大场所，学校教育是个体一生所受教育最主要的组成部分。根据图 37 可知，在接受过学校开展的网络防沉迷教育的儿童中，具有网游成瘾倾向的儿童占比为 59.13%，无网游成瘾倾

向的儿童比例为 66.60%，前者比后者低 7.47 个百分点；在未开展过防沉迷教育的学校中，具有网游成瘾倾向的儿童比例是 40.87%，无网游成瘾倾向的儿童占比为 33.40%，前者比后者高 7.47 个百分点。说明学校网络防沉迷教育在一定程度上能够引导儿童健康上网。

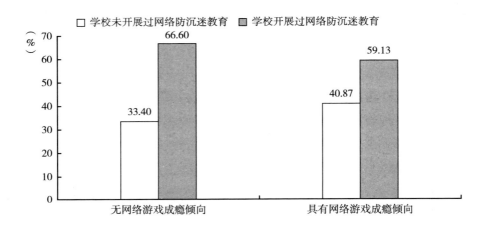

图37　儿童网游成瘾倾向与学校防沉迷教育

四　预防儿童网络沉迷的对策和建议

（一）加强对学校网络防沉迷教育的监督和评估

调查结果发现，学校网络防沉迷教育对于防范儿童网络成瘾具有积极作用，然而，当前部分学校仍未开设过相关课程。网络教育缺位的一个重要原因就是学校重视不够，缺少监督和评估。没有明确制度支撑以及精确的规范准则容易带来无序、无章甚至无效的结果，网络教育政策、法规的健全是儿童青少年健康上网的重要一环。因此，政府应当加快制度化建设，推进关于网络教育标准等相关政策的建立，从根本的制度和政策层面为完善学校网络教育、提高青少年网络素养提供保障。同时，政府还应该加强对学校网络教育的监督，设置具体评估指标，定期对中小学网络防沉迷教育课程进行考察，督促各大学校提高网络防沉迷教育质量，保证学校网络防沉迷教育发挥应有作用。此外，当地政府应该贯彻落实涉及儿童青少年权益保护的法律法规，加强网络领域综合执法，严厉打击各类涉及儿童的网络违法犯罪，为当地儿童营造一个健康上网的环境。

（二）严格把控儿童身份

开发网络游戏分级技术已经成为当前防范儿童网络沉迷的共识，各大互联网企业应抓紧研发分级技术，开发网络游戏防沉迷系统，目前企业主要的防沉迷举措是设置"青少年模式"，从内容和使用时间两个方面对儿童的网络使用进行限制。调研发现，尽管知名游戏企业执行情况较好，非特定时间禁止未成年人登录，然而仍有一些网络娱乐平台对儿童身份审核不严。甚至一些网络交易平台，存在游戏账号租卖业务，用户可通过租号、买号等途径绕过监管，无限制玩网游。这些漏洞都需要游戏企业加强技术研发，不仅增设儿童身份识别关卡，提高儿童身份认证"敏锐度"，还要加强软件"反破解"能力。

（三）加强家校互动

儿童作为数字原住民，其日常生活、学习和娱乐都已离不开互联网，因此应当注重对儿童自身行为自律和规范的培养。父母和学校要齐心协力贯彻落实《中长期青年发展规划（2016—2025 年）》，引导青少年科学、依法、文明、理性用网。调查发现，家长对于孩子使用网络的教育和管控局限在对于孩子上网时间的限制，而缺乏对孩子的网络安全教育和提高儿童网络素养的意识或者能力。调查中不少家长表示希望学校在这一方面能有较多关注。因此，学校可以开设家长网络教育课程，邀请相关专家为家长普及儿童成长发展以及网络安全的知识，帮助家长深入了解儿童成长发展的身心变化过程，培养家长正确引导教育孩子健康上网的技能，通过家庭教育提高儿童的网络素养。

（四）营造和谐的家庭关系

调研发现亲子关系、父母关系等家庭关系对儿童网络游戏成瘾和网络沉迷具有重要影响，有相关研究进一步指出，建立和谐的人际关系，尤其是家庭关系，通过父母和其家庭成员的良好教养培育和谐的亲子关系，养成良好的生活习惯、运动习惯、饮食习惯、生活方式，这些对培育未成年人的心理健康非常重要。个人的心理素养水平非常关键，良好的个人心理素养有利于形成个人的心理弹性、求助意识和自我提升能力，避免互联网网瘾和游戏沉迷[①]。因此，父母之间不仅要意识到自身关系对儿童的影响，处理好双方之间的关系，同时还要加强对儿童的关爱与互动，重视培育亲密的亲子关系，在互动培育中，提高儿童的个人心理素养。此外，父母要从内容和时间两个方面加强对儿童上网的监管，在电子产品接触上，严格限制儿童使用的时间，防止儿童过度沉迷网络；在网络软件使用上，及时设置"青少年模式"，防止儿童受到不良内容的影响。

---

① 丁元竹：《促进互联网游戏产业健康有序发展》，《管理世界》2021 年第 10 期。

B.13
低度发展地区农村学校困境
儿童积极发展研究[*]

彭华民　崔宝琛[**]

摘　要： 在中国脱贫攻坚战略取得全面胜利后，原贫困地区儿童的基本生存需要已经得到满足与保障，但儿童的能力发展问题仍然值得重视。本项目在原贫困地区的安徽省岳西县和金寨县、湖北省恩施市、江苏省宿迁市洋河新区四所农村中小学开展了儿童发展调查，回收有效问卷 2185 份；进行留守儿童和教师焦点小组访谈共 20 组；同时，还开展了儿童积极发展能力建设服务。本报告以调查资料为依据，分析了调查地农村学校儿童的积极发展能力和非认知能力、家庭环境、学校环境等方面的特点，分析其成长环境和行动特征，讨论了留守儿童与非留守儿童的区别。最后建议提供专业的农村困境儿童能力建设服务；强化家庭为本的农村困境儿童发展服务；优化学校环境，提升儿童积极发展能力；整合资源，提升困境儿童关爱服务的可及性。

关键词： 低度发展地区　农村学校儿童　积极发展　能力建设　成长环境

---

* "益心华泰 一个明天"儿童发展调查项目得到华泰证券、爱德基金会的支持。项目由南京大学社会学院 MSW 教育中心实施，调查于 2019～2020 年进行。项目组在安徽大别山区的岳西和金寨、湖北省恩施土家族苗族自治州的恩施市、留守儿童聚集的江苏宿迁市三省四县（市）原贫困地区农村中小学校开展基线调查和儿童积极发展能力建设服务。

** 彭华民，南京大学社会学院二级教授，中国社会工作教育协会副会长，研究方向为社会福利、社会工作、社会政策；崔宝琛，南京大学社会学院博士研究生，研究方向为社会福利、社会工作、社会政策。

一 研究背景、对象与意义

（一）研究的社会经济背景

改革开放以来，由于社会二元结构及其所蕴含着的城市中心、精英主义及效率优先等制度安排，部分农村地区仍然处于经济落后的状态。这些地区的儿童可能无法与城市儿童平等地享有受教育机会。为解决我国儿童事业发展不平衡问题，2010 年，中共中央、国务院印发《国家中长期教育改革和发展规划纲要（2010—2020 年）》（中发〔2010〕12 号）①，提出推进义务教育均衡发展，加快缩小城乡和区域之间的教育发展差距，在财政拨款、学校建设、教师配置等方面向农村倾斜，加大对革命老区、民族地区、贫困地区义务教育的转移支付力度。2014 年，国务院办公厅印发《国家贫困地区儿童发展规划（2014—2020 年）》（国办发〔2014〕67 号）②，主要从母婴安全、儿童健康和儿童教育三个方面着力提升集中连片特殊困难地区 4000 万儿童的发展水平。在全面建成小康社会、打赢脱贫攻坚战背景下，低度发展地区农村学校儿童的基本生存需要已经得到保障；站在推进乡村振兴战略的新起点上，农村儿童作为未来我国乡村振兴的中坚力量，其人力资本质量很大程度上决定了乡村振兴的人力资本供给水平。因此，本项研究具有重要的学术意义和政策、服务意义。

2012 年，我国贫困人口还有 9899 万，不仅规模庞大，而且都分散在交通信息闭塞、经济发展落后、自然条件恶劣的地方。2021 年我国向全世界庄严宣告：中国脱贫攻坚战取得全面胜利，现行标准下 9899 万农村贫困人口全部脱贫，832 个贫困县全部摘帽，12.8 万个贫困村全部出列，完成了消

---

① 中共中央、国务院：《国家中长期教育改革和发展规划纲要（2010—2020 年）》，http://www.moe.gov.cn/srcsite/A01/s7048/201007/t20100729_171904.html，2022 年 4 月 8 日。
② 国务院办公厅：《国家贫困地区儿童发展规划（2014—2020 年）》，http://www.gov.cn/zhengce/content/2015-01/15/content_9398.htm，2022 年 4 月 8 日。

除绝对贫困的艰巨任务，创造了消除贫困的奇迹①。本项研究的农村学校所在地区原属于贫困县（村），后在脱贫攻坚战中全部脱贫，但其经济发展水平相对低下，属于低度发展地区。项目组先后赴原贫困地区安徽大别山区的岳西县和金寨县、湖北省恩施土家族苗族自治州的恩施市以及留守儿童聚集的江苏省宿迁市洋河新区的四所农村中小学校收集了丰富的资料，面向3~9年级的农村学校困境儿童开展了问卷调查，回收有效问卷2185份；进行焦点小组访谈20组，其中留守儿童共16组，由学校校长、德育主任、班主任老师组成的教师组共4组。同时，对农村学校困境儿童进行了积极发展能力建设培训。

（二）研究对象与研究意义

本项研究的三省四县（市）的四所农村中小学校的儿童，是地处经济水平发展低下地区的农村学校儿童，他们实际上是中国困境儿童中的一个特殊群体。他们面对的困境有：经济困境，多数家庭仍然是贫困边缘人群，他们生活在刚刚脱贫地区，该地区的经济发展缺少资源，仍然受到相当多的限制；家庭困境，他们父母外出打工，父母或者爷爷奶奶无暇或无能力帮助他们的学习以及成长，家庭中有需要他们照顾的老人和孩子；学习困境，他们就读的学校缺乏稳定的水平较高的师资队伍，学校对学生成长支持系统的建设缺乏资源；精神健康困境，他们缺少成长中的社会支持，缺少心理健康的引导，缺少应对风险的教育，等等。

积极青少年发展（Positive Youth Development，PYD）也译为青少年正面发展、青少年正面成长等，是一个强调发现青少年发展潜力、重视青少年正面发展的概念，其理论观点有较大的影响。Larson 等人认为"积极青少年发展"的概念包括了青少年理解和解决现实困难的能力②。Damon 提出积极

---

① 邱婧：《贫困县全部摘帽、贫困村全部出列》，http：//m. news. cctv. com/2021/10/15/ ARTIBg1zUSe1NIkWRxJlkXXZ211015. shtml，2022 年 4 月 8 日。

② Larson，R. W.，& Tran，S. P. 2014，"Invited Commentary：Positive Youth Development and Human Complexity." *Journal of Youth and Adolescence* 43（6）.

青少年发展强调个体身上所表现出来的潜能，关注天赋、优势、兴趣和未来潜能（potential）等方面，而非能力缺陷①。有的学者对这一定义加以发展，认为广义上积极青少年发展是指个体理解并作用于环境的能力不断提高的过程，也指一套促进青少年能力提高的原理、方法和活动②。Catalano 等人③提出了青少年发展目标/结果取向的观点，包括 15 个方面的发展目标：联结能力、抗逆力、社会能力、情绪能力、认知能力、行为能力、道德能力、自我决定能力、灵性、自我效能感、积极自我同一性、积极信念、积极行为认同、亲社会行为和亲社会道德规范。对中国学生的研究发现，将积极青少年发展定义为一种力争达到充分、健康、成功的发展，从发展角度来看待成长比问题取向的视角更有益于青少年成长④。

非认知能力（non-cognitive skills）作为人力资本中除认知技能之外的能力，受到越来越多的学者关注。它是一个多维度概念，包含了与认知能力相关但又不同的社会态度、行动和行为习惯，例如，领导能力和毅力、自尊和内外控制点等心理因素、教育期望以及与学校有关的态度和行为等⑤。研究者发现，非认知能力可以有效预测儿童以及青少年的身心健康、教育成就、

① Damon, W. 2004, "What Is Positive Youth Development?" *The Annals of the American Academy of Political and Social Science* 591 (1).

② Hamilton, S. F., Hamilton, M. A., & Pittman, K. 2004, "Principles for Youth Development." *The Youth Development Handbook：Coming of Age in American Communities* 2.

③ Catalano, R. F., Berglund, M. L., Ryan, J. A., Lonczak, H. S., & Hawkins, J. D. 2004, "Positive Youth Development in the United States：Research Findings on Evaluations of Positive Youth Development Programs." *The Annals of the American Academy of Political and Social Science* 591 (1).

④ Zhu, X. & Shek, D. 2020, "Impact of a Positive Youth Development Program on Junior High School Students in Mainland China：A Pioneer Study." *Children and Youth Services Review* 114. Zhou, Z., Shek, D., & Zhu, X. 2020, "The Importance of Positive Youth Development Attributes to Life Satisfaction and Hopelessness in Mainland Chinese Adolescents." *Frontiers in Psychology* 11.

⑤ Kautz, T., Heckman, J. J., Diris, R., Weel, B. T., & Borghans, L. 2014, "Fostering and Measuring Skills：Improving Cognitive and Non-cognitive Skills to Promote Lifetime Success." *OECD Education Working Papers*.

职业发展、在劳动力市场中的收入以及生活满意度①②。中国农村儿童的非认知能力问题也受到了关注。一项对甘肃省农村地区 9～12 岁的 2000 名儿童随机抽样调查发现，控制了年龄、经验、学校教育和认知技能之后，非认知技能对他们成为劳动力有明显影响③。因此，促进中国低度发展地区农村学校困境儿童非认知能力发展、最大限度提升农村困境儿童的人力资本质量，既是缩小城乡儿童发展差距、实现教育均衡的有力抓手，也是实施乡村振兴战略的重要内容。

基于儿童青少年积极发展和非认知能力相关研究，本研究关注低度发展地区农村学校困境儿童发展情况究竟如何？家庭、学校、社会应如何开展既适应农村学校困境儿童成长需要又符合我国经济社会发展需要的能力提升服务？2019～2021 年，南京大学社会学院 MSW 教育中心与华泰证券、爱德基金会三方合作，开展"益心华泰 一个明天"儿童发展调查项目。项目组引入香港石丹理研究团队编制的《中国儿童青少年积极发展量表（简版）》④，并在此基础上根据农村儿童发展特点设计了一套用于农村儿童积极发展和非认知能力的评估体系，并使用该体系下的调查问卷对安徽、湖北、江苏三省四县（市）的四所农村中小学校进行调研。项目旨在通过问卷调查获取的数据了解调查地学校困境儿童积极发展和非认知能力的现状及其成长环境的基本情况，进而对积极发展能力和非认知能力问题进行反思性分析，提出农村学校困境儿童关爱服务行动建议，探索他们发展的社会支持体系，推动家庭、学校以及社会关注并参与到促进他们发展的行动之中。

---

① Brunello, G. & Schlotter, M. 2011, "Non-cognitive Skills and Personality Traits: Labour Market Relevance and Their Development in Education & Training Systems." *Social Science Electronic Publishing 1* (1).

② Anger, S. 2011, "The Intergenerational Transmission of Cognitive and Non-cognitive Skills During Adolescence and Young Adulthood." *IZA Discussion Papers.*

③ Glewwe, P., Huang, Q., & Park, A. 2011, "Cognitive Skills, Non-Cognitive Skills, and the Employment and Wages of Young Adults in Rural China." *2011 Annual Meeting*, *July 24－26, 2011, Pittsburgh, Pennsylvania.* Agricultural and Applied Economics Association.

④ 石丹理主编《"共创成长路"青少年培育计划概念架构及课程设计手册》，学林出版社，2007。

二 研究设计

研究设计部分包括对低度发展地区农村学校困境儿童积极发展和非认知能力、家庭环境、学校环境等变量的设计、变量操作化、调查样本获得、资料分析方法等内容。

（一）变量设计与测量

积极发展和非认知能力。项目组将《中国儿童青少年积极发展量表（简版）》进行了本土化特别是农村化工作调整，对农村学校困境儿童的积极发展和非认知能力进行测量。量表由亲社会属性、一般积极品质、认知行为能力以及积极认同四个维度构成，四个维度又包含了共15个子维度。其中，亲社会属性维度考察了儿童参与志愿服务活动的情况，及对利他主义等社会规范的认同情况，包含亲社会规范和参加亲社会活动2个子维度；一般积极品质维度考察了儿童与重要他人建立联结的能力、抗逆能力、控制和表达自身情绪能力等一系列积极发展所需的品格，包含与健康成人和益友的联系、抗逆能力、社交能力、情绪控制和表达能力、分辨是非能力、自我效能感、目标建立能力、物质主义共8个子维度；认知行为能力维度考察了儿童创新思考和适应转变的能力、根据自身想法做出选择的能力，以及基于正面动机进行被社会接受的常规行为的能力，包含认知能力、自我决定能力、采取行动能力共3个子维度；积极认同维度考察的是儿童对自身身份是否有明确且正面的认识，以及其正面的外显行为能否得到朋辈、父母、老师的积极回应，包含明确及正面的身份和正面行为认同2个子维度。所有的测量题目均采用Likert 6点计分，1＝"非常不同意"，2＝"不同意"，3＝"有点不同意"，4＝"有点同意"，5＝"同意"，6＝"非常同意"。将各子维度包含的所有题目得分加总得到该子维度的总分，各子维度平均分＝各子维度总分/各子维度题目数；将各维度包含的所有题目得分加总得到该维度的总分，各维度平均分＝各维度总分/各维度题目数；平均分取值范围均在1~6分之间，分值越高表示儿童在该（子）维度上发展情况越好。

家庭环境与学校环境。项目采用单选题和多选题两种形式对农村学校困境儿童的家庭环境进行了考察，主要测量了家庭经济水平、家庭结构、亲子沟通情况以及受照顾情况 4 个变量。项目采用《特拉华校园氛围量表（学生卷）》（Delaware School Climate Survey-Student，DSCS-S）[①] 对农村学校困境儿童感知到的学校环境进行测量。量表由师生关系、同学关系、学校参与度、期望清晰度、规则公平度、校园安全、校园欺凌 7 个维度构成，其中师生关系评估学生对师生之间互动质量的看法；同学关系评估学生对同学之间互动质量的看法；学校参与度评估学生对在校园内学习生活的表现情况的看法；期望清晰度评估学生对自身行为是否有清晰的预期；规则公平度评估学生对学校规则的公平性的看法；校园安全评估学生对学校安全的感受；校园欺凌评估学生对学校中欺负状况的感受。所有测量题目均采用 Likert 4 点计分：1 = "十分不同意"，2 = "不同意"，3 = "同意"，4 = "十分同意"，其中校园欺凌维度反向计分。将各维度包含的所有题目得分加总得到该维度总分，平均分 = 各维度总分/各维度题目数，平均分取值范围在 1~4 分之间，分值越高表示儿童感知到的学校环境越好。

（二）分析方法

对于农村学校困境儿童积极发展和非认知能力影响因素的探讨采用 Logistic 回归模型实现，利用公式 $\Delta y = a_0 + a_1 x_1 + a_2 x_2 + a_3 x_3 + a_4 x_4 + \varepsilon_i$ 对这一问题展开分析。其中，因变量 Δy 为积极发展和非认知能力指数 y 的二分变量。其计算过程如下：首先将每名农村学校困境儿童实现或未实现积极发展的情况分别转换为 1 和 0，判别标准为将发展程度从"非常不同意"到"非常同意"的六类属性分别编码为 0~5，选择"同意"或"非常同意"视为在该题项上具有发展优势，即低于 80% 得分率被视为积极发展水平低，高于

---

① 谢家树、吕永晓、马坤、谢璐：《特拉华校园氛围量表（学生卷）中文版信、效度研究》，《中国临床心理学杂志》2016 年第 2 期。

80%得分率被视为积极发展水平高。在此基础上将各个子维度题项的得分分别加总形成积极发展和非认知能力指数 y。自变量分为个体情况变量（x_1）、家庭发展环境（x_2）、学校发展环境（x_3）和控制变量（x_4）。具体而言，个体情况变量考察性别（0＝"男生"，1＝"女生"）、身体健康水平（0＝"很不好或不太好"，1＝"中等水平及以上"）和住宿情况（0＝"住校"，1＝"不住校"）与积极发展和非认知能力的关联；家庭发展环境主要考察家庭经济情况（0＝"中等水平及以下"，1＝"比较富裕或很富裕"）、是否独生子女（0＝"是"，1＝"否"）、亲子沟通情况（0＝"与父母沟通的频率低于每周"，1＝"与父母沟通的频率为每周或每天"）和受照顾情况（0＝"由父母双方或由父母中一方照顾"，1＝"由其他人照顾"）4个指标与积极发展和非认知能力的关联；学校发展环境主要考察师生关系、同学关系、学校参与度、期望清晰度、规则公平度、校园安全、校园欺凌（均为连续变量）7个指标与积极发展和非认知能力的关联；控制变量为地区（0＝"中部地区"，1＝"东部地区"）、民族（0＝"汉族"，1＝"少数民族"）以及年级（0＝"小学生"，1＝"中学生"）。

（三）样本基本情况

项目调研组先后赴安徽大别山区的岳西县和金寨县、湖北省恩施土家族苗族自治州的恩施市、留守儿童聚集的江苏省宿迁市三省四县（市）的四所农村中小学校，采用目标抽样方式，面向3～9年级的农村学校困境儿童开展了问卷调查，共发放调查问卷2195份，回收有效问卷2185份，有效问卷回收率99.54%。在本次调查中，男生占比50.8%，女生占比49.2%，样本性别分布比较平均；来自东部地区（江苏省）的儿童占比48.5%，中部地区（湖北省和安徽省）的儿童占比51.5%，样本地区分布也较为平均；处于小学阶段（3～6年级）的农村儿童占比67.0%，处于中学阶段（7～9年级）的农村儿童占比33.0%。此外，本次调查中单亲外出务工的儿童占比23.8%，双亲外出务工的儿童占比19.9%，非留守儿童占比56.3%。

表1　三省四校农村学校困境儿童样本基本情况

单位：人，%

分类		频率(人)	比重(%)	累计比重(%)
性别	男	1110	50.8	50.8
	女	1075	49.2	100.0
地区分布	中部地区　安徽省	659	30.2	30.2
	湖北省	465	21.3	51.5
	东部地区　江苏省	1061	48.5	100.0
年级分布	三年级	329	15.1	15.1
	四年级	368	16.8	31.9
	五年级	410	18.8	50.7
	六年级	357	16.3	67.0
	七年级	216	9.9	76.9
	八年级	269	12.3	89.2
	九年级	236	10.8	100.0
儿童类型	非留守儿童	1231	56.3	56.3
	单亲外出务工的儿童	519	23.8	80.1
	双亲外出务工的儿童	435	19.9	100.0

三　农村学校困境儿童积极发展和非认知能力

对农村学校困境儿童中留守儿童（即单亲外出务工的儿童和双亲外出务工的儿童）的积极发展和非认知能力现状进行分析后发现①：总体来看，在亲社会属性、一般积极品质以及积极认同三个维度上，未来服务提供过程中可优先聚焦积极认同维度。就农村学校困境儿童在积极发展和非认知能力各子维度上的发展情况来看，农村学校困境儿童在亲社会规范和抗逆能力两个子维度上处于较高发展水平，但其自我效能感、明确及正面身份认同两个子维度的发展水平偏低、亟待提升。

---

① 受篇幅所限，本部分仅展示了亲社会属性、一般积极品质以及积极认同三个维度的情况。

表2　三省四校农村学校困境儿童积极发展和非认知能力

单位：分

积极发展和非认知能力		平均值
总体情况	亲社会属性	5.01
	一般积极品质	4.87
	积极认同	4.58
亲社会属性	亲社会规范	5.10
	参加亲社会活动	4.87
一般积极品质	与健康成人和益友的联系	4.95
	抗逆能力	5.16
	社交能力	4.95
	情绪控制和表达能力	4.71
	分辨是非能力	4.78
	自我效能感	4.34
	目标建立能力	4.89
	物质主义	4.85
积极认同	明确及正面身份认同	4.34
	正面行为认同	4.81

（一）农村学校困境儿童亲社会属性

农村学校困境儿童亲社会规范发展情况处于较高水平但参与亲社会活动的情况仍需提升。具体来看，农村学校困境儿童亲社会规范发展情况处于较高水平，平均分为5.10分。77.5%的农村学校困境儿童对自己能够对有不幸遭遇的人表示关心持积极或绝对积极态度（即选择"同意"或"非常同意"，下同）；78.6%的农村学校困境儿童对"每个人都应该受到法律约束"这一社会规范持积极或绝对积极态度，90.2%的农村学校困境儿童对自己愿意遵守校规持积极或绝对积极态度（见图1）。此外，他们中有78.0%对自己会因为做错事情而感到内疚和羞耻持积极或绝对积极态度。由此可见，尽管农村学校困境儿童亲社会规范的总体发展水平较高，但相对而言其同理心和做错事情后的反思意识仍有待增强。农村学校困境儿童参与亲社会活动的总体情况处于中等水平，平均分为 4.87 分。76.3%的农村学校困境儿童对自己所在的学校鼓励同学互相帮助持积极或绝对积极态度，78.1%的农村学校困境儿童对自己愿意为学校或社会做出贡献持积极或绝对积极态度，75.1%的农村学校困境儿童对自己在有参与机会的情况下愿意参与到志愿服务中持积极或绝对积极态度，但仅有 60.1%的农村学校困境儿童对自己所在班级中的同学愿意分享自身见闻和感受持积极或绝对积极态度（见图 2）。由此可见，在此后的关爱服务行动中不仅应当更多地为农村学校困境儿童提供参与亲社会活动的机会，还应当有针对性地为农村学校困境儿童与班级中其他同学之间的沟通交流搭建平台，注重同辈群体在其参与亲社会活动发展水平提升过程中的重要作用。

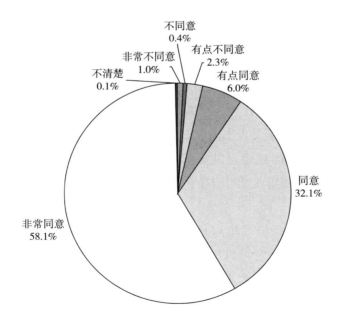

图 1　被调查者对"我愿意遵守校规"回答的占比

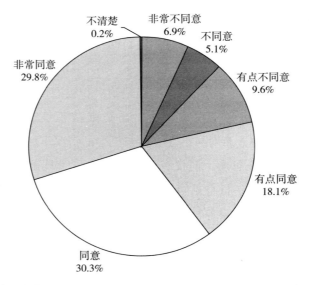

图2 被调查者对"班里的同学愿意分享自己的见闻和感受"回答的占比

（二）农村学校困境儿童一般积极品质

农村学校困境儿童一般积极品质的发展水平在不同子维度表现不一，其中抗逆能力发展水平较高，情绪控制和表达能力、分辨是非能力的发展水平仍需提升，自我效能感是发展情况最差且最需要关注的维度。具体来看，农村学校困境儿童的抗逆能力发展情况处于较高水平，平均分为5.16分。87.7%的农村学校困境儿童对自己在面对困难时不会轻易放弃持积极或绝对积极态度（见图3），87.0%的农村学校困境儿童对"吃得苦中苦，方为人上人"这一观点持积极或绝对积极态度，85.8%的农村学校困境儿童对"有理想和决心的人一定可以把事情做好"这一观点持积极或绝对积极态度，76.5%的农村学校困境儿童对自己在面对逆境时能够保持乐观心态持积极或绝对积极态度。由此可见，抗逆力是农村学校困境儿童发展过程中的优势所在。这也提示我们在未来的关爱服务行动中应当避免单纯从问题视角出发给农村学校困境儿童贴上负面标签，而是尝试从抗逆力提升角度引导农村学校困境儿童以正向的、积极的应对策略发展自身。

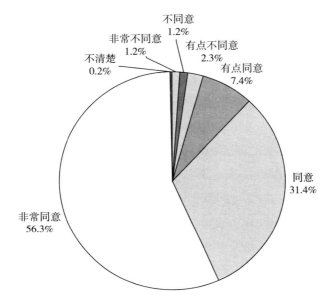

图 3　被调查者对"面对困难时，我不轻易放弃"回答的占比

　　农村学校困境儿童与健康成人和益友的联系情况处于中等水平，平均分为 4.95 分。农村学校困境儿童对自己在遇到困难时能得到父母帮助持积极或绝对积极态度的比例最高，为 79.0%，对自己能得到老师帮助持积极或绝对积极态度的比例为 75.9%，对自己能得到祖辈帮助持积极或绝对积极态度的比例为 74.5%，但对自己能得到村委会工作人员帮助持积极或绝对积极态度的比例仅为 56.1%。农村学校困境儿童社交能力发展情况处于中等水平，平均分为 4.95 分。虽然有 79.2% 的农村学校困境儿童对自己能够与他人友好相处持积极或绝对积极态度，但在社交技能的掌握情况方面农村学校困境儿童略显不自信。只有 73.1% 的农村学校困境儿童对自己了解如何与他人进行沟通持积极或绝对积极态度，71.6% 的农村学校困境儿童对自己了解与他人友好相处的方法持积极或绝对积极态度（见图 4）。综上，在未来的关爱服务行动中除继续促进父母、祖辈以及老师发挥作为农村学校困境儿童重要他人的支持作用外，也要关注村委会开展关爱服务行动的成效。当然，与重要他人关系的建立和维护是双向过程，提升

农村学校困境儿童的社交能力也是帮助其与重要他人建立紧密联结的有效路径之一。

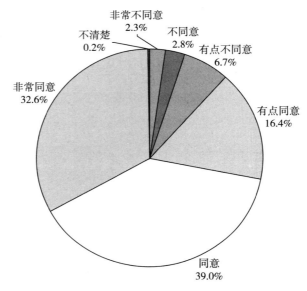

图4　被调查者对"我了解与其他人友好相处的方法"回答的占比

　　农村学校困境儿童的自我效能感发展水平偏低、亟待提升，平均分仅为4.34分。高达59.5%的农村学校困境儿童觉得自己在解决困难时无能为力，仅有56.6%的农村学校困境儿童对以后发生在自己身上的大部分事情由自己决定持积极或相对积极态度。由此可见，农村学校困境儿童对自己能否实现目标并不自信且抱持的态度较为消极。农村学校困境儿童的情绪控制和表达能力发展水平仍需提升，平均分为4.71分。仅有62.3%的农村学校困境儿童对自己在不开心时能够适当表达自身情绪持积极或绝对积极态度，65.9%的农村学校困境儿童对自己在与人发生冲突时可以控制自身情绪持积极或绝对积极态度，73.0%的农村学校困境儿童对自己能够考虑他人感受持积极或绝对积极态度。由此可见，农村学校困境儿童在与人相处过程中缺乏有效处理自身情绪的技巧，部分儿童更倾向于向内探索、不善表达自身情绪，另一部分则选择向外发泄，在冲突爆发时对自身情绪不加控制。农村学校困境儿童分辨是非能力的发展水平仍需提升，平均分为 4.78分。尽管有 78.4% 的农村学校困境儿童对自己一定会认真践行承诺持积极或绝对积极态度，但仅有 64.9% 的农村学校困境儿童对自己能够严格要求自身行为持积极或绝对积极态度，也仅有 57.0% 的农村学校困境儿童对自己有自我检讨习惯持积极或绝对积极态度。

（三）农村学校困境儿童积极认同

农村学校困境儿童的正面行为认同发展情况处于中等水平，但明确及正面身份认同发展情况较差且亟待提升。具体来看，农村学校困境儿童明确及正面身份认同发展水平偏低，平均分仅为 4.34 分。仅有 54.6% 的农村学校困境儿童对自己能够把事情做得跟别人一样出色持积极或绝对积极态度，仅有 38.1% 的农村学校困境儿童对自己能够受到他人欢迎持积极或绝对积极态度（见图 5），仅有 62.3% 的农村学校困境儿童对自己是一个自信的人持积极或绝对积极态度。农村学校困境儿童的正面行为认同发展情况处于中等

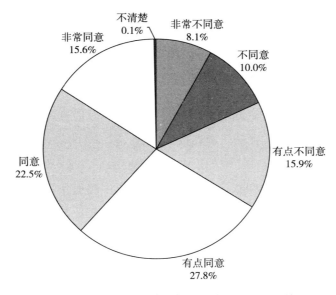

图 5 被调查者对"我认为我能够受到他人欢迎"回答的占比

水平，平均分为 4.81 分。有 68.3%的农村学校困境儿童对自己在表现优秀时能够得到老师夸奖持积极或绝对积极态度，有 67.7%的农村学校困境儿童对老师赏罚分明持积极或绝对积极态度，有 72.5%的农村学校困境儿童对自己在帮助同学时能够被接受和认同持积极或绝对积极态度。由此可见，尽管农村学校困境儿童在日常生活中的正面行为能够得到老师和同学的积极反馈和认可，但是他们的自信心仍旧不足。

四　农村学校困境儿童发展的家庭环境与学校环境

儿童的变化成长与家庭教育息息相关。在儿童成长的各个阶段，家庭（父母）往往扮演比其他社会行动者更为重要的角色。有鉴于家庭环境对儿童发展具有重要意义，本项目对农村学校困境儿童所处的家庭环境，包括家庭经济水平、家庭结构、亲子沟通情况以及受照顾情况进行了考察。调查发现，农村学校困境儿童的家庭环境中仍存在经济匮乏、亲子沟通不足以及父母照顾缺失等风险。

（一）家庭经济情况

农村学校困境儿童家庭经济情况总体较好，但仍有逾 15%的农村学校困境儿童需要得到物质帮扶。调查数据显示，82.2%的单亲外出务工儿童认为自己的家庭经济状况在当地处于中等及以上水平，这一比例在非留守儿童中略有上升为 84.6%，在双亲外出务工的儿童中略有下降为 81.8%。但仍有逾 15%的非留守儿童认为自身家庭经济状况处于比较困难和非常困难状态，这一比例在留守儿童中更高，其中单亲外出务工的儿童为 17.8%，双亲外出务工的儿童为 18.2%。总体而言，非留守儿童的自评家庭经济水平要优于留守儿童，且三类儿童中双亲外出务工的儿童自评家庭经济水平最低（见表 3）。

表3　三省四校不同儿童群体的自评家庭经济水平

单位：%

群体	非常困难	比较困难	中等水平	比较富裕	很富裕	不清楚
非留守儿童	2.30	12.70	75.70	7.10	1.80	0.40
单亲外出务工的儿童	3.00	14.80	75.00	6.20	1.00	0.00
双亲外出务工的儿童	3.20	15.00	74.50	6.20	1.10	0.00

（二）家庭结构情况

本部分对农村学校困境儿童中留守儿童（即单亲外出务工的儿童和双亲外出务工的儿童）的家庭结构情况进行分析后发现，非独生子女家庭较多，占80.5%，而独生子女家庭仅占19.5%（见图6）。

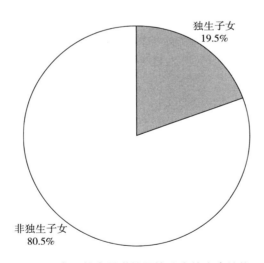

图6　三省四校农村学校困境儿童的家庭结构

（三）亲子沟通情况

本部分对农村学校困境儿童中留守儿童（即单亲外出务工的儿童和双

亲外出务工的儿童）的亲子沟通情况进行了分析。对于只有父亲外出务工的儿童而言，他们与父亲之间的联系较为频繁，近40%的儿童能够与父亲保持每天联系的频率，约1/3的儿童能够与父亲保持每周联系的频率，但仍有12.4%的儿童与外出务工的父亲联系频率在每三个月及以上，且有7.7%的儿童无法与父亲取得联系（见图7）。

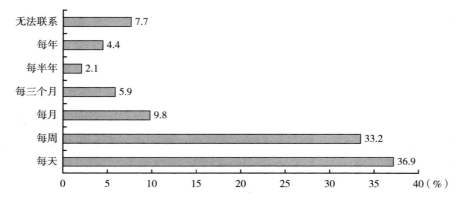

图7　三省四校农村学校困境儿童与父亲联系的情况
（只有父亲外出务工）

　　相比于只有父亲外出务工的儿童，只有母亲外出务工的儿童与母亲之间的联系频率不甚理想，能够与外出务工的母亲保持每天联系的儿童不足10%，保持每周联系频率的儿童占比较多，为26.7%；最令人感到担忧的是，14.4%的儿童与外出务工的母亲联系频率在每三个月及以上，且有43.7%的儿童无法与母亲取得联系（见图8）。儿童无法与母亲取得联系的频率较高这一现象引起了调查组的关注，调查组在访谈中找到了可能解释此现象的原因。他们中可能有部分儿童的母亲并非真的外出务工，而是由于家贫、离异、改嫁种种原因，离开了自己的家庭和孩子，但是留守儿童的其他家长考虑到儿童年纪尚小、心理承受能力不足，因而通常告知儿童他们的母亲只是外出务工，以此避免他们受到伤害。

　　对于父亲和母亲双方均外出务工的儿童而言，他们与父亲和母亲的联系

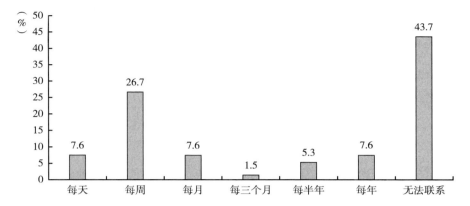

图8 三省四校农村学校困境儿童与母亲联系的情况（只有母亲外出务工）

频率几乎一致，但与父亲联系的频率略高于母亲。他们之中约30%的儿童与父母保持每天联系的频率，约40%的儿童与父母保持每周联系的频率。但也有12.3%的儿童与外出务工的父亲之间联系频率在每三个月及以上，甚至有6.8%的儿童无法与父亲取得联系；11.3%的儿童与外出务工的母亲之间联系频率在每三个月及以上，甚至有13.5%的儿童无法与母亲取得联系（见图9）。

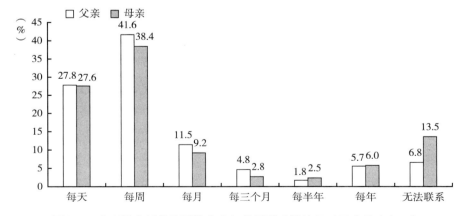

图9 三省四校农村学校困境儿童与父母联系的情况（双亲外出务工）

（四）受照顾情况

本部分对农村学校困境儿童中留守儿童（即单亲外出务工的儿童和双亲外出务工的儿童）的受照顾情况进行了分析。总体来看，57.0%的留守儿童在家中主要由爷爷奶奶和外公外婆照顾平时生活，隔代教养率较高。28.4%的留守儿童主要由母亲照顾，而7.3%的留守儿童认为尽管父母选择外出务工但父母返乡回家后仍会照料自己的生活（见图10）。

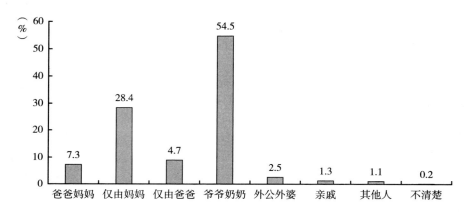

图10　三省四校农村学校困境儿童受照顾情况

（五）农村学校困境儿童发展的学校环境

学校是儿童除家庭以外的最重要成长环境，它不仅是儿童学习和认知发展的场所，也是其形成积极社会关系、在情感和行为上获得发展的重要背景因素。有鉴于学校环境对儿童发展具有重要意义，本项目对农村学校困境儿童所处的学校环境，包括师生关系、同学关系、学校参与度、期望清晰度、规则公平度、校园安全、校园欺凌等情况进行了考察。

第一，农村学校困境儿童感知到的学校人际氛围积极。农村学校困境儿童在师生关系维度上的平均分为3.34分，标准差为0.55分。这表明农村学校困境儿童普遍认为自己与老师之间的关系融洽，且不同农村学校困境儿童之间感知到的师生关系差异不大。农村学校困境儿童在同学关系维度上的平均分数为 3.30 分，标准差为 0.57 分。这表明农村学校困境儿童普遍认为自己与同学之间相处和谐，且不同农村学校困境儿童之间感知到的同学关系差异不大。

第二，农村学校困境儿童感知到的学校纪律氛围较好。农村学校困境儿童在期望清晰度维度上的平均分为 3.28 分，标准差为 0.52 分。这表明农村学校困境儿童认同自己所在学校的期望清晰度较高，且不同农村学校困境儿童之间对于期望清晰度的感知差异不大。农村学校困境儿童在规则公平度维度上的平均数为 3.34 分，标准差为 0.54 分。这表明农村学校困境儿童普遍认为自己所在学校的规则公平度较高，且不同农村学校困境儿童之间对于学校规则公平度的感知差异不大。农村学校困境儿童在学校参与度维度上的平均分为 3.28 分，标准差为 0.49 分。这表明农村学校困境儿童普遍认为同学们参与学校活动的积极性较高，并且不同农村学校困境儿童之间对于学校活动参与度的感知差异不大。

第三，学校安全水平亟待提升，且仍需进一步防治校园欺凌。农村学校困境儿童在学校安全维度上的平均数为 2.38 分，标准差为 0.46 分。这表明农村学校困境儿童普遍认为学校安全水平不高。农村学校困境儿童在校园欺凌维度上的平均数为 2.34 分，标准差为 0.62 分。这表明农村学校困境儿童感知到的校园欺凌情况较为严重。

五　农村学校困境儿童积极发展和非认知能力的影响因素

除了对儿童积极发展和非认知能力情况、家庭环境以及学校环境的基本情况进行考察以外，为了在后续服务提供过程中提升儿童积极发展和非认知能力水平的同时，有针对性地改善儿童所处的发展环境，进而通过儿童与家庭、学校等发展环境之间的互动更好地实现促进农村学校困境儿童积极发展的目标，本研究还就农村学校困境儿童中的留守儿童积极发展和非认知能力的影响因素进行了考察。研究发现，就农村学校困境儿童积极发展的总体情况来看，影响农村学校困境儿童发展的因素实质上是多重的，既有个体因素也有家庭环境和学校环境因素。在个体因素中，女童比男童实现积极发展的概率比（odds ration，下同）下降 39.3% ［1−exp（−0.499）≈0.393，$p <$ 0.01］，她们在农村学校困境儿童群体中更有可能存在发展劣势。在家庭发展环境中，自评家庭经济水平为比较富裕或很富裕的儿童实现积极发展的概率是自评家庭经济水平在中等水平及以下儿童的 2.539 倍［exp（0.932）≈ 2.539，$p <$0.01］，因而在关爱服务行动中，应当给予经济情况不良的家庭以一定的物质支持，避免农村学校困境儿童因陷入贫困而出现发展劣势；在学校发展环境中，师生关系、同学关系、学校参与度、期望清晰度以及规则公平度对农村学校困境儿童积极发展均有正向影响，其中影响程度最大的为期望清晰度，期望清晰度每提升 1 个单位，农村学校困境儿童实现积极发展的概率将提高 28.3%［exp（0.249）−1≈0.283，$p <$0.001］。学校发展环境中对农村学校困境儿童积极发展产生积极影响的因素较多，是对家庭的重要补充。

表 4　三省四校农村学校困境儿童积极发展和非认知能力的影响因素

	自变量	积极发展总体情况
个体情况	性别 （参照组为男生）	−0.499 ** （0.182）
	身体健康水平 （参照组为很不好或不太好）	0.395 （0.465）
	住宿情况 （参照组为住校）	−0.359 （0.293）
家庭发展环境	家庭经济水平 （参照组为中等水平及以下）	0.932 ** （0.325）
	是否独生子女 （参照组为独生子女）	0.363 （0.249）
	亲子沟通情况 （参照组为与父母沟通频率低于每周）	−0.245 （0.188）
	受照顾情况 （参照组为由父母双方或由父母中一方照顾）	−0.135 （0.145）

续表

自变量		积极发展总体情况
学校 发展环境	师生关系	0.094⁺ （0.054）
	同学关系	0.166** （0.052）
	学校参与度	0.180** （0.053）
	期望清晰度	0.249*** （0.070）
	规则公平度	0.144* （0.066）
	校园安全	−0.004 （0.069）
	校园欺凌	0.017 （0.035）
控制 变量	地区	0.401 （0.275）
	民族	0.261 （0.440）
	年级	−0.139 （0.304）
常数项		−14.637*** （1.244）
R^2		0.450
$-2LL$		792.208

注：显著性水平 $+p<0.1$；$*p<0.05$；$**p<0.01$；$***p<0.001$。

六 对农村学校困境儿童能力建设的建议

当前，农村学校困境儿童的发展正由基本生存需要的满足向更高层次的发展需要满足迈进。本研究通过对安徽、湖北、江苏三省四县（市）的四所农村中小学校进行调查发现：第一，农村学校困境儿童在积极认

同维度上有待提升，在不同子维度上优劣势也表现得较为明显。第二，农村学校困境儿童的家庭环境中仍存在经济匮乏、亲子沟通不足以及与父母照顾缺失等风险；在学校环境中，农村学校困境儿童感知到校园人际氛围和纪律氛围较好，但是他们普遍认为学校的安全水平较低且校园欺凌现象较为突出。第三，影响农村学校困境儿童发展的因素是多重的，既有个体因素也有家庭环境和学校环境因素。尽管家庭在儿童抚育过程中存在脆弱性，但儿童的发展环境正逐步由以家庭为主转向"家庭—学校—社会"责任共担，乡村学校、爱心企业以及 NGO 组织在儿童发展过程中正在同家庭一道形成合力促进儿童发展。在未来的农村学校困境儿童关爱服务行动中，我们有如下建议。

（一）提供专业的农村困境儿童积极发展能力建设服务

为促进农村学校困境儿童更好地实现积极发展，建议引入成熟且系统的儿童发展服务计划，针对儿童发展过程中所必需的能力设计对应的提升课程。有鉴于调查中发现农村学校困境儿童在自我效能感和明确及正面身份认同两个子维度上的发展水平亟待提升，为了能够更加贴合农村学校困境儿童发展的实际需要，建议重点围绕以上两个子维度开展相应的服务。此外，就发展服务计划的服务对象而言，应当秉持"解决问题+预防风险+能力建设"的理念，即在当下发展过程中没有表现出问题的农村学校困境儿童并不代表他们有足够的能力抵抗未来可能遇到的风险，因而应当将全体农村学校困境儿童列为服务计划的第一层介入服务对象，帮助农村学校困境儿童巩固当前的发展成果并不断提升自身能力，为将来可能遇到的风险做好充足准备。第二层的介入服务对象具有选择性，为第一层介入服务过程中辨识到的发展情况存在一定缺陷的农村学校困境儿童。在此过程中，可以积极借助社会组织和公益机构的力量，为农村学校困境儿童链接到专业的社会工作服务机构、社会工作师以及心理咨询师等资源，同时考虑到农村学校困境儿童关爱服务行动的可持续性和覆盖范围，可以将帮扶重点向农村学校困境儿童所在学校的教师和农村学校困境儿童监护者倾斜，秉持"帮助帮助者"理念，通过影响农村学校困境儿童的发展环境进而更长久、更持续地帮助农村学校困境儿童实现更好的发展。

（二）强化家庭为本的农村困境儿童发展服务

家庭是儿童实现社会化发展的第一环境，良好的家庭养育环境有助于儿童认知、语言、社会情感和运动能力发展。良好的家庭养育环境不仅包括良好的家庭物质环境，还包含良好的家庭情感养育环境和社会性养育环境，即父母对儿童的情感表达、对儿童行为的有效管理以及对儿童良好行为习惯的培养。就此来看，并不是为儿童提供了充足的物质资源就是尽到了抚育责任，农村学校困境儿童的父母、祖父母或其他监护人在注重满足儿童基本物质需要的同时，也应当重视儿童的心理和精神发展需要。家庭情感养育环境的培育有赖于父母在陪伴儿童发展的过程中与儿童建立起和睦的亲子关系，而在父母双方或一方不在场的情况下，外出务工的父母应当通过多种渠道提高与农村学校困境儿童之间的情感交流频率，增强亲子之间的凝聚力；丰富与子女之间的沟通内容，既应当关心农村学校困境儿童的身体健康和学习情况，还要注重关怀农村学校困境儿童的心理和情感发展情况；采取开放平等的沟通方式，站在儿童的角度关心儿童的需要，使农村学校困境儿童愿意表达内心诉求。

（三）优化学校环境提升儿童积极发展能力

教育的效果取决于学校和家庭教育的一致性，这突出了建立家校合作伙伴关系的重要性，肯定了家庭和学校对儿童发展共同承担责任。学校应当定期与农村学校困境儿童父母建立联系，帮助农村学校困境儿童父母及时掌握孩子在校动态；进行定期家访，对农村学校困境儿童监护人开展知识培训，讲授与农村学校困境儿童健康、心理和行为发展相关的知识，增强监护人的安全意识和责任意识；促进农村学校困境儿童父母和其他监护人与农村学校困境儿童之间的沟通交流。此外，师生关系、同学关系、学校参与度、期望清晰度以及规则公平度等因素都对农村学校困境儿童积极发展存在影响，因

而在未来的关爱服务行动中要注重学校补充作用的发挥，营造良好的校园氛围进而促进农村学校困境儿童积极发展。同时，有鉴于农村学校困境儿童感知到校园欺凌现象较为突出，对于校园欺凌的防治不应当止步于对施暴者的批评教育，而是将校园欺凌受害者纳入社会工作干预范畴中，由专业的学校社会工作者或心理教师对其进行正确的心理引导，鼓励受害者勇敢地向老师、家长或其他同学求助，对其学业、社交或情绪问题进行有针对性的观察，引导受欺凌者积极应对校园欺凌、增强防范意识和自我保护意识，防止欺凌的反复发生，还可以开展关于反欺凌专题的小组工作，发动班集体共同抵制欺凌行为。

（四）整合企业资源提升困境儿童关爱服务的可及性

持续践行企业社会责任，进一步提升农村学校困境儿童关爱服务的可及性。一方面，对于部分家境贫寒且父母文化程度不高的家庭而言，他们在信息获取方面可能处于劣势，对爱心企业和 NGO 组织所提供的帮扶项目以及如何申请救助和服务均不清楚。获取信息的能力不足制约了家庭和农村学校困境儿童获取服务的机会，因此，爱心企业和 NGO 组织应加大对农村学校困境儿童帮扶项目的宣传力度，增强农村学校困境儿童及其家庭对帮扶项目的了解和认知，使其形成对帮扶项目的积极态度和主动求助意识，减少福利资源和服务在递送过程中的障碍，提升帮扶项目的可及性。另一方面，爱心企业和 NGO 组织应当关注社区作为联接政府与社会的基层平台的重要作用。社区承载了政府转移出来的部分职能，在地缘、社会动员、资源整合等方面具有优势，农村学校困境儿童在学习、行为、关系、心理等方面的发展离不开社区环境的支持。在未来农村学校困境儿童关爱保护行动中，爱心企业和 NGO 组织可以根据农村学校困境儿童的社区背景及类型，有针对性地提供农村社区支持服务，与农村社区合作并充分利用社区资源构建具有地缘特色的社区支持体系，促进农村学校困境儿童更好地发展。

B.14
中国特色儿童友好城市：从地方
实践到国家行动

顾 严　魏义方　纪竞垚*

摘　要： 我国已进入全面建设社会主义现代化国家新征程，儿童友好城市
建设成为新征程上的新要求，在"十四五"规划纲要中进行了
明确部署。国内一些城市经过多年探索，初步形成了全域推进、
规划引领、社区支撑等特色经验，为在全国试点建设儿童友好城
市提供了重要参考。建设中国特色儿童友好城市，重点任务是推
进社会政策、公共服务、权利保障、成长空间、发展环境"五
个友好"，让儿童友好成为全社会的普遍共识和共同行动。

关键词： 儿童友好城市　儿童优先　儿童参与

　　建设中国特色儿童友好城市，是开启全面建设社会主义现代化国家新征
程的必然要求，是新时代满足人民美好生活需要的重要举措，是推动城市高
质量发展的战略方向，也是保障儿童权利的题中应有之义。20 世纪 90 年代
中期，联合国提出建设儿童友好型城市的倡议，得到了全球范围内的积极响
应。我国也有部分城市先行探索，取得了初步成效。2021 年，《中华人民共
和国国民经济和社会发展第十四个五年规划和 2035 年远景目标纲要》部署
了"儿童友好城市建设"的任务；国务院印发的《中国儿童发展纲要

---

* 顾严，习近平经济思想研究中心研究员，研究方向为经济社会发展战略与规划；魏义方，中
国宏观经济研究院社会所博士，研究方向为儿童发展与公共政策；纪竞垚，中国宏观经济研
究院社会所博士，研究方向为人口与经济社会发展战略。

（2021—2030年）》明确提出"鼓励创建社会政策友好、公共服务友好、权利保障友好、成长空间友好、发展环境友好的中国特色儿童友好城市"；国家发展改革委等23个部门联合印发的《关于推进儿童友好城市建设的指导意见》进行了顶层设计。这一年，在中国儿童友好城市建设史乃至中国儿童发展史上具有重要的里程碑意义，标志着儿童友好城市建设从地方的探索实践上升为国家的统一行动。

一　中国儿童友好城市建设的背景

（一）全面现代化的必然要求

习近平总书记指出："从全面建成小康社会到基本实现现代化，再到全面建成社会主义现代化强国，是新时代中国特色社会主义发展的战略安排。"这一战略安排分两步进行推进，第一步是到2035年基本实现社会主义现代化，第二步是到21世纪中叶把我国建成富强民主文明和谐美丽的社会主义现代化强国。人民群众是历史的创造者，更是中国特色社会主义事业的建设者，我国实现社会主义现代化、建设社会主义现代化强国离不开广大人民群众，更离不开近3亿儿童群体。

儿童是国家的未来、民族的希望。2000年以来，我国儿童规模呈现先降后升态势（见图1）。2000年我国18岁以下儿童34533.5万人，占总人口的27.8%，到2010年儿童规模下降至低点，为27891.3万人，占总人口的20.9%，截至2020年，第七次全国人口普查数据显示，我国18岁以下儿童回升至29765.6万人，占全国人口总数的21.1%。作为14亿人口1/5的儿童群体，其生存和发展需求应被社会各界所关注。坚持儿童优先发展，满足儿童多样化、多层次的需求，建设儿童友好城市，让儿童群体能够在城市生活中被关爱、被尊重，是以人民为中心的发展思想的体现，是确保发展为了人民、发展依靠人民、发展成果由人民共享的必然要求。

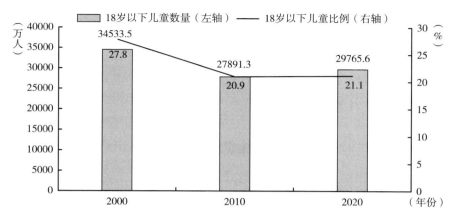

图1　2000、2010、2020年我国儿童数量和占总人口比例变化

资料来源：国家统计局。

（二）新时代的美好生活需要

随着人们生活水平不断提高，无论在物质生活还是精神生活方面，儿童都比以往拥有更多的发展资源和发展空间。包括儿童群体在内的社会大众对新时代美好生活有了更多更高的期待。然而，与儿童及其家庭对美好生活的期待相比，仍然存在一些问题亟待解决。以儿童健康为例，近年来儿童医疗卫生保健资源不断增多（见表1），随着人们生活质量的提高，营养不良的儿童少了，但超重肥胖儿童多了。数据显示，2010年我国中小学生超重肥胖率为15.5%，到2019年，该指标提高至24.2%，近10年间中小学生超重肥胖率上升了8.7个百分点。此外，越来越多的儿童戴上了"小眼镜"，2010年我国中小学生视力不良率为57.4%，到了2019年该指标提高至67.9%，且该趋势在不同性别、城乡、年龄分布中普遍存在。儿童的心理健康问题也越来越突出，抑郁等心理问题困扰着许多儿童及其家庭。《中国青年发展报告》显示，在17岁以下的儿童之中，受到各种情绪和行为问题困扰的人数大约有3000万人，2019年中国青少年研究中心联合中国科学院心理研究所的一项专门对青少年儿童的心理健康调查结果表明，有7.7%的

14~18 岁儿童有抑郁风险，重度焦虑的比例高达 5.1%①。我们在重视儿童身体健康的同时也需要关注儿童的心理和社会适应能力。因此，应通过建设儿童友好城市，从儿童健康、教育、福利、社会环境、法律保护等多领域解决儿童生存和发展过程中面临的现实问题，更大限度地满足新时代社会大众特别是儿童群体对美好生活的需要。

表 1　我国儿童医院相关指标情况

单位：个，人

年份	医院数量	卫生技术人员	执业（助理）医师	执业医师	注册护士
2010	72	30757	10037	9895	15095
2011	79	33847	10631	10490	16657
2012	89	37786	11525	11340	19059
2013	96	43333	12905	12731	22018
2014	99	46330	14044	13858	23362
2015	114	51116	15660	15120	25798
2016	117	52225	15766	15522	26938
2017	117	55151	17015	16737	28254
2018	129	58516	18488	18155	29828
2019	141	62519	20042	19715	31490

数据来源：中国儿童中心编《中国儿童发展报告（2021）》，社会科学文献出版社，2021；国家卫生健康委员会编《中国卫生健康统计年鉴》，中国协和医科大学出版社，2011~2020；国家统计局社会科技和文化产业统计司编《2020 中国妇女儿童状况统计资料》，中国统计出版社，2020。

（三）城市高质量发展的战略方向

随着新型城镇化的推进，一些城市亟须转型发展。以资源型城市为例，这些城市往往由于资源开采而兴，但随着资源逐渐枯竭，资源型城市往往会面临产业结构单一、城市基础设施老旧、生态环境不佳、失业率较高、社会保障体系不健全等问题，城市的活力不够、动力不足、竞争力不强，很多年轻人赴外地打工，人口流失严重。为了进一步推动城市转型升级、

---

① 中国儿童中心编《中国儿童发展报告（2021）》，社会科学文献出版社，2021。

促进城市高质量发展，建设儿童友好城市便成为一大契机。通过全方位、多领域、各环节注重儿童友好，构建儿童友好城市，将原本以"生产"为发展导向转变为以"生活"为发展导向，将原本完全依靠重工业发展向更多依靠民生领域发展，特别是在儿童社会政策、公共服务、权利保障、成长空间、发展环境等方面创新发展，形成城市转型发展新名片，助力城市高质量发展。

（四）儿童权利保障的应有之义

1989年11月，第44届联合国大会通过的《儿童权利公约》（以下简称《公约》），是第一部有关保障儿童权利且具有法律约束力的国际性约定。所有签署公约的国家都承诺，要保护儿童的权利。在《公约》中，解释了谁是儿童，他们拥有哪些权利，各国政府有哪些责任。《公约》将儿童界定为18岁以下的未成年人，儿童拥有生命、生存和发展权，拥有不与家人分开、不受诱拐、尊重儿童的意见、自由表达想法、不受暴力侵害、接受教育、休息、玩耍和参与文化艺术活动等权利。2015年9月，联合国可持续发展峰会召开，正式通过了联合国可持续发展目标（Sustainable Development Goals，SDGs），该目标是在2000~2015年联合国的千年发展目标（MDGs）实现之后，用于指导2015~2030年的全球发展工作的重要依据。在联合国17个可持续发展目标中，与儿童密切相关的有12个，儿童作为需要特别关注的人群得到了前所未有的强调。从全球范围来看，儿童的发展将成为未来15~20年中实现变革的关键。

为保障儿童权益、实现儿童友好，1996年联合国儿童基金会和联合国人居署联合发起儿童友好型城市倡议，旨在全球城镇化水平日益提高的背景下为儿童创建安全、包容、充分响应儿童需求的城市和社区。我国在前期各地探索实践的基础上，2021年，国家发展改革委、国务院妇儿工委办公室等23个部门联合印发了《关于推进儿童友好城市建设的指导意见》（发改社会〔2021〕1380号），该文件明确提出通过建设儿童友好城市，切实保障儿童的生存权、发展权、受保护权和参与权，让儿童拥有美好的未来。

二 国际国内儿童友好型城市建设的经验

（一）联合国儿童友好型城市的倡议及全球框架

1. 倡议的提出

20 世纪 90 年代以来，全球城市化规模和速度持续提升。世界银行数据显示，1990 年，全球有 22.7 亿人居住在城市，占全世界总人口 43%；到 2020 年，全球居住在城市中的人口总数达到了 43.5 亿人，占世界人口的比重超过了 56%。随着城市化进程的加快，越来越多的儿童生活在城市，城市也日趋成为儿童成长发展的重要外部环境。儿童是城市发展中的"脆弱群体"，他们的成长发展往往依赖于成年人的保护和照顾。在城市化快速扩张进程中，成年人为满足自身需要而建造的城市环境往往由于缺乏儿童视角而忽略儿童身心成长。[1]

城市发展中如何保障儿童权益，逐渐得到学术界和实践部门的关注。1990 年，《儿童权利公约》正式生效。1992 年，在里约召开的联合国环境与发展会议明确提出了可持续发展战略。可持续发展理念强调当代人的发展不损害后代人的利益需要，这也敦促在城市发展中更多考虑和满足儿童需求。为了推进联合国《儿童权利公约》实施，实现儿童权利，联合国儿童基金会和联合国人居署在 1996 年共同发起了儿童友好型城市倡议（Child Friendly Cities Initiative，以下简称 CFCI）。目前，这项倡议已遍及全球 60 余个国家[2]，并呈现逐年扩展之势。

2. 全球框架

（1）儿童友好型城市的概念

联合国儿童基金会将儿童友好型城市定义为"致力于实现《儿童权利

---

① 宗振芬：《国外儿童友好型城市建设的特色做法》，《群众》2021 年第 8 期。
② UNICEF. Global Stock Take of the Child Friendly Cities Initiative［R］. UNICEF, 2021.

公约》规定的儿童权利的城市、城镇、社区或任何地方政府体系；在这些城市或社区，儿童的心声、需求、优先事项和权利是当地公共政策、程序、决策不可或缺的一部分"①。儿童友好型城市的出发点和落脚点在于儿童权利的实现。

（2）儿童友好型城市建设目标

以《儿童权利公约》为基石，联合国儿童基金会提出了儿童友好型城市行动的基本框架并提出儿童友好型城市和社区的九大基本模块（见表2）。围绕无歧视，在涉及儿童的事宜中以儿童最大利益为出发点，确保儿童的生命权、生存权、发展权，尊重儿童的意见这四大儿童权利准则，联合国儿童基金会提出了儿童友好型城市建设的五大目标（也被称为"一只手框架"），即儿童有权利受到重视、尊重和平等对待，儿童有权表达意见，儿童有权享受基本公共服务，儿童有权在安全的环境下成长，儿童有权与家人在一起、享受游戏和娱乐。②

表2　联合国儿童基金会提出的儿童友好型城市倡议的九大基本模块

序号	基本模块
1	儿童参与
2	儿童友好型法律框架
3	全市儿童权利战略
4	儿童权利部门或协调机制
5	儿童影响评价和评估
6	用于儿童的预算
7	定期发布本市儿童状况报告
8	广泛宣传儿童权利
9	有关儿童权利的独立倡导机制

资料来源：联合国儿童基金会《构建儿童友好型城市和社区手册》。

---

① 联合国儿童基金会：《构建儿童友好型城市和社区手册》，2019。
② 联合国儿童基金会：《构建儿童友好型城市和社区手册》，2019。

（3）儿童友好型城市建设基本步骤

联合国儿童基金会建议的儿童友好型城市（一个项目周期）认定程序主要包括六个基本步骤①。

第一步：签订谅解备忘录。联合国儿童基金会驻各国办事处或国家委员会与地方政府或其他利益相关方签署谅解备忘录，巩固成为儿童友好型城市的意愿，并就愿景、目标、权利、义务等达成共识。

第二步：开展现状分析。通过对儿童权利现状分析，了解政府及相关方在儿童工作领域的职能背景、相互关联及决策制定流程，识别重大的儿童问题，找出根本原因并明确改变方向，一方面为 CFCI 行动方案制定提供信息依据，另一方面也为后续的监测评估提供基线数据资料。

第三步：制定行动方案。制定并通过 CFCI 行动计划，根据联合国儿童基金会的相关界定，明确儿童友好型城市的内涵、目标、指标等。通常，在行动方案获得认可后获得联合国儿童基金会 CFCI 候选标识。

第四步：方案实施。包括实施相关法律和政策，CFCI 的宣传推广，以及开展能力建设和相关培训等。

第五步：开展监测评估。通过制定监测和评估机制，对行动方案执行期间、执行期结束后进行监测和评估，并撰写评估报告，重点涵盖儿童友好型城市倡议的成效和影响，测量儿童友好型城市倡议实施后给儿童生活带来的影响。

第六步：获得标识（有一定期限的标识）。如果城市或社区的 CFCI 行动计划（第一个项目周期）得到好评，就可获得联合国儿童基金会的认可，成为"儿童友好型城市或社区"，获得儿童友好型城市标识的使用权并获颁证书，有权在约定期限（通常是 1~5 年）内享有联合国儿童基金会儿童友好型城市倡议的成员身份。为确保儿童相关工作不断推进，在后续的项目周期中，参与城市还需制定并实施新的行动计划并通过监测和评估，再次获得认可。

---

① 联合国儿童基金会：《构建儿童友好型城市和社区手册》，2019。

在具体的评价指标方面，不同国家地区和机构对于儿童友好型城市评价指标不尽相同。根据联合国儿童基金会《构建儿童友好型城市和社区手册》，总体来看，儿童友好型城市评价设定的指标主要包括产出指标、成果指标和影响指标三类。其中，产出类指标主要测量营造儿童友好型环境的相关活动，如设立儿童议事会、制定道路安全战略等；成果类指标主要测量各项活动取得的实际成效及其对整个城市和社区带来的益处，如儿童议事会提出并得到通过和落实的建议数量，在学校、家庭、医院附近使用人行横道的儿童数量等；影响类指标主要测量儿童在实际生活和权利行使方面发生的实际变化、切实有形的客观结果和改善以及儿童对所处日常环境的主观认知等，如学校、家庭、医院附近的儿童意外事件数量下降等。

（二）国内一些城市建设儿童友好城市的先行探索

近年来，国内一些城市，如深圳、长沙、成都等结合自身经济社会发展阶段性特征以及城市儿童发展面临的问题挑战，积极开展了各具特色的儿童友好城市建设先行探索，为推进全国儿童友好城市建设工作提供了有益经验。

1. 深圳：全域推进儿童友好城市建设

"十三五"时期，深圳市率先提出了建设儿童友好城市的愿景目标，并先后制定印发了《深圳市建设儿童友好型城市战略规划（2018—2035年）》以及《深圳市建设儿童友好型城市行动计划（2018—2020年）》，确定了儿童社会保障、儿童参与和儿童友好城市空间三大策略体系，并建立了行动项目库。①

"十四五"时期，深圳市儿童友好城市建设在各个领域加快推进，立足儿童全周期发展和为儿童提供全方位服务，全域推动儿童友好城市建设。2021年，深圳印发《关于先行示范打造儿童友好型城市的意见（2021—

---

① IUD 中国领导决策案例研究中心：《建设儿童友好型城市的深圳标杆》，《领导决策信息》2018 年第 19 期。

2025 年）》，率先在全国出台儿童友好城市建设地方指导性意见，并制定了新一轮儿童友好城市行动计划。

在儿童友好空间建设方面，积极制定各类建设指引，创新相关配置标准。深圳市制定印发了《儿童友好型社区建设指引（试行）》，为儿童友好社区规范建设提供了基本遵循，"南山儿童友好城区""百花儿童友好街区"等儿童友好城区、街区建设样板竞相涌现。此外，深圳市还在儿童友好学校、医院、图书馆、公园、基地等不同儿童友好空间标准上开展了有益探索，制定出台了《深圳市儿童友好型学校建设指引（试行）》《深圳市儿童友好型医院建设指引（试行）》《深圳市儿童友好型图书馆建设指引（试行）》《深圳市儿童友好型公园建设指引（试行）》《深圳市儿童友好实践基地建设指引（试行）》等系列标准规范，提出了不同儿童友好空间的具体建设要求。在儿童友好服务供给方面，围绕婴幼儿照护服务、儿童教育医疗、儿童文体服务等多领域全方位提升面向儿童的公共服务水平。此外，深圳市还率先探索编制了儿童参与工作指引，规范和引导儿童参与工作。

2. 长沙：编制全龄空间规划及规划指引

长沙市是国内较早开展儿童友好城市建设的城市之一。其儿童友好城市建设过程中的突出特点是倡导全龄友好，即儿童友好城市不仅意味着对儿童友好，也是对所有人友好的城市。2015 年，长沙市提出创建儿童友好城市目标，并将其纳入《长沙市 2050 远景发展战略规划》等城市发展目标。

为推动儿童友好理念深入人心，长沙市编制了一组全年龄段空间规划。一是编制幼儿园专项规划，保障学龄前儿童的入学需求。通过专项规划编制，基本实现了幼儿园三百米服务半径、小学五百米服务半径全覆盖。二是编制中小学校布局规划，满足中心城区适龄儿童入学需求，推动中小学布局与城市发展以及经济社会发展相匹配，通过布局优化以及标准化建设，保障儿童有学上、好上学、上好学。三是编制 15 分钟生活圈规划，聚焦居民衣食住行，让儿童、老年人、残疾人等不同群体享受更为优质便捷的生活服务。长沙市打造以街道为基础的 15 分钟步行生活圈，完善生活圈范围内幼儿园、小学、公园、社区文化活动中心、社区卫生服务站、公交站、多功能运动站场等儿童友好设施，提升儿童获得感、幸福感和安全感。①

为加强对儿童友好城市建设的标准指引，长沙市制定了系列规划导则。制定长沙市儿童友好型街区建设指引，为儿童提供满足其健康成长需求的街道空间；制定儿童友好型小区建设指引，为儿童营造安全、幸福、可靠的成长环境；制定儿童友好型学校建设指引，优化校园环境，促进儿童健康全面发展；制定儿童友好型企业建设指引，推动建设空间集约、环境友好、设施完善、资源共享的儿童友好企业。②

3. 成都：积极探索儿童友好社区建设

成都市开展了儿童友好社区试点工作，致力于打造"儿童友好幸福场景"，提出到2025年实现品质为先、动态成长、充满活力的儿童友好社区全覆盖这一目标。实践中，成都市成华区保和街道和美社区通过多种方式整合资源，开展儿童友好社区建设探索。一是在社区党群服务中心设立儿童之家，内设儿童游戏、绘本阅读、妈咪宝贝屋、心理咨询室等功能区，为儿童以及家庭提供公共服务。二是充分挖掘现有设施资源，拓展儿童学习活动场地，如将社区文化活动中心小剧场、健身室、书画室、声乐室等面向适龄儿童开放使用。三是通过社区角落等微更新为儿童提供自由玩耍的空间，充分利用社区小游园、院落楼栋架空层、微绿地等空间，建设符合儿童游乐需求的公共空间。

三 中国特色儿童友好城市建设的重点及建议

坚持儿童优先原则，为儿童发展营造友好的环境，是全球共识。中国有强力的政府政策支持，有扎实的儿童事业发展基础，有浓厚的儿童友好文化环境，建设中国特色的儿童友好城市，应着力推进"五个友好"，即推进社

---

① 长沙市"儿童友好型城市"创建工作领导小组办公室：《相约未来——创建儿童友好型城市理念与实践》，中国建筑工业出版社，2021。
② 长沙市"儿童友好型城市"创建工作领导小组办公室：《相约未来——创建儿童友好型城市理念与实践》，中国建筑工业出版社，2021。

会政策友好、公共服务友好、权利保障友好、成长空间友好和发展环境友好。

（一）推进社会政策友好

在社会政策方面，将儿童友好的理念融入经济社会发展的各项政策制度之中。在制定城市经济社会发展规划时，优先考虑儿童的生存和发展需求，将儿童相关服务纳入经济社会发展规划之中，并予以土地、资金、人才、技术、数据等全方位的支持。

在城市规划建设方面，引入儿童的视角环视城市建设，规范与儿童相关的场地设施建设标准。例如，深圳市发布了 7 个儿童友好活动空间建设指引，提倡"1 米高度看城市"，鼓励儿童参与城市治理，对儿童出行系统、学校、医院、图书馆、公园、母婴室和社区等空间的建设内容、儿童参与方式、具体建设标准和组织实施方式提出了明确的要求。

在儿童参与方面，相比于成年人而言，儿童在很多时候处于相对弱势的地位，虽然现实生活中父母深爱自己的孩子，愿意为孩子提供他们所能提供的最好生活，但同时，父母往往又不完全懂得孩子们真正需要什么、该如何满足他们的需求。因而，很多时候，大人们总会替孩子"做主"，特别是在决策中很难听到儿童的声音。因此，需要多为儿童提供参与社会生活的渠道，如建立儿童议事会、开展儿童建言献策活动等，了解儿童的真实诉求，培养儿童关心关注社区、社会公共事务的意识，提升他们的参与意愿和知识技能。

（二）推进公共服务友好

2021 年底，国家发展改革委等 21 个部门发布了《"十四五"公共服务规划》（发改社会〔2021〕1946 号），该规划是"十四五"时期乃至更长一段时期促进公共服务发展的综合性、基础性、指导性文件。《规划》设置了 22 个主要指标，其中与儿童相关的指标超过一半以上，特别是在幼有所育、学有所教、病有所医、住有所居、弱有所扶、文体服务保障等方面皆体现了与儿童相关的公共服务要求，应着力落实好涉儿相关的公共服务。

在儿童养育教育方面，一要加大普惠托育服务供给力度。通过社会力量举办普惠托育机构、嵌入单位和园区、办幼儿园托班和家庭托育点等形式扩大普惠托育服务供给，出台相关标准规范，探索价格形成机制，提高托育机构的服务质量。二要探索实施父母育儿假等制度，总结各地经验，明晰父母育儿假制度对女性就业等方面的影响。三要促进基础教育均衡发展，推动义务教育公平高质、特殊教育"一人一案"，让儿童群体拥有充实快乐的学习生涯。

在儿童健康方面，世界卫生组织将生命早期 1000 天（从女性怀孕的胎儿期到婴儿出生后的两岁左右）界定为一个人生长发育的机遇窗口期，这个时期是预防成年人慢性疾病的关键期。因此，应加强婚前、孕前、孕产期保健和儿童早期发展服务，建立出生缺陷防治体系，为妇女儿童提供系统、规范的优生优育全程服务。宣传母乳喂养观念，持续推进母乳喂养促进行动。加强儿童龋齿防治，降低儿童近视及肥胖发生率。重视儿童心理健康预防和干预，搭建基层心理健康服务平台，开展儿童生命教育，促进儿童心理健康。

在文体服务方面，推进图书馆、博物馆、文化馆、美术馆等免费向儿童开放，给儿童创造更多的文化场景。重视农村地区和偏远地区儿童文体服务设施建设，确保困难、偏远、留守、流动儿童等平等享有基本公共文化服务。在体育方面，制修订面向儿童的体育设施器材等标准，加强儿童体质监测，举办形式多样、内容丰富、趣味性强的儿童体育赛事活动，将儿童体育服务融入全民健身服务体系建设之中，鼓励儿童经常参加体育活动。

（三）推进权利保障友好

一是加大孤儿和事实无人抚养儿童关爱力度。保障孤儿和事实无人抚养儿童的基本生活，确保基本生活补贴和生活费发放到位，补贴标准与各地区经济社会发展水平相适应。通过项目工程等方式，逐步提高孤儿和事实无人抚养儿童医疗康复和助学保障水平，探索推广家庭式养育模式。

二是推进残疾儿童康复服务。支持有条件的地区探索扩大残疾儿童康复救助项目范围及年龄范围，提高救助标准。康复服务是残疾儿童的重要需求，建议支持社会力量举办康复机构，鼓励有条件的儿童福利机构向社会残疾儿童拓展康复服务。以此次冬残奥会为契机，鼓励残疾儿童参加体育锻炼活动。

三是加强困境儿童分类保障。各地区要建立完备的困境儿童信息台账，实现一人一档案，并实行动态管理，落实定期上门查访，加大对困难家庭的重病、残疾儿童基本生活保障和专项救助力度。争取各方资源，开展多样化的困境儿童关心关爱帮扶活动，加强流浪未成年人救助保护，营造全社会关心关爱困境儿童的良好氛围。

（四）推进成长空间友好

儿童日常生活离不开学校、医院、公园、图书馆、美术馆、博物馆等，在硬件设施建设和软件服务功能上"双管齐下"，共同推进城市儿童服务设施和服务功能友好。例如，建设儿童友好医院，要秉持儿童安全原则，全面对医院进行适儿化改造，构建具有吸引力、益智性、舒适性的儿童活动、餐饮、门诊、候诊空间及儿科病房，无论是室内空间还是室外空间，其设计与装修均应符合儿童的心理特点。同时，畅通儿童就诊渠道，优化就诊流程，减少排队等待时间，加大儿科医生培养培训力度，更大限度地满足儿童诊疗需求。

儿童的成长也离不开社区、街区等最贴近其生活的地方。需要加大儿童之家建设力度，由于一些城市特别是中心城区面临土地短缺问题，可以推进儿童之家复合利用，例如将儿童之家与养老、托育等机构复合建设、错峰利用。可以在社区中增加儿童活动的"微空间"，推动社区打造儿童"游戏角落"。在新建居住区、城中村改造与棚户区改造中，合理增设室内外安全游戏活动设施。在硬件设施建设的基础上，应在宣传引导方面下功夫，鼓励儿童积极参与社区建设，营造全民参与社区治理氛围。

成长空间的营造离不开安全风险防范。在交通方面，交通安全往往是影响儿童安全的一大隐患，要加强交通安全教育，同时要加强人行道、自行车道规划建设，为儿童划定独立、连续的步行和骑行空间，打造学校周边道路交通的"慢系统"，增强儿童出行安全性。此外，需要持续加强对儿童防灾减灾的安全教育，让每一位儿童都了解到防灾减灾基本常识并定期进行实地演习。要落实好主体监管责任，防微杜渐，确保防范化解各类风险。

（五）推进发展环境友好

从微观看，家长是孩子第一任老师，在营造儿童友好的发展环境时，首先需要优化儿童家庭成长的环境。打造一批家庭教育、家风建设活动品牌，深入实施"家家幸福安康工程"和"文明家庭评选活动"。为增强家庭教育的专业性，可以通过政府购买服务等方式，由专业的社会组织、相关机构等定期开展家庭教育指导行动。

从宏观看，要培育积极、健康的文化环境。加强社会主义核心价值观教育，从小树立富强、民主、文明、和谐，自由、平等、公正、法治，爱国、敬业、诚信、友善的理念。加强优秀传统文化教育，组织开展传统文化讲座、经典诵读、绿色阅读等活动。整治校园周边的文化环境，对校园周边文化市场经营单位进行网格化管理，定期进行检查，为儿童营造良好的校园周边文化环境。

从线上看，持续净化网络环境。互联网的普及，在给日常生活带来极大便利的同时，也对儿童造成了一定的负面影响，特别是部分网络直播、网络游戏等涵盖了一些危害儿童身心健康的不良信息，需要加大执法检查力度，压实主体责任。同时，一些儿童沉迷网络，网瘾难戒，需要完善相关产品分类、内容审核、时长限制等措施。

从线下看，全力保障儿童人身安全。切实维护儿童食品用品安全，曾经出现的"毒奶粉"等事件造成了非常恶劣的社会影响，应加大监管力度，坚决杜绝此类事件的发生。有效防止儿童意外和人身伤害，特别是对交通、溺水、跌落、烧烫伤、中毒等事件需加强预防与处置。如今，校园霸凌事件屡见不鲜，需要教育部门、学校、家长、儿童等多方联动共同解

决欺凌事件的发生。2022年"丰县生育八孩女子事件"引起舆论轩然大波，需要进一步有效、有力防范性侵和家庭暴力，严厉打击拐卖妇女儿童等犯罪行为。

（六）儿童友好城市试点及建议

推进儿童友好城市试点建设是全方位践行儿童友好发展理念的重要尝试，对于明确建设内容、探索建设机制、实现建设效果具有重要意义。通过对如国家卫生城市、国家文明城市、国家森林城市等相关国家级城市的分析，针对儿童友好城市试点提出以下建议。

一是，建立较为完善的激励机制。一方面，提高各级政府参与积极性，如提升城市品牌效益、与薪酬绩效挂钩等；另一方面，提高民众对儿童友好城市创建的积极性。儿童友好城市创建不仅仅是政府部门主导的，更应广泛动员广大群众力量，听取民众意见，加大对儿童友好城市的宣传力度，特别是对"一老一小"群体及社会大众带来正面影响，从而调动整个城市建设积极性。

二是，认定流程实施"申报—评选—认定—复查"的动态管理。为进一步巩固创建效果，全国文明城市采取末位淘汰制，通过动态管理的方式，每年进行自查和省文明委复查，连续两次测评成绩排在最后三名的，将被取消全国文明城市称号。儿童友好城市评选机制的设定可以参考全国文明城市关于巩固期机制的设计，采取末位淘汰机制，防止运动式治理反弹，巩固建设效果。

三是，充分发挥专家作用。国家卫生城市、全国文明城市、国家森林城市等评选过程中，专家打分、现场考察、暗访的方式运用较多，儿童友好城市建立也应充分发挥专家专业优势，提高评选专业性。

四是，指标设置方面。指标设置应随经济社会发展不断调整完善，注重全面与重点、定量与定性指标的结合，既包括基础性指标，也包括加分性指标，从而体现城市特色。此外，可以通过设置指标数量及权重体现重点指标。设定一票否决机制，防范化解重大政治、经济、社会治理等恶性事件风险。如对出现虐童、儿童非正常死亡、拐卖儿童等恶性事件的城市予以一票否决，强化有关部门对儿童类社会事件的重视。此外，考虑不同地区经济社会发展客观条件，如城乡、区域差异等，对硬件设施、人力资源投入等形成差异化的考核指标。

五是，将智能化信息化手段应用于评选工作。建立电子信息系统，通过智慧化方式提高数据资料搜集及评审效率，通过大数据平台定时对儿童友好城市建设实施过程进行监测、分析，减少评选过程中大量耗费人力物力财力。

六是，将儿童友好城市创建与基层社会治理相结合。在儿童友好城市创建过程中，避免参与主体相对单一，调动乡镇（街道）创建积极性，以此带动乡镇（街道）所辐射的企业、社会组织及公众共同参与。特别是对于参与创建工作的基层人员予以更多的激励倾斜，鼓励在"高位推动"的基础上，注重基层人员在创建和巩固成果工作中的作用。

区 域 篇

Regional Chapters

B.15
建设儿童友好城市的深圳实践

彭 源*

摘　要： 儿童是祖国的未来和民族的希望。儿童的社会地位及生存发展状态是衡量社会文明程度的重要标志。关注儿童权益，实现对儿童友好，是城市高质量发展的重要体现。2015 年底，深圳在全国率先提出系统性建设儿童友好城市目标，并创新性开展探索实践。全市统筹规划、全程多元参与、全域系统推进，儿童友好从最初的"概念"发展为全面铺开的"实景"，开创了超大型城市建设儿童友好城市的"深圳路径"，走出了一条具有深圳特色、体现时代特征的儿童友好之路，在全国发挥了示范引领作用。

关键词： 儿童友好城市　儿童空间　儿童参与　社会共建　深圳

---

* 彭源，深圳市妇女联合会，深圳市妇女儿童工作委员会办公室。

党的十八大以来，以习近平同志为核心的党中央把培养好少年儿童作为一项战略性、基础性工作。习近平总书记强调，当代中国少年儿童既是实现第一个百年奋斗目标的经历者、见证者，更是实现第二个百年奋斗目标、建设社会主义现代化强国的生力军。各级党委和政府、全社会都要关心关爱少年儿童，为少年儿童茁壮成长创造有利条件[①]。为儿童把城市建设得更美好，既是广大市民和家庭的共同期盼，也是城市发展由速度向质量转型、探索与人民美好生活需要相适应的城市治理新路径。深圳，正是通过引入"儿童视角"这样一个小切口，改善城市治理体系，增进儿童福祉，带来社会治理的"大变化"，其探索实践，对发挥中国特色社会主义先行示范区、粤港澳大湾区核心引擎、国家创新型城市和可持续发展议程示范区的引领作用具有深远意义，也向世界展示了一个千万级人口总量规模主体探索儿童友好城市建设的深圳样板和中国方案。

一 深圳建设儿童友好城市的动因

随着各国现代化的推进，大量人口涌入城市，城市治理的重要性已越来越被人们充分认识到。对我国而言，2011年以常住人口来衡量的城市化比重首次超过50%，意味着城市人口比农村人口更多，城市治理的压力与日俱增。虽然城市中的儿童问题越来越受到人们的关注，儿童福祉的保障也不断提升完善，但因快速的城市化进程，城市仍面临着规划不足、公共服务资源分配不均、人与环境不够协调等一系列问题，儿童事业仍有很大的发展需求和探索空间。

深圳是一座典型的超大移民城市，40多年超高速的经济发展也带来儿童数量多、流动性大与服务均等化不够，高密度建成区与儿童发展空间需求冲突，儿童参与意识增强与表达平台不足等系列突出矛盾。建设儿童友好城

市，注重保障儿童的生存权、发展权、受保护权和参与权①，聚焦儿童生存发展的实际需求，包括公共与福利政策、家庭与学校教育、都市功能服务体系等多方面的系统构建，弥补民生方面的突出短板，填补城市建设过程中儿童视角的缺失，推动完善城市公共政策体系，优化城市公共空间利益分配机制，推动构建适合儿童身心健康成长的城市环境。

以建设儿童友好城市为抓手，关注儿童权益，重视儿童发展，做好做实儿童工作，为打造幼有善育、学有优教的民生幸福标杆城市提供了强大动力，是深圳儿童事业向更高质量发展的重要内容，也是实现以人民为中心的城市治理向更高水平发展的重要体现，更为推动落实国家生育政策、促进城市可持续发展发挥着积极作用。

二 深圳建设儿童友好城市的探索实践

深圳以融合"人—社会—空间"三大要素为主线，从政策保障、空间拓展、服务提升和参与促进几个维度构建全域友好的儿童友好城市。

（一）政策保障，切实维护儿童基本权利

自提出建设儿童友好城市以来，深圳市、区、街道各个层级政府都出台相应的文件确保儿童权益得到保障。市级层面出台了深圳市建设儿童友好型城市《战略规划》② 和两轮《行动计划》③，制定了儿童友好社区、学校、图书馆、医院、公园、出行、母婴室、儿童参与、实践基地、中小学生性别平等教育、学前教育设施等 11 个领域建设指引及评价体系。《战略规划》是全市儿童友好城市建设的行动纲领，是编制和实施各区儿童友好城区、街

---

① 《中华人民共和国未成年人保护法》第三条，国家保障未成年人的生存权、发展权、受保护权、参与权等权利。
② 《深圳市建设儿童友好型城市战略规划（2018—2035年）》。
③ 《深圳市建设儿童友好型城市行动计划（2018—2020年）》《深圳市建设儿童友好型城市行动计划（2021—2025年）》。

区、社区规划的基础依据①。《行动计划》是围绕落实战略规划的具体举措。

全市十个区及部分街道也制定了工作方案与计划等文件。福田区制定了《福田区建设儿童友好型城区工作方案》，相关项目从 2017 年开始被确定为区政府民生实事。宝安区颁布建设妇女儿童友好型城区行动计划，在街道、社区等七大实体空间开展友好型试点建设工作。龙岗区出台《试点项目实施指导意见》和《三年实施方案》，明确了七大领域共 17 个试点项目，建立六大保障行动项目库，并将其列入区级城市总体规划（2016—2035 年）。龙华区建立 60 项行动项目库，将儿童友好纳入党建工作大局及基层治理格局，以"党建引领、全域推进、服务均等、赋能参与"② 促进儿童友好城区建设。坪山区出台《坪山区建设儿童友好型城区工作实施方案（2018—2020 年）》，明确工作目标，分解成六大行动、21 个具体项目，推动儿童友好型城区建设规划先行、精准施策、分类推进。大鹏新区出台《大鹏新区建设儿童友好型城区工作方案》，确定了 2018～2020 年三年的年度目标，并将目标任务分解成六大行动、26 个具体项目和工作指标，着手制定《大鹏新区建设儿童友好型城区长远规划（2018—2035 年）》。此外，罗湖区还出台了《罗湖区深化教育领域综合改革方案》，推进学校、家庭教育改革等；成立校园青少年服务管理领导小组，研究校园青少年服务管理工作的政策、规划、方案，保障校园青少年心理健康。首个街道级试点——宝安区福海街道，制定了《福海街道全面建设儿童友好型街道实施方案（2018—2020 年）》，推进四个试点、建设六大阵地、强化四个保障、开展两个教育项目、实施四个行动，只要是和儿童学习生活有关的教育、交通、社康中心、公园广场、图书馆、党群服务中心等建设项目都要融入儿童友好元素。同时，以此为基础配套制定了友好学校、医院（社康）、社区、家庭、交通安全、安全事故预防、权益保护、心理健康、留守儿童关爱、科学育儿、校园周边环境整治等政策措施，从社会环境、学校环境、家庭环境三个层次，

---

① 引自《战略规划》和《行动计划》编制说明
② 引自《深圳市龙华区建设儿童友好型城区行动计划（2018—2020）》。

为儿童全身心打造友好孕育、友好生育、友好成长的"1+15"① 系列福海儿童友好政策。

（二）空间拓展，全面保障儿童健康成长

深圳将适合儿童成长的空间打造作为重点工作，从城市、街道和社区三个层面展开。在城市层面，主要是拓展包括母婴室、医院、图书馆等在内的服务空间，改造城市、社区、郊野等公园，改扩建城市公共活动空间以适应儿童运动、游乐及交友等需求，特别注重开辟自然空间。大鹏新区将"儿童公园"列入年度重点工作，结合中国农科院基因研究所 600 亩研究基地资源，建设"儿童自然研习径""深圳昆虫科技馆"；依照"儿童视角"全面改造新区妇幼保健院儿科病房，建设儿童友好医院，给儿童营造舒适、温馨的就医环境。从 2017 年起，大鹏新区对幼儿园、中小学周边道路的交通安全设施和标志进行标准化建设，标志、标线设置率达 100%。罗湖区因地制宜，创造性地开发更多的儿童友好空间。比如，将儿童友好医院分为3.0、2.0、1.0 三个等级，区妇幼保健院结合医院改扩建工程，对标儿童友好医院标准，建设更加安全、舒适、友好的儿童就诊环境。龙岗区率先在全市启动区级母婴室建设、率先建成全市首个市级母婴室示范点、率先制定全市首个区级母婴室建设标准指引、率先建设行政服务大厅母婴室、率先建立母婴室经费保障机制。宝安区着力打造妇女儿童友好城区，到 2020 年底，建设宝安区儿童医院，在综合医院（社康中心）推进儿童友好建设，每个街道改建 1 家儿童友好医院（社康中心）。龙华区推动阅读空间创新，打造少儿流动图书馆等等。

在街道层面，主要是提供儿童独立、安全玩耍的街道活动空间和儿童友好的道路交通设施。如福海街道，投入 11.63 亿元规划建设 12 万平方米的福海文化体育艺术中心和福海公园，建设 19000 平方米的福海儿童公园、8000 平方米的宝安图书馆福海分馆、1046 平方米的儿童体验中心、800 平

---

① 引自《深圳市宝安区福海街道全面建设儿童友好型街道实施方案（2018—2020 年）》。

方米的妇女儿童服务中心、母婴室等一批儿童服务阵地；扩建福新小学、新建深圳市十二高级中学和福海实验学校等一批教育设施，努力在高密度的建成区中挖掘资源，全力实施一批对儿童友好的空间项目①。此外，首创国内第一条步行巴士。

在社区层面，推进社区儿童友好公共空间建设。福田区打造深圳首个儿童友好街区——园岭街道百花儿童友好街区，特别注重安全、趣味、多彩的绿色出行体系和儿童友好互动空间等，深受周边儿童家庭欢迎。2020年底，外交部组织22个国家的驻华使节到百花儿童友好街区参访交流，纷纷点赞百花儿童友好街区。他们表示，深圳对儿童的关爱让他们感受到了深圳人的幸福和远见。罗湖区利用棚户区改造，全力打造儿童友好社区，力争将"二线插花地"棚户区改造建设成全国标杆性儿童友好社区。整个棚户区改造后，儿童室外活动场地面积将大幅提高，约占10000平方米，公共空间将达幼儿人均0.9平方米。其他各区也根据本辖区社区特点，拓展儿童活动空间，如建设儿童友好步道、四点半学校、儿童友好休闲长廊、儿童友好广场、篮球场和儿童文化艺术体育中心，改造图书室，设置儿童友好涂鸦墙等。

（三）服务提升，充分照顾儿童特性需求

深圳在推动儿童友好城市的过程中，充分尊重儿童的权利，为儿童成长提供各种友好的公共服务，这些服务主要围绕亲子关系、儿童安全、学习实践、儿童文化艺术发展、特殊儿童关照等领域展开。

依托全市一千多家党群服务中心，建立"妇儿之家""妇女微家"700多个，实施服务项目2000多个。建立各类儿童友好基地服务平台"深圳市儿童友好基地地图导引"，开发母婴室地图系统，1100多间母婴室实现公共场所全覆盖和一键导航，并逐步推广移动母婴室。推进实施儿童早期阅读服务项目"阅芽计划"，不论户籍，计划向生活在深圳的儿童免费发放阅芽包

---

① 摘自《深圳市2019年宝安区妇儿工委工作总结》。

50 万个。打造深圳市妇女儿童智慧维权系统，纳入"深平安"社会治理云平台建设，致力实现妇女儿童维权全流程、全闭环、智能化服务管理。深化儿童友好家庭建设，开展家庭教育立法调研及深圳市家庭教育五年工作规划研究。印发《深圳市传承弘扬好家教好家风行动实施方案》，全面推进"家家幸福安康工程"，实现社区家长学校、社区儿童之家全覆盖。印发《深圳市家教家风实践基地建设指引（试行）》，举办"红色家风润万家"主题活动，发布《家教家风实践基地研学地图》；打造首批市级家教家风实践基地，实现各区全覆盖。

南山区发挥区域优势，建立"儿童科普联盟"，为儿童提供接触科技前沿信息的机会。福田区建设"童阅福田"儿童友好社区阅读空间，重点关注儿童成长与家庭文明建设，提升改造区、街道、社区图书馆三级阅读网络，引入"绘本工厂""社区亲子读书会"等儿童阅读普惠型公共服务项目，建立儿童阅读公共服务体系。罗湖区从儿童天性和身心健康发展需求出发，深入开展"世界与你童行"儿童友好系列服务项目。

（四）参与促进，大力培养儿童自主意识

在儿童友好城市建设过程中，充分尊重儿童权利，让儿童参与到儿童友好城市建设之中，并打造儿童友好参与系列品牌。连续 5 年开通"深港澳儿童友好地铁专列"，举办世界儿童日纪念活动，连续 9 年举办深圳儿童国际论坛，连续两年的"儿童友好社区日"举办活动超千项，开展"绿色家庭 自然童行""2021 儿童自然艺术季""儿童友好路径一日走访探索"等系列活动。全市 10 个区均成立了各类儿童参与组织。如社区议事会，在社区招募有爱心有热心的儿童担任议事员，围绕社区安全、社区管理、规划建设等与自身利益相关的问题开展儿童议事活动，支持社区儿童以主人翁身份参与社区治理。如：福田区红荔社区是深圳首个市级儿童友好试点社区，中央街心社区公园改造前期，儿童充分参与规划设计、发表意见，在吸纳儿童需求和提议的基础上，增设了沙池、蹦床、秋千、攀爬墙等兼顾各类儿童喜好的设施。盐田区的儿童对中英街历史文化景点进行实地调查，并提出 6 条改进建议提交给政

府部门。宝安区妇儿工委组建了亲子观察团，鼓励儿童参与到社会服务和社区治理中。如桥头学校成立了宝安首个儿童议事会，开辟了 50 平方米的儿童议事会专属空间。坪山区举办"我的公园我做主"儿童议事成长营活动，该区首个由孩子参与设计的坪山区儿童公园编制完成并取得了相关批复。2018年罗湖区在田贝、深中等学校密集区域建设儿童友好天桥，全区 30 所小学的学生参与天桥设计征稿活动，并踊跃投稿，天桥规划设计单位充分吸纳儿童意见，将孩子们的设计创意融入天桥整体设计方案，贯彻儿童友好理念。

三 深圳建设儿童友好城市的经验启示

（一）着力顶层设计，构筑党政重视的良好格局

2015 年 12 月，在深圳市委群团工作座谈会上，市妇联率先向市委建议把儿童友好城市建设纳入深圳市国民经济和社会发展"十三五"规划，并得到市委采纳，列入 2016 年初市委全会报告和市委常委会 2016 年度工作要点。市妇联继而向市政协提出了《关于积极推动深圳率先成为中国首个儿童友好型城市的提案》；同年，推动纳入深圳市"十三五"规划、《深圳市城市总体规划（2016—2035 年）》，纳入市委市政府的重点工作，成为全国首个将儿童友好城市建设纳入市委市政府顶层设计的城市。此后，市委 13次将建设儿童友好城市列入全会报告和先行示范区意见，市政府连续 5 年将其纳入重点工作和民生实事项目，纳入各区"十四五"规划和各领域专项规划。2020 年，首次由市委分管领导主持召开儿童友好城市建设现场会，明确全市一盘棋加快推进建设儿童友好城市，形成党政统筹领导的良好格局。

（二）注重调查研究，构建"1+1+2+X"儿童友好政策体系

开展大量前期基础性研究，出台全国首部地方性建设儿童友好城市的纲领性文件，即《战略规划》和两轮《行动计划》。将儿童友好城市建设纳入

全市深化改革大局，市委深改委印发全国首个关于建设儿童友好城市的地方指导性意见①。各区及有关街道、企业等分别制定行动计划、实施方案等，形成深圳建设儿童友好城市"1+1+2+X"政策支持体系。不断完善各领域儿童建设指引，制定与儿童学习生活密切相关的 11 大领域的儿童友好建设指引。在全国创新性开展"儿童友好公共服务体系建设指南"地标研究，出台儿童友好城市和母婴室建设两大评价体系。各职能部门充分发挥自身优势，出台多个专业领域的儿童友好建设标准。儿童友好科学化、标准化、规范化建设不断深化。

（三）加强统筹协调，建立多元参与的社会共建共治共享机制

加强党政统筹力度，进一步完善党委领导、政府主责、妇儿工委统筹协调、多部门合作、全社会支持参与的工作机制。每年召开儿童友好研讨会、现场会，邀请各方专家共谋发展。加强理论研究，在全国率先成立深圳市儿童友好专家委员会。发挥党政统筹作用，健全部门联动机制，充分激发市场活力，积极引入社会力量，引导家庭儿童参与，搭建平台、凝聚合力，系统集成、协同高效，探索多元参与的城市治理新路径，形成全社会共同建设儿童友好城市的合力。

（四）弥补空间短板，完善儿童友好空间建设刚性标准

将儿童友好纳入深圳市国土空间总体规划（2020—2035 年），在《深圳市城市规划标准与准则》中明确相应规模配置、设计指引等内容，从城市、街区、社区三个尺度分别构建儿童城市活动圈、独立安全活动圈、5 分钟步行生活圈。全域推进儿童友好城区、街道、社区（街区/片区/园区）、城中村、学校、幼儿园、托育机构、医院（社康中心）、图书馆、母婴室、出行系统、公园、实践基地等各领域儿童友好建设。鼓励基层因地制宜、特色创

---

① 中共深圳市委全面深化改革委员会关于印发《关于先行示范打造儿童友好型城市的意见（2021—2025 年）》的通知。

新，形成"空间+服务+特色"的 SSC（Space+Service+Characteristic）多元化特色建设模式。截至 2021 年底，共授牌市级各类儿童友好基地 273 个；建成公共场所母婴室 1100 多间，其中示范点 108 个；城市、郊野、社区三级公园超千座并逐步增加完善儿童活动空间及自然教育等设施场所；儿童友好出行被纳入部分慢行道改造实施中①。

（五）尊重儿童权利，建立完善儿童参与的长效机制

倡导"学会蹲下来，发现孩子眼中的世界"。出台《深圳市儿童参与工作指引（试行）》《深圳市儿童议事会工作指引（试行）》，建立完善儿童公共参与的长效机制。尊重儿童权利，倾听儿童声音，培育以儿童为主体的议事组织，畅通儿童诉求表达渠道，促进儿童参与公共事务，保障儿童在社会生活、社区发展、家庭事务中的知情权、表达权和参与权②。全市各级各类 381 个儿童议事组织广泛参与城市建设发展议事活动。

（六）加大宣传倡导，儿童友好理念深入人心

倡导"让城市为儿童而建"，联动媒体，持续宣传尊重儿童权利、儿童优先原则、儿童友好理念，提高社会公众的知晓率和参与度。在世界儿童日点亮城市地标建筑并发布儿童友好城市 LOGO、开通儿童友好地铁专列、开播儿童友好电台、开办《儿童议事厅》电视专题节目、印发儿童漫画报纸等，连续 5 年与联合国儿童基金会驻华办事处联合举办世界儿童日纪念活动，向世界发出深圳关爱儿童、对儿童友好的声音。儿童友好理念逐渐深入人心、融入生活，成为深圳城市的文明底色，成为全城共识和集体行动。

（七）加强对外交流，在世界舞台上讲好"中国故事"

儿童是世界各国认同度最高的话题之一。通过建设儿童友好城市，打

---

① 参考自深圳市妇儿工委统计数据。
② 引自《深圳市儿童参与工作指引（试行）》。

造深圳对外开放之城，扩大深圳国际影响力，提升深圳国际化创新型城市形象，展现中国形象和大国担当，从儿童的角度推动构建人类命运共同体。受邀在国家发展改革委举办的第二、第三届国际城市可持续发展高层论坛、国家卫生健康委举办的母乳喂养国际论坛等交流工作经验，在联合国儿基会举办的印尼泗水、德国科隆儿童国际会议上做主旨发言。参获首届"中国城市治理创新优胜奖"。深圳的探索实践得到国务院妇儿工委、国家发展改革委、广东省妇儿工委以及联合国儿基会的充分肯定和关注，推动了联合国儿基会在中国启动儿童友好城市建设项目。2021年，"建设儿童友好城市"被纳入国家"十四五"规划和《中国儿童发展纲要（2021—2030年）》，从深圳的先行先试上升到国家战略层面。"率先创建儿童友好城市"被国家发展改革委列入深圳经济特区创新举措和经验做法47条清单，向全国推广，全国50多个城市参与申报国家发改委首批儿童友好城市试点。

（八）务求创新实效，以开拓创新精神为城市可持续发展注入新活力

深圳从实施路径、推进模式、工作方法到工具手段实现全方位的体制机制创新，充分体现了深圳城市治理创新的灵魂。一是发展视角的创新。从儿童发展的视角切入城市治理问题，让人们意识到"让城市为儿童而建"的重要意义，倡导"一米高度看城市"的理念，注重儿童发展需求，更加关注城市可持续发展人才需求。二是城市系统的创新。从需求调研到机制的构建，从顶层设计到具体的策略措施，从党政主责的推动到多元主体的参与，从试点推进到标准指引的制定，都是全域、全方位的建设。三是治理模式的创新。深圳儿童友好城市建设涉及城市的方方面面，实现了全领域的覆盖，并且从资源整合、建设过程和成果分配三个方面建构起共建共治共享三位一体的创新治理格局。"来了就是深圳娃"，打破户籍限制，实行普惠儿童福利制度，使改革开放的成果惠及深圳的每个儿童。四是参与主体的创新。深圳在创建儿童友好城市过程中，将儿童纳入决策体系，使儿童享有参与城市治理和公共事务的权利。

在新形势下，深圳将在国家发展改革委等 23 部门《关于推进儿童友好城市建设的指导意见》的指导下，加大力度，深化推进儿童友好城市建设，按照先行示范的标准，继续在全国创新引领。坚持儿童优先理念，在政策制定、规划编制、资源配置、福利保障等方面优先考虑儿童的需求和利益，为儿童发展营造更加友好的社会环境，使深圳成为更具竞争力、有温度、有韧性的国际化城市，为全国儿童友好城市建设贡献更多的智慧和经验。

B.16
创新生活化可持续的家庭
教育工作模式

——江苏省妇联"三全"社区家庭教育支持行动

沈梅 殷飞[*]

摘　要： 江苏省妇联自 2020 年起五级妇联共同努力，在全省创新开展"三全"社区家庭教育支持行动。通过开发社区家长学校"隐性课程"，建立社区家庭档案，拓展社区家长学校工作者队伍，创新社区家长学校内容等多种方式，探索妇联服务群众的有效路径，改变家长关门教子的传统局面，激发社区创新治理的内驱动力，创新家校社协同育人的工作格局。

关键词： "三全"社区　家庭教育　工作模式　基层社会治理

　　为认真贯彻习近平总书记关于家庭家教家风建设的重要论述和"11·2"同全国妇联新一届领导班子成员集体谈话的重要讲话精神，落实党的十九大和十九届历次全会精神，进一步落细落实家家幸福安康工程，实施《江苏省家庭教育促进条例》（以下简称《条例》），江苏省妇联自 2020 年起五级妇联共同努力，在全省创新开展"三全"社区家庭教育支持行动（以下简称

　＊　沈梅，江苏省妇联党组成员、副主席；殷飞，南京师范大学家庭教育研究院副院长，江苏省家庭教育研究会副会长、江苏省网上家长学校常务副校长，研究方向为家庭教育、家庭心理。

"支持行动")①，不断创新新时代家庭工作社会动员机制，激发广大家庭的积极性、主动性与创造性，更好地在构建基层社会治理新格局中发挥独特作用。2022 年 1 月 1 日《中华人民共和国家庭教育促进法》（以下与《条例》简称"一法一条例"）的施行进一步推动了这项工作的"提质扩面"。

一　实施背景

（一）实施支持行动，是贯彻落实中央部署要求的有效路径

习近平总书记明确指出要注重家庭、注重家教、注重家风。多次强调家庭是人生的第一所学校，父母是孩子的第一任老师，要给孩子讲好人生第一课，帮助扣好人生第一粒扣子。总书记的指示要求和党的十九大、十九届历次全会精神不仅为新时代加强和创新社会治理指明了方向，也将家庭家教家风建设提升到历史新高度。支持行动以"社区全域、父母全程、家庭全类型"为工作目标，以"走进群众，发动群众，依靠群众，服务群众"为工作原则，着力践行"推门可见、社区可感、人人参与"的工作理念，打通顶层设计到基层落地的"最后一米"，让人民群众切实感受到党的温暖，共享经济社会发展的成果。

（二）实施支持行动，是推动"一法一条例"落地落实的有力抓手

妇联是推进"一法一条例"、落实家庭教育工作的双主体之一，社区作为家庭生活的重要场所，是妇联组织履行职责发挥优势、开展家庭教育工作的重要阵地。针对当前社区家庭教育工作面临的行政化推动、学校化倾向、

---

① 通过设立标准、开发课程、培训骨干，指导全省实施社区因地制宜绘制分龄段家庭地图，组建家庭教育志愿者队伍，按需分众开发针对性学习资源，时时处处在社区场景化普及家庭教育知识，营造"推门可见、社区可感、人人参与"的生活化家庭教育氛围，同时重点关注帮扶困境、单亲、重组等特殊家庭，构建社区全域、父母全程、家庭全类型的"三全"社区家庭教育指导工作模式。

指导性不强、群众参与度不高等问题，妇联组织在推动家庭教育工作时，面临资源、人才、抓手、阵地缺少的困境，开展立足日常生活、立足家庭所需的社区家庭教育支持行动，逐步构建具有社区特色的家庭教育指导服务模式，解决妇联工作难题，推动形成"家庭实施、政府推进、学校指导、社会参与"的家庭教育工作机制，构建起覆盖城乡的家庭教育指导服务体系。

（三）实施支持行动，是满足群众生活需求的务实举措

随着经济社会的转型发展，家庭规模趋小，家庭结构日趋多元化，家庭教育面临新的挑战。特别是自 2020 年以来，受新冠肺炎疫情影响，学生居家时间增多，亲子关系、家庭教育方面出现了一些新问题。妇联通过支持行动，引导基层干部落实"以人民为中心"的工作理念，充分发挥群众力量，整合并挖掘形式多样、内容丰富的线上线下资源，推动家庭家教家风在社区有形化落地，指导广大家庭在生活实践中融入科学家教理念，融洽亲子关系，有效化解矛盾，实现家庭家教家风建设的日常化、具体化、生活化与系统化，帮助人民群众提高家庭生活质量，满足群众对美好家庭生活的期盼。

二　实施路径

2020 年 4 月，省妇联在南京市江宁区麒麟街道三个社区试点实施了"三全"支持行动。2020 年 10 月，省妇联举办"三全"支持行动培训班。此后，遍布 13 个设区市的 216 个村（社区）成为首批"三全"试点单位。省妇联持续做好顶层设计，制定建设标准、制作培训微课，开发模板课程，加强指导推进。2021 年 1 月，在江苏省十三届人大四次会议上发布的政府工作报告中，以"三全"为核心内涵的"建设 600 个家庭教育指导服务示范社区"被正式纳入省政府民生实事。各设区市及县（市、区）妇联结合"学党史、悟思想、办实事、开新局"的目标任务，统筹部署谋划、强化分类指导，筛选、申报了 639 个村（社区）为"三全"支持行动的实施点。

（一）优化环境，开发社区家长学校的"隐性课程"

省妇联设计了江苏省"美好一家"家庭形象，家庭成员有美妈、好爸、小美、小好，"三孩"政策出台后，又推出"三孩"小加的形象。同时，根据每个月儿童成长和家庭教育重点，制作并动态更新"让生活过出教育的味道"整套环境课程，实施"三全"支持行动的村（社区）可直接下载使用。各村（社区）通过"从群众中来，到群众中去"的开发路径，创新打造社区家长学校的"隐性课程"，以各种形式来体现的教育标语将家庭教育智慧宣传到社区不同场所，将持续更新的家庭教育知识送到群众家门口，提高了服务的可及性。

镇江扬中市新联社区为打造"生活融入式"的社区家庭教育环境，开展以"美家美户、礼传新联"为主题的"五个一"家教环境创设，即一条路、一个广场、一个廊亭、一间屋、一群志愿者。运用恰到好处的家教环境的创设，营造"让每一块石头、墙壁都说话"的教育环境，在省妇联提供的环境课程模板上，创新性、场景化地普及了家庭教育知识。

（二）建立档案，夯实社区家长学校的受众基础

服务社区家长，首先需要掌握社区家庭教育的主客观需求，为此，省妇联设计了"三全"支持行动入户调查问卷和家庭档案表，指导各地建立家庭档案。省妇联要求639个村（社区）在实施"三全"支持行动中，主动融入"大数据+网格化+铁脚板"的治理体系，依托社区网格化管理基础，丰富完善社区家庭档案内容，绘制0~18岁分龄段社区家庭地图，摸清掌握各类家庭的基本信息，注意收集个性化的家庭教育困惑和需求，鼓励指导家长在处理家庭关系时能够秉持"儿童利益最大化"理念，以儿童发展为切入点，以改善家庭关系为目标，促进基层社会治理的良性发展。

泰州市妇联指导"三全"实施村（社区）进行"四色"管理建立家庭档案。通过"入户调研""联合家访"（妇联干部或网格员与学校教师共同家访）等方式，建立家庭档案万余份。在完善相关的基础信息、按"红、

黄、蓝、绿"四色分类后，采用"以户立档、以楼绘图"，一户一档建立档案，绘制家庭档案地图；运用档案盒的颜色区分家庭类型，提供相应的家庭教育指导，对重点家庭采取"1+1"帮扶管理；配备档案室，安排专人管理，同时建立电子档案库，及时做好信息更新维护和保密工作。

（三）发动群众，拓展社区家长学校的工作者队伍

生活化的社区家庭教育支持行动，需要挖掘本社区的优质家庭教育资源，充分依靠群众、发动群众，进而服务群众，建设让群众信得过、听得懂、学得会的社区家长学校。省妇联要求639个村（社区）在实施"三全"支持行动中，坚持群团改革"强三性、去四化"的工作要求和妇联群众性的工作属性，坚持走进群众、发动群众、依靠群众、服务群众的工作原则，采取多种方式，联合多方力量，结合家庭教育指导的生活化属性，为社区成员参与支持行动创造条件。组建社区家庭教育志愿者队伍和观察员队伍，在创设社区家教环境、分享家教经验、发放月课资料等行动中发挥作用，激活群众服务群众、群众带动群众的热情，致力于让更多的服务对象变成工作力量，逐步构建共建共治共享的社区家庭教育新格局。

南京市江宁区麒麟街道妇联利用暑假契机，发起"小小志愿者"活动，由家长陪同小志愿者，带上定制工作证登门拜访小区内的其他家庭，为小区内0~18岁孩子的家庭发放家教月课和调查问卷；无锡市妇联指导各实施点将走访中发现的中国好人、最美家庭代表、社区达人等聘为"社区民师"，纳入支持行动志愿者队伍，不定期为居民们授课、举办家教沙龙等；南通市崇川区濠景园社区妇联积极打造"书香楼道"，以楼道为单位挖掘在教育行业拥有丰富经验的"五老"人员，组成邻里读书小组，定期举办亲子阅读活动，在日常生活中渗透科学家庭教育理念。

（四）落地生根，创新社区家长学校的内容与形式

社区家长学校要区别于学校家长学校，融于生活、贴近群众是它的基本特征。省妇联畅通省网上家长学校与村（社区）家长间的对接渠道，要求

"三全"实施村（社区）创新运用省网上家长学校提供的各类课程资源和设计的不同类型的亲子活动，满足家长不同需求；根据家庭档案信息，为不同类型的家庭入户提供科学系统有针对性的指导课程，对有特殊需求的家庭引入专业力量上门服务或引荐至省网上家长学校相关平台帮助解决；组织开展基于节日节气的亲子活动，在多场景、高频次的互动活动中传播科学家庭教育理念，优化家长的家庭教育方式。无锡市妇联携手爱心企业，为100个小学、幼儿园送去"家教小喇叭"（便携式移动扩音设备）。用于学生下午放学时间段，向等候在校门口的家长播放和学校共同研制的家庭教育音频资料，如"接到孩子，怎么与孩子沟通？""要不要帮助孩子背书包？"等。南京市秦淮区光华路街道世茂花园社区创设"世茂文学会客厅"，定期开展家庭活动，发现不同家庭的教育特色及问题，并通过社区家庭教育观察员进行个别反馈、精准指导。苏州工业园区唯亭街道观湖社区参照"家庭全类型"概念，鼓励老人发挥余热，在带领社区孩子一起做手工的过程中学会如何做隔代教育。淮安市涟水县大东镇结合"金凤凰"女性创业就业技能培训，将省网上家长学校的家庭教育课程作为必修课，引导她们学会平衡创业就业与家庭育儿。

三　实施成效

自2020年4月省妇联开展"三全"支持行动试点工作，至2021年，"建设600个家庭教育指导服务示范社区"被纳入省政府民生实事以来，省妇联共建成示范社区639个，发动志愿者19170人，开展各类亲子活动31950场。人民日报、中国妇女报、新华日报、学习强国平台多次报道。实施成效主要体现在以下四个方面。

（一）探索妇联服务群众的有效路径

妇联组织将社区家庭教育指导服务阵地建在群众身边、建在群众心里，增强了妇联组织的服务力、凝聚力和引领力。通过服务群众，进而发动群

众、凝聚群众，组建了家庭教育志愿者队伍，壮大了妇联组织的工作力量，扩大了服务的覆盖面，增强了妇联的影响力。

在实施"三全"支持行动中，每个（村）社区妇联认真观察分析，在社区中群众最常聚集的活动场所设立"在你身边"的社区家长学校，各种创新形式的家长学校在社区生根开花，省网上家长学校每周持续更新课程，不仅将系统的家教观念和知识送到家家户户的门口，让家长们推门可见，也通过持续的宣传，树立了基层妇联的家庭教育支持与服务的组织形象，增强了社区妇联在家庭建设和家庭教育领域的公信力。

全省各地根据地区实际，主动创新、大胆实践，探索出许多值得推广的经验做法。无锡市妇联主动对接政法系统，将家庭教育指导服务内容列入网格员培训模块，并在乡镇一级探索将家庭教育指导服务纳入基层社会治理考核体系。淮安市妇联推动政府召开"三全"民生实事现场推进会，各县（市、区）政府分管领导到会发言，副市长进行工作部署，要求各级政府切实履行推动政府民生实事的主体责任。泰州市妇联打好"融"字牌，着力打造"12334"工作模式，形成"扎根社区、工作联动、融入生活、贴近百姓、见诸日常"的社区家庭教育支持行动生动局面。

（二）改变家长关门教子的传统局面

"三全"支持行动努力打造"在你身边"的社区家长学校，传播党和国家的教育方针政策，更新家长的教育观念，丰富家长的教育知识，提升家长的教育能力。社区居民在环境课程中沉浸式学习，在参与课程和活动中结伴成长，打开了家门的壁垒，相互交流探讨，开导启发，家长既是受益者也是参与者，在社区这所大学校中增强了成就感、获得感和幸福感。

"三全"支持行动抓好了三个互动。一是社区与家庭的互动。社区开展家庭教育活动，家长与孩子积极参与其中，拉近家庭与社区之间的距离，从而促进孩子形成社会认同感。二是家庭与家庭的互动。依托社区邻里活动和家教活动，形成家庭与家庭之间的互动，把与邻里相处友好的快乐体验化作一种"示范"，触类旁通，润物无声地促进家庭教育整体水平的提升。三是家长与子女的互动。通过孩子和父母的互动，在实践中增进亲子感情，提升家长的家庭教育水平。

（三）激发社区创新治理的内驱动力

各村（社区）在实施"三全"支持行动的过程中，将家庭教育指导服务融入社会治理，让群众成为参与者、成为共治共享者，有效提升了社区的融合度、治理的精准度和居民的满意度。

支持行动的最终目标是以家庭教育为抓手，解决社会治理问题，为基层治理注入"家"力量。基层组织打破传统行政思维，基层妇联干部用铁脚板、热心肠走进每一户、了解每一户，绘制家庭需求地图，发掘有情怀、有热情的核心志愿者并组建队伍，进而引导志愿者成为社区家庭教育的观察员、情报员，及时发现和干预社区内的各类危机、不当家庭教育行为，让更多的服务对象变成工作力量，逐步构建共建共治共享的社区家庭教育新格局。

"三全"支持行动是以人民为中心而谋划的民生举措，其理念与江苏省"大网铁"（大数据+网格化+铁脚板）基层社会治理理念十分吻合，工作对象都是社区群众，工作方法可以相互借鉴，而从家庭教育的角度来推动社区治理的方式则更显柔和温暖，颇受群众欢迎。目前，苏州张家港市和无锡市安镇、堰桥、广益、新桥四个街道正全域推进"三全"支持行动，无锡市的相关街道将"三全"工作开展情况纳入对社区的考核指标体系之中。全省通过实施"三全"支持行动，形成了一系列可复制可推广的工作机制。

（四）创新家校社协同育人的工作格局

自2019年6月1日《条例》实施以来，全省各级妇联组织始终以推动"一法一条例"贯彻为抓手，源头谋划、联动各方，立足社区、面向家庭，积极开展家庭教育指导和支持服务，取得了积极成效。

一是加强制度协同。省级层面推动将"健全家庭发展支持体系"作为专节纳入省"十四五"经济社会发展规划，将"家庭教育支持服务计划"

纳入"十四五"省妇女儿童规划重点项目。省妇联与省教育厅每年轮值召开工作会议,贯彻落实"一法一条例"的双主体责任。省妇联推动省文明委出台文件,贯彻落实中央七部委《关于进一步加强家庭家教家风建设的实施意见》;牵头召开省有关部门和各设区市妇联加强家庭家教家风建设工作座谈会,落实责任、细化分工。二是深化资源协同。上线江苏省网上家长学校手机版,实现与省教育厅名师空中课堂的资源共享;推动社区妇联干部和教师开展联合家访工作;联合公检法及民政部门出台实施意见,强化涉案涉罪未成年人父母的家庭监护主体责任;召开江苏省家庭教育研究会第七次会员大会,成立专家智库,发布年度研究课题指南;举办长三角家庭教育研讨会,成立长三角家庭教育专家智库;与南京审计大学联合成立"江苏省家庭心理健康教育研究院",开展主题式研究、开发针对性课程和培训专业化人才。三是拓展宣传协同。2022年寒假,省妇联联合省文明办、省教育厅、新华报业传媒集团共同启动"共话双减,共育未来"家校社协同江苏行动。2022年,省妇联在原有基础上提质扩面建设1105个"三全"社区,切实发挥家庭家教家风在基层社会治理中的重要作用。四是创新评价协同。省妇联采取第三方协同评价的方式,创新支持行动评价模式,以群众的获得感和支持行动的覆盖面与有效性为评价标准,引导基层妇联改变工作作风,真正做到以人民为中心,实现发展为人民、人民共享发展成果的目标。

新时代指引新航向,新使命激励新作为。江苏省妇联将进一步认真贯彻习近平新时代中国特色社会主义思想,切实把总书记关于家庭教育的重要论述落实到各项工作中,逐步形成人人参与社区家庭教育服务、家家得到家庭教育服务的生动局面,助力基层社会治理,努力构建覆盖城乡的家庭教育指导服务体系。

B.17
2008～2020年四川省儿童之家建设与发展状况

李海梅　李宏伟　谢佳瑶*

摘　要：　中国的儿童之家发轫于四川省的"儿童友好家园"，经过十多年的建设，四川省的儿童之家取得了良好的成效。本文总结了四川儿童之家建设的五条经验：一是统筹规划实现政策保障；二是整合资源保障建设经费；三是根据实际情况创新政策保障；四是因地制宜形成了依托社区、学校和社会组织的发展模式；五是依托项目创新"五位一体"的儿童工作模式，以及依托家园开展儿童保护。重点扶持落后地区的儿童之家，着力提升儿童之家工作人员专业能力水平，推进儿童之家建设与社区工作有机融合，探索不同类型儿童之家的发展模式，以构建社区儿童保护体系为契机推动儿童之家建设等方面，是四川省儿童之家建设未来的工作重心。

关键词：　儿童之家　社区工作　四川省

一　四川儿童之家的缘起与发展

中国的"儿童之家"建设最初发端于四川省的"儿童友好家园"实

---

* 李海梅，博士，成都理工大学文法学院副院长、副教授、硕士生导师，主要研究方向为儿童社会工作、儿童成长与发展；李宏伟，博士，西南交通大学公共管理学院副教授、硕士生导师，主要研究方向为儿童福利与儿童保护；谢佳瑶，四川省儿童保护与发展研究中心研究人员，主要研究方向为困境儿童福利制度。

践。2008 年"5·12"汶川地震发生后，为保障灾后儿童的权益，国务院妇女儿童工作委员会办公室（以下简称"国务院妇儿工委办"）与联合国儿童基金会（以下简称"联合国儿基会"）合作，在中国开展了"儿童友好家园"（Child Friendly Space，CFS）项目，旨在为灾区儿童及其家庭提供以社区为基础的游戏、娱乐、教育、卫生和社会心理支持等一体化服务，帮助灾区儿童尽快消除地震造成的不利影响，回归正常生活。

2008 年 6 月，在四川省绵阳市安县（现为"安州区"）沸水镇试点建立了第一个儿童友好家园。2008 年底，绵阳市、德阳市、广元市、成都市、阿坝州、雅安市、凉山州、攀枝花市等 8 个市（州）的 21 个县（市、区）建立了 40 个儿童友好家园。其中，阿坝、凉山等民族地区 8 个，成都、德阳、绵阳等非民族地区共计 32 个。儿童友好家园主要以妇儿工委办直接管理，或妇儿工委办与街道社区、学校、幼儿园共同管理等形式，向儿童提供内容丰富、形式多样的服务，这其中包含了灾情发生后针对儿童的具体情况而提供的震后心理恢复干预服务，在儿童关爱保护、权益保障等方面发挥了积极的作用，取得了非常好的社会效益。

2011 年 5 月，儿童友好家园项目结束后，四川省在完成灾后重建的过程中，由各地政府接管了 36 个儿童友好家园，基本完成了过渡工作。四川儿童友好家园从最初的紧急救援状态，逐步发展成为以社区为基础的儿童之家；从为儿童提供安全场所、提供教育娱乐服务、恢复正常生活的应急模式，逐步发展为集开展主题活动和技能培训、关注特殊困境儿童、与社区紧密合作等功能于一体的社区儿童保护的常态化模式；从联合国儿基会资金支持、项目化运作的方式，转变为地方政府财政预算支持为主、地方运作的新方式。

儿童友好家园项目的成功实施及向儿童之家的顺利转型，推动了四川省乃至全国范围内的儿童之家建设。2011 年，国务院颁布了《中国儿童发展纲要（2011—2020 年）》（以下简称《纲要》），提出"强化城乡社区儿童服务功能，建立以社区为基础的儿童保护工作运行机制"的要求，同时明确设立了要在"90%以上的城乡社区建设1所为儿童及其家庭提供游戏、娱乐、教育、卫生、社会心理支持和转介等一体化服务的儿童之家"的具体目标，旨在通过儿童之家建设，创新基层儿童工作机制，探索形成城乡社区儿童服务和保护的常态化模式。从此，四川的儿童之家建设也进入全面推进时期。

统计数据显示，四川省儿童之家数量由 2013 年的 8922 所发展到 2020 年的 48163 所，增长近 4.4 倍，儿童之家的社区覆盖率由最初的 16.9% 提高到 94.4%（见图 1），达到了《纲要》要求的 "90% 城乡社区建设 1 家儿童之家" 的目标。从区域来看，成都市、绵阳市、广元市、南充市、宜宾市、广安市、达州市和凉山州的儿童之家数量增长最多。截至 2020 年底，除攀枝花市以外，四川全省其他市（州）儿童之家规模均超过了 1000 所，其中 12 个市（州）超过了 2000 所，南充市、成都市、绵阳市、凉山州和达州市均超过了 3000 所，南充市儿童之家数量最多，达到了 5242 所（见图 2）。

图1　四川省儿童之家数量及社区覆盖率（2013~2020 年）

资料来源：四川省儿童保护与发展研究中心。

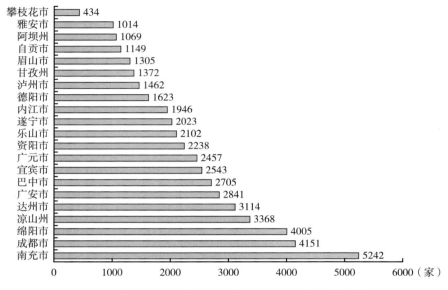

图2 截至2020年底四川省各市（州）儿童之家数量

资料来源：四川省政府妇女儿童工作委员会办公室。

二 四川省儿童之家建设的主要经验

自国务院颁布《中国儿童发展纲要（2011—2020年）》之后，四川省在原有儿童友好家园建设基础上，进一步在全省范围内推进儿童之家的建设。

（一）统筹规划，政策保障

四川省先后出台加强儿童之家建设、加强农村留守儿童关爱保护、加强困境儿童保障和妇女儿童工作专项行动计划等系列文件，搭建了儿童之家建设的基本政策框架。2014年，四川省政府妇儿工委办印发了《关于加强"儿童之家"建设的指导意见》，对儿童之家建设进行了明确和规范；2017年，四川省政府印发了《四川省妇女儿童工作专项行动计划（2017—2020

年）》，将加快推进儿童之家建设作为重点工作任务列入其中，明确到2020年，实现全省90%城乡社区至少建设1家儿童之家。

（二）多措并举，经费保障

四川各地因地制宜，采取政府和职能部门举办、单位结对援建、整合资源共建、社会各界捐建等多种形式全面推进儿童之家建设。近1/3的市（州）将儿童之家建设纳入当地国民经济和社会发展"十三五"规划纲要；近1/3的市（州）将儿童之家建设纳入市政府民生工程，财政匹配专项资金，实行目标管理；近1/3的市（州）推行市级妇儿工委办成员单位结对帮扶制度，整合成员单位资源，共建共享儿童之家。有些地区还采取爱心企业（人士）捐资、购买社会公益组织服务、积极争取公益基金会支持等方式建设儿童之家。2012~2013年，四川省投入财政共管资金100万元，以项目运作、公开招标的形式，先后分两批在全省21个市（州）选取21个县（市、区）实施省级儿童之家示范点项目，每个示范点划拨4.5万元项目启动资金。2018~2019年，城乡社区儿童之家建设先后被纳入四川省民生工程和30件民生实事项目，新建城乡社区儿童之家7500个，省、市、县级财政划拨1.51亿元保障经费。

（三）因地制宜，模式创新

四川省各地因地制宜，在实践中探索三种主要的儿童之家运行模式。一是依托社区的儿童之家运行模式。由当地妇儿工委办牵头，联合基层妇联、乡镇政府，统一规划、统一建设、统一财政保障，最终在社区落实建设，根植于社区、服务于社区，这是四川儿童之家最普遍的运行模式。依托社区的儿童之家由妇联或政府直接管理，形成自上而下纵向管理层级。当地妇联或政府承担儿童之家建设管理的任务，需要定期督导儿童之家的日常活动、人员安排以及财务状况。依托社区的儿童之家，在时间安排和服务内容上具有较强的自主性，并且有利于儿童之家立足社区、融入社区；对当地社区有更好的了解，以便有针对性地提供服务、组织活动，提

高儿童及家长的参与积极性；有利于儿童之家长远持续的发展。二是依托学校的儿童之家运行模式。由当地妇儿工委办主管，借助小学或幼儿园进行管理和运行。依托儿童教育福利机构的儿童之家大多集中在较为贫困的地区或经济发展较为落后的乡镇，因此采取该模式建设儿童之家能更好地实现资源整合，节约建设成本，提高儿童之家覆盖率。例如，凉山州将儿童之家建设与"一村一幼"的政策相衔接，依托幼儿园运行管理儿童之家。三是依托社会组织的儿童之家运行模式。该模式在实践中有两种形式。一种是充分利用市场机制，由政府通过公开招标、竞争性谈判以及单一采购等方式选择恰当的社会组织作为承接主体运行管理儿童之家，并以社会组织服务数量与质量作为验收的标准，根据双方签约的合同条款支付费用。政府购买服务是依托社会组织的儿童之家最常见的运行模式，例如成都市 2018 年和 2019 年被纳入市级示范点的 32 个儿童之家均采用政府购买社会组织服务的方式进行打造。还有一种形式是儿童之家发展成为具有法人资格的社会组织，对外承接与儿童服务、保护相关的项目。

（四）依托项目，五位一体

2016 年，国务院妇儿工委办与联合国儿基会再次合作，在四川开展了为期三年的"儿童优先视角的减灾防灾项目"。项目选取了绵阳市安州区、芦山县和什邡市作为项目试点县，项目县所在的安州区沸水镇儿童之家和千佛镇儿童之家、芦山县横溪村儿童之家、什邡市红白镇儿童之家成为项目落地的试点儿童之家。四川省以此项目开展为契机，形成了"五位一体"的儿童工作新模式，即以"儿童+"项目为依托，以各级政府跨部门协调联动为支撑，以儿童之家为平台，以第三方专业团队为支撑，以社区儿童及家庭、居民为服务对象和参与主体，协同开展儿童工作。

（五）依托家园，儿童保护

儿童之家以社区为依托、以儿童之家为基础，构建社区儿童服务和保护体系。儿童之家建设兼有为社区儿童及其家庭提供服务和保护以及基层社会治理的重要功能。四川省在全面推进儿童之家建设的过程中，也在积极探索构建社区儿童服务和保护体系。例如，成都市依托成华区等辖区内的 4 个儿童之家开展"社区儿童保护和服务体系"项目，重点关注留守和困境儿童群体，建档立制，开展针对性服务，并以此为契机，扩大项目效应，推动全省加快建立以社区为基础的儿童保护与服务体系。

三　四川省儿童之家建设未来的工作重点

（一）重点扶持落后地区的儿童之家

四川省儿童之家建设存在区域间不平衡问题，城市边缘地区儿童之家的建设进程较慢，同一区域的儿童之家建设情况也有较大的差异。成都、绵阳等较为发达地区的儿童之家建成数量多、质量较高。凉山、甘孜等相对落后偏远的少数民族地区的儿童之家建设进程较缓、建成数量少，存在建设空间有限、资金流动困难等问题。这些地区的儿童之家以城市中心为聚点，向周边逐次扩散，距离城市中心越远的地区，发展程度越低，其中城市边缘地区的乡镇儿童之家存在的问题较多、发展缓慢，出现儿童之家闲置等现象。

因此，各级政府应该对辖区儿童之家的建设运行情况进行全面的调研评估，掌握其建设运行的实际情况，并根据当地社区的儿童特点、社情民意、资源禀赋，改变"撒胡椒面式"的建设思路，分类施策、统筹兼顾推进儿童之家建设。重点扶持偏远农村、欠发达地区的小城镇，大城市中的城中村、棚户区、农民安置社区、下岗职工及民工聚集社区的儿童之家。对于地处偏远、儿童分散且数量不多的偏远农村地区，儿童之家可以尝试提供"模块式"和"流动式"服务。"模块式"是指以村落为基点建设儿童之家，可包含以村为单位规划服务点数量，而对于分布普遍比较零散的村落，则可将村划为若干区域分设临时服务点定期提供服务。"流动式"是指建立"流动儿童之家"，通过定期送服务、办活动的方式，为当地儿童及家庭提

供服务。对于资源丰富的、已建成运行的城市儿童之家，政府应该逐渐减少直至停止直接的财政投入，转而通过政策引导，鼓励多元主体参与，探讨儿童之家可持续运行和发展的多种可能性。

（二）着力提升儿童之家工作人员专业能力水平

儿童之家提供的服务，是一种专业性的工作实践，需要大量的专业知识，涉及与儿童相关的法律、心理、教育等相关知识，且在社会发展的背景下，儿童工作的理念还涉及儿童生存、儿童保护、儿童发展、儿童参与四项基本权益。此外，儿童之家的工作人员还需掌握社会组织的运营管理等相关知识和技能，以及拥有社区融入方面的意识和沟通能力。就目前而言，儿童之家专业支撑不足体现在以下几个方面：儿童工作的社会组织和社会工作专业人才严重不足；缺乏符合儿童之家工作的专业教材、指导手册；与儿童之家相关的基础研究和应用研究严重滞后；专家团队的力量薄弱，覆盖范围有限等。

因此，一是加大对社区主任、妇女干部及儿童之家骨干人员的培训。培训主要包括两个方面：其一是由社区举办，儿童之家专家主讲，面向社区各类儿童工作者的培训；其二是由社区或儿童之家开展的面向社区家长、居民及志愿者的培训。值得一提的是，部分优秀示范儿童之家工作人员在儿童之家管理运行、儿童工作方面的实践中积累了丰富的经验和行之有效的工作方法，是非常宝贵的人才资源，应通过对外交流和培训输出他们的经验，使其成为儿童之家乃至儿童发展事业人才培育最前沿最直接的力量。二是着力培育一支高水平的志愿者队伍。由儿童之家组织开展对由社区大龄儿童、家长及居民组成的志愿者的培训，内容以儿童之家运行、活动开展等内容为主。有条件的地方，社区可以与大专院校合作建立校外实习实训基地，儿童之家在为高校相关专业师生的研究学习提供实践机会的同时，也获得定期或不定期的专业服务，有助于培育有意愿、有情怀、有能力的儿童工作后备人才。三是建立"点对点"专家指导工作模式。利用省市县级专家资源库，建立上下联通的"点对点"专业指导工作模式，上一级专家以小组形式分别对接若干区域的下一级专家，直至社区儿童之家。这种模式不仅可以实现常态化的专业指导和技术咨询，还可以形成长期的合作关系，便于专家为对接地区的社区及儿童之家提供针对性的指导和服务，也有利于提炼和推广地方的有益经验、做法，以及上行反馈困难或问题。

（三）推进儿童之家建设与社区工作有机融合

儿童之家服务社区、融入当地社区是发展的基础。首先，儿童之家应主动与地方政府关注的民生工作对接。地方政府的民生工作直接关乎当地民众的普遍福祉以及弱势群体的生存发展，也需要广大民众的支持和参与。儿童是最弱势的群体，理应是民生工作关注的重点，卫生创建、文明倡导、环境治理、防灾减灾、应急管理、社会组织发展等工作都可以与儿童工作相结合。组织与儿童相关的社区活动，不仅能有效地进行宣传教育、扩大影响，而且使工作方式更加接地气、内容更容易被接纳，也有利于增进党群关系、政民关系。其次，调动社区成员参与的积极性。儿童之家及社区应该采取多种形式进行宣传，让社区民众能更充分地了解儿童之家的性质、功能和工作内容，提升儿童之家在社区中的知晓度和影响力。再次，将儿童之家工作嵌入社区治理网格，在城市住宅小区、企事业单位、政府机关，在农村各村民小组或集中居住小区，建立儿童之家联络人制度，并通过合作开展活动或送服务的方式加强沟通交流、增进情感联系。

（四）探索不同类型儿童之家的发展模式

儿童之家的建设需要构建标准化的规范、制度和工作流程。儿童之家最终落地在社区，服务的是社区的儿童及家庭，因此，应该对儿童之家所在社区的社会生态系统进行分析，根据当地儿童及其家庭、所在社区的特征、重点需求、资源禀赋、资源构成等因素因地制宜进行建设，在共性与个性、规范与创新之间找到平衡点，即在符合基本制度要求的前提下，形成本地化的特色。在政策层面上，就是要在顶层设计统筹兼顾、把握整体方向的前提下，探索不同类型儿童之家的发展模式。

从最初"儿童友好家园"的发展实践及后来"儿童之家"的政策设计来看，儿童之家是以社区为依托、利用社区资源建立，以保护儿童权利和促进儿童发展为宗旨，向儿童提供游戏、娱乐、教育、卫生和社会心理支持等服务的普惠性、公益性平台。因此，一方面，无论是城市还是农村社区的儿童之家，无论儿童之家如何发展，其托底性、补缺性、公益性的基础功能必须坚持，倡导和践行儿童优先，儿童权利和儿童保护的基本目标不能模糊；另一方面，由于区域、城乡发展的不平衡，各地社区的儿童及家庭对儿童之家的补缺性服务的具体需求有较大差异。社区资源的丰裕度和异质性是决定儿童之家发展模式的另一个影响因素。与儿童之家发展相关的资源有四类：一是公权力资源，主要是社区驻地的政府职能部门或派出机构；二是志愿性资源，如各类公益性的社会组织、社工组织、志愿者队伍，以及儿委会、家委会等自发组织等；三是社会性资源，包括科研院所、学校、医院等；四是市场资源，例如社区营利性的各类教育培训机构、儿童娱乐休闲机构等。由此，可以根据各个地方的儿童群体的主要特征和生存发展的需求，结合当地的资源探索不同的可持续发展模式。例如在儿童发展的社会资源和市场资源较丰富的城市地区，为了充分利用儿童之家的资源，可以根据所在社区的儿童及家庭特征及需求，链接、整合、利用社会和市场资源拓展其服务功能，与社会组织或营利性组织合作提供个性化、定制化的托管、早教、培训服务。

（五）以构建社区儿童保护体系为契机推动儿童之家建设

社区是最基层的单位，是整个儿童保护和服务体系中第一道防线和保障，构建社区儿童保护体系是未来我国儿童工作的重中之重。已有实践证明，作为植根于社区、服务于社区的资源链接平台，运行良好、可持续发展的儿童之家是社区儿童保护体系的重要组成部分，在社区儿童保护工作中发挥了重要作用。未来大多数儿童之家将面临可持续发展的问题。因此，应该将儿童之家建设作为其中的一个重要环节纳入社区儿童保护体系建设的战略格局中，将二者有机地结合起来。

　　社区儿童保护体系的构建是一项长期的系统工程，总体来看"政府主导、部门联动、社会参与"是基本的实施路径，这意味着需要综合性的政策系统的整体部署，跨部门责任主体的共同推进及社会组织、社区组织及民众的广泛参与。随着社区儿童保护体系的建立和完善，儿童之家也会获得更多的重视和发展机遇，一些当前难以解决的结构性、制度性症结，如政府跨部门联动机制不畅、可持续发展等问题有可能得以缓解，如此这般，儿童之家的基础性功能才有可能更充分发挥，投入儿童之家建设的大量资源才不会付诸东流，社区儿童保护体系的构建才有更牢固的基石。

附　录

Appendices

B.18
中国儿童发展统计概览[*]

中国儿童中心课题组[**]

一　儿童人口统计资料

指标	2010年	2011年	2012年	2013年	2014年	2015年	2016年	2017年	2018年	2019年	2020年	2021年
年末总人口（万人）	134091	134735	135404	136072	136782	137462	138271	139008	139538	140005	141212	
出生人口（万人）	1596	1604	1635	1640	1687	1655	1786	1723	1523	1465	1203	

* 统计指标数据来源未更新或无处，以"—"表示。

** 主要执笔人：邱天敏，中国儿童中心科研部科研实习员，主要研究方向为儿童发展；王萍，中国儿童中心科研部副研究员，主要研究方向为社会政策、社会治理。

续表

指标	2010 年	2011 年	2012 年	2013 年	2014 年	2015 年	2016 年	2017 年	2018 年	2019 年	2020 年	2021 年
儿童人口①(万人)	28040	27601	27622	27415	27192	27105	27412	27719	27729	27959	29765	—
出生率(‰)	11.90	11.93	12.10	12.08	12.37	12.07	12.95	12.43	10.94	10.48	8.52	7.52
出生人口性别比(女=100)	117.96	114.64	118.87	117.65	114.00	112.55	116.22	113.33	113.89	110.1	111.3	—
平均家庭户规模(人/户)	3.09	3.02	3.02	2.98	2.97	3.10	3.11	3.03	3.00	2.92	2.62	—
少儿抚养比(%)	22.27	22.1	22.2	22.2	22.5	22.6	23	23.4	23.7	23.8	26.2	—

资料来源：中华人民共和国国家统计局编《中国统计年鉴》，中国统计出版社，2011~2021；中华人民共和国国家统计局编《国民经济和社会发展统计公报》，2010~2020；国家统计局人口和就业统计司编《中国人口和就业统计年鉴》，2011~2021；中华人民共和国国家统计局：《全国第七次人口普查公报》。

二 儿童健康统计资料

一级指标	二级指标	2010 年	2011 年	2012 年	2013 年	2014 年	2015 年	2016 年	2017 年	2018 年	2019 年	2020 年
5 岁以下儿童死亡率②(‰)	新生儿死亡率	8.3	7.8	6.9	6.3	5.9	5.4	4.9	4.5	3.9	3.5	3.4
	城市	4.1	4.0	3.9	3.7	3.5	3.3	2.9	2.6	2.2	2.0	2.1
	农村	10.0	9.4	8.1	7.3	6.9	6.4	5.7	5.3	4.7	4.1	3.9
婴儿死亡率(‰)		13.1	12.1	10.3	9.5	8.9	8.1	7.5	6.8	6.1	5.6	5.4

① 儿童，指 0~17 岁儿童。2010 年为第六次全国人口普查有关人口的主要数据，2020 年为第七次全国人口普查有关人口的主要数据，2015 年为 1% 人口抽样调查样本数据；其他年份为 1‰人口变动调查样本数据。

② 调查儿童范围为全国 31 个省、自治区、直辖市的监测地区。

续表

一级指标	二级指标	2010年	2011年	2012年	2013年	2014年	2015年	2016年	2017年	2018年	2019年	2020年
5岁以下儿童死亡率③(‰)	城市	5.8	5.8	5.2	5.2	4.8	4.7	4.2	4.1	3.6	3.4	3.6
	农村	16.1	14.7	12.4	11.3	10.7	9.6	9.0	7.9	7.3	6.6	6.2
	5岁以下儿童死亡率	16.4	15.6	13.2	12.0	11.7	10.7	10.2	9.1	8.4	7.8	7.5
	城市	7.3	7.1	5.9	6.0	5.9	5.8	5.2	4.8	4.4	4.1	4.4
	农村	20.1	19.1	16.2	14.5	14.2	12.9	12.4	10.9	10.2	9.4	8.9
18岁以下儿童伤害死亡率(十万分之)	—	22.4	21.1	19.7	19.0	17.7	15.8	15.1	13.2	11.7	11.4	11.06
儿童保健情况	出生体重<2500克婴儿比重(%)	2.34	—	2.38	2.44	2.61	2.64	2.73	2.88	3.13	3.24	3.25
	围产儿死亡率(‰)	7.02	—	5.89	5.53	5.37	4.99	5.05	4.58	4.26	4.02	4.14
	5岁以下儿童低体重患病率(‰)	1.55	1.51	1.44	1.37	1.48	1.49	1.44	1.40	1.43	1.37	1.19
	新生儿访视率(%)	89.6	90.6	91.8	93.2	93.6	94.3	94.6	93.9	93.7	94.1	92.5
	3岁以下儿童系统管理率(%)	81.5	84.6	87.0	89.0	89.8	90.7	91.1	91.1	91.2	91.9	92.9
	7岁以下儿童保健管理率(%)	83.4	85.8	88.9	90.7	91.3	92.1	92.4	92.6	92.7	93.6	94.3
儿童医院情况	医院数(个)	72	79	89	96	99	114	117	117	129	141	151
	人员数(人)	37412	40808	45329	51651	55105	60573	61643	65171	69144	73533	78221
	卫生技术人员	30757	33847	37786	43333	46330	51116	52225	55151	58516	62519	66563
	执业(助理)医师	10037	10631	11525	12905	14044	15660	15766	17015	18488	20042	21470
	执业医师	9895	10490	11340	12731	13858	15120	15522	16737	18155	19715	21081
	注册护士	15095	16657	19059	22018	23362	25798	26938	28254	29828	31490	33217

① 调查儿童范围为全国31个省、自治区、直辖市的监测地区。

续表

一级指标	二级指标	2010年	2011年	2012年	2013年	2014年	2015年	2016年	2017年	2018年	2019年	2020年
医疗卫生机构儿科床位数（张）	—	314013	341527	381824	414231	441632	464598	483288	516923	541303	559696	551600
0~6个月婴儿纯母乳喂养率（%）	—	74.3	74.5	74.7	75.3	73.9	74.7	75.5	75.4	—	—	—

资料来源：国家卫生健康委员会编《中国卫生健康统计年鉴》，中国协和医科大学出版社，2011~2021；国家统计局社会科技和文化产业统计司编《2020中国妇女儿童状况统计资料》，中国统计出版社，2020；国家卫生健康委员会编《2020年我国卫生健康事业发展统计公报》，2021。

三　儿童教育统计资料

一级指标	二级指标	2010年	2011年	2012年	2013年	2014年	2015年	2016年	2017年	2018年	2019年	2020年
各级各类学校数（所）	学前教育	150420	166750	181251	198553	209881	223683	239812	254950	266677	281174	291715
	普通小学	257410	241249	228585	213529	201377	190525	177633	167009	161811	160148	157979
	初中①	54890	54117	53216	52804	52623	52405	52118	51894	51982	52415	52805
	普通高中	14058	13688	13509	13352	13253	13240	13383	13555	13737	13964	14235
	中等职业教育	13941	13093	12663	12262	11878	11202	10893	10671	10229	10078	9865
	特殊教育	1706	1767	1853	1933	2000	2053	2080	2107	2152	2192	2244

① 包含职业初中。

续表

一级指标	二级指标	2010年	2011年	2012年	2013年	2014年	2015年	2016年	2017年	2018年	2019年	2020年
在校学生数（万人）	学前教育	2976.67	3424.45	3685.76	3894.69	4050.71	4264.83	4413.86	4600.14	4656.42	4713.88	4718.26
	普通小学	9940.70	9926.37	9695.90	9360.55	9451.07	9692.18	9913.01	10093.70	10339.25	10561.24	10725.35
	初中	5279.33	5066.80	4763.06	4440.12	4384.63	4311.95	4329.37	4442.06	4652.59	4827.14	4914.09
	普通高中	2427.34	2454.82	2467.17	2435.88	2400.47	2374.40	2366.65	2374.55	2375.37	2414.31	2494.45
	中等职业教育	2238.50	2205.33	2133.69	1922.97	1755.28	1656.70	1599.01	1592.50	1555.26	1576.47	1628.14
	特殊教育	42.56	39.87	37.88	36.81	39.49	44.22	49.17	57.88	66.59	79.46	88.08
各级学校生师比（教师=1）	学前教育	—	21.0	20.2	19.4	18.7	18.1	17.6	17.2	16.6	15.9	—
	普通小学	17.7	17.71	17.36	16.76	16.78	17.05	17.12	16.98	16.97	16.85	16.67
	初中	14.98	14.38	13.59	12.76	12.57	12.41	12.41	12.52	12.79	12.88	12.73
	普通高中	15.99	15.77	15.47	14.95	14.44	14.01	13.65	13.39	13.1	12.99	12.90
	中等职业教育	—	—	24.19	22.97	21.34	20.47	19.84	19.59	19.10	18.94	19.54
义务教育阶段在校生中进城务工人员随迁子女（万人）	合计	1167.17	1260.97	1393.87	1277.17	1294.73	1367.10	1394.77	1406.63	1424.04	1426.96	1429.73
	小学就读	864.30	932.74	1035.54	930.85	955.59	1013.56	1036.71	1042.18	1048.39	1042.03	1034.86
	初中就读	302.88	328.23	358.33	346.31	339.14	353.54	358.06	364.45	375.65	384.93	394.88
各级教育入学率及升学率（%）	学前教育毛入园率	56.6	62.3	64.5	67.5	70.5	75.0	77.4	79.6	81.7	83.4	85.2
	九年义务教育巩固率	89.7	91.5	91.8	92.3	92.6	93.0	93.4	93.8	94.2	94.8	95.2
	高中阶段毛入学率	82.5	84.0	85.0	86.0	86.5	87.0	87.5	88.3	88.8	89.5	91.2
	高等教育毛入学率	26.5	26.9	30.0	34.5	37.5	40.0	42.7	45.7	48.1	51.6	54.4
	初中升高中升学率	87.5	88.9	88.4	91.2	95.1	94.1	93.7	94.9	95.2	94.5	95.7
	高中升高等教育升学率	83.3	86.5	87	87.6	90.2	92.5	94.5	98.2	—	—	—

续表

一级指标	二级指标	2010年	2011年	2012年	2013年	2014年	2015年	2016年	2017年	2018年	2019年	2020年
国家财政性教育经费（亿元）	—	14670.07	18886.70	22236.23	24488.22	26420.58	29221.45	31396.25	34207.75	36995.77	400466.55	42908.15

资料来源：中华人民共和国国家统计局编《中国统计年鉴》，中国统计出版社，2010～2020；教育部：《全国教育经费执行情况统计公告》，2010～2020；教育部：《全国教育事业统计发展公报》，2010～2020；教育部：《全国教育事业发展情况》，2012～2019；国家统计局社会科技和文化产业统计司编《2020中国妇女儿童状况统计资料》，中国残疾人联合会编《中国残疾人事业统计年鉴》，2011～2019；中国统计出版社，2020。

四 儿童福利统计资料

一级指标	二级指标	2010年	2011年	2012年	2013年	2014年	2015年	2016年	2017年	2018年	2019年	2020年
社会服务机构	儿童福利和救助机构单位数（个）	480	638	724	803	890	753	705	663	651	686	760
	儿童福利机构单位数（个）	335	397	463	529	545	478	465	469	475	484	508
	儿童福利和救助床位数（万张）	5.5	6.8	8.7	9.8	10.8	10	10	10.3	9.7	9.9	9.1
	未成年人救助保护中心（个）	145	241	261	274	345	275	240	194	176	202	252
	未成年人救助保护中心救助儿童（万人次）	14.6	17.9	15.2	18.4	17	4.7	5.2	3.5	2.2	1.8	0.9
	生活无着落人员救助流浪乞讨人员救助管理站数（个）	1448	1547	1770	1891	1949	1766	1736	1623	1534	1545	1555
	生活无着人员救助管理机构数（个）											
	生活无着落人员救助管理站救助儿童人次（万人次）	12.1	13.9	11.1	14.4	11.6	10.2	11.2	5.9	5.4	4.4	

续表

一级指标	二级指标	2010年	2011年	2012年	2013年	2014年	2015年	2016年	2017年	2018年	2019年	2020年
孤儿情况（万人）	孤儿数	25.2	50.9	57.0	54.9	52.5	50.2	46.0	41.0	30.5	23.3	19.3
	集中养育	10.0	10.8	9.5	9.4	9.4	9.2	8.8	8.6	7.0	6.4	5.9
	社会散居	15.2	40.1	47.5	45.5	43.2	41.0	37.3	32.4	23.5	16.9	13.4
家庭儿童收养登记情况	家庭儿童收养登记总数（件）	34529	31424	27278	24460	22772	22348	18736	18820	16267	13044	11103
	中国公民收养登记数（件）	29618	27579	23157	21230	19885	19406	15965	16592	14582	12074	11040
	外国公民收养登记数（件）	4911	3845	4121	3230	2887	2942	2771	2228	1685	970	63
残疾儿童接受康复训练情况	残疾人康复机构（个）	—	3140	5948	6618	6914	7111	7858	8334	9036	9775	—
城市农村低保人数（万人）	城市低保总人数	2311	2277	2144	2064	1877	1701	1480	1261	1007	860.9	805.1
	儿童（0~17岁）	559	540	473	445	387	341	271	205			
	农村低保总人数	5214	5306	5345	5388	5207	4904	4587	4045	3519	3455.4	3620.8
	儿童（0~17岁）	687	682	641	615	578	525	512	519			
儿童福利支出（亿元）	—	6.5	40	50.5	51.3	52.4	54.8	56.3	54.6	49.6	53.9	68.2

资料来源：民政部：《民政事业发展统计公报》，2010~2020；中华人民共和国国家统计局编《中国统计年鉴》，中国统计出版社，2011~2020；中华人民共和国国民政部编《中国民政统计年鉴》，2011~2020；中国残疾人联合会编《中国残疾人事业统计年鉴》，中国统计出版社，2011~2020。

五　儿童环境统计资料

一级指标	二级指标	2010年	2011年	2012年	2013年	2014年	2015年	2016年	2017年	2018年	2019年	2020年
图书馆	公共图书馆少儿文献（万册）	—	3099.33	4574.13	5626.28	6377.03	7370.55	8597.04	9999.64	11465.75	13123.8	—
	公共图书馆少儿阅览室坐席数（个）	156524	168647	181264	196192	210662	223948	242156	256151	270865	291531	—
	少儿图书馆机构数（个）	97	94	99	105	108	113	122	122	123	128	147
	少儿图书馆阅览室坐席数（万个）	2.43	2.21	2.65	2.66	3.04	3.37	3.61	3.76	3.90	4.50	5.74
	少儿图书馆图书流通人次（万人次）	1839	1881	1938	2132	2137	2373	2816	3168	3697	3789	3115
	少儿图书馆图书总藏量（万册）	2159	2321	3217	3165	3392	3698	4231	4369	4635	5000	9856
	少儿图书馆书刊文献外借册次（万册次）	1704	1739	2087	2285	2324	2853	3347	3655	3823	4059	3023
博物馆	博物馆数（个）	2435	2650	3069	3473	3658	3852	4109	4721	4918	5132	5452
	未成年人参观人次（万人次）	11441.3	12494.0	15543.2	18206.2	20211.9	21927.3	23557.8	26192.3	26965.6	28652.9	—
	未成年人参观科技馆人次（万人次）	—	—	2000	1774	1891	2371	2883.3	3523.5	3446.0	—	—
科技教育	举办青少年科技竞赛（项）	—	—	11097	11382	11415	12577	11906	5834	4883	5680	5785
	青少年科技竞赛参加人数（万人）	—	—	4048	4400	4363	4956	4484	6196	9905	3065	2626
	举办青少年科学营（次）	—	—	1882	2710	2945	3010	2178	1164	1094	1288	957
	青少年科学营参加人数（百人次）	—	—	3353	3825	3864	4936	3007	2078	1908	1600	1082

续表

一级指标	二级指标	2010年	2011年	2012年	2013年	2014年	2015年	2016年	2017年	2018年	2019年	2020年
儿童剧团团体	机构数（个）	—	—	—	26	27	40	57	70	72	115	—
	演出场次（万场次）	—	—	—	0.46	1.53	0.92	0.61	0.88	0.63	1.19	—
	国内演出观众人次（万人次）	—	—	—	299.46	308.85	237.00	358.94	413.46	285.75	546.15	—
少儿出版物	儿童期刊种类（种）	98	118	142	144	209	209	212	211	207	206	—
	儿童期刊数量（万册）	23683	36454	39432	40907	51983	54164	50692	44612	39719	37945	—
	儿童读物图书出版种数（种）	19794	22059	30965	32400	32712	36633	43639	42441	44196	43712	42517
	儿童读物图书出版总印数（万册）	35781	37800	47702	45686	49693	55564	77789	82007	88858	94555	90432
	出口数量（万册·份）	140.47	205.23	538.23	724.39	807.08	556.11	729.87	539.7	481.36	480.95	108.99
	进口数量（万册·份）	39.47	78.66	76.14	106.88	172.45	487.48	510.4	690.59	981.84	1156.84	1000.68
	儿童音像制品数量（万盒/张）	3780	6047	4034	3149	1681	2010	2488	2600	2480	1698	—
动画片	生产动画片数（部）	16	24	33	29	40	51	49	32	51	51	—
	动画电视播出数（小时）	—	280255	304877	293140	304839	309100	328900	362800	374485	398700	446113
少儿节目播出时间（万小时）	少儿广播节目	—	13.6	14.9	16.8	21.6	21.8	22.5	25.0	26.6	26.6	—
	少儿电视节目	—	37.6	39.7	41.7	48.6	46.4	48.4	57.1	57.3	57.4	—
	电视动画节目	—	28.0	30.5	29.3	30.5	30.9	32.9	36.3	37.4	39.9	—

资料来源：中华人民共和国国家统计局编《中国统计年鉴》，中国统计出版社，2011～2020；中华人民共和国文化和旅游部编《中国文化和旅游统计年鉴》，国家图书馆出版社，2011～2020；《中国统计年鉴》2012～2020，国家统计局；《2018年〈中国儿童发展纲要（2011—2020年）〉》统计监测报告，2019。

六 儿童法律统计资料

一级指标	二级指标	2010年	2011年	2012年	2013年	2014年	2015年	2016年	2017年	2018年	2019年	2020年
不满18岁青少年刑事罪犯数（人）	—	68193	67280	63782	55817	50415	43839	35743	32778	34365	43038	33768
各级人民法院判决生效的刑事案件中罪犯不满18岁所占比重（%）	—	6.8	6.4	5.4	4.8	4.3	3.6	2.9	2.6	2.4	2.6	2.2
审查批捕、起诉未成年人犯罪案件情况比例（%）	不捕未成年犯罪嫌疑人	9.1	9.1	9.0	8.5	7.0	6.2	5.6	5.3	5.1	5.3	—
	批捕未成年犯罪嫌疑人	7.5	7.0	6.4	5.6	4.7	4.0	3.5	2.6	2.8	2.9	—
	不起诉未成年犯罪嫌疑人	—	8.6	8.9	8.8	9.9	9.2	6.4	11.9	8.9	4.4	—
	起诉未成年犯罪嫌疑人	7.0	6.6	5.7	5.6	4.8	3.9	3.3	2.6	2.4	2.4	—
在押未成年服刑人员（万人）	—	1.8	1.7	1.5		1.1	1.1	0.9	0.6	0.5	—	—
建立少年法庭数（个）	—	2219	2219	2331	2331	2253	2253	2253	2253	1691	368	—
获得法律援助人数（万名）	未成年人	8.8	8.9	9.8	15.4	15.5	14.6	13.6	14.5	13.6	13.8	—
	女	19.6	22.3	27.3	31.8	35.2	35.9	36.7	36.1	36.1	35.2	—
公安机关立案的拐卖妇女儿童刑事案件（起）	—	10082	13964	18532	20735	16483	9150	7121	6668	5397	4571	3035

资料来源：中华人民共和国国家统计局编《中国统计年鉴》，中国统计出版社，2011~2020；中国法律年鉴编辑部编《中国法律年鉴》，中国法律年鉴出版社，2011~2020；国家统计局社会科技和文化产业统计司编《2020中国妇女儿童状况统计资料》，中国统计出版社，2020。

B.19
2021年我国儿童发展研究现状分析
——以中国知网为例

中国儿童中心课题组*

一 引言

儿童作为社会人口重要的组成部分，是影响国家发展的重要人力资本因素，习近平总书记指出："当代中国少年儿童既是实现第一个百年奋斗目标的经历者、见证者，更是实现第二个百年奋斗目标、建设社会主义现代化强国的生力军。"儿童时期是人生发展的关键时期，良好的发展状况对儿童未来产生深远影响。关注儿童发展，是关乎人力资本可持续发展、关乎国家未来发展的重要举措。儿童发展涉及多个方面，《中国儿童发展纲要（2021—2030年）》提出的儿童发展包括健康、安全、教育、福利、家庭、环境、法律保护等领域。

本文以CNKI数据库为研究对象，运用科学计量分析方法呈现2021年儿童发展学术研究的现状，分析儿童发展研究的热点内容，加深对儿童发展研究的认识和把握。

二 研究方法

（一）数据来源

本研究使用的数据库来源为CNKI学术期刊，主要针对2021年儿童

---

* 主要执笔人：邱天敏，中国儿童中心科研部研究实习员，主要研究方向为儿童发展；王萍，中国儿童中心科研部副研究员，主要研究方向为社会现象、社会治理。

发展领域的主题关键词进行词频、聚类、热点分析。为与儿童相关政策口径保持一致，参考《中国儿童发展纲要（2021—2030年）》的划分领域，将儿童发展分为"儿童与健康""儿童与安全""儿童与教育""儿童与福利""儿童与家庭""儿童与环境""儿童与法律保护"。检索方式设定如下：以"儿童与健康""儿童与安全""儿童与教育""儿童与福利""儿童与家庭""儿童与环境""儿童与法律保护"为主题检索词进行检索并勾选"同义词扩展"，来源类别为"北大核心"和"CSSCI"，时间为2021年。剔除期刊会议征稿、卷首语、书评、主题不相关文献等无效数据，得到本研究所需数据，其中"儿童与健康"为616篇，"儿童与安全"为92篇，"儿童与教育"为889篇，"儿童与福利"为78篇，"儿童与家庭"为556篇，"儿童与环境"为261篇，"儿童与法律保护"为121篇。

（二）数据分析

本研究使用CiteSpace 5.8软件生成或绘制关于2021年度儿童发展研究的可视化图谱，以图谱的方式进行描述性统计分析，展现儿童发展研究相关情况。数据分析包括三部分内容：一是作者分析，了解研究人员针对各研究领域发文数量和合作关系；二是研究热点分析，采用关键词共现分析方法，统计特定时间段内的关键词频次，了解关键词词频分布，反映其相关研究主题的热度，揭示研究发展的脉络与方向；三是研究主题分析，采用关键词聚类方法，把握2021年度儿童发展领域的研究主题。在生成图谱中，N表示网络节点数量，E代表连线数量；图中节点越大或作者名字字号越大，代表该作者发文的数量越多；连线表示作者之间合作关系的强弱，连线越粗代表作者间合作的次数越多；Modularity Q值是网络模块化指标，Modularity Q值高于临界值0.3，表明划分出来的聚类块显著；Mean Silhouette值是衡量网络同质性的指标，Mean Silhouette值高于临界值0.5，表明聚类结果有效且令人信服。以上两个指标都满足，表明聚类是合理的。

三　研究发现

（一）儿童与健康

1.作者分析

图1为2021年儿童与健康领域作者的知识图谱，图中共有116个节点、232条连线，网络密度为0.0348，从连线数量和连线密度来看，儿童与健康领域研究作者较多，整体上作者联系比较紧密，形成紧密的合作网络与研究团队。选择发文数量为5篇及以上的作者，由图1发现，张倩发文量为17篇，排名第一，甘倩、许娟、李荔等发文量较多，在10篇以上。

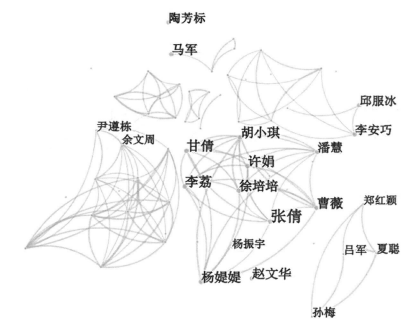

图1　儿童与健康领域发文作者共现图

2. 研究热点

如图2所示，关键词共现图有158个节点、174条连线，网络密度为0.014。"儿童"作为儿童与健康领域的研究对象，出现频次最高毋庸置疑。"青少年""回归分析""重金属""健康风险""健康教育""心理健康""精神卫生""预防接种""肥胖症""营养状况"等关键词的频次在10次及以上，这些关键词能够反映该领域研究者所关注的焦点，是该领域2021年的研究热点。

儿童与健康领域的关键词可归纳为几类：第一类为研究对象，有儿童、青少年、学生、留守儿童、残疾儿童等；第二类为研究内容，有重金属、健康风险、心理健康、精神卫生、预防接种、营养状况等；第三类为研究途径，有回归分析、影响因素、风险评价等。

图2　儿童与健康领域关键词共现图

3. 主题分析

采用LLR算法最终结果生成22个聚类，其中，Modularity Q值为0.8332，高于临界值0.3，Mean Silhouette值为0.8949，高于临界值0.5，表

明聚类是合理的。图 3 显示的是排名前五的聚类，分别是#0 共识、#1 心理健康、#2 贫血、#3 影响因素、#4 预防接种，整理分析得到儿童与健康领域比较关注的五个研究主题。

"共识"主题关注学龄儿童、治疗、多学科等方面内容，本类别研究学龄儿童膳食营养的变化，制定儿童营养改善相关政策，促进儿童健康成长；分析儿童常见呼吸道病原免疫预防水平，提出儿童常见呼吸道病原免疫预防的操作方法。"心理健康"主题围绕社会支持、农村、代际传递方面展开研究，本类别关注儿童身心健康发展水平与相关影响因素，探讨特定儿童心理健康代际传递的阻断机制。"贫血"主题聚焦婴幼儿、生长发育、糖尿病等方面，本类别探索婴儿辅食添加时间与贫血关系，讨论儿童糖尿病健康管理。"影响因素"主题主要是照护者、残疾儿童、内暴露等方面的研究，本类别关注儿童照护者健康素养水平的影响因素，居住工业区的儿童重金属内暴露水平及影响因素。"预防接种"主题的重点是超重、疫苗、肥胖等方面，本类别研究儿童超重肥胖的影响因素、疫苗预防接种规范。

图 3　儿童与健康领域关键词聚类图

（二）儿童与安全

1. 作者分析

图 4 为 2021 年儿童与安全领域作者的知识图谱，图中共有 39 个节点、38 条连线，网络密度为 0.0513，从连线数量和连线密度来看，儿童与安全领域研究作者非常少，整体上作者联系比较紧密，有合作关系，形成若干个合作网络。段蕾蕾、金叶、马姝丽发文量最多，均为 3 篇，总体作者发表篇数较少，高产作者比例较低。

图 4 儿童与安全领域发文作者共现图

2. 研究热点

如图 5 所示，关键词共现图有 49 个节点、29 条连线，网络密度为 0.0247，"儿童"作为儿童与安全领域的研究对象，出现频次最高毋庸置

疑。"安全性""重金属""免疫原性"关键词的频次在2次以上，是该领域2021年的研究热点。

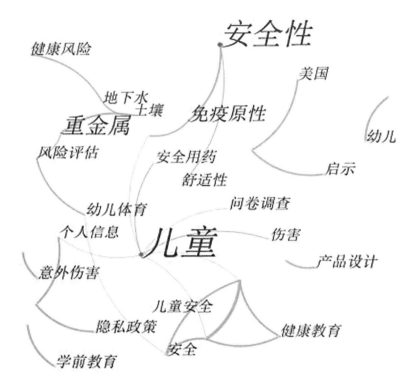

图5 儿童与安全领域关键词共现图

3. 主题分析

采用LLR算法最终结果生成24个聚类。Modularity Q值为0.7307，高于临界值0.3，Mean Silhouette值为0.9185，高于临界值0.5，表明聚类是合理的。图6显示的4个聚类，分别是#0安全用药、#1冒险性游戏、#2健康教育、#3安全性，整理分析得到儿童与安全领域比较关注的四个研究主题。

"安全用药"主题包含安全性、免疫原性、家长等研究，本类别研究家长和医院对儿童用药现状的了解，分析用药潜在的风险，进一步提高儿童安全用药水平；探讨保护儿童个人信息安全。"冒险性游戏"主题的重点是垃圾填埋场、户外游戏等内容，本类别关注垃圾填埋场周围土壤和地下水中的重金属污染特征及其对儿童健康影响；讨论幼儿园冒险性游戏的处境，成人和儿童对待冒险性游戏不同态度背后的深层原因。"健康教育"主题聚焦事故、安全、交通等方面内容，本类别研究儿童道路交通意外伤害现状及影响因素，提出针对性的儿童道路安全应对策略。"安全性"主题的重点是免疫原性、安全警示、卫生性等方面，本研究关注冻干甲型肝炎减毒活疫苗在18~24月龄儿童中接种的免疫原性及安全性；探究儿童用联合疫苗免疫原性、安全性和社会价值。

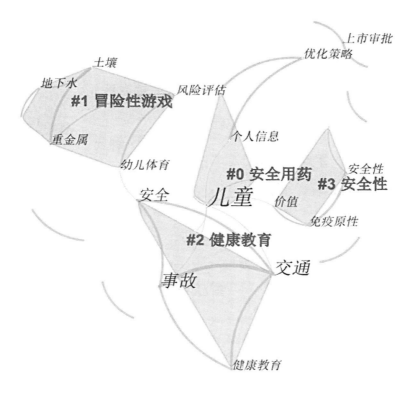

图6　儿童与安全领域关键词聚类图

（三）儿童与教育

1.作者分析

图7为2021年儿童与教育领域作者的知识图谱。图中共有66个节点、13条连线，网络密度为0.0061，从连线数量和连线密度来看，儿童教育领域研究作者较少，合作网络密度低，各节点分散，个别作者之间有合作关系，但整体上看作者间联系并不密切，说明我国教育研究的人员大多是独立研究，学术联系少，学者之间缺乏足够的合作。于伟发文量排名第一，张倩、王雁、蔡迎旗、高振宇等发文量较多。

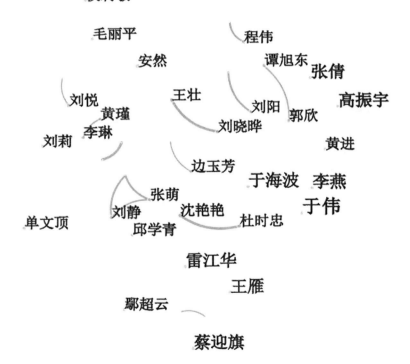

图7 儿童与教育领域发文作者共现图

2. 研究热点

如图 8 所示，关键词共现图有 148 个节点、151 条连线，网络密度为 0.0145。"儿童"作为儿童与教育领域的研究对象，出现频次最高毋庸置疑。"学前教育""家庭教育""美国""留守儿童""儿童教育""健康教育""学前儿童""特殊教育""阅读推广"等关键词的频次在 10 次以上，是该领域 2021 年的研究热点。

儿童与教育领域的关键词可归纳为两类：第一类为研究对象，有留守儿童、学前儿童、流动儿童等；第二类为研究内容，有家庭教育、健康教育、特殊教育、劳动教育、教育公平等。

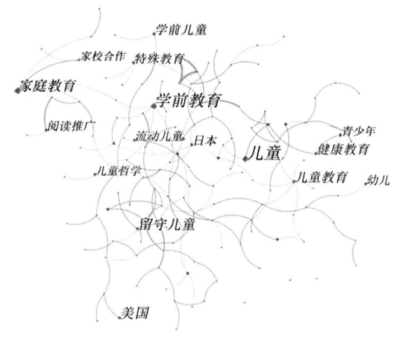

图 8 儿童与教育领域关键词共现图

3. 主题分析

采用 LLR 算法最终结果生成 11 个聚类。Modularity Q 值为 0.8134，高于临界值 0.3，Mean Silhouette 值为 0.9373，高于临界值 0.5，表明聚类是

合理的。图9显示的是排名前五的聚类，分别是#0教育扶贫、#1留守儿童、#2儿童教育、#3童年、#4融合教育，整理分析得到儿童与教育领域比较关注的五个研究主题。

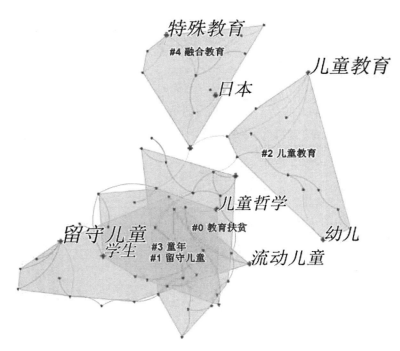

图9　儿童与教育领域关键词聚类图

"教育扶贫"主题围绕乡村振兴、乡村教师等方面展开研究，本类别关注乡村振兴背景下乡村教育面临的问题；乡村教师身份定位，价值认同。"留守儿童"主题关注心理健康、流动儿童、社会适应等方面，本类别通过调查讨论留守儿童心理健康水平与相关影响因素；关注流动儿童社会适应特点。"儿童教育"主题聚焦人力资本、认知能力、非认知能力等内容，本类别研究儿童认知能力与非认知能力之间的关系，建构非认知能力的测量工具；关注儿童人力资本的影响因素。"童年"主题聚焦儿童哲学、健康促进、身体、时间等方面的内容，本类别讨论"身体经验"在儿童哲学活动中的意义与价值；反思童年时间性的隐匿，总结童年时间性的路径。"融合教育"主题重点是特殊教育、随班就读等方面，本类别研究融合教育背景下的儿童教学方法、随班就读现象；探究特殊儿童教育公平、教育成本等问题。

（四）儿童与福利

1. 作者分析

图 10 为 2021 年儿童与福利领域作者的知识图谱。图中共有 33 个节点、6 条连线，网络密度为 0.0114，从连线数量和连线密度来看，儿童福利领域研究作者较少。作者合作网络密度低，各节点分散，个别作者之间有合作关系，但是整体上看作者间联系并不密切。杨爽发文量排名第一，乔东平、徐富海、黄冠、刘继同等发文量较多。

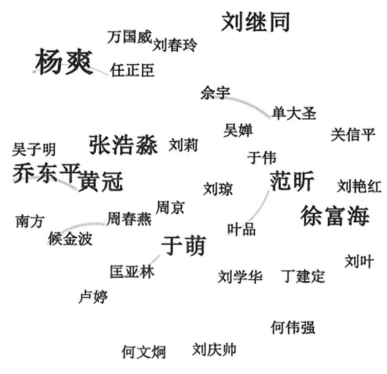

图 10　儿童与福利领域发文作者共现图

2. 研究热点

如图 11 所示，关键词共现图得到 51 个节点、37 条连线，网络密度为0.029。"儿童福利"出现频次最高，"儿童保护""日本""社会救助""儿童照顾""托育服务""适度普惠"等关键词的词频在 2 次以上，是该领域2021 年的研究热点。

儿童与福利领域的关键词可归纳为两类：第一类为研究对象，有贫困儿童、困境儿童等；第二类为研究内容，有儿童保护、社会救助、托育服务、儿童权益等。

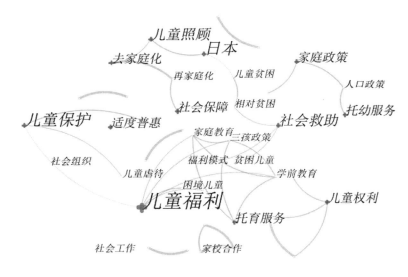

图 11　儿童与福利领域关键词共现图

3. 主题分析

采用 LLR 算法最终结果生成 23 个聚类。其中，Modularity Q 值为0.8221，高于临界值 0.3，Mean Silhouette 值为 0.7471，高于临界值 0.5，表明聚类是合理的。图 12 显示的排名前 5 的聚类，分别是#0 儿童福利、#1 去家庭化、#2 贫困儿童、#3 低保家庭、#4 政策组态，整理分析得到儿童与福利领域比较关注的五个研究主题。

图12 儿童与福利领域关键词聚类图

"儿童福利"主题围绕困境儿童、儿童权益、事实无人抚养儿童等方面开展研究，本类别研究儿童政策涉及领域的发展状况；关注困境儿童、事实无人抚养儿童等弱势儿童的困境与服务供给。"去家庭化"主题重点是再家庭化、儿童照顾、家庭注意、社会保障等内容，本类别研究社会保障"再家庭化"发展方向；开展有关家庭生育支持政策、儿童早期照顾政策的国际比较。"贫困儿童"主题聚焦法律规制、社会救助等方面内容，本类别研究美国儿童发展账户，探索儿童发展账户与其他社会福利服务协调整合的模式；探究英国贫困儿童社会救助法律机制，为我国健全中国特色贫困儿童社会救助体系提供参考借鉴。"低保家庭"主题关注贫困、社会保障政策、儿童权利等内容，本类别研究贫困对儿童的主要影响和社会保障政策如何回应。"政策组态"主题重点是人口政策、低生育、托幼服务等方面，本类别研究家庭政策不同组态及政策效果；研究有关托幼服务供给的变迁，未来发展方向。

（五）儿童与家庭

1. 作者分析

图13为2021年儿童与家庭领域作者的知识图谱。图中共有73个节点、

98条连线，网络密度为0.0373，从连线数量和连线密度来看，整体上该领域研究作者较少，作者之间联系比较紧密，有合作关系，形成了若干个合作网络。发文量在5篇及以上的作者有7位，其中吕军、夏聪、孙梅均为7篇，高产出作者比例较低。

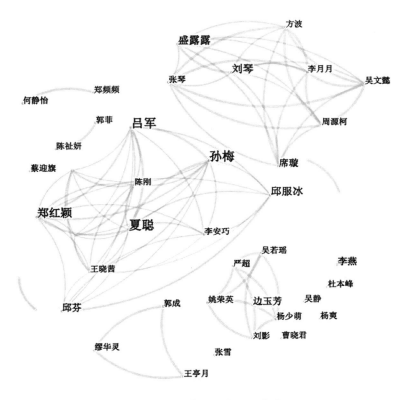

图13　儿童与家庭领域发文作者共现图

2. 研究热点

如图14所示，关键词共现图有132个节点、134条连线，网络密度为0.0155，"儿童"作为儿童与家庭领域的研究对象，出现频次最高毋庸置疑。"影响因素""家庭教育""留守儿童""回归分析""精神卫生""青少年""学前教育""美国""家校合作"等关键词的频次在10次以上，是该领域 2021 年的研究热点。

儿童与家庭领域的关键词可归纳为三类：第一类为研究对象，有留守儿童、青少年、流动儿童、残疾儿童等；第二类为研究内容，有家庭教育、精神卫生、社会适应、认知能力、家庭功能等；第三类为研究形式，有回归分析、影响因素等。

图 14　儿童与家庭领域关键词共现图

3. 主题分析

采用 LLR 算法最终结果生成 11 个聚类。其中，Modularity Q 值为 0.8299，高于临界值 0.3，Mean Silhouette 为 0.9367，高于临界值 0.5，表明聚类是合理的。图 15 显示的是排名前五的聚类，分别是 #0 中小学、#1 儿童照顾、#2 家庭环境、#3 留守儿童、#4 青少年，整理分析得到儿童与家庭领域比较关注的五个研究主题。

"中小学"主题关注人力资本、认知能力、课后服务等方面研究，本类别研究儿童认知能力与非认知能力之间关系；探究儿童人力资本的影响因素；调查中小学生课后服务现状，总结国外学龄儿童课后服务经验。"儿童照顾"主题重点是去家庭化、亲子冲突、再家庭化等方面，本类别研究儿童照顾的家庭化与再家庭化；探究亲子冲突的影响因素。"家庭环境"主题聚焦多元文化、社会融入、行为问题等方面内容，本类别研究儿童社会适应的现状与影响因素，关注流动儿童社会的现状、影响因素与应对。"留守儿童"主题围绕社会适应、心理素质、幼儿等开展研究，本类别研究留守儿童的社会适应、心理理解发展、教育公平等内容，探究父母教养水平、家庭经济地位等因素对留守儿童影响。"青少年"主题的重点是癌症、运动活动等方面，本类别研究癌症儿童心理危机现状、家庭参与治疗决策等内容；关注儿童体力活动的现状及影响因素。

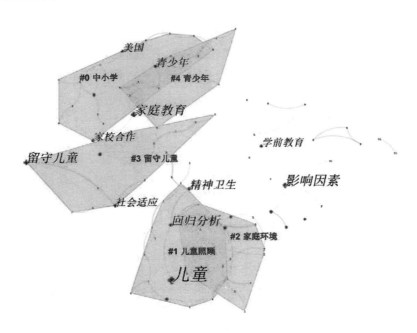

图 15 儿童与家庭领域关键词聚类图

（六）儿童与环境

1.作者分析

图 16 为 2021 年儿童与环境领域作者的知识图谱。图中共有 56 个节点、73 条连线，网络密度为 0.0474，从连线数量和连线密度来看，该领域研究作者较少，作者之间联系较为紧密，存在合作关系。其中邱服冰发文量最多，为 4 篇，邱芬、袁媛、吕军、夏聪等发文量较多。

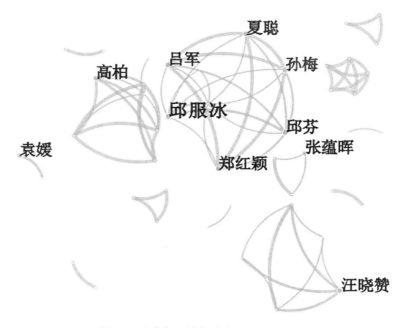

图 16　儿童与环境领域发文作者共现图

2.研究热点

如图 17 所示，关键词共现图有 91 个节点、90 条连线，网络密度为 0.0222，"儿童"作为儿童与环境领域的研究对象，出现频次最高毋庸置疑。"重金属""健康风险""土壤""风险评价""环境""地下水""家庭环境"等关键词的频次在 5 次以上，是该领域 2021 年的研究热点。

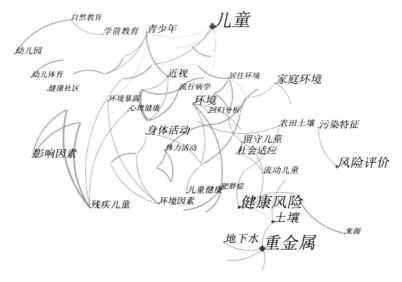

图 17　儿童与环境领域关键词共现图

3. 主题分析

采用 LLR 算法最终结果生成 18 个聚类。Modularity Q 值为 0.8369，高于临界值 0.3，Mean Silhouette 值为 0.8917，高于临界值 0.5，表明聚类是合理的。图 18 显示的是排名前五的聚类，分别是#0 健康风险、#1 残疾儿童、#2 近视、#3 重金属、#4 环境，整理分析得到儿童与环境领域比较关注的五个研究主题。

"健康风险"主题围绕农田土壤、金属元素、生态风险等方面开展研究，本类别研究土壤重金属的风险评价以及对儿童的影响。"残疾儿童"主题聚焦心理健康、照护者、生活质量等方面内容，本类别关注残疾儿童生活质量及影响因素，作业治疗有效性等内容，探究残疾儿童照护者生活质量、焦虑状态等方面的影响因素分析。"近视"主题重点是运动活动、青少年、发病机制、病因学等内容，本类别研究儿童近视现状和影响因素；关注儿童体力活动水平现状，构筑身体活动支持性环境。"重金属"主题关注土壤、污染、健康风险评价等方面，本类别研究地下水或土壤重金属污染的现状和对儿童健康风险评价。"环境"主题侧重肥胖症、循证医学等内容，本类别研究社会环境对儿童肥胖的影响。

图18 儿童与环境领域关键词聚类图

（七）儿童与法律保护

1. 作者分析

图19为2021年儿童与法律保护领域作者的知识图谱。图中共有32个节点、2条连线，网络密度为0.004，从连线数量和连线密度来看，整体上该领域研究作者非常少，作者之间联系不紧密，较少存在合作关系。其中姚建龙发文量最多，为3篇，总体该领域作者人数较少，发表篇数较少。

2. 研究热点

如图20所示，关键词共现图有46个节点、23条连线，网络密度为0.0222，"未成年人"作为儿童与法律保护领域的研究对象，出现频次最高毋庸置疑。"民法典""家庭教育""受教育权""国家亲权""收容教养"关键词的频次在2次以上，是该领域2021年的研究热点。

陈瑞华

自正法

于晶　刘悦　姚建龙

于阳　冯振宁

刘丽

罗翔　万方　何挺

刘静坤

刘双阳

刘敏　侯韦锋　于飞

丁炫凯

刘晓山　汪全胜

倪洪海　刘芸志

侯雪梅　冉源懋　冯璇坤　刘艺

邓静秋

丁晓东　刘思齐

刘艳红　何璇

刘宪权　冯恺

图19　儿童与法律保护领域发文作者共现图

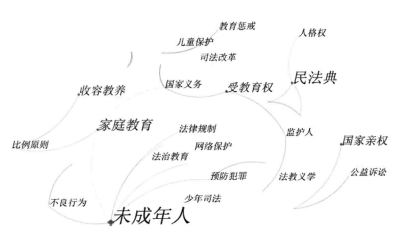

图20　儿童与法律保护领域关键词共现图

3. 主题分析

采用 LLR 算法最终结果生成 25 个聚类。Modularity Q 值为 0.7618，高于临界值 0.3，Mean Silhouette 值为 0.5771，高于临界值 0.5，表明聚类是合理的。图 21 显示的是排名前三的聚类，分别是 #0 未成年人、#1 受教育权、#2 民法典，整理分析得到儿童与法律保护领域比较关注的三个研究主题。

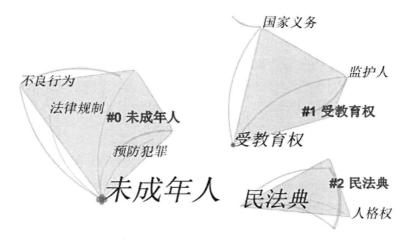

图 21　儿童与法律保护领域关键词聚类图

"未成年人"主题围绕人身权法、法律规制、良性关系等方面开展研究，本类别研究未成年人刑事责任年龄划分对未成年人刑事责任治理与制度完善；探究广播电视媒介与未成年人良性互动关系。"受教育权"主题聚焦侵权责任、适格当事人、国家义务等方面，本类别研究监护人的侵权责任与诉讼地位；探究保障未成年人在家庭教育中受教育权的国家义务。"民法典"主题重点是侵权、具有一定风险的文体活动等内容，本类别研究《中华人民共和国民法典》中肖像权保护、"自甘风险"条文等内容。

Abstract

In 2021, the first year of the 14th Five-Year Plan (2021–2025), the State Council issued *The Outline for the Development of Children in China (2021–2030)* to make future plans for the development of children's undertakings in a systematic and coordinated way. In order to reflect the overall development of Chinese children in 2021 and provide intellectual support for the development of children's undertakings, China National Children's Center organized experts and scholars from universities and research institutes to compile and publish this report. The report shows that departments for children's development have strengthened the top-level design, with laws, regulations and policies which aim to comprehensively promote the high-quality development of children's undertakings in various fields. Moreover, the child health policy system and its responding mechanism have been gradually improved, learning environments for basic education have seen significant improvement, a child-friendly welfare system has been built at an accelerated speed, a system of laws, regulations and policies to support family birth, parental rearing and family education has been built, child-friendly cities & communities have seen rapid growth, a sound legal system for child protection has been built, and practice in juvenile justice has been organized in a more appropriate manner. However, due to the condition of current economic and social development, there are still some urgent problems to be solved in the field of child development. Looking far into the future, further improvements are required in many aspects. We should focus on children's health needs and provide precise intervention strategies; deepen the comprehensive reform of basic education to promote education fairness and share high-quality education; improve the child welfare system and make the child protection work more professional; coordinate the resources from all parties and promote the construction of a family education guidance service system covering both urban and rural areas; optimize the child participation mechanism and create a child-friendly social environment; and consolidate the legal basis for child protection so as to protect the legitimate rights and interests of children in an all-round way.

This report, divided into five parts, reflects the development of children in China in 2021 from the aspects of children's health, safety, education, welfare, family, environment, and legal protection. The first part is the general report, which summarizes the status and achievements of child development in 2021, analyzes the existing problems, and gives an outlook on the future development. The second part is the development chapters, which are sub-reports in various fields of child development, presenting the overall development status of children in terms of health, safety, education, welfare, family and legal protection. The third part is relevant to special topics, which are investigation reports on specific aspects of children's development, which mainly includes analysis reports on the quality and safety of children's products, the building of the childcare service system, investigation on children's Internet behaviors and anti-addiction actions, research on the active development of disadvantaged children in rural schools, child-friendly city construction with Chinese characteristics, and child development from the perspective of mobile Internet. The fourth part is the regional chapters, which mainly show the advanced experience and local characteristics of children's work in various places, for example, the building of a child-friendly city in Shenzhen, the community and family education support activities organized by the Jiangsu Women's Federation, and the construction of children's homes in Sichuan Province. The fifth part is appendices that summarizes essential data related to child development. Based on the statistics of relevant government departments and the survey data of authoritative institutions, the reports in this part have made an in-depth description and analysis, and put forward targeted countermeasures and suggestions.

Keywords: Child Health; Basic Education; Social Welfare; Legal Protection

Contents

I General Report

   Abstract: 2021 was the first year for the implementation of The Outline of the 14th Five-Year Plan (2021 - 2025) for National Economic and Social Development and Vision 2035 of the People's Republic of China. The Communist Party of China and the central government have attached great importance to and made a systematic plan for the development of children's undertakings, incorporated children's undertakings into the overall plan for economic and social development, and introduced laws, regulations and policies in many fields, including children's health, education, welfare, environment and legal protection, thus opening a new chapter for the development of children's undertakings. Looking into the future, we must adhere to the principle of giving top priority to children, deepen the comprehensive reform of education, improve the child welfare system, create a harmonious and friendly environment at home and in society, consolidate the legal basis for child protection, and promote the high-quality development of children's undertakings.

Keywords: Child Health; Basic Education; Child Welfare; Legal Protection

Ⅱ Overall Development

B.2 Report on Chinese Children's Education Development in 2021

Gao Shuguo , Shi Te / 020

Abstract: 2021 was a critical year for the development of China's education, especially for children's education. This year was also the start of the 14th Five-Year Plan, which has made a promise to bring Chinese children's education into a new stage of high-quality development. Therefore, exploring the modernization of Chinese-style education has become a strategy for the development of children's education in the future. In 2021, the "double reduction" policy rolled out, creating a more favorable social environment for children's education. *The Family Education Promotion Law* was officially promulgated, which marked a new era of child upbringing in accordance with the law, meaning that the coordinated education at school, in families and society has more laws to abide by. *The Compulsory Education Curriculum Program and Curriculum Standards (2022)* will ensure the implementation of children's education and children's healthy development goals. The central government and local authorities are making constant progress, with new breakthroughs and achievements in promoting children's education and development, and the high-quality development of children's education in China is taking shape.

Keywords: Children's Education; the 14th Five-Year Plan; "Double Reduction" Policy; High-quality Development

B . 3   Analysis Report on the Development of China's Child
        Welfare Work in 2021

Ni Chunxia , Chu Xiaoying , Liu Genying and Li Chaoqun / 042

Abstract: 2021 was the first year to establish a new pattern for the protection
of minors, and also the year of planning to promote the high-quality development
of child welfare. This article presents a panoramic view of the development of
China's child welfare and minor protection work in 2021, and provides a macro
perspective on strengthening top-level design, improving the child welfare system
and the working mechanism for minors protection. The difficulties and problems in
the practical work of child welfare and minor protection have been reviewed,
combined with an examination on the "Children Growth Caring" Project. On
this basis, countermeasures and suggestions have been put forward, including the
continuous improvement of the child welfare legal system, a four-level care service
platform, and the child welfare service system.

Keywords: Children; Minors; Child Welfare; Protection of Minors

B . 4   Report on Family Investment in Child-Rearing in China

Zhang Chunni , Pan Xiuming / 069

Abstract: This report provides an overview of the situation of family
investment in child-rearing in China, including the economic investment in
children's education and the non-economic investment in childcare and parenting,
and how family investment varies across family backgrounds. Based on the data
from the China Family Panel Studies 2010, 2014 and 2020, the report shows an
increase in Chinese families' economic investment in their children's education and
scientific parenting practices over the past 10 years. These practices, however,
place a high financial and emotional burden on families. Families with different
socioeconomic statuses and structures differ in their child-rearing investment

behaviors: urban families and families with more educated parents invest more monetary and non-monetary resources in child-rearing than rural families and families with less educated parents. Within families, mothers and grandparents disproportionally adopt more childcare responsibilities than fathers. Single-parent families are worse than two-parent families in providing childcare and child supervision. Conflict-ridden families, which are with strained parental relationship, tend to have worse parent – child relationships than families without parental conflicts. The report suggests that the government should take actions to reduce the cost of child-rearing, encourage fathers to actively participate in childcare, provide family guidance program to promote harmonious parental relationships, and provides more support to single-parent families to build a friendly social environment for all families in China.

Keywords: Children; Family Investment in Child-rearing; Family Education; Family Backgrounds

B.5   2021 Research Report on the Legal System of the Protection
of Minors in China   *Tong Lihua*, *Yu Xukun* / 103

Abstract: In 2021, the newly revised *The Law of the People's Republic of China on the Protection of Minors* and *The Law of the People's Republic of China on the Prevention of Juvenile Delinquency* was officially put into operation. A series of policies have been rolled out by relevant departments, marking that the cause of juvenile protection has made significant progress. Such achievements can be seen in building a school protection system for minors, establishing and developing an education and punishment system for minors, developing and improving a legal aid system for minors, preventing minors from indulging in online games, and strengthening the management on minors' accommodation in hotels and their family education, which have all laid a solid foundation for the better protection of minors in China. However, it should be noted that China still has some deficiencies in promoting the implementation of certain legal systems, establishing a sound and effective

linkage mechanism in work, cultivating professional social forces for the protection of minors, and enhancing public awareness of the protection of minors. We should thus take initiative at work, make continuous innovation, and summarize useful experience that can be promoted and replicated to benefit more minors.

Keywords: Legal System; Significant Progress; Legal Protection

B.6　Analysis Report on China Child Development from the
　　　　Perspective of Mobile Internet in 2021

Li Yang, Qu Junmei, Xia Yue and Gao Cenchao / 126

Abstract: In 2021, the network communication pattern has constantly changed, with the influence of mobile Internet more prominent and the network environment well reflecting the social environment. In this context, this study combines quantitative research with qualitative research, observes the trend of children related issues in the Internet world, analyzes the hot topics in the fields of children and health, safety, education, welfare, family, environment and legal protection, and summarize the characteristics to provide a reference for the future development of children.

Keywords: Children; Mobile Internet; Network Ecology; Social Hotspots

Ⅲ　Special Topics

B.7　Analysis Report on the Health Risk Behaviors of
　　　　Chinese Children

Ma Jun, Dong Yanhui, Wang Xinxin and Ma Tao / 141

Abstract: Children and adolescents are a vital force in society. They are the hopes of a country and the future of a nation. Their healthy growth is of great significance. As China's economy continues to grow in recent years, the nutritional deficiency of children has seen consistent improvement, but poor dietary behaviors also emerge as a factor which potentially affects the physical development and health of children and adolescents. Sedentary behavior is another factor that endangers the children's physical health. There is an urgent need to strengthen the physical activities for children and adolescents. The incidence of physical injury has dropped sharply, but it is still at a high level, which threatens the physical and mental health of children and adolescents, and may cause a serious burden on medical caring. In addition, substance abuse has become an urgent serious problem among children and adolescents since more younger people are addicted to smoking and alcohol. In response to the aforementioned problems, the government should improve relevant systems and provide supporting policies, and various departments should coordinate to invest more and cooperate for the healthy growth of children and adolescents.

Keywords: Children and Adolescents; Poor Dietary Behaviors; Physical Inactivity; Injury; Substance Abuse; Health Risk Behaviors

B.8　Analysis Report on the Scoliosis of Chinese Students at
Primary and Middle Schools

Song Yi, Dong Yanhui, Liu Jieyu and Ma Qi / 166

Abstract: In recent years, with a relatively high detection rate of scoliosis among primary and middle school students, China, has seen a year-on-year increase of the confirmed cases. Following obesity and myopia, scoliosis has become the third largest "killer" that threatens the physical and mental health of Chinese primary and secondary school students, which needs the government to pay great attention to. The scoliosis detected among primary and secondary school students is mostly postural scoliosis, with a high proportion of mild scoliosis and thoracic scoliosis. According to the monitoring results of common diseases and health influential factors

among students nationwide in 2019, the detection rate of abnormal spinal curvature among students at primary and secondary schools was 2.8%. However, the recent "Double Reduction" policy has provided a good support for the prevention and treatment of scoliosis among children and adolescents. Looking into the future, to create a healthy and friendly environment for the spine health, it is necessary to form a joint prevention and control mechanism that integrates schools, families, society, medical and health institutions, and government's relevant departments, and make full use of information resources such as popular science publicity, prevention, screening, and medical treatment to provide scientific and reasonable prevention and control of spine health, ensuring that the three-level prevention and control measures for children and adolescents' spine health are in place.

Keywords: Primany and Middle School Students; Scoliosis; Child Health

B.9 Report on the Current Status of China's Child Injury in 2020

Duan Leilei, Ye Pengpeng, Wang Yuan, Deng Xiao,

Er Yuliang and Jin Ye / 186

Abstract: Injury, as a major threat to the healthy growth of children and a public health issue, has garnered global attention. In 2011, the Chinese government, for the first time, clearly put forward the goal of reducing death and disability caused by child injury in *The Outline for the Development of Children in China (2011-2020)*. Since then, the issue of child injury has been paid great attention by governments at all levels, and the public awareness of taking the initiative to prevent child injury has been greatly improved. As of 2020, the total mortality rate of child injury has been effectively reduced, and the prevention and control of child injury has seen improvements in various places, with more frequent training for professional teams, laying a solid foundation for further improvement on the network of child injury prevention and control in China. According to the 2020 National Injury Monitoring System's Child Injury Outpatient and Emergency Data and the National Death Cause Monitoring

System's Child Injury and Death Data in the same period, there is still much room for improvement in the occurrence of injury and death of children in China. It is necessary to continue to establish and improve the data monitoring network, build a child-friendly environment, promote injury prevention and control education, and consolidate multi-departmental cooperation mechanisms. With all these efforts, it is hoped that the focus of child injury prevention and control will shift from reducing deaths to preventing occurrences, so as to better safeguard the healthy growth of children in China.

Keywords: Child Development; Child Health; Child Injury; Injury Prevention and Control

B.10   Analysis Report on the Quality and Safety of
             Children's Products

Wang Yan, Yuan Beizhe, Zheng Jiechang, Mo Yingjun,

Xu Sihong and Ding Jie / 226

Abstract: In recent years, the quality and safety of children's products has received a nationwide attention. To safeguard the healthy growth of Chinese children and reduce the damage caused by defective children's products, Chinese government has continuously strengthened the quality and safety supervision of children's products. As one of the product safety supervision systems, the recall of defective products has played an active and vital role in safeguarding the rights and interests of consumers and protecting the safety of children.

This chapter will make an in-depth analysis and elaboration on the classification of children's products, the status quo of quality and safety supervision, relevant laws, regulations and standards, domestic and foreign recalls, common safety issues and key cases, safety tips, as well as publicity and education. It will point out the problems of the quality and safety of children's products in terms of its legal supervision, technical standards, and corporate and consumer awareness, and

give targeted proposals, including an improvement on laws, regulations and standards, the building of a joint supervision working mechanism, the strengthening of recall management to promote products' safety and quality, and co-governance between government and civil society, as well as adequate publicity and education.

Keywords: Children's Products; Quality and Safety; Recall; Defect; Injury

B. 11 Construction of China's Nursery Service System: The Status Quo, Problems and Suggestions

—*Discoveries from a Typical Survey of Nursery Institutions*

She Yu, Shi Yi and Bai Yu / 253

Abstract: To gain a deeper understanding of the development of China's nursery institutions in recent years, the problems and challenges they face, and the policy support they hope to obtain, so as to effectively promote the construction of the nursery service system and promote the implementation of relevant national policies, the research group conducted a nationwide investigation via online questionnaire. The results show that the difficulties and problems faced by childcare services mainly include: a diversified infant care service model has not yet been formed, strong and effective policies and department coordination mechanisms need to be established, policies, regulations and management processes need to be further improved, and more childcare institutions are needed with competent service capabilities. In view of this, it is recommended to encourage local governments to set rational development goals and resource planning strategies for childcare services, expand increments on the basis of revitalizing the current stock, and build a service model suitable for urban and rural development in accordance with regional characteristics; map out family policies and provide guidance to scientific childcare services, and improve the family care capacities; speed up the capacity building of community care services, optimize the layout of community care sites through overall planning; promote the coordinated implementation of various policies to achieve standardized, inclusive, and high-quality development of care services in an orderly and well-managed way.

Keywords: Nursery Institutions; Infant and Child Care; Inclusive Services; Service Models

B.12   Survey Report on the Internet Use and Prevention of
　　　　　Internet Addiction in Children

Tian Feng, Wang Lu / 285

Abstract: Today's children are born in the Internet age, and the Internet has become an indispensable part of their lives, which has brought convenience to life, but also risks. This study describes the basic situation of contemporary children's use of the Internet, including their online activities, duration, attitudes toward the Internet via a sample survey of children and their parents across the nation. The study also discusses on the influential factors of Internet addiction in children, including academic pressure, family relationships, parental custody, and schooling. Finally, suggestions are given to prevent children from being addicted to the Internet and actively guide children to surf the Internet in a healthy way from the perspective of the coordinated governance of the government, enterprises, schools, and families.

Keywords: Children; Internet Use; Internet Gaming Addiction; Online Anti-addiction

B . 13　Vulnerable Children of Rural Schools in Underdeveloped

Areas: An Empirical Study on the Positive Development

Peng Huamin, Cui Baochen / 317

Abstract: With the complete victory of the poverty alleviation strategy in China, basic survival needs of children living in poverty-stricken areas have been secured. However, their ability development has not drawn enough attention. In this study, a survey on children development was carried out in four rural primary and secondary schools located in previous impoverished areas, including Yuexi County and Jinzhai County in Anhui Province, Enshi City in Hubei Province, as well as New Yanghe River Town in Suqian City, Jiangsu Province. Then a total of 2185 valid questionnaires were collected and 20 focus group interviews were conducted with left-behind children and their teachers. In addition, positive development ability construction services for those children were also carried out. Based on the survey data, characteristics of their positive development ability, non-cognitive skills, as well as family and school environments were analyzed in this report to explore their growth environment and behavior features with a discussion of differences between left-behind children and other children. Finally, it was suggested to provide professional capacity-building services for vulnerable children in rural areas, enhance relevant family-oriented development services, strengthen their positive development ability by improving school environment, and make care services more accessible to those children through resource integration.

Keywords: Underdeveloped Areas; Rural School Children; Positive Development; Capacity Building; Growth EnvironmentUnderdeveloped Areas

B. 14　Child-friendly Cities with Chinese Characteristics: From Local Practice to National Action

Gu Yan, Wei Yifang and Ji Jingyao / 343

Abstract: China has embarked on a new journey of building a modern socialist country in an all-round way, and the construction of child-friendly cities, as a new requirement, has been clearly deployed in the outline of the 14th Five-Year Plan (2021−2025). After years of exploration, some Chinese cities have accumulated rich experiences such as national promotion, planning guidance, and community support, which provide an important reference for the pilot construction of child-friendly cities across the nation. To build a child-friendly city with Chinese characteristics, the key task is to achieve the five-dimensional friendships in areas of social policies, public services, rights protection, growth space, and development environment, and make child-friendly cities the general consensus and common action of the whole society.

Keywords: Child-friendly Cities; Children First; Child Participation

IV　Regional Chapters

B. 15　Shenzhen's Practice of Building a Child-friendly City

Peng Yuan / 360

Abstract: Children are the future of the country and the hope of a nation. Children's social status and their living condition and development are vital to measure the civilized society. A child-friendly city that pays great attention to children's rights and interests is seen as a major indicator to judge the high-quality development of the city. At the end of 2015, Shenzhen took the lead in putting forward the goal of building a child-friendly city in a systematic way, and carried out innovative exploration and practice. Based on the city's overall planning,

participation of multiple parties in the whole process, and a systematic and citywide promotion, the Shenzhen-style child-friendly city has developed from the initial "concept" to a "real scene," creating a "Shenzhen pathway" for super-large cities to follow, and leading other cities to embark on a Shenzhen-style road towards a child-friendly city in modern times.

Keywords: Child-friendly City; Children's Space; Child Participation; Social Co-construction

B.16 Innovation on the Work Model for a Sustainable Family Education
—*"Three Complete" Community and Family Education Support Actions of Jiangsu Women's Federation*

Shen Mei, Yin Fei / 372

Abstract: Since 2020, the Jiangsu Women's Federation has made joint efforts with Women Federations at all levels, to provide support to the "Three Complete" community and family education in Jiangsu Province, which refers to a family education guidance model that covers the entire community, the whole parenting process, and the full coverage of family types. By developing "invisible curriculum" of the community parent school, we have established family files, expanded the work team for the community parent school, innovated the teaching contents for the community parent school, explored an effective way for the Women's Federations to serve the public, changed the tradition of parents teaching their children at home, stimulated the internal driving force for innovative community governance, and created the new pattern of home-school-community collaborative education.

Keywords: "Three Complete" Community; Family Education; Work Model; Community-level Social Governance

Abstract: Children's Homes in China originated from " child-friendly homes" in Sichuan Province. After more than ten years of construction, Children's Homes in Sichuan have made great achievements. This paper summarizes five main experiences from the construction of Children's Homes in Sichuan: First, making overall plans to provide policy guarantees; Second, coordinating resources to ensure the construction funds; Third, innovating on guarantee policies in accordance with actual conditions; Fourth, forming the development model based on local community, school and social organizations; Fifth, innovating the five-sphere integrated development for children's work model which relies on the project innovation and the child protection. In the future, the work of Children's Homes in Sichuan will focus on supporting children's homes in backward areas, improving the professional capabilities of staff, promoting the integration of Children's Homes with community work, exploring the development models of different types of Children's Homes, and taking the opportunity of building a child protection system in community to promote the construction of Children's Homes.

Keywords: Children's Homes; Community; Work; Sichuan Province

V   Appendices

权威报告·连续出版·独家资源

皮书数据库
ANNUAL REPORT(YEARBOOK)
DATABASE

分析解读当下中国发展变迁的高端智库平台

所获荣誉

- 2020年，入选全国新闻出版深度融合发展创新案例
- 2019年，入选国家新闻出版署数字出版精品遴选推荐计划
- 2016年，入选"十三五"国家重点电子出版物出版规划骨干工程
- 2013年，荣获"中国出版政府奖·网络出版物奖"提名奖
- 连续多年荣获中国数字出版博览会"数字出版·优秀品牌"奖

皮书数据库 　"社科数托邦"
　　　　　　微信公众号

成为会员

　　登录网址www.pishu.com.cn访问皮书数据库网站或下载皮书数据库APP，通过手机号码验证或邮箱验证即可成为皮书数据库会员。

会员福利

- 已注册用户购书后可免费获赠100元皮书数据库充值卡。刮开充值卡涂层获取充值密码，登录并进入"会员中心"—"在线充值"—"充值卡充值"，充值成功即可购买和查看数据库内容。
- 会员福利最终解释权归社会科学文献出版社所有。

数据库服务热线：400-008-6695
数据库服务QQ：2475522410
数据库服务邮箱：database@ssap.cn
图书销售热线：010-59367070/7028
图书服务QQ：1265056568
图书服务邮箱：duzhe@ssap.cn

S 基本子库
SUB DATABASE

中国社会发展数据库（下设 12 个专题子库）

紧扣人口、政治、外交、法律、教育、医疗卫生、资源环境等 12 个社会发展领域的前沿和热点，全面整合专业著作、智库报告、学术资讯、调研数据等类型资源，帮助用户追踪中国社会发展动态、研究社会发展战略与政策、了解社会热点问题、分析社会发展趋势。

中国经济发展数据库（下设 12 专题子库）

内容涵盖宏观经济、产业经济、工业经济、农业经济、财政金融、房地产经济、城市经济、商业贸易等 12 个重点经济领域，为把握经济运行态势、洞察经济发展规律、研判经济发展趋势、进行经济调控决策提供参考和依据。

中国行业发展数据库（下设 17 个专题子库）

以中国国民经济行业分类为依据，覆盖金融业、旅游业、交通运输业、能源矿产业、制造业等 100 多个行业，跟踪分析国民经济相关行业市场运行状况和政策导向，汇集行业发展前沿资讯，为投资、从业及各种经济决策提供理论支撑和实践指导。

中国区域发展数据库（下设 4 个专题子库）

对中国特定区域内的经济、社会、文化等领域现状与发展情况进行深度分析和预测，涉及省级行政区、城市群、城市、农村等不同维度，研究层级至县及县以下行政区，为学者研究地方经济社会宏观态势、经验模式、发展案例提供支撑，为地方政府决策提供参考。

中国文化传媒数据库（下设 18 个专题子库）

内容覆盖文化产业、新闻传播、电影娱乐、文学艺术、群众文化、图书情报等 18 个重点研究领域，聚焦文化传媒领域发展前沿、热点话题、行业实践，服务用户的教学科研、文化投资、企业规划等需要。

世界经济与国际关系数据库（下设 6 个专题子库）

整合世界经济、国际政治、世界文化与科技、全球性问题、国际组织与国际法、区域研究 6 大领域研究成果，对世界经济形势、国际形势进行连续性深度分析，对年度热点问题进行专题解读，为研判全球发展趋势提供事实和数据支持。

法律声明

　　"皮书系列"（含蓝皮书、绿皮书、黄皮书）之品牌由社会科学文献出版社最早使用并持续至今，现已被中国图书行业所熟知。"皮书系列"的相关商标已在国家商标管理部门商标局注册，包括但不限于 LOGO（▩）、皮书、Pishu、经济蓝皮书、社会蓝皮书等。"皮书系列"图书的注册商标专用权及封面设计、版式设计的著作权均为社会科学文献出版社所有。未经社会科学文献出版社书面授权许可，任何使用与"皮书系列"图书注册商标、封面设计、版式设计相同或者近似的文字、图形或其组合的行为均系侵权行为。

　　经作者授权，本书的专有出版权及信息网络传播权等为社会科学文献出版社享有。未经社会科学文献出版社书面授权许可，任何就本书内容的复制、发行或以数字形式进行网络传播的行为均系侵权行为。

　　社会科学文献出版社将通过法律途径追究上述侵权行为的法律责任，维护自身合法权益。

　　欢迎社会各界人士对侵犯社会科学文献出版社上述权利的侵权行为进行举报。电话：010-59367121，电子邮箱：fawubu@ssap.cn。

社会科学文献出版社